高职高专经济管理类规划教材
浙江省高等教育重点建设教材
浙江省新世纪教改项目成果

生产与运作管理实训

Practice of Production and Operation Management

主编 邹非

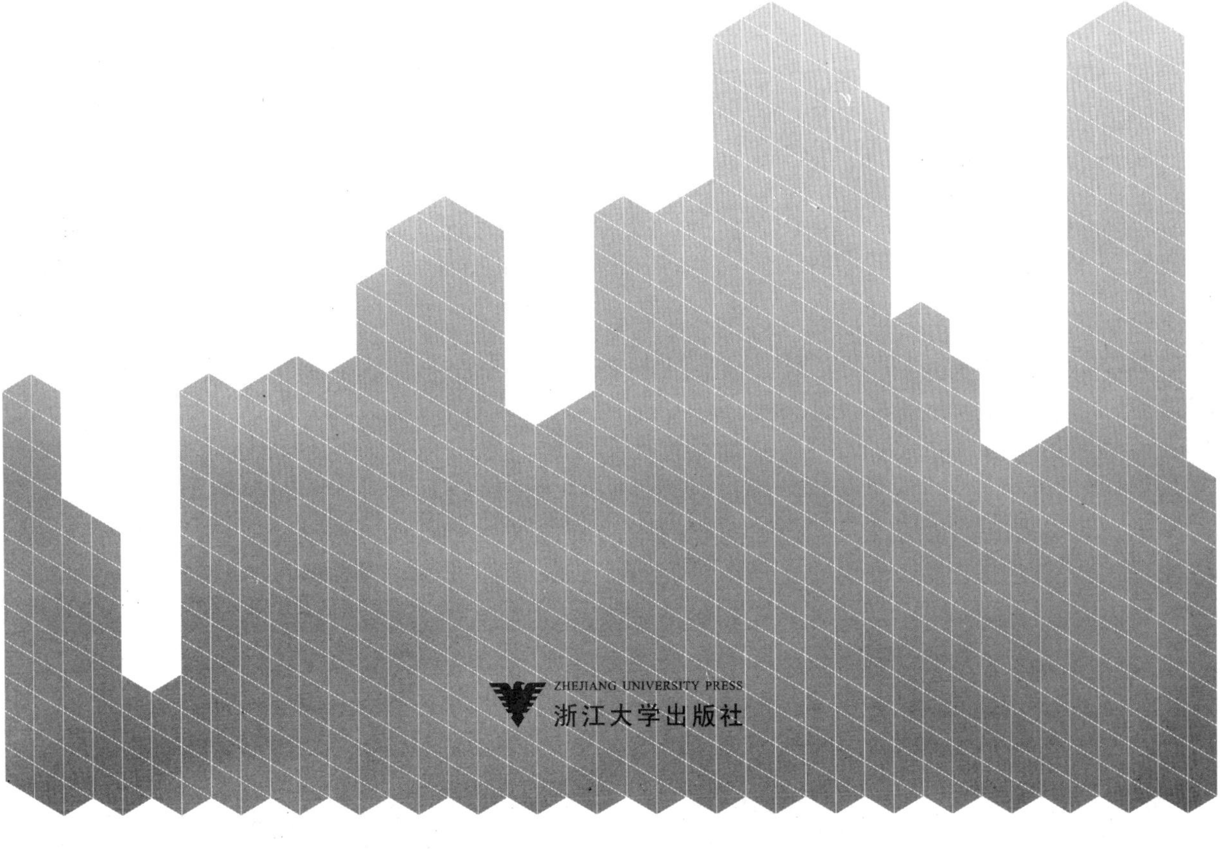

ZHEJIANG UNIVERSITY PRESS
浙江大学出版社

FOREWORD 前言

本书是浙江省“十一五”重点教材建设项目，是浙江省新世纪教改项目“基于‘定单’的多维校企合作培养工商管理类专业人才模式的探索和实践”(立项号:zc09145)部分成果。本书依据《教育部关于全面提高高等职业教育教学质量的若干意见》(教高[2006]16号文件)和《国家中长期教育改革和发展规划纲要(2010—2020年)》文件精神进行编写。本书可作为各类高等专科学校、高等职业学校、成人高校及本科院校的职业技术学院各专业开设的生产与运作管理课程教材或实训教材，也可以作为各类企业培训管理人员的培训教材或自学者的自学参考书。

近几年来，随着消费者需求多样化、个性化趋势的日益明显，全球市场竞争更加激烈，使企业面临严峻的挑战。值得庆幸的是，以信息技术为代表的科技飞速发展，为企业培育竞争力提供了强有力的支持，使生产与运作管理(Production and Operation Management)理论不断更新与完善，成为当今工商界关注的热点。人们对企业再造、质量、基于时间的竞争、增值过程及全球化供应链竞争观念的需求，充分表明生产运作管理是企业生存的关键。

生产与运作管理是现代管理科学最活跃的一个重要分支，它是通过对生产与运作系统的规划、设计与控制，将人力、物料、设备、技术、信息、能源、环境等生产要素变换为有形产品和无形服务的过程，是社会财富的主要来源，也是企业创造价值、从而获取利润的主要环节。目前，生产与运作管理的研究范围已从高科技的制造业生产管理(Production Management)延伸到高接触度的服务业运作管理。生产与运作管理人员的职能也在不断扩展，高层运作管理人员肩负着从全球市场竞争的角度为公司制定运作战略、竞争战略及运作方式的责任；而基层运作专家则进行产品和服务的研究与开发、设施的规划与配置、运作系统的设计与控制等工作。生产运作管理与企业的市场营销、财务管理、人力资源管理、后勤及环境管理等职能管理也相互融合。所有这些，都是从事任何生产与服务活动的人需要全面了解的，特别是对于我国的服务行业，在运作管理方面与国外发达国家相比差距更大，例如：商业、金融业、交通运输业、通讯业、饮食业、保健业、公用事业等，掌握生产运作管理的理论与方法也是非常必要的。生产与运作管理实训是理论的具体应用，对培养和提升有关人员的技能是必不可少的。

另外，通过多年的教学和实践，我们发现“生产与运作管理”课程对学生的就业有重要影响，很多学生毕业后从事生产管理相关工作，成绩突出者还升任了车间主任甚至厂长。因此，《生产与运作管理实训》课程对学生的整体职业规划有重要价值。

本教材吸纳了近年来国内外一些新思想、新理论、新方法，采用项目教学、任务驱动的体例安排，目的是提高学生分析问题、解决问题的能力，在实际教学中取得了良好的效果。

本教材的主要特点体现在以下几个方面：

第一，“工学结合”原则，教学的内容必须以生产管理的业务流程为依据进行内容整合；

第二，实用性原则，必须具备高职特色，理论以够用为度，重点对生产与运作管理的常用工具及方法进行介绍和应用；

第三，“以学生为中心”的原则，教材必须有较强的可读性，方便自学，有导读案例，有仿真实训，有企业实践；较好的实践性，对案例研究、软件模拟、企业实践的内容、实施过程有较详细的介绍；

第四，先进性原则，本教材结合了计算机技术，趣味性和应用性较强，体现了时代特征。

本书在编写过程中，参阅了目前已经出版的国内外的许多优秀教材、专著和相关资料，引用了其中一些有关的内容和研究成果，也得到了企业界相关人士的大力支持和帮助，恕不一一详尽说明，在此谨向有关作者致以衷心的感谢！另外，浙江大学出版社的周卫群编辑不仅在文字上给予很多细心的帮助，而且也一起参与了本书的整体规划，在此一并表示感谢。

本书由邹非拟订大纲，明确写作指导思想和具体要求，负责总纂定稿工作，并担任主编。全书共八个项目，具体编写分工如下：邹非，项目一、项目六、项目七、项目八；王菁、徐小琴，项目二；徐小琴，项目三；王建平，项目四；王菁，项目五；章圣任，项目六单元三“质量控制方法”部分。

限于作者水平有限，书中难免有错误和不妥之处，请各位读者、前辈不吝赐教！

2011 年 11 月

目录

Contents

项目一

认识生产管理

教学目标

（一）总目标：认识生产管理

（二）具体目标：

1. 了解生产与运作管理的目标、职能与生产类型
2. 掌握生产管理者及其技能要求
3. 理解生产运作战略的制定与实施
4. 了解先进生产方式

工作任务

（一）生产运作战略的制定与实施

（二）到企业实践，全面了解企业生产运作情况

单元一　生产与运作管理概述

教学目标

（一）总目标：掌握生产与运作管理的目标、职能

（二）具体目标：

1. 理解生产与运作管理的概念
2. 了解生产与运作管理的目标；了解生产与运作管理发展的主要历史阶段
3. 掌握生产与运作管理的职能与企业的生产类型

理论精要

一、生产与运作管理的基本知识

（一）生产与运作管理的含义

生产与运作的实质是一种生产活动。人们习惯把提供有形产品的活动称为制造型生产，而将提供无形产品即服务的活动称为服务型生产。过去，西方国家的学者把有形产品

的生产称作“Production”(生产),而将提供服务的生产称作“Operations”(运作)。而近几年来,更为明显的趋势是把提供有形产品的生产和提供服务的生产统称为“Operations”,都看成是为社会创造财富的过程。人们把有形产品的生产过程和无形产品,即服务的提供过程都看做一种“投入—变换—产出”的过程,作为一种具有共性的课题来研究。这种变换过程的产出结果无论是有形还是无形,都具有下述特征:

1. 能够满足人们的某种需要,即具有一定的使用价值;
2. 要投入一定的资源,经过一定的变换过程才能实现;
3. 在变换过程中需要投入一定的劳动,实现价值增值。

生产与运作管理是指对产品(包括有形与无形)的变换过程实施计划、组织和控制而构成的一系列管理工作的总称。

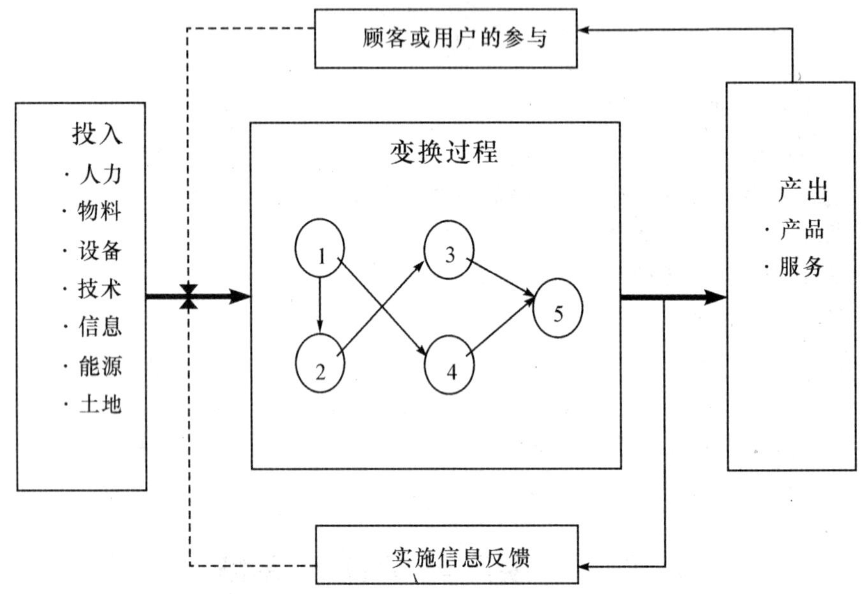

图 1-1 生产与运作活动过程示意图

(二)生产与运作活动的过程

把输入资源按照社会需要转化为有用输出,实现价值增值的过程就是运作活动的过程。如表 1-1 列出不同行业、不同社会组织的输入、转换、输出的主要内容。其中,输出是企业对社会做出的贡献,也是它赖以生存的基础;输入则由输出决定,生产什么样的产品决定了需要什么样的资源和其他输入要素。一个企业的产品或服务的特色与竞争力,是在转化过程中形成的。因此,转化过程的有效性是影响企业竞争力的关键因素之一。

表 1-1 典型组织的输入与输出关系

组织	主要输入	主要转化资源	价值转化方式	主要输出
制造企业	材料	工具、设备、工人	加工	产品
医院	病人	医生、护士、医疗器材	诊断与治疗	恢复健康的人
大学	高中毕业生	教师、教材、教室	教学	高级专门人才

续表

组织	主要输入	主要转化资源	价值转化方式	主要输出
运输公司	发货地资源	运输设备	搬运	接受地资源
百货商店	购买者	商品、柜台、售货员	吸引顾客、推销	满意的顾客
餐馆	需要就餐的顾客	食物、厨师、服务员	食品制作、服务	满意的顾客
邮局	待投邮件	邮递工具、邮递员	分发、邮递	接收邮件
报社	信息	记者、编辑	编辑与排版	新闻

(三)生产与运作管理的内容和目标

1. 内容

(1)生产与运作战略制定

生产与运作战略决定产出什么,如何组合各种不同的产出品种,为此需要投入什么,如何优化配置所需要投入的资源要素,如何设计生产组织方式,如何确立竞争优势等等。其目的是为产品生产及时提供全套的、能取得令人满意的技术经济效果的技术文件,并尽量缩短开发周期,降低开发费用。

(2)生产与运作系统(设计)构建管理

生产与运作系统(设计)构建管理包括设施选择、生产规模与技术层次决策、设施建设、设备选择与购置、生产与运作系统总平面布置、车间及工作地布置等;其目的是为了以最快的速度、最少的投资建立起最适宜企业的生产系统主体框架。

(3)生产与运作系统的运行管理

生产与运作系统的运行管理是对生产与运作系统的正常运行进行计划、组织和控制。其目的是按技术文件和市场需求,充分利用企业资源条件,实现高效、优质、安全、低成本生产,最大限度地满足市场销售和企业盈利的要求。生产与运作系统的运行管理包括三方面内容:计划编制,如编制生产计划和生产作业计划;计划组织,如组织制造资源,保证计划的实施;计划控制,如以计划为标准,控制实际生产进度和库存。

(4)生产与运作系统的维护与改进

生产与运作系统只有通过正确的维护和不断的改进,才能适应市场的变化。生产与运作系统的维护与改进包括设备管理与可靠性、生产现场和生产组织方式的改进。生产与运作系统运行的计划、组织和控制,最终都要落实到生产现场。因此,要加强生产现场的协调与组织,使生产现场做到安全、文明生产。生产现场管理是生产与运作管理的基础和落脚点,加强生产现场管理,可以消除无效劳动和浪费,排除不适应生产活动的异常现象和不合理现象,使生产与运作过程的各要素更加协调,不断提高劳动生产率和经济效益。

企业生产管理要抓的十个问题:如何制订生产计划;如何保持生产计划的有效性;如何控制生产进度;如何协调生产管理与其他职能部门的关系;如何进行班组建设,创造一种和谐与积极向上的工作气氛;如何提高效率与产量;如何稳定与提高质量;如何降低消耗,降低成本;如何搞好安全生产、文明生产;如何提高员工学习技能的热情与工作水平。

2. 生产与运作管理的目标

生产与运作管理的目标是高效、低耗、灵活、清洁、准时地生产合格产品或提供满意服务。高效是对时间而言,指能够迅速地满足用户的需要,在当前激烈的市场竞争条件下,谁

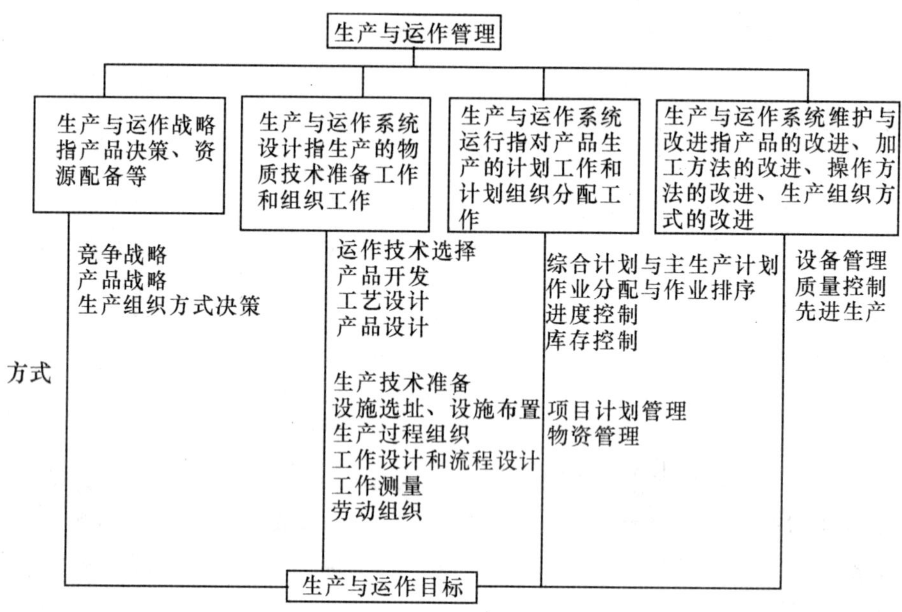

图 1-2 生产与运作管理内容图

的订货提前期短，谁就更可能争取用户；低耗是指生产同样数量和质量的产品，人力、物力和财力的消耗最少，低耗才能低成本，低成本才有低价格，低价格才能争取用户；灵活是指能很快地适应市场的变化，生产不同的品种和开发新品种或提供不同的服务和开发新的服务；清洁指对环境没有污染；准时是在用户要求的时间、数量内，提供所需的产品和服务。

四适：在适应需要的时候，以适合的品种，适宜的价格，向顾客提供适当质量的产品和服务。

三提高：达到提高顾客和社会满意度，提高竞争力，提高经济效益与社会效益的目的。

（四）生产运作管理与其他职能管理的关系

生产运作管理与其他职能管理的关系归纳如下：

1. 生产与运作职能是企业管理三大基本职能之一

企业管理有三大基本职能：运作、理财和营销。运作就是创造社会所需要的产品和服务，把运作活动组织好，对提高企业的经济效益有很大作用。理财就是为企业筹措资金并合理地运用资金。只要进入的资金多于流出的资金，企业的财富就不断增加。营销就是要发现与发掘顾客的需求，让顾客了解企业的产品和服务，并将这些产品和服务送到顾客手中。无论是制造业企业还是服务型企业，生产与运作活动都是企业的基本活动之一，生产与运作管理是企业管理的一项基本职能。

2. 生产与运作管理与市场营销的关系

生产与运作管理与市场营销是处在同一管理层次上，相对独立，又有着十分紧密的协作关系。生产与运作管理为营销部门提供满足市场消费、适销对路的产品和服务，搞好生产与运作管理对开展营销管理工作、提高产品的市场占有率和增强企业活力有着重要的意义。所以说，生产与运作管理对市场营销起保障作用，同时市场营销为生产提供市场信息，是生产与运作管理的产品价值实现的保证。

3. 生产与运作管理与财务管理的关系

生产与运作管理与财务管理也是处在同一管理层次上，彼此之间既独立又有着联系。企业的生产与运作活动是伴随着资金运动同时进行的。财务管理是以资金运动为对象，利用价值形式进行的综合性管理工作。企业为进行生产与运作活动通过借贷、筹集等方式获得资金，先以货币资金形式存在于企业，当企业采购生产所需的原材料、燃料等实物后，货币资金转化为储备资金；在生产过程中，储备资金又转化为生产资金；当转化过程结束后，原材料加工成为成品，生产资金转化为成品资金；产品在市场销售后，其价值得以实现，成品资金转化为货币资金。

在上述资金运动过程中，资金流动与实物流动是交织在一起的，资金流动对实物流动起着核算、监督和控制的作用。从财务管理的角度看，企业财务管理系统既要为生产与运作活动所需的物资及技术改造、设备更新等提供足够的资金，又要控制生产与运作中所需的费用，加快资金周转，提高资金利用效率。

从生产的角度来看，生产与运作管理所追求的高效率、高质量、低成本和交货期，又可以在各方面降低消耗、节约资金，提高资金利用效率，增加企业经济效益。

4. 生产与运作管埋与企业管理系统的关系

企业管理的目的是要在充分发挥市场营销、生产与运作与财务管理等职能作用的基础上，实现企业系统的整体优化，创造最佳经济效益。在企业管理系统中，三大职能互相影响、互相制约。如果企业营销体系不健全，营销政策不完整、销售渠道不畅，即使企业拥有竞争力很强的产品，也难将产品销售出去，更谈不上取得市场地位、获得竞争优势。如果企业生产与运作系统设计不合理，产品质量不能保证，这样的产品就是有再完善的营销体系也很难将产品销售出去。假如企业上述两项都不错，但财务管理系统较弱，资金筹措和资金运作能力很低，企业最终也会因为没有足够的资金支持和资金使用效果低，而不能在市场竞争中把企业做大做强。因此，对于企业这样一个完整的有机系统，提高企业管理水平必须以系统的观点，应从系统的角度全面提高企业各职能的管理水平。

二、生产与运作管理的发展

管理是一种古老的技术，却是一项新的学术法则。管理的出现要追溯到史前时期第一个人类组织的出现，但管理成为一个有系统的研究领域，则只有相当短的历史——18 世纪末到现在。从那时候起，管理的知识成长迅速，尤其在最近几十年，同时这种成长不再像以前那样，建立在一个单独的焦点上。相反地，它是许多不同的学者基于不同的学术背景，对不同理论所观察的现象，加以验证的结果。管理知识到今天仍没有定论，现在仍缺乏一个可被大家普遍接受的管理理论或规范。相反地，现今所谓管理知识，包含好几个彼此竞争，却又部分相融合的理论倾向，这些倾向彼此间不停地演变。要充分了解管理法则的现况，必须先认识历史发展。

(一)早期的管理思想

生产管理的历史可以追溯到古代埃及金字塔和中国万里长城的建设，以及 1436 年的威尼斯兵工厂，当时有 2000 多工人，装卸一艘大船只需 1 个多小时，这说明当时的管理已经达到了一个高的起点。

(1)亚当・斯密的劳动分工理论

1776年亚当・斯密的《国富论》一书发表,第一次提出了劳动分工观点,系统地阐述了劳动分工对提高生产率和促进国民财富的巨大作用。

①每一个劳动者的熟练程度提高了;

②节省了通常从一种工作转到另一种工作所浪费的时间;

③发明了许多机械,简化和减少了劳动,使得一个人能够完成许多人的工作。

(2)泰罗的科学管理

弗雷德里克・W・泰罗为生产与运作管理的发展作出巨大的贡献。泰罗认为:科学的方法能够而且也应当应用于解决各种管理中的难题,完成工作所用的方法应当通过科学的调查研究,由企业的管理部门来决定。他列举出管理部门的四条新的职责,概述如下:

——研究一个人工作的各个组成部分,以替代传统的凭经验的做法;

——用对员工进行科学的选拔、培训和提高,代替允许员工选择自己的工作和尽他自己的能力来锻炼自己的传统做法;

——在员工和管理部门之间发展诚心合作的精神,以保证工作在科学的设计程序下进行;

——在员工和管理部门之间按几乎是均等的份额进行工作分工,各自承担最合适的工作,以代替过去员工负担绝大部分工作和责任的状况。

这四条职责使人们对管理组织有了许多的考虑,几乎完全是现代组织实践的基本组成部分,并在工程方法与劳动测量领域中得到了发展。泰罗还做了许多著名的开创性的实验。这些实验涉及各个领域,包括基层生产组织、工资付酬理论,以及诸如当时钢铁工业部门中常有的金属加工、生铁搬运和铲掘作业的基本步骤的制定。

在很长的一段时间里,泰罗的基本观点很少变化,他所设想的本来意义上的生产管理科学发展极为缓慢。之所以发展缓慢的原因有很多,如还没有可以运用的、合适的知识与工具,而且必须纠正泰罗以后一段时期内的滥用情况。多年来,人们试图打破这种僵局,用单一的数字代表人们的产量或单个人——机系统化产量来解决一项作业获多少产量,可见这个方法不适用于这种情况。在泰罗以后的时期中,困扰着人们的另一个重大困难是:大规模问题的复杂性出现了,任何问题的所有可变因素似乎完全是相互依存的。今天,由于对统计和概率论的普遍认识并日益应用于生产,以及计算机的运用,与以往相比,现在的生产系统模型更加接近于现实了。

(二)流水线生产

亨利・福特于1903年创立福特汽车公司,他认为阻碍汽车业生产率提高的最主要原因是:汽车结构本身的复杂性、不同的汽车之间缺乏通用零部件以及技术工人之间在技术上存在差异。针对以上问题,他对汽车制造业提出了所谓的"3S化",即标准化(standardization)、简单化(simplification)、专门化(specialization)的革新建议。

于是,1910—1920年福特公司根据泰罗按节拍生产的理论,通过设计制造大量专用机床,首先建立了流水线生产方式。

1922年的汽车产量到达了200万辆。价格从2800美元主动降到850美元。

表 1-2 装配车间手工生产方式与大量生产方式所需时间的比较

装配项目	手工作业生产方式 1913 年秋(分)	大量生产方式 1914 年春(分)	降低率(%)
电磁发电机	20	5	75
车轴	150	26.5	83
成品装配	750	93	88

(三)现代生产管理技术

1. 准时制

准时化(Just-In-Time 即 JIT)生产方式是根据有效地利用多种资源、最大限度地降低成本的生产准则,在需要的时间和地点,生产必要数量和完善质量的产品和零部件,以杜绝任何超量生产,消除一切无效劳动和浪费,达到以最少的投入实现最大产出目的的一种先进生产方式。它以不断地追求最优的生产系统设计和最佳的操作方法,以零缺陷为目标改善产品质量,以零库存为目标降低产品成本,减少准备时间、队列长度和批量缩短提前期。

2. 企业资源计划

ERP 是一个使财务、分销、制造和其他经营业务达到均衡协调的应用软件系统。ERP 的核心管理思想就是实现对供应链的有效管理。

3. 计算机集成制造系统

计算机集成制造系统(CIMS)是在自动化技术、信息处理技术和现代制造技术的基础上,通过计算机网络及软件将制造工厂包括设计、制造、装配、质量保证、物料传送等全部生产活动所需的各种分散的自动化系统有机地集成在一起,形成一种高效率、高柔性的智能化制造系统。从管理技术和方法上看,CIMS 将准时化生产、精益生产、并行工程等技术部分或全部集成进来,达到了一个崭新的水平;从功能上看,CIMS 将市场分析、预测、经营决策、产品设计、工艺设计、加工制造等企业的一切生产经营活动集成为一个良性循环的管理系统,使企业的管理水平达到了一个前所未有的高度。

4. 精细生产和全面质量管理

精益生产 (Lean Productin,即 LP)是以整体优化为基础,科学合理地组织与配置企业拥有的生产要素,重点是精简一切不必要的生产环节和组织机构,消除生产过程中的一切不产生附加价值的劳动和资源;以人为中心,以尽善尽美为最终目标的一整套与企业内外环境相适应,将企业文化、技术运用方式和管理方法高度融合的综合生产体系。精益生产集中体现了现代生产管理的新思想、新观念,综合运用了现代管理最先进的方法和手段。

5. 业务流程再造

业务流程重组(简称 BPR)理论是当今企业和管理学界研究的热点。BPR 理论是于 1990 年首先由美国著名企业管理大师迈克尔·汉默先生提出。美国的一些大公司,如 IBM、科达、通用汽车、福特汽车等纷纷推行 BPR,试图利用它发展壮大自己。实践证明,这些大企业实施 BPR 以后,取得了巨大成功。BPR 定义应是指通过资源整合、资源优化,最大限度地满足企业和供应链管理体系高速发展需要的一种方法,它更多地体现为一种管理思想,已经远远超出了管理工具的价值,其目的是在成本、质量、服务和速度等方面取得显著的改善,使得企业能最大限度地适应以顾客、竞争、变化为特征的现代化经营环境。

6. 敏捷制造

敏捷制造(Agile Manufacturing 即 AM)将先进的柔性制造技术，熟练掌握生产技能、有知识的劳动力和企业内部的灵活管理三者集成在一起，直接面向用户不断变化的个性化需求，完全按订单生产的可重新编程、重新组合、连续更换、信息密集的制造系统。敏捷制造在管理上还具有组织上的柔性，它改变了传统的金字塔式多级管理的静态结构，采用多变的动态组织结构，以内部多功能项目小组或虚拟公司的形式，把企业内部优势和其他企业的多种优势力量集合到一起，从而使每个项目都选用将产生最大竞争优势的管理工具，赢得竞争。

(四)生产管理的未来趋势

1. 基于时间的竞争将进一步加速新产品设计到投产的过程；

2. 顾客需求多样化；

3. 新技术层出不穷，如何合理利用新技术，并与现有生产技术结合是企业技术改造决策的难点；

4. 环保问题是未来生产必须考虑的重要问题；

5. 经济全球化趋势，使跨国公司与全球供应链成为不可逆转的趋势。

综上，生产与运作管理的发展分为四个阶段：19 世纪末以前的早期管理思想阶段；19 世纪末到 20 世纪 30 年代，以泰罗科学管理和法约尔一般管理思想为代表的古典管理思想阶段；20 世纪 30 年代到 20 世纪 40 年代中期以梅奥的人际关系理论和巴纳德的组织理论为代表的中期管理思想阶段；20 世纪 40 年代中期以后一系列管理学派(管理科学派、行为科学派系统管理学派等)为代表的现代管理思想阶段。其中一个重大的发展就是引用了线性规划，由于计算机的发展使大规模线性规划问题的解决成为可能，计算机技术推动了生产与运作管理的发展，如生产方式的变更、自动化的实现。如表 1-3 所示。

表 1-3 19 世纪以来运作管理发展演进的重大事件

年份	概念和方法	发源国别
1917	科学管理原理、标准时间研究和工作研究	美国
1931	工业心理学	美国
1927—1933	流水装配线	美国
1934	作业计划图(甘特图)	美国
1940	库存控制中的经济批量模型	美国
1947	抽样检验和统计图技术在质量控制中的应用	美国
1950—1960	霍桑试验、人际关系学说	美国
	工作抽样分析	英国
	处理复杂系统问题的多种训练小组方法	英国
1970	线性规划中的单纯形解法	美国
1980	运筹学快速发展，如模拟技术、排队论、决策论、计算机技术	美国和欧洲

续表

年份	概念和方法	发源国别
1990	车间计划、库存控制、工厂布置、预测和项目管理、MRP 和 MRPⅡ等	美国和欧洲
	JIT、TQC、工厂自动化(CIM、FMS、CAD、CAM、机器人等)	美国、日本和欧洲
	TQM 普及化、各国推行 ISO9000、流程再造(BPR)、企业资源计划(ERP),并行工程(CE)、敏捷制造(AM)、精益生产(LP)、电子商务、因特网、供应链管理	美国、日本和欧洲

三、企业的生产类型

系统指由两个以上相互关联的要素组成,具有特定功能的有机集合体。生产系统是指与实现规定的生产目标有关的生产单位的集合体,是一个人造的、开放的动态系统。

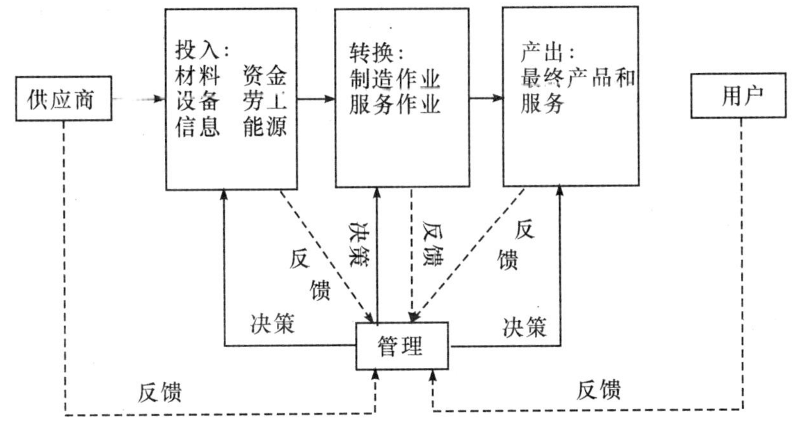

图 1-3 生产系统

(一)按生产性质分:物质生产型;劳动服务型

表 1-4 物质生产型和劳动服务型的区别

产 品	资 金	绩 效	
物质生产	可存储	资金密集	质量、成本、交货期(可计算)
劳动服务	不可存储	劳动密集	顾客满意(难以计算)

(二)按生产工艺特性分类

加工装配式生产(全能型生产、总装型生产、混合型生产)、流程式生产(综合流程式、分解流程式)

(三)按品种和产量分类

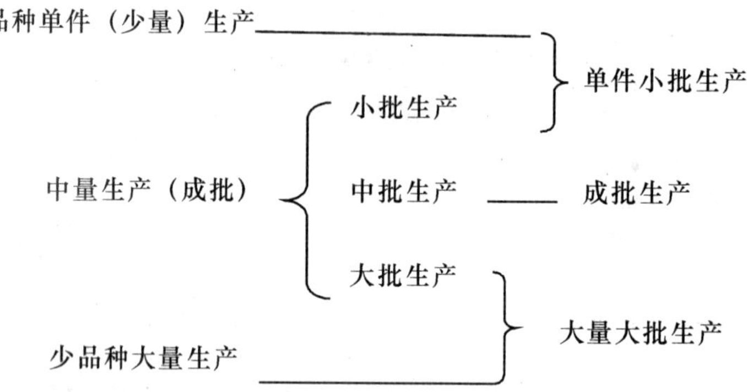

(四)划分的具体方法

工序大量系数法：工序大量系数(k_B)指该工作地加工某一零件的单件时间与该零件出产节拍的比值。

$$k_B=\frac{t_1}{r} \qquad r=\frac{E_e}{N}$$

式中，k_B—工序大量系数；

t_i—工序的单件时间定额(分/件)；

r—零件的平均出产节拍；

F_e—该工作地全年有效工作时间；

N—该零件的年产量。

$$K_B=\frac{1}{m}$$

表 1-5　划分生产类型的工序数目参考数

工作地生产类型		工作地工序数目 m	工序大量系数 K_B
大量生产		1—2	0.5 以上
成批生产	大批生产	2—10	0.5—0.1
	中批生产	10—20	0.1—0.05
	小批生产	20—40	0.05—0.025
单件生产		40 以上	0.025 以下

表 1-6　备货型生产与订货型生产的主要区别

项目	备货型生产(make-to-stock)	订货型生产(make-to-order)
产品	标准产品	按用户要求生产无标准产品、大量的变形产品和新产品
对产品的需求	可以预测	难以预测
价格	事先确定	难以确定
交货期	不重要、由成品库随时供货	很重要、订货时确定
设备	多采用专用高效设备	多采用通用设备
人员	专业化人员	多种操作技能人员

四、作为 COO(Chief Operating Officer)应该具有的知识和能力

首席运营官(Chief Operating Officer,缩写 COO)是公司里负责管理每日活动的公司官员。COO 是组织中最高层的成员之一,监测每日的公司运作,并直接报告给首席执行官。COO 在某些公司中同时任职总裁,但他们通常是常务或资深的副总裁。

知识结构:行为科学、行业技术、计算机、信息技术

能力要求:现场指挥调度能力;人际关系协调能力;技术问题的判断分析能力

工作任务

工作任务 1 认识生产与运作管理的含义

阅读下面资料,回答有关问题:

Dewey 订书机公司的库存分析与控制

销售经理马丁·克莱恩写给总裁艾伦·格雷斯的信

亲爱的艾伦:

真是令人伤心失望的一年。我们几乎在所有领域失去了 10%—15%的市场份额,可这一年我却曾寄予厚望。当我们决定开 4 家分店,不再一切都从总部发货时,我确信那会使我们更好地为顾客服务。去年 5 月,恰恰在酷暑到来之前,我们的第 4 家分店开张了,也许我们只是没有足够的经验开分店。但我个人认为问题比这还要严重得多。

我们的店员被批准持有足够一个月的库存。去年,当我得知只是由于分店计划而使我们 4 个分店与总部的库存量剧增时,我就感到迷惑不解。有必要让 4 个分店和总部都持有一个月的库存吗?为何不就在总部保持一个月库存?

就我看来,真正的问题在于客户服务。我们的销售人员士气消沉。他们无法从分店得到货物,只是因为分店并没有持有那么多库存。于是,客户订单的 40%仍然从总部出货。分店店员告诉我,工厂为了优先满足客户订单,库存补充订单总是被弃置一旁。

艾伦,我们必须解决这些问题。如果我们无法以库存支持销售的话,一味督促销售实在没有道理。我建议,必须要求工厂像对待客户订单一样对待分店库存订单,务必做到及时出货。他们应该视分店如顾客。事实上,分店是他们最大的客户,理应得到相应的服务。另外,我建议一个月的库存规定应该撤掉。让店员自行决定存多少货,以满足他们销售所需。我请求让我的地区经理临时照看分店,给店员们提点建议,告诉他们应该如何对待订单。

艾伦,分店问题给我带来的失望和给你带来的一样大。我知道你很关心库存上升这一事实,但我必须坦诚地说,这只能归因于工厂管理不善。并且,我还要公正地说,艾伦,我并不认为工厂里的人会意识到问题出在他们那里,从而像我们所需要的那样来支持我们。不过,如果得不到我们所需的支持,就没有机会重新获取市场份额了。目前,除销售之外,我的大部分时间全花在一群士气低落的销售员面前扮演牧师角色上了。

您忠实的马丁

库存经理罗伯特·埃勒斯写给总裁艾伦·格雷斯的信

亲爱的格雷斯先生：

您问我对马丁1月5日的信件如何作答，我不知道从何说起，分店计划确实为我们造成了隔阂。

增加分店之时，我以为我们只需要把仓库里的货物分出去一些就行了。可事实上，我们必须真正地增加库存。我们从来没有获得过分店给我们的任何计划，我们见到的只是订单。当我们在必须要给他们运货之前两三周拿到订单时，根本就不知道他们的库存信息。有些特殊物品我们确实缺货。这儿有一份客户订单和一份分店补充库存订单。分店此刻确实需要它们吗？我们能够确信的是，客户的确正缺此货。实际上，我必须承认我们直到分店大喊大叫时才结束等待，尽管我们也知道我们极有可能伤害了分店的客户服务。

格雷斯先生，对于今年的形势，我比去年还要担心。有些分店有一种趋势——淡季时把库存压得很低，这样他们就可以自夸其库存周转率了。而到了旺季，他们又希望我大开工厂的水龙头。我们厂没有足够的存储空间，无法在淡季增加库存，以满足人们的稳产需要。而在旺季为了更好地服务我们需要增加库存。车间经理多次对我说，我们应该让人们以稳定速率进行生产。

所有这些有关库存的争论促使我也提一个建议。我们应该在一般情况下大批量生产，使产品足以满足三个月的需求。只要我们这样做了，就不会不把它们运送给各分店，我们也不必在制造出下一批货之前为他们的订货而紧张和担忧。这样一来，他们也不必再抱怨得不到自己那份库存了。

您也许还没有听说的另外一件烦心事是，运输经理弗兰克建议我们向西海岸分店送货应该使用海运。这就意味着要穿越巴拿马运河，这样做的目的是可以节约5万美元的运输成本，但增加了生产提前期，也降低了供应的柔性。

格雷斯先生，我的智慧已经到头了。有一件事情我们应该予以慎重考虑，那就是设置链接所有库房的计算系统，这样我们就可以用其他分店的库存补充缺货分店的库房。去年9月，我检查了亚特兰大分店的缺货情况，发现通过使用计算系统各种库存都很齐全；我在达拉斯、洛杉矶、芝加哥分店以及总部库房也见到过这种情形。这种计算系统可能很昂贵，但也许只有它才是解决我们面临问题的唯一答案。

您忠实的罗伯特·埃勒斯

（资料来源：Reprinted by Permission from Oliver W. Wright，Production and Inventory Management in the Computer Age）

【思考与实践】 Dewey订书机公司面临着一些严峻问题。公司内部关于库存管理有许多误解急待消除。作为总裁，艾伦·格雷斯请来提建设性意见的顾问。你已从这两封信获得了足够的信息，请你为该公司的库存控制系统出谋划策。

工作任务2　认识生产系统

Kaizen在Frigidaire公司

Frigidaire公司位于阿拉巴马州杰斐逊市，直到1990年，公司还使用传统的大规模生产线系统来生产动力传送器。公司的160名员工轮班工作，沿着一条传送带站着组装动力传送器，监工们负责监控他们的绩效并做出所有与生产有关的决策。据管理者讲，这种管理方式比较像X理论，虽然生产率尚可接受，但质量不高。

1991年，当一位新的工厂管理者开始管理杰斐逊的工厂后，情况很快发生了变化。新管理者具有实施 Kaizen 和使用团队而非传送带作为生产系统基础的经验。这位生产管理者很快根据 Kaizen 原则在工厂中实施了新的团队化生产方式。

他指示他的管理者检查目前的生产系统和机器布局，找出如何把各自劳动力分成团队来生产动力传送器的方式。管理者们发现把机器和工人组成团队的最有效方式是把工人分为28个团队。这28个团队被定位，从而使他们能够有效地交换生产动力传送器所需的零部件。

监工的职责完全改变了。所有与生产有关的决策全部由团队做出。监工被更名为支持员，他们的新任务是支持团队的工作，向团队提供所需的资源。每个团队和它的支持员每周开一次会，设定生产目标以及讨论提高生产效率和质量的途径。支持员们每周也要作为一个团队开一次会，分享他们的知识和经验，以便把新知识推广到组织内的所有团队。

到1996年，新的工作系统获得了重大的成功。有些团队的绩效提高了50%，质量也有了显著的提高。

【思考与实践】

1. Frigidaire 的管理者对生产系统做了哪些改进？
2. 为什么新的生产系统能够获得成功？

工作任务3 基层生产管理者的素质和能力

如何做一名合格工长

在企业里，班组是最小的一级行政组织，它像一个个"细胞"，构成了整个企业的"肌体"。而在这些"细胞"中，班组长有如"细胞核"，作用重大，也最为活跃。企业一切工作的落脚点都在班组。班组不活，企业必然缺乏活力。从一定意义上来说，班组管理水平的高低，可以决定整个企业生产经营的优劣。

人们常说班工长是企业"兵头将尾"，可见，班工长是个"兵"与"将"的双重角色。要当好这个"角色"，绝非易事，除非你：精于操作；善于管理；具有"领头雁"的魄力。

▲精于操作

一个优秀的班工长，首先应该是一个精于操作的生产者，是班工长在班组的地位和作用所决定的。

1. 班工长组织指挥生产的基本职责要求其必须精于操作。班工长要对本班组的生产、安全、技术等活动进行计划组织、指挥、监督和协调，这就要求班工长必须熟悉、了解工作场所、地点的环境及客观条件变化规律，对生产中的各种问题能迅速做出准确判断。只有这样才能得心应手，掌握组织指挥生产的主动权。

2. 班工长提高班组成员技术素质的基本职责要求其必须精于操作。班工长要组织班组成员学习先进的工艺技术，并通过开展现场操作示范、岗位练兵等活动来提高班组成员的技术素质。这就要求班工长要全面熟悉、了解本班组各工种、各工序的"应知"理论，即各种操作规程、质量要求、技术标准，并且熟练掌握各工种岗位的操作技术。只有这样才能以自己的标准操作，引导职工掌握正确先进的操作技术，从而不断提高本班组的整体技术水平。

3. 班工长在班组的模范带头作用要求其必须精于操作。班工长作为"兵头将尾"，既是一个基层管理者，又是一个现场劳动者。

▲善于管理

班工长既要“能打善战”，精于操作，又要“胸有韬略”，管理有方。一个善于管理的班工长，即使把他放到一个比较落后的班组，这个班组的工作也会向好的方面转化；相反，一个不善管理的班工长，即使让他到一个基础很好的班组工作，也未必能做出成绩。

1. 坚持尊重、理解、关心职工的原则。在企业中，管理者与被管理者都是劳动者。二者之间没有根本的利害冲突。这是我们能够而且必须做好管理工作的基础和根本所在。要想成为一名有效的管理者，就应该在尊重职工、管理职工、关心职工上多做文章。尊重职工，就是要尊重职工的基本权利，尊重职工的劳动，绝不能将组员当作雇佣者；理解职工就要理解职工多层次、多方面的要求，设身处地替他们着想，体察其感情，体谅其哀苦，体贴其困难，与组员心连心；关心职工就是要关心职工的疾苦，尽可能帮助职工解决困难，尽可能满足职工正当的物质和精神需求。班工长同组员虽然分工有所不同，但根本利益一致，都是创造财富，为企业的奋斗目标而努力。只要我们真心实意地尊重、理解、关心职工，就能不断缩短同组员之间的感情距离，达到心灵的默契、感情的交融，为实施有效的管理奠定基础。

2. 坚持以教育和引导为主的原则。企业管理必须坚持以教育和引导为主的原则，这同样也是由企业的性质所决定的。在国家、集体、个人三者的利益从根本上来说是一致的。但由于社会环境、家庭状况、个人素质等诸多因素的影响，部分职工的认识水平不高，还不能做到正确处理这些关系，还会犯这样和那样的错误。因此，在管理的过程中需要经常对职工进行社会主义教育，多讲理想和追求，多讲奋斗和境界，避免以包代管，以罚代管。

3. 做好一人一事的管理工作。对人的管理是一项十分复杂的工作。每个人的成长经历不同，家庭情况不同，影响其行为的环境也不尽相同。要实施对人的有效管理，就必须做好一人一事的教育和引导工作，尤其是班工长要对每个人、每件事坚持实事求是的思想路线，及时掌握每一个组员的思想行为动态，具体分析影响人的行为的各种因素。

▲勇于当好“领头雁”

俗话说：“群雁高飞要靠头雁领”。其实，一个国家是这样，一个企业也是这样，班组又何尝不是这样呢？一个班少则几个人、十几个人，多则几十个人，工作也罢，学习也罢，人际关系也罢，全靠班工长带领。

1. 具有高度的事业心和强烈的责任感。班工长是不脱产的管理者，每天既要带头苦干，又要组织全体成员完成上级下达的任务，同时还要做大量的思想政治工作和其他管理工作，事情多，责任重，十分辛苦。他们在长年生活、工作之中，和工人们朝夕相处，遇到的烦恼和困难要比一般工人多得多。如果没有高度的事业心和强烈的责任感，那是很难长久支撑下去的。

2. 具有临阵不乱、冲锋陷阵的精神。即要求班工长不仅平时能吃大苦、耐大劳，而且在关键时刻能冲得上去，压得住阵脚，特别是遇到恶劣的条件，任务艰巨以及抢险救灾时，能够临阵不乱，冲锋在前，起到关键的作用。

3. 具有严于律己、甘于牺牲自己的精神。作为最基层的管理者，班工长手中具有一定的权力。要想纠正别人的不规范作为，就必须先正自身；要求别人做到的，必须首先自己做到。只有正确运用手中的权力，处处严于律己，才能有效地指挥别人。甘愿吃亏和富于自我牺牲往往最能赢得人心，树立管理威信，这一点对任何管理者都是至关重要的。但好班工长，必须先人后己，克己奉公，不谋私利，特别是当个人利益与集体利益发生矛盾时，要能牺牲自我，服从大局。

4. 尽管没有谁要求班工长也必须是战略家、企业家，这既不现实，也没有必要。但班工长也是一支队伍，而且天天需要真打硬拼，所以对班工长们来说，将帅之风不可不讲，威信更不可能没有。安排计划讲求一点智谋，工作中做到赏罚分明，平日里爱兵如爱自家兄弟，遇事考虑周密而勇于决断，以及严格按规章制度和劳动纪律办事等等，这些是班工长们不可不具备的素质和作风。

▲班组的管理工作

班工长是本班的管理者，就必须首先制定出一套符合班组实际科学的管理规定。俗话说："没有规矩不成方圆"。因此，作出文明规定，用制度管人用制度办事是班工长首先要考虑的大事情。

1. 要制定出严格操作标准：按"三大规程"作业决不蛮干胡干。

2. 建立科学合理岗位经济责任制。要根据责任大小和劳动强度大小分配利益。决不能出现干多干少一个样，干好干坏一个样的方法。要与奖与罚结合起来，实行多劳多得，少劳少得，奖勤罚懒，不搞平均主义，调动大家的积极性和创造性干好工作。

▲安全管理方面

在安全管理方面班工长必须要树立"安全第一，预防为主"的方针。对每个职工讲清安全的重要性，安全是"天字号"大事。只要上班就必须绷紧这个弦，要树立按章作业的习惯。对不安全的工作，班工长必须亲自盯上去干好重点工作，决不能出现一点差错。

▲材料管理方面

班工长和职工都是企业的员工，只有企业发展了，我们每个职工才能有发展。对待企业的每一件材料，就当作自己家的东西要去爱护，去保管。这样才能形成大家心往一处想，事往一处办。

▲质量标准工作

必须抓好质量标准化工作，只有班工长对质量标准化工作认识到位，教育每个职工严格按质量标准化去干，把质量工作抓好，才能促进生产的正常，保障安全工作的顺利进行。

▲教育工作

教育工作是提高每个职工素质的基础。只有每个职工都有积极上进的学习心理，才能把所学的东西用到实践中去。

总之，班组工作比较多，但干工作中班工长必须应用好手中的权力，抓好重点工作，管好每一个细小环节，把安全工作当成"天大"的事去干，这样才能搞好班组工作。

【思考与实践】结合上述案例，谈谈怎么才能成为一名合格的基层生产管理人员。

单元二　生产运作战略

教学目标

(一)总目标:掌握生产运作战略的相关概念

(二)具体目标:

1. 理解生产运作战略的概念
2. 了解企业战略的层次划分;了解生产运作战略框架
3. 了解生产运作战略的特点

理论精要

一、生产运作战略的概念

(一)战略与企业战略

"战略"一词最早来源于希腊语"Strategos",其含义是"将军指挥军队的艺术",是一个军事术语。在我国,"战略"一词先是"战"与"略"分别使用,"战"指战斗、战争,"略"指筹略、策略、计划。《左传》和《史记》中已使用"战略"一词。"战略"一词引入企业管理中来只有几十年时间,最早出现在巴纳德(C. I. Bernad)的著作《经理的职能》中,但应用并不广泛。1965年美国经济学家安索夫(H. I. Ansoff)的著作《企业战略论》的问世,标志着"企业战略"一词开始广泛应用。

关于"战略"的涵义,不同的学者从不同的角度给以不同的表述。这里介绍几种有代表性的观点:

钱德勒(Alfred D. Chandler):战略是决定企业的长期基本目标与目的,选择企业达到这些目标所遵循的途径,并为实现目标与途径而对企业重要资源进行分配。

魁因(I. B. Quinn):战略是一种模式或计划,是将一个组织的重要目的、政策与活动,按照一定的顺序结合成为一个紧密的整体。

明茨博格(H. Mintzberg):战略可以从五个不同的方面定义,即计划(Plan)、计谋(Ploy)、模式(Pattern)、定位(Position)、观念(Perspective)。这五个方面的定义是从不同的角度对战略进行了阐述,有助于对战略管理及其过程的深刻理解。

综上所述,我们可以对战略作如下解释:战略是组织对其发展目标,达成目标的途径、手段等关乎全局的重大问题的筹划和谋略。

把战略的含义与不同领域相结合、运用,就形成不同领域的战略。运用于企业就形成企业战略。因此我们可以把企业战略表述为:企业为不断获得竞争优势,以实现企业的长期生存和发展而对其发展目标、达成目标的途径和手段等重大问题的总体谋划。

(二)企业战略的层次划分

一个企业的战略为了与组织层次相适应,必须划分为不同的层次。一般而言,企业战略可以划分成三个层次,如图1-4所示:

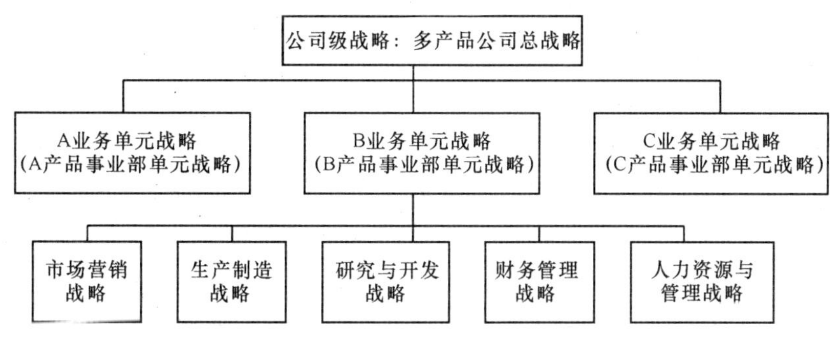

图 1-4　企业战略系统

1. 公司战略(corporate strategy)

这是企业的总体战略，它从总体上设定了企业的发展目标、实现目标的基本途径。它侧重于两个方面的问题：一是选择企业所从事的经营范围和领域；二是在各事业部之间进行资源配置。一般企业的总体战略有三种类型：增长型战略、稳定型战略、紧缩型战略。

2. 业务战略(business strategy)

业务战略即企业的竞争战略，它是企业的各个业务单位如何在公司战略的指导下，通过自身所制定的业务战略，取得超越竞争对手的竞争优势。在这一层次中，竞争优势构成要素显得尤为重要。按照哈佛商学院迈克尔·波特教授(M. E. Porter)的观点，企业的竞争战略包括：成本领先战略、差异化战略和集中化战略。

3. 职能战略(functional strategy)

它是主要职能部门以业务战略为指导，分别制定的本部门的发展目标和总体规划，其目的是公司战略和竞争战略的实现。职能战略主要包括：生产运作战略、市场战略、财务战略和人力资源战略等。

公司战略、业务战略和职能战略之间是相互作用、相互影响的。企业要获得长期发展，必须实现三个层次战略的有机结合。上一层次战略构成下一层次战略实施的战略环境，下一层次战略为上一层次战略目标的实现提供支撑。

如果企业的规模较小，只从事单一业务，此时企业的公司战略和竞争战略就处于同一层次，企业的战略结构就划分成两个层次。

(三)生产运作战略的概念

由上述可知，生产运作战略属于职能战略中的一种，是企业战略的重要组成部分。我们可以把它的概念简单表述为：企业为了实现总体战略而对生产运作系统的建立、运行，以及如何通过生产运作系统来实现组织目标所做的总体规划。它是在企业总体发展目标的指导下，具体规定企业在生产运作领域如何操作的问题，以保证生产系统的有效性，顺利地进行生产运作活动。

由于生产运作战略处于企业战略的第三层次，属于职能战略。因此，即使在同一企业总体战略下，不同部门由于所选择的业务战略不同，也必须制定与之相适应的生产运作战略。

二、生产运作战略的内容

生产运作战略主要包括三个方面的内容：生产运作的总体战略，产品或服务的设计与开发，生产运作系统的设计与维护。

(一)生产运作的总体战略

企业生产运作的总体战略包括以下几个方面内容：

1. 产品(服务)的选择战略

企业进行生产运作，首先要确定的是企业将以何种产品(服务)来满足市场需求，实现企业发展，这就是产品(服务)选择战略所涉及的内容。企业产品(服务)选择正确与否，可以决定一个企业的兴衰存亡，必须对此予以高度重视。

企业向市场提供什么产品(服务)，需要对各种设想进行充分论证，然后才能进行科学决策。此时通常要考虑以下几个因素：

(1)市场条件。主要分析拟选择产品(服务)行业所处的生命周期阶段、市场供需的总体状况及发展趋势、企业开拓市场资源及能力、企业在目标市场的地位和竞争能力预期等。

(2)企业内部的生产运作条件。主要分析企业的技术、设备水平，新产品的技术、工艺可行性，所需原材料和外购件的供应状况等。

(3)财务条件。主要分析产品开发和生产所需的投资、预期收益和风险程度等财务衡量指标，此外还要结合产品所处的生命周期来判断产品对企业的贡献前景。

(4)企业各部门工作目标上的差异性。由于企业内部各部门的职能划分不同，在共同的企业总体战略目标之下，各部门工作目标的差异性也是客观存在的，这种差异必然会对产品选择产生影响，增加工作难度。例如，生产部门追求高效、低耗地完成生产，倾向于选择生产成熟的、单一的产品；营销部门追求产品组合的宽度和深度，以适应消费者多样化的需求，倾向于新产品的不断推出；财务部门则更青睐销售利润高的产品选择。这些分歧的存在，从不同部门的角度考虑，都是为了企业的发展。这就需要企业在进行产品选择时要综合考虑、全面协调。

除以上几个方面的因素，企业在产品(服务)选择时还要兼顾社会效益、生态效益等方面的影响因素。

2. 自制或外购战略

企业进行新产品开发，或者建立或改进生产运作系统，都要首先做出自制或外购的决策。企业自制战略有两种选择：一是完全自制，即建造完备的制造厂，购置相应的生产设备，进行组织生产所必需的人员招聘与配备，产品生产的各个环节都在本厂完成；第二种是装配阶段自制，即“外购＋自制”战略，部分零部件外购，企业建造一个总装配厂，进行产品组装。企业如果选择外购战略，就需要成立一个经销公司，为消费者提供相应的服务。

一般而言，对于产品工艺复杂、零部件繁多的生产企业，那些非关键、不涉及核心技术的零部件，如果外购价格合理，市场供应稳定，企业会考虑外购或以外包的方式来实现供应。

3. 生产与运作方式选择战略

企业在做出自制或外购的决策之后，就要从战略的高度对企业的生产方式做出选择。正确的生产与运作方式选择，可以帮助企业动态地适应快速变化的市场需求、日益激烈的市场竞争、日新月异的科技发展，使企业能适应甚至引导生产与运作方式的变革。可供企业选择的生产与运作方式有许多种，这里仅介绍两种典型的生产方式：

(1)大批量、低成本。这种战略适用于需求量大、差异性小的产品或服务的提供。在这样一个特定的市场上，企业采用低成本和大批量生产与运作的方式，就能够获得竞争优势，特别是在居民消费水平普遍不高的经济发展阶段的国家（地区）。20 世纪初的福特汽车公司首创流水线生产，现在的 Wal-Mart 公司的低成本、大规模生产方式的选择，都是这一战略执行的典型代表。

(2)多品种、小批量。对于消费者的需求多样化、个性化的产品或服务，就不宜采用大批量生产的方式，而更适合采用小批量的顾客定制方式。这种方式最早出现于 20 世纪 80 年代初，它兼有大批量生产的低成本优势和单件小批量生产适应消费者个性化需求的特点，是介于大批量生产与单件小批量生产与运作方式的一种中间状态。当前，许多著名的企业，如丰田、惠普等公司，都采用这种生产与运作方式。

除以上两种较传统的生产与运作方式外，可供企业选择的先进的生产方式如：敏捷制造、JIT、计算机集成制造等。

(二)产品开发与设计

企业在产品或服务选择的基础上，要对产品或服务进行设计，以确定其功能、型号和结构，进而选择制造工艺，设计工艺流程。随着现代科技的快速发展，产品生命周期总体上有缩短的趋势，产品开发与设计的重要性日益彰显，不断推出新技术、新产品，成为保障企业生存与发展的重要条件。按照产品或服务开发与设计的发展方向，可将该战略分为四类：

1. 技术领先者或技术追随者

企业在进行产品或服务开发与设计时可以通过自主研发来掌握新技术，以开发设计产品或服务，也可以通过学习技术领先者的技术来开发、设计产品或服务。做技术领先者或追随者是产品或服务设计时的两种不同选择。对于制造业来说，做技术领先者需要不断创新和大量的研发投入，因而风险较大，但一旦成功则可获得较丰厚的回报，可以在竞争中处于领先地位；做技术追随者主要是学习新技术，仿制别人的新产品，因而相对投入少、风险小，但相比技术领先者投资回报率低，并且容易在技术上受制于人。当然，通过努力学习，对别人的技术和产品进行改进，也有可能形成竞争优势。

波特教授曾经将研究开发战略与企业竞争战略联系起来，通过研究得出结论：技术领先者和追随者，在获取成本领先优势或差别化优势方面各有特点，技术领先者是易于获得竞争优势的，但技术追随者也可获得优势。如表 1-7 所示：

表 1-7　研究开发战略与竞争优势

竞争优势	技术领先者	技术追随者
成本领先	①优先设计出成本最低的产品或服务 ②优先获得学习曲线效益 ③创造出完成价值链活动的低成本方式	①通过学习技术领先者经验，来降低产品或服务成本和价值链活动费用 ②通过仿制来减少研究开发费用
差别化	①优先生产出能增加买方价值的独特产品 ②在其他活动中创新以增加买方价值	通过学习技术领先者的经验，使产品或交货系统更紧密地适应买方的需要

2. 自主开发或联合开发

自主开发就是企业根据对市场的分析和预测，依靠自己的技术力量进行新技术、新产品的研究开发，从而开发出适应消费者需求的产品。联合开发则是指企业通过与合作伙伴或其他机构联合开发新技术、新产品。自主开发对于企业规模大、开发与设计能力强的行业领先者很有吸引力；而联合开发则成为实力稍逊企业的理性选择，它们可以通过联合实现资源聚合，实现联合各方的共赢。此外，对于一些复杂的产品或技术，由于涉及的知识前沿，投入巨大，其周期较长，联合开发的适用性更强。

3. 外购技术或专利

如果企业没有条件进行独立研究开发、联合开发，或者研发成本、风险过大时，就会考虑外购先进的技术或专利，借助企业外部的研发力量，增强企业自身的技术实力。企业通过购买大学或研究所等的研究成果，可以节约产品开发与设计的投入，降低产品开发与设计的风险，同时缩短产品开发与设计的周期。但要注意的是，企业在购买或引进技术或专利后，要加以消化、吸收和创新，以形成特色。

4. 基础研究或应用研究

基础研究就是对某个领域的某种现象进行研究，但不能保证新的知识一定可以得到应用。基础研究成果转化为产品的时间较长，投资比较大，而且能否转化为产品的风险很大。但是，一旦基础研究的成果可以得到应用，则会对企业的发展发挥巨大作用。应用研究则是企业根据市场需求状况选择一个潜在的应用领域，有针对性地进行的研究活动。应用研究实用性强，较容易转化为现实生产力，但应用研究一般需要基础理论的研究成果。例如空气动力学的研究属于基础研究，而赛车车型的研究则属于应用研究，它是要以空气动力学为基础的。

（三）生产运作系统的设计与维护

生产运作系统的设计与维护是企业战略管理的一项重要内容，也是企业战略实施的重要步骤。生产运作系统的设计与维护主要有四个方面的内容：选址、设施布置、工作设计、考核与报酬。

三、生产运作战略框架

生产运作战略在整个的企业战略中处于职能战略层，在企业的经营活动中处于承上启下的地位：承上是指生产运作战略是对企业总体战略、竞争战略的具体化；启下是指生产运作战略作为生产运作系统的总体战略，推动系统贯彻执行具体的实施计划。因此，生产运作战略不是一个孤立的单元，而是整个企业系统的有机组成部分，我们可以通过整个生产运作战略框架来对生产运作战略进行横向、纵向的系统分析。横向体现生产运作战略与企业其他部门的联系，纵向体现生产运作战略与顾客的联系，从产品设计、物料采购、加工制造，直到市场销售。如图 1-5 所示。

图 1-5 体现了生产运作战略将企业资源与市场需求有机联系，通过对框架图的分析，我们可以明确这种联系是如何建立的。首先，确定顾客对新产品和现有产品的需求状况，包括对产品的质量、性能、价格和交货期等，并确定它们的优先级别。然后，要明确企业生产运作的重点，并与顾客需求的优先级别相一致。最后，生产部门动用所有的能力，努力实现生产以满足顾客需求，赢得订单。所以，生产运作战略框架图直观地体现了从发现顾客需求到满足顾客需求的生产运作流程。

需要解释的几点：第一，生产部门的全部能力包括技术、系统和人员水平，图中底部的内圈表示“生产能力桶”，所标示的 CIM（计算机集成制造）、JIT（准时化生产）、TQM（全面质量管理）只是代表了应用在技术、系统和人员水平三方面所需要用到的概念和工具。第二，“生产能力桶”中包括了供应商，是为了表明供应商必须是在技术、系统和人力三方面都

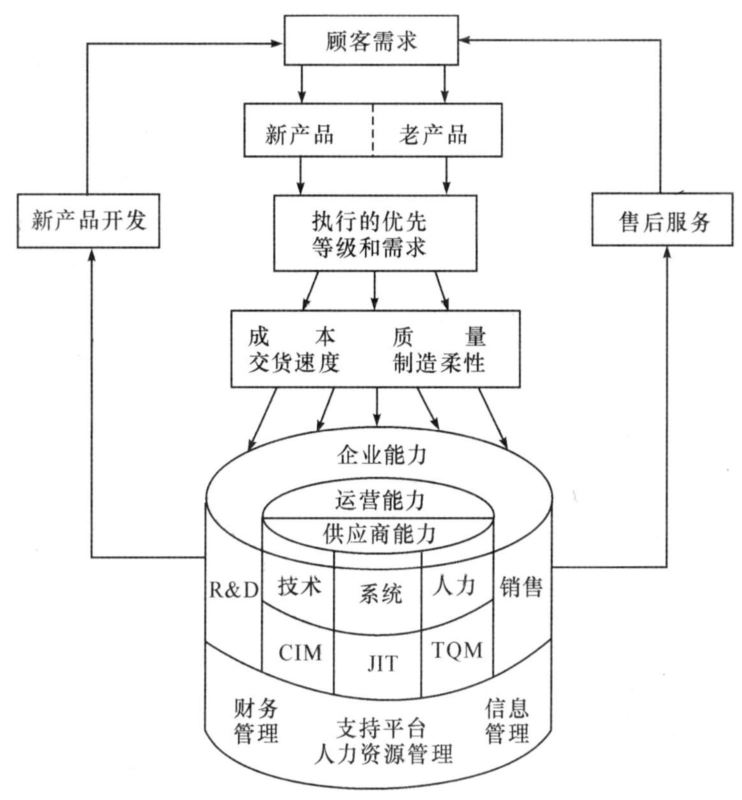

图 1-5 生产运作战略框架

得到企业认可的协作者。如果这三方面得不到资格认证，则不会被选为供应商。第三，图中的外圈是“企业能力桶”。图中把产品的需求特性与“企业能力桶”联系起来，是因为顾客对产品的需求特性不仅与生产运作管理有关，也与企业产品开发与设计、销售等其他部门有关。第四，底部的支持平台体现了企业财务管理、人力资源管理和信息管理等对企业生产运作的支持，正因为有了这样的支持平台，企业才能更好地满足顾客需求。

四、生产运作战略的竞争重点

生产运作战略强调生产运作系统是企业的竞争之本，只有具备了生产运作系统的竞争优势才能赢得产品的优势，才会有企业的优势，因此，运作战略理论是以竞争及其优势的获取为基础的。在多数行业中，影响竞争力的因素主要是 TQCF。具体解释：

（一）交货期(Time)

交货期指比竞争对手更快捷地响应顾客的需求，体现在新产品的推出、交货期等方面。交货期是企业参与市场竞争的又一重要因素，对交货期的要求具体可表现在两个方面：快速交货和按约交货。快速交货是指向市场快速提供企业产品的能力，这对于企业争取订单意义重大；按约交货是指按照合同的约定按时交货的能力，这对于顾客满意度有重要影响。影响交货能力的因素也很多，诸如：采购与供应、企业研发柔性和设备管理等。

（二）质量(Quality)

质量指产品的质量和可靠性，主要依靠顾客的满意度来体现。我们所讲的质量是指全面的质量，既包括产品本身的质量，也包括生产过程的质量。也就是说，企业一方面要以满足顾客需求为目标，建立适当的产品质量标准，设计、生产消费者所期望的质量水平的产品；另一方面生产过程质量应以产品质量零缺陷为目标，以保证产品的可靠性，提高顾客的满意度。此外，良好的物资采购与供应控制、包装运输和使用的便利性以及售后服务等对质量也有很大影响。

(三)成本(Cost)

成本，包括生产成本、制造成本、流通成本和使用成本等诸项之和。降低成本对于提高企业产品的竞争能力、增强生产运作对市场的应变能力和抵御市场风险的能力具有十分重要的意义。企业降低成本、提高效益的措施很多，诸如：优化产品设计与流程设计、降低单位产品的材料及能源消耗、降低设备故障率、提高质量、缩短生产运作周期、提高产能利用率和减少库存等。

(四)制造柔性(Fragility)

制造柔性是指企业面临市场机遇时在组织和生产方面体现出来的快速而又低成本地适应市场需求，反映了企业生产运作系统对外部环境做出反应的能力。随着市场需求的日益个性化、多元化趋势，多品种、小批量生产成为与此需求特征相匹配的方式，因此，增强制造柔性已成为企业形成竞争优势的重要因素。关键柔性主要包括产品产量柔性、新产品开发及投产柔性和产品组合柔性等，由此又涉及生产运作系统的设备柔性、人员柔性和能力柔性等，甚至对供应商也会提出在这方面相应的要求。

对 TQCF 理解时我们要明确：企业要想在 TQCF 四个竞争要素方面同时优于竞争对手而形成竞争优势是不太现实的。企业必须从具体情况出发，集中企业的主要资源形成自己的竞争优势。特别是当 TQCF 发生冲突时，就产生了多目标平衡问题，需要对此进行认真分析、动态协调。

五、生产运作战略的制定程序

由于生产运作战略是职能战略之一，所以它必须在企业总体战略、竞争战略制定之后才能制定。一般而言，生产与运作战略的制定程序如下：

1. 编制制定战略任务说明书。说明书应包括生产运作战略的目的、意义、任务、内容、程序以及注意事项等内容，根据企业的规模不同，任务说明书的详略也不同。

2. 进行环境分析。这是企业在制定战略时必须首先要做的工作，包括外部环境和企业内部条件分析。通过外部环境的分析发现企业面临的机会与威胁，通过内部条件的分析总结出企业的优势和劣势。此外，还要对企业制定的总体战略、竞争战略进行系统分析。

3. 制定战略目标。根据企业的战略使命、企业的总体战略目标和竞争战略目标，在环境分析的基础上，进一步确定企业生产运作战略的战略目标，具体可包括产能利用目标、质量目标、产量目标和物资消耗目标等。

4. 评价战略目标。为保证生产运作战略目标的科学性，对企业确定的生产运作战略目标要进行全面的综合评价。评价可以根据企业的生产运作实际情况，运用定性、定量的方法进行分析。

5. 提出备选方案。在环境分析的基础上，根据企业生产运作战略目标拟定出备选的生产运作战略方案。备选方案的数量要考虑企业规模、实力及企业的性质，并针对不同的条件,体现方案的差异性。

6. 选择战略方案。对企业拟定的备选方案从成本、收益、风险及它们对企业长期竞争优势的影响等方面进行全面评估,综合运用定性、定量分析的方法,以形成对备选方案的综合评价,作为企业选择生产运作战略的依据。

7. 组织实施。为了更好地实施生产运作战略,应根据选定的战略方案制定具体的方案实施计划,建立协调和控制机制。另外,还需对企业员工进行深入发动,调动员工参与战略实施的积极性,确保战略目标实现。

六、生产运作战略的环境分析

制定生产运作战略同制定企业总体战略和竞争战略一样也需要进行环境分析。企业战略的环境分析主要包括企业外部环境和企业内部条件分析。企业在制定生产运作战略前,同样也要进行这两方面的分析。只不过是此时的外部环境、内部条件分析更加侧重分析与生产战略制定关系密切的因素。

(一)外部环境分析

企业外部环境可以划分为宏观外部环境和行业环境。

1. 宏观外部环境

企业的宏观外部环境主要包括政治法律环境、经济环境、社会文化环境和科学技术环境。政治法律环境主要包括政治制度、方针政策、政治气氛、国家法律规范和企业法律意识等要素,它们会对企业的生产运作管理产生深远的影响和制约作用。企业适应所面临的政治法律环境,是企业实现生产运作战略的前提。经济环境指影响企业生存与发展的社会经济状况及国家经济政策,包括国民收入水平、消费结构、物资水平、产业政策、就业状况、财政及货币政策和通货膨胀率等要素。其中对生产运作战略影响最大的是产业政策,它对产品决策和生产组织方式的选择有直接影响。社会文化环境是指一个国家或地区的文化传统、价值观念、民族状况、宗教信仰和教育水平等相关要素构成的环境。科技环境指企业所处的社会环境中的科技要素及与该类要素直接相关的各种社会现象的集合,主要包括社会科技水平、科技力量、科技体制和科技政策等要素。

对企业宏观环境的分析方法主要是 PEST 分析法,如图 1-6 所示。

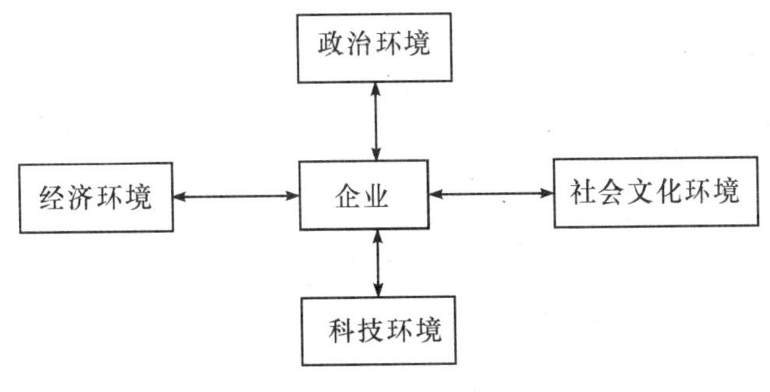

图 1-6 PEST 分析法

2. 行业环境

所谓行业或产业,是居于微观经济细胞(企业)与宏观经济单位(国民经济)之间的一个集合概念。行业是具有某种同一属性的企业的集合,处于该集合的企业生产类似产品满足用户的同类需求。行业中同类企业的竞争能力和生产能力将直接影响到本企业生产运作战略的制定，特别是在开发新产品时，更应仔细分析行业环境。对行业环境的分析要从战略的角度分析行业的主要经济特征（市场规模、行业盈利水平、资源条件等）、行业吸引力、行业变革驱动因素、行业竞争结构、行业成功的关键因素等方面。其中行业主要经济特性、行业竞争等方面对企业生产运作战略的影响较大。关于行业竞争结构分析可以采用哈佛商学院的迈克尔·波特教授（M. E. Porter）的五力分析法来进行。如图 1-7 所示。

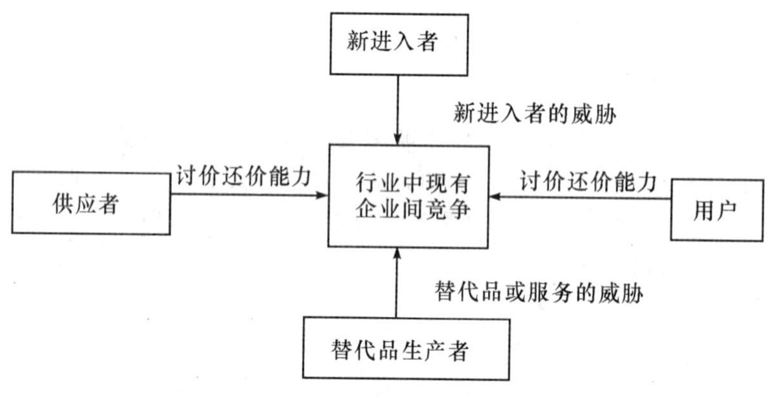

图 1-7 五力分析模型

按照波特的观点，一个行业的激烈竞争，其根源在于其内在的竞争结构。在一个行业中存在五种基本竞争力量，即新进入者的威胁、行业中现有企业间竞争、替代品或服务的威胁、供应者讨价还价的能力和用户讨价还价的能力。这五种基本竞争力量的现状、发展趋势及其综合强度，决定了行业竞争的激烈程度和行业的获利能力。在竞争激烈的行业中，一般不会出现某个企业获得非常高的收益的状况；在竞争相对缓和的行业中，会出现相当多的企业都可获得较高的收益。五种基本竞争力量的作用是不同的，问题的关键是在该行业中的企业应当找到能较好地防御这五种竞争力量的位置，甚至对这五种基本竞争力量施加影响，使它们朝着有利于本企业的方向发展。

（二）企业内部条件分析

对企业战略产生影响的企业内部条件因素很多，我们主要分析影响企业生产运作战略制定的内部条件因素。主要包括：

1. 企业总体战略、竞争战略及其他职能战略

企业的总体战略、竞争战略确定了企业的经营目标。在此目标之下，不同的职能部门分别建立了自己的职能部门战略及要实现的目标。因此包括生产运作战略在内的各职能战略的制定，要受到企业总体目标的制约和影响。同时，由于各职能战略目标所强调的重点各不相同，往往对生产运作战略的制定产生影响，而且影响的作用和方向是不一致的。在制定生产运作战略时，要认真研究企业总体战略、竞争战略的具体要求以及其他职能战略的制定情况，权衡这些相互作用、相互制约的战略目标，使生产运作战略决策能最大限度地保障企业经营目标的实现。图 1-8 表示生产运作战略与企业总体战略之间的关系及其战略决策选项。

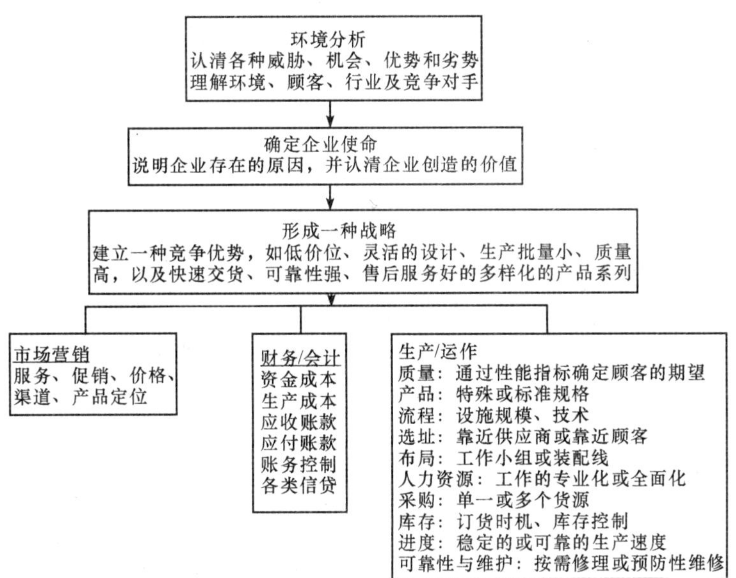

图 1-8　生产运作战略及其战略决策选项

2. 企业能力

企业能力对制定生产运作战略的影响是指企业在运作能力、技术条件以及人力资源等方面与竞争对手相比所体现的优势和劣势。对企业能力的评价比较复杂，它需要在全面评估企业内部条件的基础上对企业能力做出判断。需要评价的企业内部条件包括：对市场需求的了解和营销能力，现有产品状况，现有顾客状况，现有的分配和交付系统，现有的供应商网络及与供应商的关系，人员素质和能力，自然资源的拥有状况及获取能力，设施、设备和工艺状况，可获得的资金和财务优势等。

七、生产运作战略的实施

生产运作战略实施是生产运作战略管理的关键环节，是动员企业生产运作系统的全体员工充分利用并协调企业内外一切可利用的资源，沿着生产运作战略的方向和所选择的途径，自觉而努力地贯彻战略，以期待更好地实现企业生产运作战略目标的过程。

(一)生产运作战略实施与战略制定的关系

对企业而言，成功的生产运作战略制定并不能确保成功的战略实施，实施战略要比制定战略重要得多，而且也困难得多、复杂得多。分析战略制定与战略实施不同配合的结果，我们可以得出这样的结论：

1. 当企业制定了科学合理的生产运作战略并且能有效地实施这一战略时，企业才有可能顺利地实现战略目标，取得战略的成功。

2. 企业制定的生产运作战略不够科学合理，但企业非常严格地执行这一战略，此时会出现两种情况：一种是企业在执行战略的过程中及时发现了战略的缺陷并采取补救措施弥补缺陷，一定程度上减少了战略执行造成的损失，企业也能取得一定的业绩；第二种是企业僵化地实施战略而不进行动态的调整，结果使企业失败。

3. 企业制定了科学合理的生产运作战略但没有认真实施，企业陷入困境。此时，如果企业不从战略实施环节查找原因，而是对战略本身进行修订后仍按照原来的办法组织实施，往往会使企业的生产运作战略收效甚微，甚至导致企业失败。

4. 企业的生产运作战略本身不科学合理，又没有很好地组织战略实施和控制，企业最终会遭受重大损失而失败。

综上所述，企业只有制定了科学合理的生产运作战略并有效地组织实施，企业才能取得成功。

(二)生产运作战略实施的步骤

企业制定出生产运作战略后，就进入了实施阶段。在战略实施过程中，必须使生产运作系统的内部结构及条件与战略相适应，即生产运作战略要与企业的资源分配、技术能力、工作程序和计划方案等相适应。企业生产运作战略的实施步骤如下：

1. 明确战略目标

生产运作战略是根据企业经营战略来制定的，在企业战略中已经明确生产运作的粗略的基本目标。在生产运作战略实施时，还要把该目标进一步明确，使之成为可执行的具体化的目标。生产运作战略的目标主要包括产能目标、品种目标、质量目标、产量目标、成本目标、制造柔性目标和交货期目标等。

2. 制定实施计划

为确保生产运作战略目标的实现，企业还要制定相应的实施计划。在生产运作管理中，生产计划是整个计划体系的龙头，是其他相关计划编制的依据。生产计划具体包括产能发展计划、原材料及外购件供应计划、质量计划、成本计划和系统维护计划等。

3. 确定实施方案

计划明确了生产运作的方向，但要具体实施还要确定相应的行动方案。通过所选择的实施方案进一步明确实施计划的行动，从而使计划目标落实到具体的执行过程中。

4. 编制生产预算

企业生产预算是企业在计划期内生产运作系统的财务收支预算。编制预算是为了管理和计划控制的目的，确定每一项活动方案的成本。因此，生产预算是为战略管理服务的，是企业实现生产运作战略目标的财务保证。

5. 确定工作程序

工作程序规定了完成某项工作所必须经过的阶段或步骤的活动细节，具有技术性和可操作性的特点。为了制定最佳的工作程序，可以借助于电子计算机和计划评审法(PERT)、关键路线法(CPM)、线性规划、目标规划等科学的管理方法。

工作任务

工作任务1 认识生产运作战略

麦当劳:从大批量生产中取得战略优势

在不到50年的时间里，麦当劳只用了一份以汉堡包和一些法国式炸薯条为主的菜单，引发了一场世界范围的饮食革命。今天，麦当劳在全球的销售额最高达到300亿美元。取得这一成功的“烹调配方”很简单：清晰地表达，然后严格地运用制作和销售汉堡包的单一的最佳方式。

麦当劳的食物并没有什么新奇或独到之处，它的配方也没有什么专利权。麦当劳今天是这样，1954 年雷·克罗克(Ray Kroc)开办这家公司时也是这样。对麦当劳来说，竞争优势来自于在快餐业中制作最固定不变、最标准化的食品；比别人更有效率。杰出的制造业和服务业在每一天、每一餐都能满足顾客的期盼。让我们看看麦当劳是如何做到这一点的。

麦当劳把如何制作汉堡包的方法完全写入文件之中，里边没有一点不可言传的知识。你会说，"当然了，制作汉堡包或是法式炸薯条、鸡块只能用手工方式。"但麦当劳并非如此，这真是令人大吃一惊。麦当劳以完全不同的方式，设计出世界上最能预计到的食品。不需要学徒和长期的经验。在一份长达 750 页的详细说明手册中，麦当劳预见到了制作汉堡包过程中的每一个细微之处。约翰·洛夫(John F. Love)向我们讲述了当他在麦当劳公司工作时，公司手册中的操作说明：

……手册里特别制订各种产品烹调时间，为各种设备设定了温度。它规定每项食品的标准成分，甚至强调每个汉堡包要放 1/4 盎司洋葱，每磅奶酪要切成 32 片。手册明确规定了法式炸薯条应该切出的厚度和角度。手册讲述了生产流程并明确指出各种工作的要求和休息的操作方法……，例如，烘烤师在往烤箱中摆放汉堡包时要从左向右，每个烤架上摆 6 排，每排 6 块肉饼。由于前两排肉饼距电热丝最远，手册指示烘烤师给肉饼翻面时要先翻第 3 排的，然后是第 4 排，以后依次是第 5、第 6 排，最后再翻前两排的。

麦当劳靠它的大批量生产能力制作的汉堡包高度标准化，它在全世界 1.4 万多家店中售出 1000 亿个几乎一模一样的汉堡包。想想看，在一个像烹调这样容易受到原料、设备、温度、个人技能以及外观轻微变化所影响的企业中，麦当劳几乎完美地重复制造了 1000 多亿次同样的产品！麦当劳依靠它的实践知识确实改造了快餐和饮食业，同时也改变了全球的社会。

(资料来源：[美]巴特·维克多、安底鲁·C·博因顿：《创新的价值—实现增长和盈利的最大化》，新华出版社 2000 年版，第 63—65 页。)

【思考与实践】麦当劳在战略上的成功之处是什么？

工作任务 2 认识生产运作战略的竞争重点

联邦默高公司的两套生产系统

联邦默高公司(Federal-Mogul，www.federal-mogul·com)是位于宾夕法尼亚州兰切斯特市的一家汽车零件制造厂。在 20 世纪 80 年代中期，公司受到了来自低成本的日本竞争对手的威胁，管理者们因此决定降低运营成本。在大致参观了几家日本工厂后，联邦默高公司的管理者们猜想，他们的日本竞争对手成本优势的来源是尖端计算机、机器人和其他自动化设备的使用。因此，在 1987 年，公司用现代自动设备重新组织了它的汽车零件制造厂，包括使用机器人、在生产线上传送半成品零件的高架传送带和自动向导运输车(由地下电缆引导的小车，用来在车间之间搬运零件)。几台复杂的生产线计算机控制着这套自动化系统。

这次重组的结果却并非联邦默高公司的管理者所希望的那样。自动化工厂生产零件比以前要快，但是管理者发现工厂不能很快地从生产一种零件转换为生产另一种零件。例如，从生产小的离合器轴承转换为生产大的轴承就需要许多费时的调整，包括重校零件的

“进料系统”直到重新排列生产过程中承载零件的机器。

在这个工厂不运转就会造成损失的行业里，缺乏灵活性使得联邦默高公司难以用合理的成本生产多种零件。相反，为了弥补生产一种产品时设置设备所发生的固定成本，管理者发现即使客户只需要 250 个，他们也必须每批生产 5000—10000 个零件。多余的零件要储存在仓库里直到客户需要它们时为止，仓储的成本相当高。更糟糕的是，汽车公司增加了它们所生产的汽车的型号，因而要求联邦默高公司这样的供应商提供多品种、小批量的零件。

联邦默高公司的管理者发现工厂对客户的需求不能快速有效地做出反应，缺乏必需的灵活性。这样，联邦默高公司非但没有战胜日本竞争对手，反而更加落后了。

面对不断恶化的条件，联邦默高公司于 1993 年再次重组了它位于兰切斯特的汽车零件工厂。这一次，生产灵活性是公司管理者头脑中的终极目标。机器人、多数生产线计算机、高架传送带、自动向导运输车都不用了。管理者设计了一种模块化生产线取代了它们，它能够被很快地改变而生产不同的零件。现在，如果组装线上需要进行变换，比如从小汽车方向盘柱的垫圈改为敞篷小卡车的垫圈，工人们只要移走模块化生产线上的部件，把它们换成下一种产品所需的部件即可。改变生产线所需的部件就放在工人们容易取到的箱子里。

重组后的工厂可以组装 1800 种不同的零件，在相同的时间里所生产的品种是以前的三倍。由于工厂从生产一种产品转换为生产另一种产品的速度相当快，所以它能够当客户需要时才生产，从而消除了对多余库存的需要。目前，它能够经济地每批生产 250—500 个零件，而不是以前的 5 000— 10 000 个。联邦默高公司的管理者总结出，从高科技自动化工厂转变为科技含量低的工厂，不仅增加了组织的灵活性，还降低了成本。

【思考与实践】联邦默高公司的经验给我们什么启示？

项目二

新产品开发与设施布局

教学目标

（一）总目标：掌握产品研发和生产布局的基本知识和方法

（二）具体目标：

1. 新产品研发的基本内容和方法
2. 新产品研发的流程
3. 生产布局的基本方法

工作任务

（一）调研研发现状

（二）了解产品研发流程

（三）选择调研项目，完成调研报告

（四）到企业实践，全面了解企业的生产布局

单元一　新产品开发与工艺选择

教学目标

（一）总目标：掌握新产品开发的基本方法和工艺选择的基本内容

（二）具体目标：

1. 理解新产品的概念
2. 新产品开发的方式和程序
3. 新产品开发的策略
4. 企业研发的含义
5. 产品开发的流程设计与选择

理论精要

新产品开发与工艺选择是在企业经营战略指导下进行的。新产品开发工作需要根据市场需求对产品系列、产品功能、质量特性、产品的成本和产品发展的步骤等作出决策。企

业为了适应顾客的个性化需求和市场的多变性，必须加强产品开发和产品生产过程的设计与优化工作。

一、新产品的概念

新产品是指与老产品相比，在产品结构、性能、材质等方面（或仅一方面）具有新的改进的产品。新产品是一个相对的概念，在不同的时间、地点和条件下具有不同的含义。为了加强对新产品的管理，我国政府根据管理上的需要，对新产品的条件、范围作了相应的规定。作为新产品必须同时满足以下四个条件：①产品在结构、性能、材质和技术特征等某一方面或几方面比老产品有显著改进和提高，或有独创的；②具有先进性、实用性，能提高经济效益，有推广价值的；③在一个省、市、自治区范围内第一次试制成功的；④经过有关部门鉴定确认的产品。产品的结构、性能没有改变，而只是在花色、外观、表面装饰、包装装潢等方面有改进提高的，不能算作新产品。

二、新产品的开发管理

新产品的开发要从适应国民经济发展和提高人民生活水平的需要出发，在把握科学技术发展趋势的基础上，努力做到市场上需要，技术上适宜，生产上可行，经济上合理，时间上及时。企业不论采用何种方式开发新产品，都要把握住新产品开发的方向。具体说，新产品开发有如下可供选择的方向：多能化、高能化、小型化、简化、多样化、标准化、节能化、美化、环保化。这“九化”是新产品开发的方向，企业要根据自己的条件，选择某“一化”或“几化”作为方向，制订出有阶段目标、长远要求的新产品开发规划，以指导行动。

针对不同的新产品和企业的研究和开发能力，可以选择不同的开发方式。一般有以下几种可供选择的开发方式：

（一）自行研制

这是一种独创性的研制，采用这种方式开发的产品一般是更新换代或者全新的产品。具有三种情况：一种是从基础理论研究到应用技术研究，再到产品开发研究，全部过程都靠自己进行；另一种是利用社会上基础理论研究的成果，只进行应用技术研究和产品开发研究；还有一种就是利用社会上应用技术的研究成果，自己只进行产品的开发研究。

（二）技术引进

它是指工业企业开发某种主要产品时，在国际市场上已有成熟的制造技术可供借鉴，为了节约时间，迅速掌握这种产品的制造技术，尽快地把产品制造出来以填补国内空白，而通过与外商进行技术合作、“三来一补”、购买专利或购买关键设备等，从国外引进制造技术，复制图纸和技术文件的一种方式。

（三）自行研制与技术引进相结合

它是在对引进技术的充分消化和吸收的基础上，结合本企业科研，进行产品开发。其又有两种情况：一是通过对引进技术的学习、消化和进一步研究，创造符合我国国情的别具一格的新产品；二是直接把引进技术和我国的研究成果结合起来，创造出新的产品。

三、新产品开发的程序

产品开发程序，是指从新产品的总体设想、调查研究、设计、工艺、试制、鉴定到正式投产销售所经历的阶段和步骤。如图 2-1 所示。

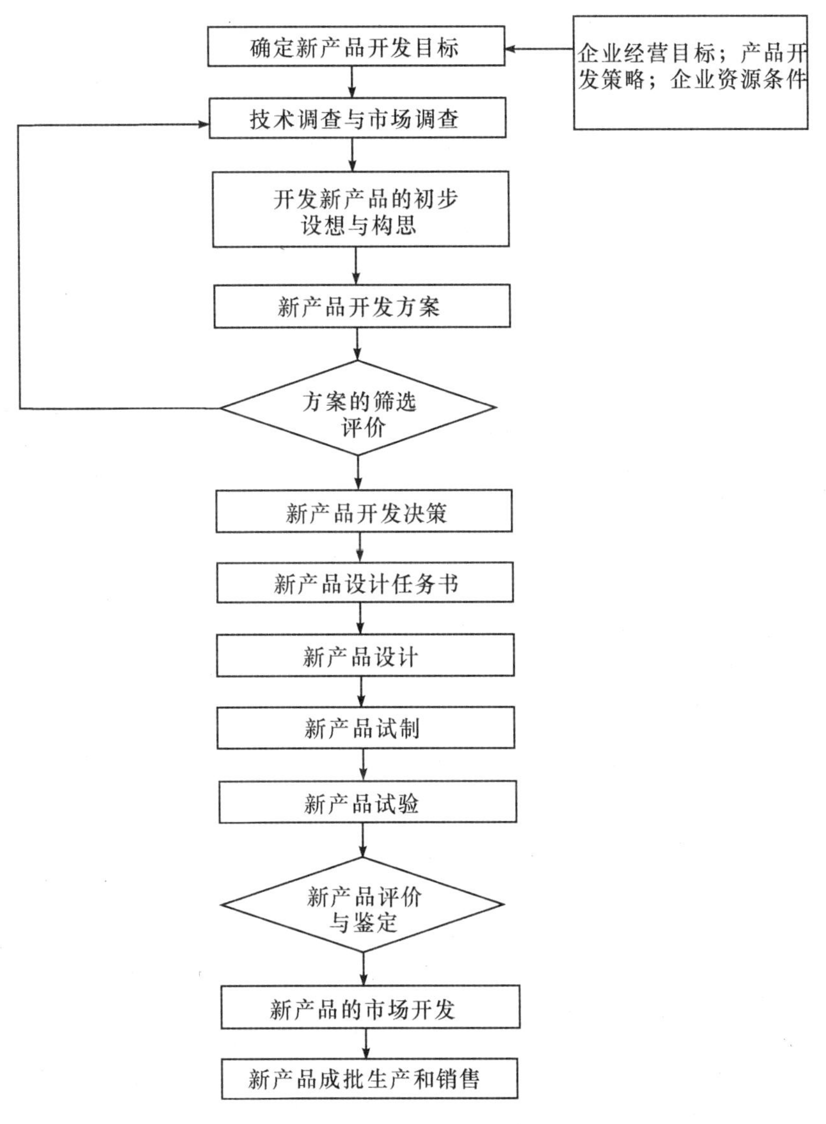

图 2-1　新产品开发程序图

四、新产品开发策略

新产品开发策略就是把有限的资源有效地运用到最适宜的产品上去，以求得最佳经济效益。

开发产品要消耗和占用企业资源。产品生产出来后投放市场，各种资源可以用于不同的产品，各种产品亦可投入不同的目标市场。把资源、产品和市场组合起来，就形成一系列产品发展策略。企业管理部门的任务，是从多种产品发展策略中做出最佳决策。

(一)产品线策略

一个企业生产具有相同的使用性能但规格不同的一组产品，构成一条产品线。一条产品线包含的同类产品数目称为产品线的深度，一个企业拥有产品线的数目称为产品线的宽度。产品线的深度与宽度构成企业产品的组合。产品组合又称为产品线的组合，从纵向分为产品线的宽度；从横向分为产品的深度。如图 2-2 所示。

产品线策略分为产品线宽度策略和产品线深度策略。

1. 产品线宽度策略

分为产品线扩充策略和产品线简化策略。产品线的扩充策略是指增加产品线；产品线简化策略是减少产品的种类，而放弃一些疲软的产品。

2. 产品线深度策略

分为向上延伸、向下延伸和上下延伸三种策略。向上延伸策略是指原来生产的是中、低档产品，现在发展成也生产高档产品；向下延伸策略是原来生产高档产品，现在发展成也生产中、低档产品；上下延伸策略，是指原来生产中档产品，现在发展成也生产高档和低档产品。

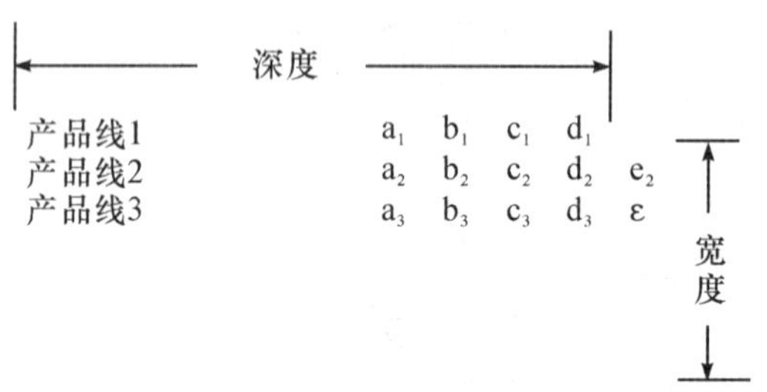

图 2-2 产品的深度和宽度

(二)新产品的价格策略

1. 质量定价组合策略

质量定价组合策略即综合考虑产品质量与价格的关系，分别制订不同的价格策略。如表 2-1 所示。

表 2-1 质量定价组合策略表

策略 / 价格 / 质量	高	中	低
高	优质优价	渗 透	倾 销
中	高价投放	常 规	进 占
低	侥 幸	试 探	常 规

2. 价格促销组合策略

产品在导入期，可以采用以下不同的价格与促销组合策略。如图 2-3 所示。

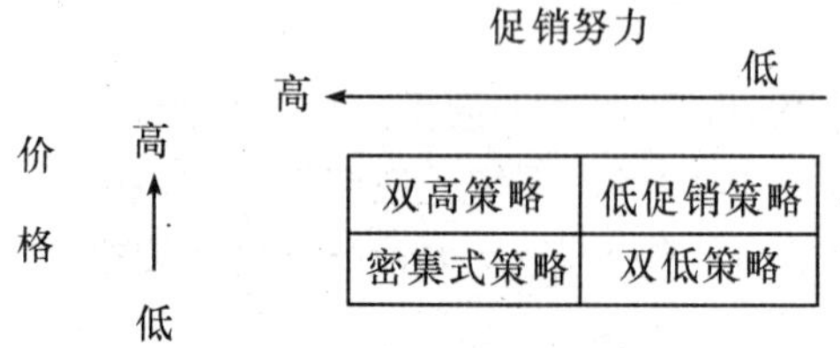

图 2-3 价格与促销组合

3. 提高竞争力的策略

在市场经济条件下，影响产品竞争力的因素包括产品品种、质量、交货期、价格和服务等。这些因素构成一个统一的有机整体，并表现为动态平衡。如图 2-4 所示。

为了提高新产品的竞争能力，企业可采用以下策略：

(1)抢先策略。指企业开发新产品，要在其他企业还未开发成功，或还未投入市场前抢先开发、抢先投入市场，使企业的某些产品处于领先地位。

(2)紧跟策略。指企业发现市场上竞争力量强的产品，或者发现刚露脸的畅销产品，就不失时机地进行仿制，并迅速地将仿制的新产品投放市场。

(3)最低成本策略。指企业大力降低新产品成本，使新产品的价格具有竞争力。

(4)周到服务策略。指加强新产品的售前和售后服务，提高产品的竞争力。

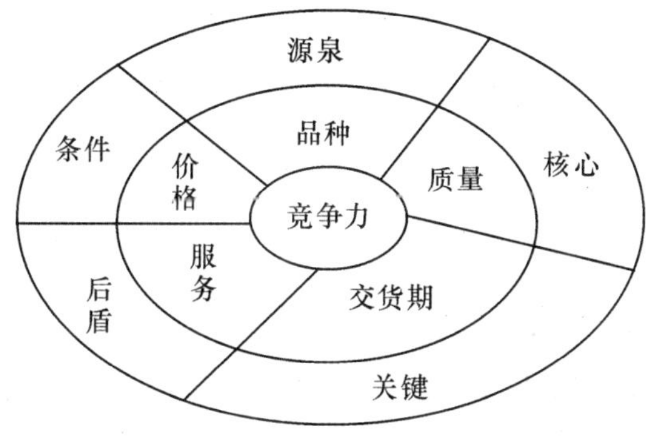

图 2-4　产品竞争因素

单元二　企业 R & D

一、企业 R & D 的分类

研究与开发(Research and Development，简称 R & D)包括基础研究、应用研究和技术开发研究。基础研究进行的是探索新的规律、创建基础性知识的工作；应用研究是将基础理论研究中的新知识、新理论应用于具体领域；技术开发研究是将应用研究的成果经设计、试验而发展为新产品、新系统和新工程的科研活动。为了更好地理解这三类不同工作，我们将这三者的目的、性质、内容及其他计划与管理上的不同特点比较如下，见表 2-2。

表 2-2　三种类型研究的比较

	基础研究	应用研究	技术开发研究
目的	寻求真理，扩展知识	探讨新知识应用可能性	将研究成果应用于实践
性质	探求发现新事物、新规律	发明新事物	完成新产品、新工艺，使之实用化、商品化
内容	发现新事物、新现象	探求基础研究应用的可能性	运用基础研究、应用研究成果从事产品设计、产品试制、工艺改进

续表

	基础研究	应用研究	技术开发研究
成果	论文	论文或专利	专利设计书、图纸、样品
成功率	成功率低	成功率较高	成功率高
经费	较少	费用较大，控制松	费用大，控制严
人员	理论水平高，基础雄厚的科学家	创造能力强、应用能力强的发明家	知识和经验丰富、动手能力强的技术专家
管理原则	尊重科学家意见，支持个人成果，采用同行评议	尊重集体意见，支持研究组织在适当时候作出评价	尊重和支持团体合作
计划	自由度大，没有严格的指标和期限	弹性，有战略方向，期限较长	硬性，有明确目标，较短期限

二、企业 R & D 技术系统

企业 R & D 技术系统由两部分组成：一部分是工程技术，一部分是管理技术。工程技术从事由产品构思到产品实施过程中的工程制造技术活动，是企业中技术构成的主要内容；管理技术从事由产品构思到产品实施过程中的生产指挥活动，是企业中组织构成的主要内容。企业 R & D 系统的结构可以用图 2-5 所示的“Y”模型来描述。

产品设计过程主要体现在“Y”模型中工程技术的前段，即产品形成的信息流程之中，最终提供给制造分系统的是产品方案。

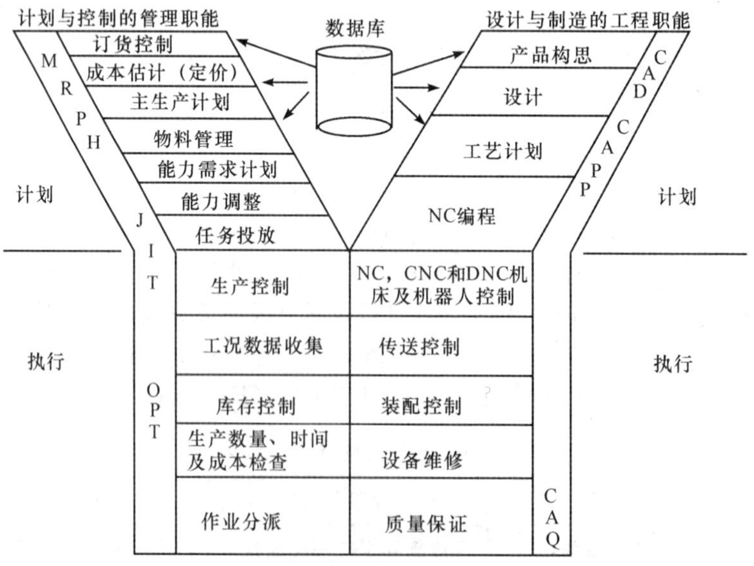

图 2-5 企业 R & D 系统结构模型

由企业系统结构及 R & D 的特征可以看出，企业技术活动主要属于 R & D 中的技术开发范畴。在企业整个系统中，承担技术开发任务的子系统称为技术系统，是企业系统中的一个重要组成部分。

技术系统的任务是在企业内部储备技术创新的潜力，并不失时机地将这种潜力转化为有竞争力的新产品。因此，有时也称为新产品开发或产品创新活动。

技术系统与制造系统、经营系统和组织系统共同构成了企业系统。技术系统与其他系统存在着如下关系：

(一)制造分系统是技术系统的基础和依据，是技术分系统运转时必须考虑的资源约束，技术分系统的活动确定了制造分系统的行为。

(二)经营分系统反映市场的需求导向，为技术分系统确定了工作的目标和任务，技术分系统中的R & D的研究就依赖于经营分系统中的市场预测，新产品开发直接影响着企业的经营发展策略。

(三)组织分系统贯穿于各分系统之中，是技术分系统有效运转的保障，也是企业系统中软柔性的关键所在。

企业技术活动，在产品的整个生命周期过程中起着关键作用。一方面，要通过产品设计和工艺设计来满足产品的功能，对外满足顾客需求；另一方面，产品设计和工艺设计直接决定着产品质量、成本等因素，同时也影响物资供应、生产组织调整等一系列生产技术准备活动，以及产品投产后的生产活动。

三、流程设计与选择

流程设计的全部意义在于确保流程具有适当的性能，以确保运营目标实现。比如，某项运营的重点在于对客户需求的快速响应，那么其流程设计的重点就是速度。同样，如果某项运营的重点在于低价，那么成本相关目标很可能决定流程的设计。

(一)生产流程的类型

生产流程一般有三种基本类型：按产品进行的生产流程、按加工路线进行的生产流程和按项目组织的生产流程。

1. 按产品进行的生产流程

按产品进行的生产流程就是以产品或提供的服务为对象，按照生产产品或提供服务的生产要求，组织相应的生产设备或设施，形成流水般的连续生产，有时又称为流水线生产。例如汽车装配线、电视机装配线等就是典型的流水式生产。连续型企业的生产一般都是按产品组织的生产流程。由于是以产品为对象组织的生产流程，又叫对象专业化形式。这种形式适用于大批量生产。

2. 按加工路线进行的生产流程

对于多品种生产或服务情况，每一种产品的工艺路线都可能不同，因而不能像流水作业那样以产品为对象组织生产流程，只能以所要完成的加工工艺内容为依据来构成生产流程，而不管是何种产品或服务对象。设备与人力按工艺内容组织成一个生产单位，每一个生产单位只能完成相同或相似工艺内容的加工任务。不同的产品有不同的加工路线，它们流经的生产单位取决于产品本身的工艺过程，又叫工艺专业化形式。这种形式适用于多品种小批量或单件生产。

3. 按项目组织的生产流程

对有些任务，如拍一部电影、组织一场音乐会、生产一件产品和盖一座大楼等，每一项任务都没有重复，所有的工序或作业环节都按一定秩序依次进行，有些工序可以并行作业，有些工序又必须顺序作业。三种生产流程的特征比较列于表 2-3 中。

表 2-3 不同生产流程特征比较

特征标记	对象专业化	工艺专业化	项目型
产品			
订货类型	批量较大	成批生产	单件、单项定制
产品流程	流水型	跳跃型	无
产品变化程度	低	高	很高
市场类型	大批量	顾客化生产	单一化生产
产量	高	中等	单件生产
劳动者			
技能要求	低	高	高
任务类型	重复性	没有固定形式	没有固定形式
工资	低	高	高
资本			
投资	高	中等	低
库存	低	高	中等
设备	专用设备	通用设备	通用设备
目标			
柔性	低	中等	高
成本	低	中等	高
质量	均匀一致	变化更多	变化更多
按期交货程度	高	中等	低
计划与控制			
生产控制	容易	困难	困难
质量控制	容易	困难	困难
库存控制	容易	困难	困难

(二)生产流程设计的基本内容

生产流程设计所需要的信息包括产品信息、运作系统信息和运作战略,在设计过程中应考虑选择生产流程、垂直一体化研究、生产流程研究、设备研究和设施布局研究等方面的基本问题,慎重思考,合理选择,根据企业现状、产品要求合理配置企业资源,高效、优质和低耗地进行生产,有效满足市场需求。

生产流程设计的结果体现为如何进行产品生产的详细文件,对生产运作资源的配置、生产运作过程及方法措施提出明确要求。生产运作流程设计的内容见表 2-4 所示。

(三)影响生产流程设计的主要因素

影响生产流程设计的因素很多,其中最主要的是产品(服务)的构成特征。因为生产系统就是为生产产品或提供服务而存在的,离开了用户对产品的需求,生产系统也就失去了存在的意义。

1. 产品/服务需求的性质

生产系统要有足够的能力满足用户需求。首先要了解产品/服务要求的特点,从需求的数量、品种和季节波动性等方面考虑对生产系统能力的影响,从而决定选择哪种类型的生产流程。有的生产流程具有生产批量大、成本低的特点,而有的生产流程具有适应品种

表 2-4　生产流程设计的内容

输入	生产流程设计	输出
1. 产品/服务信息 产品/服务要求，价格/数量，竞争环境，用户要求，所期望的产品特点 2. 生产系统信息 资源供给，生产经济分析，制造技术，优势与劣势 3. 生产战略 战略定位，竞争武器，工厂设置资源配置	1. 选择生产流程 与生产战略相适应 2. 自制、外购研究 自制、外购决策，供应商的信誉和能力，配套采购决策 3. 生产流程研究 主要技术路线，标准化和系列化设计，产品设计的可加工性 4. 设备研究 自动化水平，机器之间的连接方式，设备选择，工艺装备 5. 布局研究 厂址选择与厂房设计，设备与设施布置	1. 生产技术流程 工艺设计方案，工艺流程之间的联系 2. 布置方案 厂房设计方案，设备、设施布置方案，设备选购方案 3. 人力资源 技术水平要求，人员数量，培训计划，管理制度

变化快的特点，因此，生产流程设计首先要考虑产品/服务特征。

2. 自制—外购决策

从产品成本、质量生产周期、生产能力和生产技术等几方面综合来看，企业通常要考虑构成产品所有零件的自制—外购问题。本企业的生产流程主要受自制件的影响，不仅企业的投资额高，而且生产准备周期长。企业自己加工的零件种类越多，批量越大，对生产系统的能力和规模要求越高。因此，现代企业为了提高生产系统的响应能力，只抓住关键零件的生产和整机产品的装配，而将大部分零件的生产扩散出去，充分利用其他企业的力量。这样一来既可以降低本企业的生产投资，又可缩短产品设计、开发与生产周期。所以说，自制一外购决策影响着企业的生产流程设计。

3. 生产柔性

生产柔性是指生产系统对用户需求变化的响应速度，是对生产系统适应市场变化能力的一种度量，通常从品种柔性和生产柔性两个方面来衡量。所谓品种柔性，是指生产系统从生产一种产品快速地转换为生产另一种产品的能力。在多品种、中小批量生产的情况下，品种柔性具有十分重要的实际意义。为了提高生产系统的品种柔性，生产设备应该具有较大的适应产品品种变化的加工范围。产量柔性是指生产系统快速增加或减少所生产产品产量的能力。在产品需求数量波动较大，或者产品不能依靠库存调节供需矛盾时，产量柔性具有特别重要的意义。在这种情况下，生产流程的设计必须具有快速且低成本地增加或减少产量的能力。

4. 产品/服务质量水平

产品质量是市场竞争的武器，生产流程设计与产品产量水平有着密切关系。生产流程中的每一个加工环节的设计都受到质量水平的约束，不同的质量水平决定了采用什么样的生产设备。

5. 接触顾客的程度

绝大多数的服务业企业和某些制造业企业，顾客是生产流程的一个组成部分，因此，顾客对生产的参与程度也影响着生产流程设计。例如，理发店、卫生所和裁缝店的运作过程，顾客是生产流程的一部分，企业提供的服务就发生在顾客身上。在这种情况下，顾客就成了生产流程设计的中心，营业场所和设备布置都要把方便顾客放在第一位。而另外一些服务业企业，如银行、快餐店等，顾客参与程度很低，企业的服务是标准化的，生产流程的设计则应追求标准、简洁和高效。

(四)生产流程的选择

按不同生产流程构造的生产单位形式有不同的特点，企业应根据具体情况选择最为恰当的一种。在选择生产单位形式时，影响最大的是品种数的多少和每种产品产量的大小。图 2-6 给出了不同品种—产量水平下生产单位形式的选择方案。一般而言，随着图中的 A 点到 D 点的变化，单位产品成本和产品品种柔性都是不断增加的。在 A 点，对应的是单一品种的大量生产，在这种极端的情况下，采用高效自动化专用设备组成的流水线是最佳方案，它的生产效率最高、成本最低，但柔性最差。随着品种的增加及产量的下降(B 点)，采用对象专业化形式的成批生产比较适宜，品种可以在有限的范围内变化，系统有一定的柔性，而操作上的难度较大。另一个极端是 D 点，它对应的是单件生产情况，采用工艺专业化形式较为合适。C 点表示多品种中小批量生产，采用成组生产单元和工艺专业化混合形式较好。

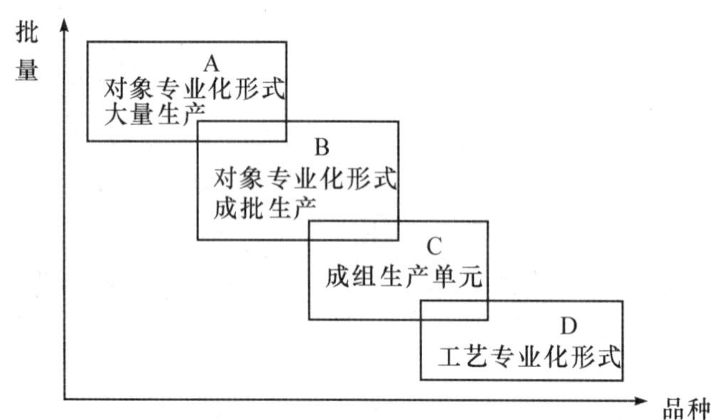

图 2-6 品种—产量变化与生产单位形式的关系

工作任务

任务 1 了解我国新产品开发现状

阅读下列案例，回答有关问题：

我国新产品开发现状

为了获得我国工业企业新产品开发状况的第一手资料，调查了近百家工业企业，从中得到 64 家企业较为系统、规范的资料。这 64 家企业中，国有企业 25 家，城镇和乡村集体企业 28 家，中外合资企业 4 家，股份制企业 5 家，私营企业 2 家。这些企业主要涉及机械、电子、轻工等行业，其中，大中型企业共有 29 家，占 45.3%；小型企业有 35 家，占 54.7%。由此可见，这 64 家企业覆盖面广，有一定的代表性，可以通过它们来分析我国工业企业研究开发的现状。从调查结果来看，情况不容乐观。

1. 产品开发资金严重不足

64 家企业中，近 5 年来研究开发经费占产品销售收入比例情况如表 2-5 所示，其平均水平为 1.04%。按照国际上比较一致的看法，研究开发经费占产品销售收入比例为 1% 的企业将处于“难以生存”的状态。从表中可见，5 年来，从未投入资金用于新产品开发的企业竟有 17 家，占 26.6%；该比例在 2% 以上的企业只有 9 家，占 14.15%。从这个结果可以看出，企业对新产品开发不够重视，资金的投入显然十分不足，许多企业的生存与发展存在着严重的危机。

表 2-5　64 家企业中研究经费占产品销售收入比例情况

研发费用占销售收入比例(%)	0	0～1	1～2	2 以上
企业分布比例(%)	26.6	54.6	4.7	14.1

2. 产品结构不合理，新产品比重偏低

企业产品结构不合理，尤其是新产品比重偏低。64 家企业中，现有产品完全是 5 年前投产的企业竟占 37.5%，这说明这些企业的产品依然是多年一贯制。不少企业产品品种过于单一，其中只生产一种产品的企业占 17.2%，一旦该产品受到市场冲击，企业就易陷入困境。

3. 企业技术力量薄弱

在所调查的 64 家企业中，具有中高级职称的工程技术人员人数占企业总人数比重的平均水平为 2.61%，比例不高。其中有 8 家企业竟然连一名这样的人员也没有，占企业总数的 12.5%。有近一半的企业难以明确从事产品开发的工程技术人员。由此可见，我国工业企业从事新产品开发的技术人员的力量是十分薄弱的。

进行新产品开发需要相应的技术装备与之配套，而许多企业存在着工艺落后、生产设备陈旧的问题。64 家企业固定资产净值率平均为 60% 左右，有 19.6% 的企业设备相当陈旧、落后，难以保证新产品的档次和质量。

4.“缺乏市场需求”是新产品开发失败的首要原因

表 2-6 列出了 64 家企业中 92 个新产品开发失败项目的直接原因。由表中可以看出，导致新产品开发失败的原因按其比例的大小依次排列为：缺乏市场需求、资金短缺、产品缺陷、成本过高、政策限制等。根据 ABC 分类法，前三项因素为 A 类因素，由于这三类因素的影响而致使新产品开发失败的产品数占总数的 70% 以上。其中缺乏市场需求是新产品开发失败的主要原因，其比重高达 33.7%。这一事实与许多人的主观认识不同，技术因素不是制约新产品开发成功的首要因素，新产品开发方向必须符合市场需求的变化趋势。

表 2-6　64 家企业中 92 个新产品开发失败的直接原因

原　因	个　数	百分比/%	累计百分比/%
缺乏市场需求	31	33.7	33.7
资金短缺	19	20.7	54.4
产品缺陷	15	16.3	70.7
成本过高	7	7.6	78.3
政策限制	4	4.3	82.6
其他因素	16	17.4	100

【思考与实践】

1. 看完上述资料,你觉得做新产品开发中关键要素是什么?
2. 请思考如何做新产品的前期调研?

任务2 按项目组织新产品开发流程

仔细阅读下列资料,完成相关实践:

下表是按项目组织新产品开发的流程表,包括项目企划、项目输入、产品设计与开发、过程设计与开发,产品和过程确认及项目输出六大部分。

序号	内容	表单	负责	操作规程
1	项目企划			
1.1	明确客户需求(主要是品质和产品开发信息)	《客户项目信息表》	CQS	1. 客户信息表内容,由 GCM 发给 CQS 再由 CQS 确认后补齐要求发给 RD。2. 表格由 GCM 填写,CQS 确认,RD 部门主管核准。3. 客户的新产品信息要以电子邮件方式同时传递给 RD。
		客户图纸,客户样品	GCM	
		客户工程标准与规范	RD	
1.2	项目企划			
1.2.1	项目企划,主要是明确产品的开发方向,定义品质标准	《新产品企划书》	RD 主管 总经理 RD 主管	概念企划及评审(含客户需求),确认开发事项和要求.由 RD 负责人完成《项目引入企划书》,总经理核准,进行新产品企划评审,完成《新产品企划评审书》。RD 负责人审核,总经理批准。之后 RD 产品主管完成《 新产品企划书》。RD 负责人核准。
1.2.2	评估公司的开发及生产能力	《新产品开发资源评估表》	RD 主管,CQS,PE/QA,GCM	1. 主要是固定设备和人力资源,时间要求. 文件要受控。2. RD 完成相关单位审核,RD 负责人核准。
1.2.3	外观图设计	《产品外观图》	ID	ID 设计者完成,客户确认或 ID 主管审核,总经理批准。
1.2.4	外观图确认	更新后《产品外观图》	RD GCM/总经理	总经理确认。
2	项目输入			
2.1	项目输入,落实具体的产品开发信息	《新产品策划表》	RD 主管,项目小组成员	1. 具体内容见表格,文件要受控,同时要发给参与部门,参与部门主管要评审和确认参与人员。2. 表格由项目组主管完成,相关单位审核,RD 负责人核准。
2.2	制定项目详细计划	《项目进度表》	项目组长	1. 信息通知项目组成员。文件要受控。2. 文件由项目负责人完成,项目组主管核准,RD 负责人核准。

续表

序号	内容	表单	负责	操作规程
3	产品设计与开发			
3.1	产品设计			
3.1.1	评估产品的设计风险和预防措施	《DFMEA》	RD	文件由工程师完成，主管负责审核，RD负责人核准。
3.1.2	工程图纸	《装配图》 《零件图》	RD	文件由工程师完成，主管负责审核，RD经理级以上负责人核准。
3.1.3	验证设计的结构和功能	手工模型	RD	1.看实际的要求确定是否要做。 2.RD负责人确认才可以外发。 3.价格RD负责人要进行核准。 4.模型要进行验收，保存。
3.1.4	产生产品设计文件	《产品说明书》 《产品明细表》	RD	RD工程师完成文件，主管审核，RD经理级以上核准。
3.1.5	包装设计	《包装设计文件》	RD	看实际情况确定。
3.2	设计评审			
3.2.1	零件评审	《零件评审表》	MPS(RD)	以上次与MPS的会议要求，以电子档发出的时间为准，评审时间3个工作日，要发书面文件。要提供零件的需求标准。要提供相应文件，评审人员要签名，负责人要确认。
3.2.2	新产品设计评审	《新产品设计评审表》	RD技术委员会项目小组	1.对图纸、模型、文件进行评审，文件要受控。2.评审人员要签名.RD负责人核准。
3.3	制定产品PPAP需求	《产品PPAP需求(PRF)》	项目组长	1.由项目负责人下。2.此次文件适用于在建和已建项目。3.此文件由项目负责人起草文件，主管核准。
3.4	外发零件需求			
3.4.1	新零件需求	《零件PPAP需求(PRF)》 《RD受控图纸》 《模具清单》	RD QE	1.由项目负责人下。2.此文件适用于在建项目和已建项目，在建项目由RD下，QE审核，RD核准。3.除MPS外的供应商PRF带零件样品稳定再下。
3.4.2	老零件需求	《领料单》 《零件样品需求信息表》	RD	有库存合格的领用，不合格的要重新提交达到原设计要求的标准。
4	过程设计与开发			

续表

<table>
<tr><th>序号</th><th>内容</th><th>表单</th><th>负责</th><th>操作规程</th></tr>
<tr><td rowspan="4">4.1</td><td rowspan="4">生产过程设计</td><td>《过程流程图》</td><td rowspan="4">PE</td><td rowspan="4">1. 包括进料、装配、包装的整个生产过程，具体可以看实际的要求，在建 BOM 前完成即可。2. 文件由 PE 部门完成及核准。</td></tr>
<tr><td>《PFMEA》</td></tr>
<tr><td>《工艺卡》</td></tr>
<tr><td>《工装夹具设计》</td></tr>
<tr><td>5</td><td>产品和过程确认</td><td colspan="3"></td></tr>
<tr><td>5.1</td><td>产品首样确认</td><td></td><td></td><td></td></tr>
<tr><td rowspan="3">5.1.1</td><td rowspan="3">零件首样提交</td><td>《零件样品需求信息表》</td><td rowspan="3">MPS SQM</td><td rowspan="14">1. 要进行全面的产品及零件设计验证，达到设计要求为止。2. 在建项目的客户样品，RD 的信息来自 CQS，RD 只负责装配，不可以直接提交给 GCM，送样要有相关的测试报告。3. 设计过程的变更和样品的提供用新的样品需求表和变更图纸版本，不提供改模单和试模单。4. MPS 的零件经验标准由 MPS 做，其他由 PE 做。5. 表单由 MPS 完成及核准。</td></tr>
<tr><td>《首样鉴定表》</td></tr>
<tr><td>《零件检验报告》</td></tr>
<tr><td>5.1.2</td><td>零件首样反馈</td><td>《零件样品反馈表》</td><td>RD</td></tr>
<tr><td>5.1.3</td><td>产品首样组装</td><td>《型式检验报告》</td><td>RD</td></tr>
<tr><td>5.2</td><td>产品 DV 样确认</td><td></td><td></td></tr>
<tr><td rowspan="3">5.2.1</td><td rowspan="3">零件 DV 样提交</td><td>《零件样品需求信息表》</td><td rowspan="3">MPS SQM</td></tr>
<tr><td>《首样鉴定表》</td></tr>
<tr><td>《零件检验报告》</td></tr>
<tr><td>5.2.2</td><td>零件 DV 样反馈</td><td>《零件样品反馈表》</td><td>RD</td></tr>
<tr><td>5.2.3</td><td>产品 DV 样组装</td><td>《型式检验报告》</td><td>RD</td></tr>
<tr><td>5.3</td><td>设计变更</td><td></td><td></td></tr>
<tr><td>5.3.1</td><td>产品设计变更</td><td>《新版本装配图》</td><td>RD</td></tr>
<tr><td>5.3.2</td><td>零件设计变更</td><td>《新版本零件图》</td><td>RD</td></tr>
<tr><td>5.4</td><td>过程确认</td><td colspan="3"></td></tr>
<tr><td rowspan="3">5.4.1</td><td rowspan="3">生产过程确认</td><td>《生产控制计划》</td><td rowspan="3">QE</td><td rowspan="4">要完成相关的文件。</td></tr>
<tr><td>《过程能力分析》</td></tr>
<tr><td>《测量系统分析》</td></tr>
<tr><td>5.5</td><td>小批量试产</td><td>《试产分析报告》</td><td>项目小组</td></tr>
</table>

续表

序号	内容	表单	负责	操作规程
5.6	BOM 建立	《产品明细表》	RD	1.要提供原输出程序的输出资料。2.附加提供 BOM 表需求的资料。3. MPS 要提供相关的资料。4.资料必须由主管核准.是否要盖章后续讨论,个人认为主管要负责任,如果盖章只是附加作用,没有任何其他意义,可文件全部要重做,时间要加长,且每次还要浪费很多。而且工作量不少。
5.7	零件 PPAP 确认			
5.7.1	零件 PPAP 提交	《PRF》 《生产件提交表》 《RD 受控图纸》 《首样鉴定表》 PPAP 样品 《过程流程图》 《PFMEA》 《控制计划》 《过程能力分析》 《测量系统研究》 《零件检验报告》 《材料测试》 《检验辅具》 《外观件批准报告》 《包装文件》	MPS SQM	1.数量按具体要求确定。2.必须走物流程序。3.不同的产品提供的资料可以按实际的需求,但要相关主管核准。
5.7.2	零件确认	《生产件提交表》	PQC 项目小组	RD 负责确认,QE 负责审核。
5.8	产品 PPAP 确认			

续表

序号	内容	表单	负责	操作规程
5.8.1	PPAP样品生产		PE QE RD	
5.8.2	PPAP总结	《PPAP生产分析报告》	项目小组	不合格则改善后再次运行PPAP
5.8.3	PPAP提交	《PRF》 《生产件提交表》 《RD受控图纸》 《首样鉴定表》 PPAP样品 《过程流程图》 《PFMEA》 《控制计划》 《过程能力分析》 《测量系统研究》 《型式检验报告》 《材料测试》 《检验辅具》 《外观件批准报告》 《包装文件》	项目小组，物流，生产	1. 数量按具体要求确定。2. 必须走物流程序。3. 不同的产品提供的资料可以按实际的需求，但要相关主管核准。
5.8.4	PPAP确认	《生产件提交表》	客户QA	1. 要进行PPAP评审，确认是否可以输出。2. 要确认PPAP物料的处理方案及产品的处理方案。3. 不合格则改善后再次运行PPAP，变更要有设变表，但不受控，只要小组及相关主管核准，提供给BOM小组。
6	项目输出			
6.1	输出评审	《新产品输出评审表》	GCM RD 装配厂品保项目小组	建议公司建立产品资料中心，统一存储产品开发过程文件和受控文件。可以在RD，文管及BOM小组。目的是可以让开发人员及工程人员，QA人员查阅。
6.2	项目开发总结	《项目开发总结》	项目小组	
6.3	新产品输出	《产品说明书》 《产品明细表》 所有PPAP文件		

【思考与实践】

1. 请查阅网络，了解上述表格中的名词和字母含义。

2. 请同学们选择一个创业项目，根据上述项目流程进行项目流程分解（可以选择六个部分中的其中一至两个进行）。

任务 3　流程设计中的最小法则应用

仔细阅读下面材料，完成相关实践：

最小法则表述的是流程中通过时间、周期和在制品之间的数学关系：时间＝在制品×周期。它虽简单，但很有用，在制造行业和服务行业都适用，在服务行业中在制品可以理解为等待处理的客户数量。

看下面的小故事：王立完全相信自己的判断："你不要他们能及时赶回来。他们不只是在浪费时间，这么长的队伍，他们不可能在 10 点前喝完饮料赶回来的"他说。王力和他的同事狄克正在从演讲教室里向外面看，20 来个参加研讨会的商人正在排队等候他们的饮料和点心。现在时间已到了 9 点 45 分，狄克知道，除非他们在 11 点前返回教室，否则他不可能在午饭前结束讲座。"我不知道你为什么说得那么悲观"，狄克说："我认为他们似乎都很感兴趣，他们会回来听运营管理将怎么改变他们的生活。"王力摇摇头说：我不怀疑他们的动机，我是怀疑，排那么长的队伍，他们能否准时返回听讲座。我已经计算好了他们取得饮料和点心的时间，饮料是现做的，从他们点餐到他们拿着饮料和点心离开柜台需要 48 秒，记住，根据最小法则，接待时间等于接待的人数乘以周期，如果接待的人数是队列里的这 20 位经理，周期是 48 秒，那么总的接待时间就是 20 乘以 0.8 秒等于 16 分钟，加上最后一个人喝完饮料的时间，肯定要 20 多分钟。你不会允许把时间放到那么长的。"狄克一下子怔住了，"呃…… 你说的那个法则叫什么？""最小法则"，王力说道。

上述的小故事中王力应用了最小法则：通过时间＝在制品×周期，计算出了 20 位经理点餐的时间为 20×0.8＝16，加上最后一位经理的用餐时间，总时间超过 20 分钟，而休息时间为 9:45 到 10 点间 15 分钟，这 15 分钟小于 20 分钟，所以时间是不够的。

这就是最小法则在流程中最普遍和简单的应用。

根据上述的例子请大家完成下面的问题：

每年，企业都要对大楼内的电脑进行维护，但是时间只有一周，这一般都是在 8 月中旬的假期中进行，以便不会对日常工作造成大的影响。去年，该企业共有 500 台电脑。这些电脑的维护工作在一周（40 小时）内完成。每台电脑的维护平均时间为 2 小时，共有 25 名技术人员参与维护工作。今年该企业的电脑增加到 530 台，而 IT 部门采用新的维护技术，每台电脑的维护时间仅需 1.5 小时。那么，如果仍要求在一周内完成，需要多少名技术人员？请应用最小法则，结合所学知识，分析求解该问题。

任务 4　新产品的市场调研

仔细阅读下面两份材料，完成相关实践：

材料一　男士护肤霜市场调研计划书

一、调研背景

我公司在充分考察现在化妆品市场竞争状态的情况下，结合我公司目前对轮藻的研究水平，决定进行化妆品的研发生产。为了了解市场需求，制定公司的相关策略，我们决定进行一次新产品开发前的市场调研，迎合消费者之需，做到有的放矢。

二、调研目的

为了给新产品开发提供客观数据支持，本次市场研究工作的主要目的是：

1. 了解消费者对男士护肤霜的消费现状，分析男士护肤霜市场的竞争态势，了解男士护肤霜的市场容量，为新产品市场定位提供依据；

2. 研究男士护肤霜消费者的消费心理、动机及其消费行为特点，为新产品确定目标消费群并为制作广告提供参考依据；

3. 了解消费者获取化妆品的具体渠道，为新产品上市推广策略的制定提供依据；

4. 了解消费者对本公司新产品——男士护肤霜的接受程度。

三、调研内容

根据上述研究目的，我们本次调研内容主要包括如下各项：

1. 了解消费者对男士护肤霜的消费现状，分析男士护肤霜市场的竞争态势，了解男士护肤霜的市场容量，为新产品市场定位提供依据。所需信息主要有：

◇了解消费者购买男士护肤霜时所考虑因素(包装、渠道等)

◇了解现在男士护肤霜市场上的竞争对手，以及其市场占有率(明确自己的市场地位及竞争对策)

2. 探究男士护肤霜消费者的消费心理、动机及其消费行为特点：

◇了解消费者购买男士护肤霜的目的(广告诉求点)

◇消费者了解男士护肤霜的主要途径(广告宣传渠道选择)

◇了解消费者在化妆品方面的消费水平(根据消费水平进行市场细分)

3. 了解消费者对本公司新产品——男士护肤霜的接受程度：

◇被访者对我公司所开发新产品的接受程度

◇被访者对新产品开发的建议及意见

四、目标被访者定义

因本次调查是一项探索性研究，要求样本要有广泛的代表性，以期能够基本反映消费者对男士护肤霜的认知和评价，以及对本产品的接受程度和期望：

◇其亲戚朋友不在化妆品公司或广告公司工作

◇年龄在20—50岁之间，衣着讲究者

五、调查方法与抽样设计

根据本调研的特点，本次调查方法与抽样设计为：

◇本次调研采用问卷式

◇访问采用街头拦截式

六、样本量

考虑到本次市场研究对样本量的要求、成本方面的经济性及时间问题，本次研究对消费者调查所需要的样本量约为300个(由于时间等原因实施时为110个)。

七、访员安排

1.本次调查由我公司营销部门人员完成

2.正式调查前由新产品开发的技术人员对访员进行专业知识的培训，以确保调查工作质量

八、质量控制与复核

1. 为保证调查质量，我们采取 2 人/组调查方式，一审二审复核制

2. 我们将实行一票否决制，即发现调查员一份问卷作弊，该调查员所有问卷作废

九、数据录入与处理

参与本产品开发调研的数据录入人员及编码人员将参与问卷的制作与调查培训；在数据录入后需抽取10%的样本进行录入复核，以保证录入质量；数据处理采用 SPSS 软件进行

十、研究时间安排(自项目确定日起)

4 月 16 日—4 月 20 日：方案与问卷设计

4 月 21 日—4 月 24 日：调查实施

4 月 25 日—4 月 27 日：数据处理与分析

4 月 28 日—5 月 1 日：报告撰写与发布

十一、费用预算

项目费用预算约为元，其用途分别如下：

1. 问卷设计、问卷印刷 150

2. 调查与复核费用 500

3. 数据处理(编码、录入、处理、分析) 500

4. 报告撰写与制作 700

合计：1850

材料二 无线路由器市场调研报告

(一)调研背景

当今市场竞争日益激烈，无线路由器市场更是硝烟四起。为了把握无线路由器的市场情况，也为了企业能够更好地作出经营策略，推出新产品，必须对无线路由器市场进行调研，形成对企业具有参考价值意义的数据。

(二)调研方法和时间

调查采用了典型调查的方法，抽出了对深圳无线路由器市场具有影响力的两大地区：宝安赛格电子城和深圳华强北电子城。在调查过程中，综合运用了观察法、询问法，以获取更多有用的资料。时间：3 月 28 号、29 号。

(三)调研目的：寻找新产品的市场切入点，为新产品的研发做准备。

(四)调查情况

(1)深圳无线路由器品牌总体状况：品牌众多，主要有：TP-LINK，D-LINK，磊科，TO-TO-LINK，NETGEAR，斐讯，腾达，飞鱼星，LINKSYS，TP-COM，思科等。低端品牌主要以水星，迅捷，腾达为主。中端以磊科 TP，网件，D-LINK 为主，企业级路由器以飞鱼星，思科较多。市场占有率 TP 33%，D-LINK12%。

(2)路由器竞争特点：

路由器消费需求特点：深圳地区近几年时间，家用 2 台电脑增多，一些中小企业由于布线麻烦，扩大了对无线路由器市场的要求。路由器也从之前上千到现在几百甚至是几十元的价格，普通消费者对路由器的质量要求越来越高，对价格要求也越来越低，高档消费者则对路由器的稳定性和功能要求较高。

路由器销售渠道的特点：一般一个品牌在一个电脑城有一个代理商，然后代理商分销给电脑城的零售商。卖路由器的一般集中到电脑城，而且专卖店较少，都是和一些数码等

产品掺杂在卖，也有些在一些品牌电脑专卖店里有铺货，在卖电脑的时候方便把路由器推销出去。网店最近几年也开始红火，问了一些年轻消费者，他们钟情于网络购物，在网上方便对各式各样的路由器进行对比。

路由器销售理念的特点：各大品牌路由器销售理念都不一样，以其知名度和性价比吸引顾客：如 TP，D-LINK。以专业性吸引顾客：如飞鱼星专注上网行为控制，磊科以防蹭网为主打路由器。品牌广告策略的特点：广告从之前传统的报纸杂志、户外广告、广播电视等向互联网广告转移。在电脑城很少看到路由器的广告宣传，但在一些行业网站上，像太平洋电脑网、中关村在线、泡泡网等各大厂商都相继在上面宣传。（见附录）

（3）主要竞争对手分析

铺货量大，广告力度不大，产品线主要以家庭低端用户为主，主要品牌有：TP，水星，迅捷，腾达等，以 150M 速率为主。TP-出货量最多，主要型号集中在 740、741、840、340，水星型号则以 150、300 居多，外观包装以节约成本的小盒包装为主。

铺货量大，价位适中，有一部分忠实的客户群体。产品类型覆盖全面，主要品牌有：D-LINK（635、655、685 三款带 USB 接口，其中 685 支持离线下载功能），网件（3500、3700 支持 USB 接口和离线下载功能）。

知名度不高，铺货量较少，但具有针对性用户。如：贝尔金针对年轻群体，外观新颖。有 4 款路由器上市在卖，外观相同，分为乐活、疾速、畅想、酷玩版，都带 USB 接口，酷玩版支持离线下载功能。针对企业用户：飞鱼星，目前在最低成交价的基础上减免 30 元。

技术成熟，知名度高，针对高端用户：如思科，LINKSYS。

市场上带 USB 接口的路由器主要有：D-LINK635（2008 年上市，现价 455 元）、655（2008 年上市，现价 688 元）、685（2009 年 5 月上市，现价 1880 元），网件 WNR3500L（2010 年 8 月上市，现价 1190 元）WNDR3700（2009 年 12 月上市，现价 1399 元）、飞鱼星 VE982W（2010 年 9 月上市，现价 998 元）、贝尔金 F7D4301zh（2010 年 11 月上市，现价 1400 元）。

（4）JCG 经销商分析：宝安经销商：鑫元创网络把磊科，斐讯，JCG 当做主推产品，低端磊科，斐讯，高端 JCG。据经销商介绍，宝安地区大多数人对价格比较敏感，希望购买性价比高的路由器。还提出了 815 相对其他产品无一个针对性的卖点。还提出一些用户要求一键安装，并且对后台升级有一定要求。华强北赛格、新华强、赛博等电子城一些经销商处带 USB 接口的路由器铺货也都较少，主要原因是价格较高，此功能产品一般是企业级的用户在购买。铺货相对来说多点的是 D-LINK635、655，飞鱼星 VE982W。销售量飞鱼星 VE982W 相对较大。

（5）用户：宝安大多数用户期望购买性价比较高的产品，一些用户来电脑城购买电脑也都是直接看某品牌，然后砍价。一些用户对路由器的设置还不熟悉，不知道怎么对路由器进行升级，对后台升级有一定要求。深圳消费者类型：第 1 类消费者对价格比较敏感，希望购买性价比高的产品。第 2 类消费者对价格不敏感，但对路由器稳定性较高。第 3 类消费者对路由器功能要求较高。第 4 类消费者忠于某一品牌的路由器。

市场路由器销售情况：主要以 TP-LINK 销售量居多，TP740、741、840 销售量居多，其次是 D-LINK：以 600、615 销售量居多。低端路由器市场份额较大，高端企业路由器销量较少，利润高，主要集中思科、LINKSYS。

(五)SWOT 分析

JCG 发展新产品的机遇和优势:少数企业用户对外接打印服务器的路由器有一定需求,市场上带 USB 接口支持移动存储的路由器较少,绑定杀毒软件的更少,为产品进入市场提供一定的机会。

发展新产品的威胁和劣势:消费者对弹出对话框产品有一定抵触情绪。产品知名度不高,前期进入市场开发成本较大。

(六)本企业路由器发展现状:目前在市场上销售的路由器主要以 815、816、916 为主,深圳华强北市场价格体系较为混乱,815 最低的有 200 元,高的要 360 元。一些零售商整体素质还有待提高,对 JCG 产品认识不够。需要对零售商进行产品知识的普及,以及产品彩页、吊旗、横幅等小广告的宣传,以提高市场竞争力。

(七)新产品应采取的市场策略

针对竞争对手的市场策略:新产品上市之前加强广告宣传,对经销商采取顾问式服务,特别是对零售商加强产品知识宣传和教育,抓紧市场零售价,稳定产品价格,做好定位。

针对消费者的市场策略:开展促销活动普及消费者对路由器产品认识,提高消费者认知度。加强售后服务工作,提高品牌在消费者心中的质量形象。提供市区免费上门安装服务。

附录:竞争对手线上广告如下:

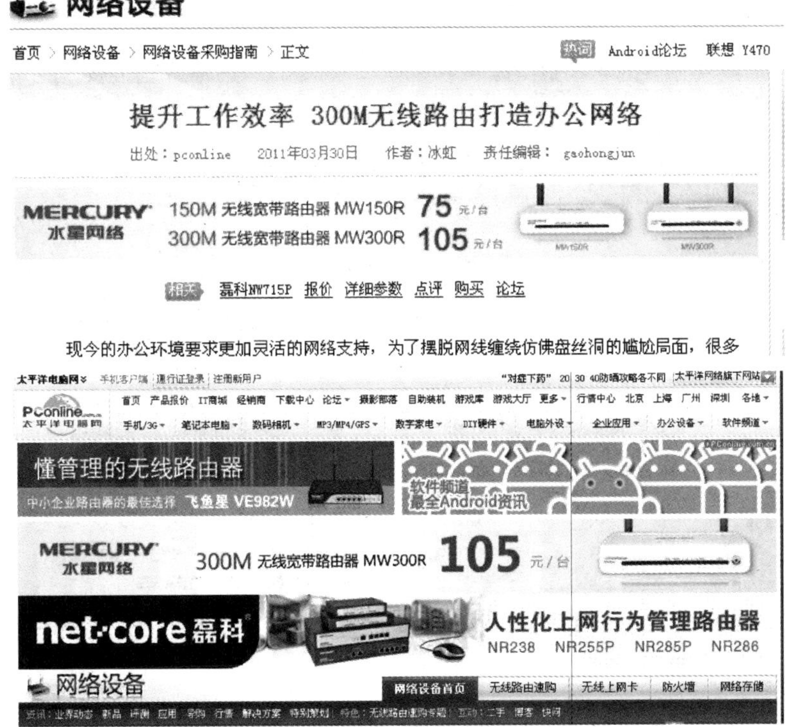

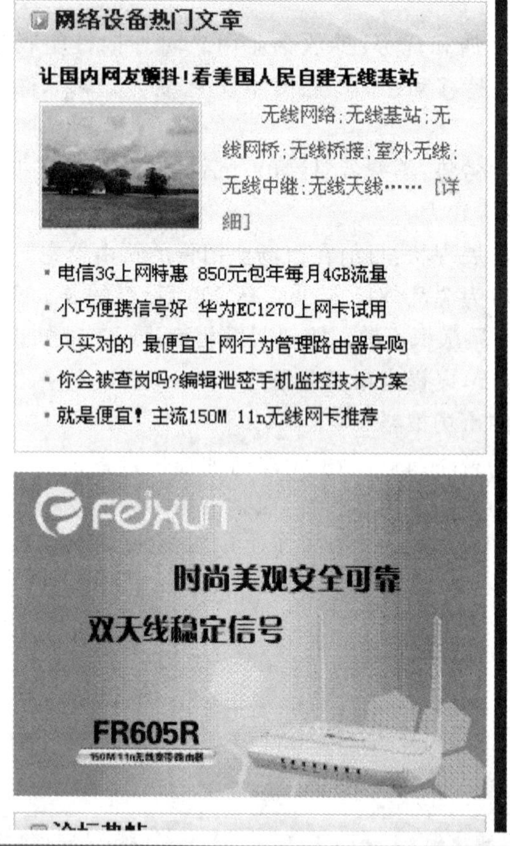

【思考与实践】

根据上述材料，为加深对调研计划的了解，请选定一个新产品的调研项目，以小组合作的方式完成调研报告。

单元三　设施选址与布局

教学目标

(一)总目标：掌握新设施选址和布局的基本方法

(二)具体目标：

1. 了解影响设施选址的因素和原则
2. 掌握单一设施选址的一般步骤和方法
3. 了解企业经济活动单元构成和设施布局类型选择的影响因素
4. 掌握设施布局方法

理论精要

生产与运作系统的布局是生产运作系统的基础，其包括设施选址和设施布局。对于新建企业来说，设施选址和布局是必须进行而且需要慎重考虑的问题，其科学合理与否将影响企业的长远发展，因此，需要运用科学的方法进行决策。

一、设施选址

(一)设施选址的重要性

设施是指生产运作过程得以进行的硬件手段，通常是由工厂、办公楼、车间、设备和仓库等物质实体所构成。

无论是生产有形产品的企业，还是提供服务的企业，工厂建在什么地区、什么地点，不仅影响建厂投资和建厂速度，而且还影响工厂的生产布局和投产后的生产经营成本。

首先，就物质因素而论，设施选址决定着企业生产过程的结构状况，从而影响新厂的建设速度和投资规模。例如，建厂地区的公共设施和生产协作条件，决定着新厂是否要自备动力、热力等各种辅助生产设施；供应来源的可靠性和便利性，决定着新厂仓库面积的大小以及运输工具的类型和规模等。

其次，就投资成本和运行成本而言，设施选址是否合理，能否靠近客户和原材料产地，劳动力资源是否丰富，地价高低，以及生产协作条件等，均直接影响新厂的投资效益和运营效益。

最后，从行为角度看，不同地区文化习俗的差异，要采取相应的管理方式，否则会产生消极性的因素，影响企业的生产经营效果。

必须指出，要找到一个满足各方面要求的设施选址是十分困难的。因此，必须权衡利弊，选出在总体上经济效益最佳的方案。

对一个企业来说，设施选址是建立和管理企业的第一步，也是扩大事业的第一步。在进行设施选址时，必须充分考虑到多方面的影响因素，慎重决策。除了新建企业的设施选址问题以外，随着经济的发展，城市规模的扩大，以及地区之间的发展差异，很多企业还面临着迁址的问题。可见，设施选址是很多企业都面临的问题，也是现代企业生产运作管理中的一个重要问题。

对于一个特定的企业，其最优选址取决于该企业的类型。工业选址决策主要是为了追求成本最小化；而零售业或专业服务性组织机构一般都追求收益最大化；至于仓库选址，可能要综合考虑成本及运输速度的问题。总之，设施选址的战略目标是给企业带来最大化的收益。

（二）影响设施选址的因素

1. 生产运作全球化对设施选址的影响

生产运作全球化和竞争全球化互为因果，使得当今世界范围内的竞争愈演愈烈。在这种情况下，企业要保持竞争能力，至少有以下三种方法：(1)采取合理化措施，整理产品结构，提高生产效益，降低劳动成本；(2)更新产品，占领新生市场；(3)调整生产基地，把生产基地搬到销售机会好或生产成本低的国家和地区。其中，第三种方法就是设施选址的问题。对于当今的企业来说，跨地区、跨国家进行生产协作、全球范围内寻找市场已经是不得不为之的事情。因此，企业应该根据促使生产运作全球化的要求，具体分析本企业的产品特点、资源需求和市场，慎重考虑和选择生产基地，慎重进行设施选址决策。此外，对于许多老企业来说，还面临着如何调整生产结构的问题，这其中也涉及设施选址的决策。

2. 设施选址影响因素的权衡

在进行设施选址时，企业有很多要考虑的影响因素。在考虑这些因素时，需要注意的是：第一，必须仔细权衡所列出的这些因素，决定哪些是与设施选址紧密相关的，哪些虽然与企业经营或经营成果有关，但是与设施位置的关系并不大，以便在决策时分清主次，抓住关键。否则，有时候所列出的影响因素太多，在具体决策时容易主次不分，做不出最佳的决策。第二，在不同情况下，同一影响因素会有不同的影响作用，因此，决不可生搬硬套任何原则条文，也不可完全模仿照搬已有的经验。最后，还应该注意的一点是，对于制造业和非制造业的企业来说，要考虑的影响因素以及同一因素的重要程度可能有很大不同。

调查表明，劳动力条件、与市场的接近程度、生活质量、与供应商和资源的接近程度、与其他企业设施的相对位置等，是进行设施选址时必须考虑的因素。

制造业企业在进行设施选址时，更多地考虑地区因素。而对于服务业来说，由于服务项目难以运输到远处，那些需要与顾客直接接触的服务业企业的服务质量的提高有赖于对最终市场的接近与分散程度时，设施必须靠近顾客群。例如，一个洗衣店或一个超级市场，影响其经营收入的因素有多种，但其设施位置有举足轻重的作用。如设施周围的人群密度、收入水平和交通条件等，将在很大程度上决定企业的经营收入。对于一个仓储或配送中心来说，与制造业的工厂选址一样，运输费用是要考虑的一个因素，但快速接近市场可能更重要，可以缩短交货时间。此外，对制造企业的选址来说，与竞争对手的相对位置有时并不重要，而在服务业，可能是一个非常重要的因素。服务业企业在进行设施选址时，不仅必须考虑竞争者的现有位置，还需估计他们对新设施的反映。在有些情况下，在竞争者附近设址有更多的好处，可能会有一种“聚焦效应”，即受聚焦于某地的几个公司的吸引下而来的顾客总数，大于这几个公司分散在不同地方情况下的顾客总数。

（三）选址原则

在选址问题上，应将定性与定量方法相结合，但定性分析是定量分析的前提。在定性分析时，具体的选址原则如下所述：

1. 费用原则

企业首先是经济实体，经济利益对于企业无论何时何地都是重要的。建设初期的固定费用，投入运行后的变动费用，产品出售以后的年收入，都与选址有关。

2. 集聚人才原则

人才是企业最宝贵的资源，企业地址选得合适有利于吸引人才。反之，因企业搬迁造成员工生活不便，导致员工流失的事实常有发生。

3. 接近用户原则

对于服务业，几乎无一例外都需要遵循这条原则，如银行储蓄所、邮电局、电影院、医院、学校和零售业的所有商店等。许多制造企业也把工厂建到消费市场附近，以降低运费和损耗。

4. 长远发展原则

企业选址是一项带有战略性的经营管理活动，要有长远发展意识。选址工作要考虑到企业生产力的合理布局和市场的开拓，要有利于获得新技术。在当前世界经济越来越趋于一体化的时代背景下，还要考虑如何有利于参与国际间的竞争。

(四)单一设施选址的一般步骤

单一设施选址是指独立地选择一个新的设施地点，其生产与运作不受企业现有设施网络的影响。在有些情况下，所要选择位置的新设施是现有设施网络中的一部分。如某餐饮公司要新开一个餐馆，但餐馆是与现有的其他餐馆独立运营的，这种情况也可看做单一设施选址。

单一设施选址问题常出现于以下几种情况：

1. 新成立企业或新增加独立经营单位

在这种情况下，设施选址基本不受企业现有经营因素的影响，在进行选址时要考虑的主要因素与一般企业设施选址考虑的因素相同。

2. 企业扩大原有设施

这种情况下可首先考虑两种选择：原地扩建及另选新址。原地扩建的益处是便于集中管理，避免生产运作的分离，充分利用规模效益。但也可能带来一些不利之处，如，失去原有的生产运作方式的特色，物流变得复杂，生产控制也变得复杂。在某些情况下，还有可能失去原来的最佳经济规模。另选新址的主要益处是，企业可以不依赖于唯一的设施厂地，便于引进、实施新技术，可使生产组织方式特色鲜明，还可在更大范围内选择高质量的劳动力等。只有在后一种选择下，才会有真正选址的问题。

3. 企业迁址

这种情况不多，通常只有小企业才有可能考虑这种方式。一个从白手起家的小企业，随着事业的发展，可能会感到原有的空间太小，而考虑重新选择一处更大的设施空间，这种情况下的新选位置不会离原有位置太远，以便仍能利用现有的人力资源。但在某些特殊情况下，也会遇到一些大企业迁址的问题。

单一设施选址通常包括以下主要步骤：

第一步，明确目标。即首先要明确，在一个新地点设置一个新设施是符合企业发展目标和生产运作战略的，能为企业带来收益。只有在此前提下，才能开始进行选址工作。目标一旦明确，就应该指定相应的负责人或工作团队，并开始进行工作。

第二步，搜集有关数据，分析各种影响因素，对各种因素进行主次排列，权衡取舍，拟定出初步的候选方案。这一步要搜集的资料数据应包括多个方面，如政府部门有关规定，地区规划信息，工商管理部门有关规定，土地、电力和水资源等有关情况，以及与企业经营相关的该地区物料资源、劳动力资源和交通运输条件等信息。在有些情况下，还需征询一些专家的意见。在收集数据的基础上，列出很多要考虑的因素，但对所有列出的影响因素，必须注意加以分析，分清主次，并进行必要的权衡取舍。在必要的情况下，对多种因素的权衡取舍也需要征询多方面的意见，如运用德尔菲法等。经过这样的分析后，将目标相对集中，拟出初步的候选方案。候选方案的个数根据问题的难易程度或可选择范围的不同而不同，例如，从 3 个到 5 个，或者更多。

第三步，对初步拟定的候选方案进行详细的分析。所采用的分析方法取决于各种要考虑的因素是定性的还是定量的。例如，运输成本、建筑成本、劳动力成本和水等因素，可以明确用数字度量，因此可通过计算进行分析比较。也可以把这些因素都用金额来表示，综合成一个财务因素，用现金流等方法来分析。另外一类因素，如生活环境、当地的文化氛围和扩展余地等，难以用明确的数值来表示，则需要进行定性分析，或采用分级加权法，人为地加以量化，进行分析与比较。也有一些方法，可同时考虑定性与定量因素，如选址度量法。

最后，在对每一个候选方案都进行上述的详细分析之后，将会得出各个方案的优劣程度的结论，或找到一个明显优于其他方案的方案。这样就可选定最终方案，并准备详细的论证材料，以提交企业最高决策层批准。

(五)设施选址的方法

1. 负荷距离法

单一设施选址中要用到多种分析方法：定性与定量分析方法，以及将定量与定性分析相结合的选址度量法等方法。负荷距离法就是一种单一设施选址的定量方法。

负荷距离法的目标是在若干个候选方案中，选定一个目标方案，它可以使总负荷（货物、人或其他）移动的距离最小。当与市场的接近程度等因素至关重要时，使用这一方法可从众多候选方案中快速筛选出最有吸引力的方案。这一方法也可在设施布局中使用。

2. 因素评分法

因素评分法在常用的选址方法中也许是使用得最广泛的一种，因为它以简单易懂的模式将各种不同因素综合起来。因素评分法的具体步骤如下：

(1)决定一组相关的选址决策因素；

(2)对每一因素赋予一个权重以反映这个因素在所有权重中的重要性。每一因素的分值根据权重来确定，而权重则要根据成本的标准差来确定，而不是根据成本值来确定。

(3)对所有因素的打分设定一个共同的取值范围，一般是 1—10，或 1—100；

(4)对每一个备选地址的所有因素，按设定范围打分；

(5)用各个因素的得分与相应的权重相乘，并把所有因素的加权值相加，得到每一个备择地址的最终得分；

(6)选择具有最高总得分的地址作为最佳的选址。

运用这种因素评分法应注意：在运用因素评分法计算过程中可以感觉到，由于确定权数和等级得分完全靠人的主观判断，只要判断有误差就会影响评分数值，最后影响决策的可能性。目前关于确定权数的方法很多，比较客观准确的方法是层次分析法。该方法操作并不复杂，有较为严密的科学依据，我们推荐在做多方案多因素评价时尽可能采用层次分析法。

3. 盈亏分析法

盈亏分析法是厂房选址的一种基本方法，亦称生产成本比较分析法。这种方法基于以下假设：可供选择的各个方案均能满足厂址选择的基本要求，但各方案的投资额不同，投产以后原材料、燃料和动力等变动成本不同。这时，可利用损益平衡分析法的原理，以投产后生产成本的高低作为比较的标准。

4. 重心法

重心法是一种布局单个设施的方法，这种方法要考虑现有设施之间的距离和要运输的货物量。在最简单的情况下，这种方法假设运入和运出成本是相等的，它并未考虑在不满载的情况下增加的特殊运输费用。首先要在坐标系中标出各个地点的位置，目的在于确定各点的相对距离。坐标系可以随便建立。在选址中，经常采用经度和纬度建立坐标。其次，根据各点在坐标系中的横纵坐标值求出成本运输最低的位置坐标 X 和 Y。重心法使用的公式是：

$$C_x = \frac{\sum D_{ix} V_i}{\sum V_i} \quad C_y = \frac{\sum D_{iy} V_i}{\sum V_i}$$

式中：C_i—重心的 x 坐标；C_y—重心的 y 坐标；D_{ix}—第 i 个地点的 x 坐标；D_{iy}—第 i 个地点的 y 坐标；V_i—运到第 i 个地点或从第 i 个地点运出的货物量。

最后，选择求出的重心点坐标值对应的地点作为我们要布局设施的地点。

二、设施布局

设施布局是指在一个给定的设施范围内，对多个经济活动单元进行位置安排。所谓经济活动单元，是指需要占据空间的任何实体，也包括人。例如：机器、工作台、通道、桌子、储藏室和工具架等。所谓给定的设施范围，可以是一个工厂、一个车间、一座百货大楼、一个写字楼或一个餐馆等。

设施布局的目的是要将企业内的各种物质设施进行合理安排，使它们组合成一定的空间形式，从而有效地为企业的生产运作服务，获得更好的经济效益。设施布局是在设施位置选定之后进行，它要确定组成企业的各个部分的平面或立体位置，并相应地确定物料流程、运输方式和运输路线等。具体地说，设施布局要考虑以下四个问题：

第一，应包括哪些经济活动单元？这个问题取决于企业的产品、工艺设计要求、企业规模、企业的生产专业化水平与协作化水平等多种因素。反过来说，经济活动单元的构成又在很大程度上影响生产率。例如，有些情况下一个厂集中有一个工具库就可以，但另一些情况下，也许每个车间或每个工段都应有一个工具库。

第二，每个单元需要多大空间？空间太小，可能会影响到生产率，影响到工作人员的活动，有时甚至会容易引起人身事故；空间太大，是一种浪费，同样会影响生产率，并且使工作人员之间相互隔离，产生不必要的疏远感。

第三，每个单元空间的形状如何？每个单元的空间大小、形状如何以及应包含哪些单元，这几个问题实际上相互关联。例如，一个加工单元，应包含几台机器，这几台机器应如何排列，因而占用多大空间，需要综合考虑。如空间已限定，只能在限定的空间内考虑是一字排开，还是三角形排列等；若根据加工工艺的需要，必须是一字排开或三角形排列，则必须在此条件下考虑需多大空间以及所需空间的形状。在办公室设计中，办公桌的排列也是类似的问题。

第四，每个单元在设施范围内的位置如何安排？这个问题应包括两个含义：单元的绝对位置与相对位置。有时，几个单元的绝对位置变了，但相对位置没变。相对位置的重要意义在于它关系到物料搬运路线是否合理，是否节省运费与时间，以及通讯是否便利。此外，如内部相对位置影响不大时，还应考虑与外部的联系。例如，将有出入口的单元设置于路旁。

(一)企业经济活动单元构成的影响因素

影响企业经济活动单元构成的主要因素有：

1. 企业的产品

企业的目标最终是要通过它提供的产品或服务来实现的，因此，企业的产品或服务从根本上决定着企业经济活动单元的构成。对于制造企业来说，首先，企业的产品品种将决定企业所要配置的主要生产单元，如汽车制造厂需有冲压车间，而仪表制造公司则不需要；其次，由于产品的结构工艺特点决定着产品粗加工和原材料的种类，决定着产品的劳动量构成，因此，也就影响着生产单元的构成；再次，产品的生产规模也会影响到生产单元的构成，如某产品的产量较大且加工劳动量也较大、具有一定规模时，就要考虑设置该种产品的专门生产车间或分厂，反之，则没有必要。对于服务业企业来说也同样如此，所提供服务内容不同、服务规模不同，经济活动单元的构成自然不同。

2. 企业规模

企业经济活动单元的构成与企业规模的关系是十分密切的。这是因为企业所需经济活动单元的数目、大小是由企业规模所决定的。企业规模越大，所需要的单元数目也越多。

3. 企业的生产专业化与协作化水平

这主要是从两个方面影响企业的经济活动单元构成：一是采用不同专业化形式(指产品对象专业化或工艺对象专业化)的企业，对工艺阶段是否配备完整的要求不同，从而带来了经济活动单元构成上的不同；二是企业的协作化水平越高，即通过协作取得的零部件、工具和能源等越多，则企业的主要生产单元就越少。例如，很多标准件都可容易地通过外协而得到，没必要全部自己建立这样的生产单元。在今天，企业正在向两个不同的趋势发展：一是生产的集中化和专业化，即生产要素越来越多地向大型专业化企业集中；二是生产的分散化，即生产要素向与大企业协作配套的小型企业扩散，以大企业为核心构成一个企业群体，以固定的协作关系从事某些专门零部件的生产或完成某些工艺过程。这两种发展趋势给企业的设施布局带来了一些新要求。

4. 企业的技术水平

其中主要是装备的技术水平，它直接影响着企业经济活动单元的构成。采用数控设备、加工中心等高技术设备拥有率较高的企业，其生产单位的组成则较简单；反之，则较复杂。

(二)设施布局类型选择的影响因素

在设施布局中，到底选用哪一种布局类型(工艺专业化布局、对象专业化布局、混合布局和固定布局)，除了生产组织方式战略以及产品加工特性以外，还应该考虑其他一些因素。也就是说，一个好的设施布局方案，应该能够使设备、人员的效益和效率尽可能好。为此，还应该考虑以下一些因素：

1. 所需投资

设施布局将在很大程度上决定所要占用的空间、所需设备以及库存水平，从而决定投资规模。如果产品的产量不大，设施布局人员可能愿意采用工艺专业化布局，这样可节省空间，提高设备的利用率，但可能会带来较高的库存水平，因此，这里有一个平衡的问题。如果是对现有的设施布局进行改造，更要考虑所需投资与可能获得的效益相比是否合算。

2. 物料搬运

在考虑各个经济活动单元之间的相对位置时，物流的合理性是一个主要考虑因素，即应该使搬运量较大的物流的距离尽可能短，使相互之间搬运量较大的单元尽量靠近，以便使搬运费用尽可能小，搬运时间尽可能短。一般情况下，在一个企业中，从原材料投入直至产品产出的整个生产周期中，物料只有15%左右的时间是处在加工工位上，其余都处于搬运过程中或库存中，搬运成本可达总生产成本的25%—50%。由此可见，物料搬运是生产运作管理中相当重要的一个问题。而一个好的设施布局，可使搬运成本大为减少。

3. 柔性

设施布局的柔性一方面是指对生产的变化有一定的适应性，即使变化发生后也仍然能达到令人满意的效果；另一方面是指能够容易地改变设施布局，以适应变化了的情况。因此，在一开始设计布局方案时，就需要对未来进行充分预测；再一方面是，从一开始就应该考虑到以后的可改造性。

4. 其他

其他还需要着重考虑的因素有：劳动生产率，为此在进行设施布局时要注意不同单元操作的难易程度悬殊不宜过大；设备维修，注意不要使空间太狭小，这样会导致设备之间的相对位置不好；工作环境，如温度、噪音水平和安全性等，均受设施布局的影响；人的情绪，要考虑到是否可使工作人员相互之间能有所交流，是否给予不同单元的人员相同的责任与机会，使他们感到公平等。

(三)设施布局形式

1. 工艺导向布局

工艺导向布局，也称车间或功能布局，是指一种将相似的设备或功能放在一起的生产布局方式。例如将所有的车床放在一处，将冲压机床放在另一处。被加工的零件，根据预先设定好的流程顺序从一个地方转移到另一个地方，每项操作都由适宜的机器来完成。医院是采用工艺导向布局的典型。

在工艺导向布局的计划中，最为常见的做法是合理安排部门或工作中心的位置，以减少材料的处理成本。换句话说，零件和人员流动较多的部门应该相邻。这种方法的材料处理成本取决于：(1)两个部门(I 或 j)在某一时间内人员或物品的流动量；(2)与部门间距离有关的成本。成本可以表达为部门之间距离的一个函数。这个目标函数可以表达成以下的形式：

$$最小成本 = \sum_{i=1}^{x}\sum_{j=1}^{x} X_{ij}C_{ij}$$

式中，n—工作中心或部门的总数量；i，j—各个部门；X_{ij}—从部门 i 到部门 j 物品流动的数量；C_{ij}—单位物品在部门 i 和部门 j 之间流动的成本。

工艺导向布局尽量减少与距离相关的成本。C_{ij} 这个因子综合考虑了距离和其他成本。于是可以假定不仅移动难度相等，而且装卸成本也是恒定的。虽然它们并非总是恒定不变的，但为了简单起见，可以将这些数据（成本、难度和装卸费用等）概括为一个变量。

工艺导向布局适合于处理小批量、顾客化程度高的生产与服务，其优点是：设备和人员安排具有灵活性；缺点是：设备使用的通用性要求较高的劳动力熟练程度和创新，在制品较多。

2. 产品导向布局

产品导向布局，也称装配线布局，是指一种根据产品制造的步骤来安排设备或工作过程的布局方式。鞋、化工设备和汽车清洗剂的生产都是按产品导向原则设计的。

产品导向布局是对生产大批量、相似程度高和少变化的产品进行组织规划。一个典型的实例是：飞机制造公司巨大的产品的最后组装线采用的就是产品导向布局。产品导向布局的两种类型是生产线和装配线。

生产线是在一系列机器上制造零件，诸如汽车轮胎或冰箱的金属部件。装配线是在一系列工作台上将制造出的零件组合在一起。两种类型都是重复过程，而且二者都必须"平衡"。即在生产线上的一台机器所做的工作必须与另一台机器所做的工作相平衡，就像装配线上的一个雇员在一个工作站上所做的工作必须和另一雇员在另一工作站上做的工作相配合一样。

生产线趋向于机器步调，并要求通过机器和工程上的改变来达到平衡。装配线则相反，生产的步调由分配给个人或工作站的任务来确定。所以，装配线上可以将一个人的工作转移给另一个人来达到平衡。在这种情况下，每个人或工作站要求的时间是一样的。

产品导向布局的中心问题是平衡生产线上每个工作站的产出，使它趋于相等，从而获得所需的产出。管理者的目标就是在生产线上保持一种平滑、连续流动的生产状态，并减少每个工作站的闲暇时间。一条平衡性好的装配线具有的优点是人员和设备利用率高，雇员之间工作流量相等。一些企业要求同一条装配线的工作流量应该大致相等，这就涉及装配线平衡的问题了。

工艺导向布局与产品导向布局之间的区别就是工作流程的路线不同。工艺导向布局中的物流路线是高度变化的，因为用于既定任务的物流在其生产周期中要多次送往同一加工车间。产品导向布局中，设备或车间服务于专门的产品线，采用相同的设备能避免物料迂回，实现物料的直线运动。只有当给定产品或零件的批量远大于所生产的产品或零件种类时，采用产品导向布局原则才有意义。

产品导向布局适合于大批量的、高标准化的产品的生产，其优点是：单位产品的可变成本低，物料处理成本低，存货少，对劳动力标准要求低；缺点是：投资巨大，不具产品弹性，一处停产影响整条生产线。

3. 混合类型布局

混合类型布局是指将两种布局方式结合起来的布局方式。混合布局是一种常用的设施布局方法。比如，一些工厂总体上是按产品导向布局（包括加工、部装和总装三阶段），在加工阶段采用工艺导向布局，在部装和总装阶段采用产品导向布局。这种布局方法的主要目的是：在产品产量不足以大到使用生产线的情况下，也尽量根据产品的一定批量、工艺相似性来使产品生产有一定顺序，物流流向有一定秩序，以达到减少中间在制品库存、缩短生产周期的目的。混合布局的方法又包括一人多机、成组技术等具体应用方法。

(1)一人多机

一人多机(one worker,multiple machine,简称 OWMM)是一种常用的混合布局方式。这种方法的基本原理是:如果生产量不足以使一个人看管一台机器就足够忙的话,可以设置一人可看管的小生产线,既可使操作人员保持满工作量,又可在这种小生产线内使物流流向有一定秩序。这个所谓的小生产线,即指由一个人同时看管的几台机器,如下图 2-7 所示(图中,M1、M2 等分别表示不同的机器设备)。

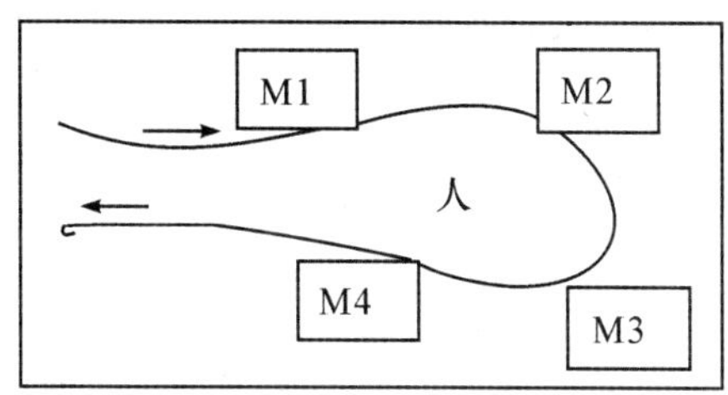

图 2-7　一人多机布局示意图

在一人多机系统中,因为有机器自动加工时间,员工只在需要看管的时候(装、卸、换刀和控制等)采取照管,因此又可能在 M1 自动加工时,去看管 M2,依此类推。通过使用不同的装夹具或不同的加工方法,具有相似性的不同产品可以在同一 OWMM 中生产。这种方法可以减少在制品库存以及提高劳动生产率,其原因是工件不需要在每一机器旁积累到一定数量后再搬运至下一机器。通过一些小的技术革新,例如在机器上装一些自动换刀、自动装卸、自动启动和自动停止的小装置,可以增加 OWMM 中的机器数量,以进一步降低成本。

上面图 2-7 所示的 OWMM 系统呈现一种 U 形布局,其最大特点是物料入口和加工完毕的产品的出口在同一地点。这是最常用的一种 OWMM 布局,其中加工的产品并不一定必须通过所有的机器,可以是 M1→M3→M4→M5,也可以是 M2→M3→M5 等。进一步,通过联合 U 型布局,可以获得更大的灵活性,这在日本丰田汽车公司的生产实践中已被充分证实。

(2)成组技术布局

成组技术布局是将不同的机器分成单元来生产具有相似形状和工艺要求的产品。成组技术布局现在被广泛应用于金属加工、计算机芯片制造和装配作业。成组原则应用的目的是要在生产车间中获得产品原则布局的好处。包括:

①改善人际关系:员工组成团队来完成整个任务。

②提高操作技能:在一个生产周期内,员工只能加工有限数量的不同零件,重复程度高,有利于员工快速学习和熟练掌握生产技能。

③减少在制品和物料搬运:一个生产单元完成几个生产步骤,可以减少零件在车间之间的移动。

④缩短生产准备时间:加工种类的减少意味着模具的减少,因而可提高模具的更换速度。

工艺导向布局转换为成组技术布局可通过以下三个步骤来实现:

①将零件分类:该步骤需要建立并维护计算机化的零件分类与编码系统。尽管许多公

司都已开发了简便程序来对零件进行分组，但这项支出仍然很大。

②识别零件组的物流类型，以此作为工艺布局和再布局的基础。

③将机器和工艺分组，组成工作单元。在分组过程中经常会发现，有一些零件由于与其他零件联系不明显而不能分组，还有专用设备由于在各加工单元中的普遍使用而不能具体分到任一单元中去。这些无法分组的零件和设备都放到“公用单元”中。

成组技术布局则是将不同的机器分成单元来生产具有相似形状和工艺要求的产品。其优点是：改善人际关系，增强参与意识；减少在制品和物料搬运及生产过程中的存货；提高机器设备利用率；减少机器设备投资与缩短生产准备时间等。

4. 固定位置布局

固定位置布局是指产品由于体积或重量庞大停留在一个地方，从而需要生产设备移到要加工的产品处，而不是将产品移到设备处的布局方式。造船厂、建筑工地和电影外景制片场往往采用这种布局方式。

在一个固定位置的布局中，生产项目保持在一个地方，工作人员和设备都到这个地点工作。但由于：

(1)在建设过程中的不同阶段需要不同的材料，所以随着项目的进行，不同材料的安排变得关键；

(2)材料所需的空间是不断变化的，例如，随着工程进展，建造一艘船的外壳所使用的钢板量是不断改变的。

上述两个原因使得固定位置的布局技术发展很慢。不同的企业处理固定位置布局时采用不同的方法。建筑企业通常有一个“行业会议”来对不同时期的空间进行安排。但这种布局方法并不是最优的，因为讨论更倾向于政策性的利益分配而非分析性的效率安排。而造船厂在靠近船的地方有称为“平台”的装载区域。物料装卸由事先计划好的部门完成。

(四)设施布局方法

1. 物料流向图法

按照原材料、在制品以及其他物资在生产过程中的总流动方向来布局工厂的各车间、仓库和其他设施，并绘制物料流向图。如图 2-8，某机加工企业按物料流向布局图。

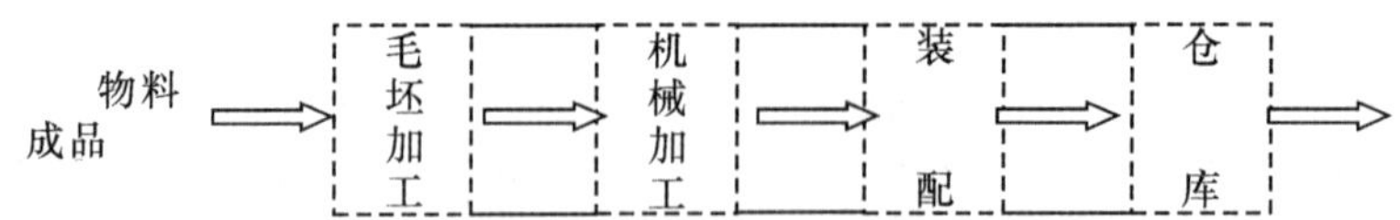

图 2-8 某机加工企业设施布局示意图

2. 物料运量比较法

该方法是按照生产过程中物料流向及生产单位之间运输量布局设施的相对位置。其步骤如下：

(1)根据原材料、在制品在生产过程中的流向初步布局各个生产单位的相对位置，绘出初步物流图；

(2)统计各个单位间的物料流量，制定物料运量表，见表 2-7；

(3)按运量大小进行布局，将彼此之间运量大的单位安排在相邻位置，并考虑其他因素进行改进和调整。

表 2-7 物料运量表

从一车间 \ 至一车间	01	02	03	04	05	06	总计
01		6	4	3	2		15
02			6	5	3		14
03				8	3	2	13
04		5	3		6	2	16
05		3				11	14
06							0
总　计	0	14	13	16	14	15	72

3. 相对关系布局法

根据工厂各组成部分之间关系的密切程度加以布局,得出较优方案。工厂各组成部分之间的密切程度一般可分为六个等级,见表 2-8 所示。

表 2-8 关系密切程度分类及代号

代 号	关系密切程度	评 分	代 号	关系密切程度	评 分
A	绝对必要	5	O	普通的	2
E	特别重要	4	U	不重要	1
I	重要	3	X	不予考虑	0

形成其密切程度的原因,可能是单一的,也可能是综合的,一般可根据下表原因确定组成部分的关系密切程度。见表 2-9。

表 2-9 关系密切程度的原因

代　号	关系密切程度原因
1	使用共同的记录
2	共用人员
3	共用地方
4	人员接触程度
5	文件接触程度
6	工作流程的连续性
7	做类似的工作
8	使用共同的设备
9	可能的不良秩序

应用相对关系布局时,首先根据工厂各组成部分相互作用关系表,然后依据此表定出各组成部分的位置。

例:一个快餐店欲布置其生产与服务设施。该快餐店共分成 6 个部门,计划布置在一个

2×3 的区域内。已知这 6 个部门间的作业关系密切程度如图 2-9 所示，请做出合理布置。

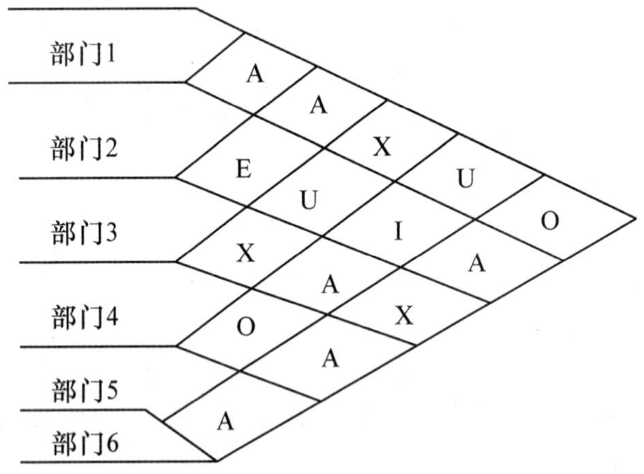

图 2-9　作业相关图示例

解：第一步，列出关系密切程度分类表（只考虑 A 和 X）。

A	X
1—2	1—4
1—3	3—4
2—6	3—6
3—5	
4—6	
5—6	

第二步，根据列表编制主联系簇。

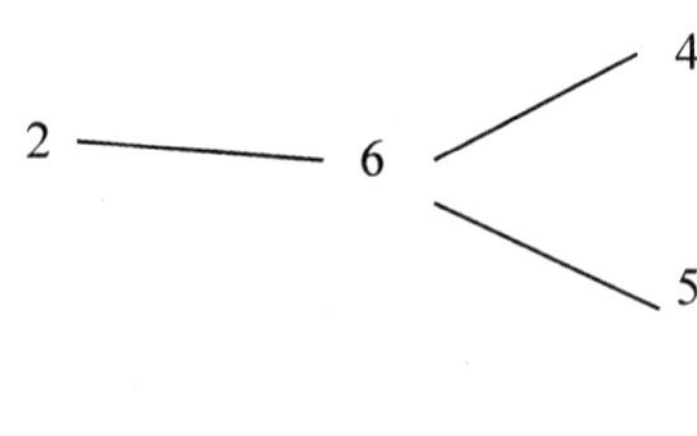

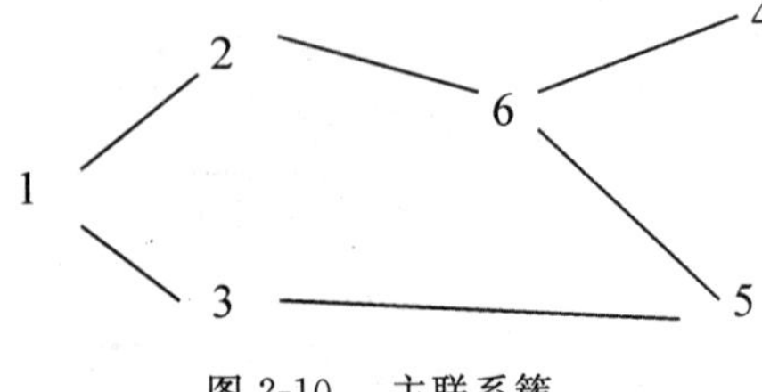

图 2-10　主联系簇

第三步，画出“X”关系联系图。

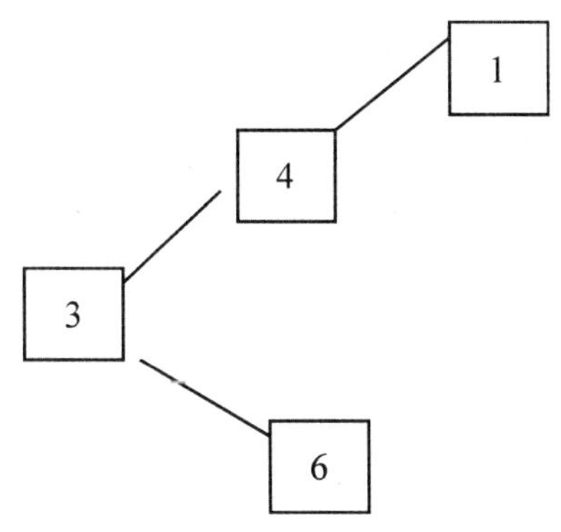

图 2-11 X 关系联系簇

第四步，根据联系簇图和可供使用的区域，用实验法安置所有部门。

1	2	6
3	5	4

图 2-12 最终布置图

(四)从—至表法

从—至表法是一种常用的车间设备布局方法。从—至表是记录车间内各设备间物料运输情况的工具，是一种矩阵式图表，因其表达清晰且阅读方便，因而得到了广泛的应用。一般来说，从—至表根据其所含数据元素的意义不同，分为三类：表中元素表示从出发设备至到达设备距离的称为距离从—至表；表中元素表示从出发设备至到达设备运输成本的叫做运输成本从—至表；表中元素表示从出发设备至到达设备运输次数的叫做运输次数从—至表。当达到最优化时，这三种表所代表的优化方案分别可以实现运输距离最小化、运输成本最小化和运输次数最小化。

下面，结合一条生产线的布局的例子，说明从—至表法的操作步骤。

例 设一条生产线上加工 17 种零件，该生产线包括 8 种设备 10 个工作地，任意相邻两工作地间距离大体相等并记作一个单位距离。用从—至表法的解决步骤如下：

第一步，根据综合工艺路线图，编制零件从—至表，见表 2-10。表中每一方格的数字代表零件从某一工作地移到另一工作地的次数。因而，这种表是次数从至表，表中数据距离对角线的格数表示两工作地间的距离单位数，因而，越靠近对角线的方格，两工作地间距离越小。

第二步，改进零件从—至表求最佳设备排列顺序，见表 2-11。最佳排列顺序应满足如下条件：从—至次数最多的两台机床，应该尽可能地靠近。由如上对从—至表的分析看出，这需要使从—至表中越大的数字越靠近对角线。

第三步，通过计算，评价优化结果。由于数据方格距对角线的距离表示两工序间的距离，而数据表示零件在两工序间的移动次数，所以，可以用方格中数据与方格距对角线的距离之积的和，来表示零件总的移动距离。

表 2-10 初始零件从—至表

至＼从	毛坯库	铣床	车床	钻床	镗床	磨床	压床	内圆磨床	锯床	检验台	合计
毛坯库		2	8		1		4		2		17
铣　床			1	2		1			1	1	6
车　床		3		6		1				3	13
钻　床			1				2	1		4	8
镗　床			1								1
磨　床			1							2	3
压　床										6	6
内圆磨床										1	1
锯　床		1	1			1					3
检验台											
合　计		6	13	8	1	3	6	1	3	17	58

$$L = \sum_{i} \sum_{j} I_j C_{ij}$$

式中：L——总的移动距离；I_j——第 j 格移动对角线的格数；C_{ij}——移动次数。

第四步，改进前后从—至表的比较，将工作地距离相等的各次数按对角线方向相加，再乘以离开对角线的格数，就可以求出全部零件在工作地之间移动的总距离，如表 2-12 所示。

可见改进后的零件从—至表，零件移动的总距为 44 个单位距离，即总的运输路线缩短了 44 个单位距离，同时物料的总运量也相应减少了，提高了企业经济效益。

表 2-11 最终零件从—至表

至＼从	毛坯库	车床	铣床	钻床	压床	检验台	锯床	镗床	内圆磨床	磨床	合计
毛坯库		8	2		4		2	1			17
车　床			3	6		3				1	13
铣　床		1		2		1	1			1	6
钻　床		1			2	4			1		8
压　床						6					6
检验台											
锯　床		1	1							1	3
镗　床		1									1
内圆磨床						1					1
磨　床		1				2					3
合　计		13	6	8	6	17	3	1	1	3	58

表 2-12　总零件移动距离计算表

改进前		改进后	
前进	后退	前进	后退
i×j	i×j	i×j	i×j
1×（2+1+6）=9	1×（3+1）=4	1×（8+3+2+2+6）=21	1×1=1
2×（8+2+1）=22	2×1=2	2×（2+6+4）=24	2×1=2
3×（1+2+6）=27	3×（1+1）=6	3×（1+1）=6	3×1=3
4×（1+1+1+2）=20	4×0=0	4×（4+3+1）=32	4×（1+2）=12
5×0=0	5×0=0	5×1=5	5×1=5
6×（4+4）=48	6×1=6	6×2=12	6×1=6
7×（1+3）=28	7×1=7	7×（1+1）=14	7×0=0
8×（2+1）=24	8×0=0	8×1=8	8×1=8
9×0−0	9×0−0	9×0=0	9×0=0
小计　178	小计　25	小计　122	小计　37
零件总移动距离 $L=\sum i\times j=178+25=203$(单位)		零件总移动距离 $\sum L'=i\times j=122+37=159$(单位)	
零件总移动距离改进前后之差 ΔL=L−L′=44(单位)			
总距离相对减少程度 ΔLL=44203=21.7%			

三、仓库布局

仓储业是非制造业中占比重很大的一个行业，通过合理的仓库布局来缩短存取货物的时间、降低仓储管理成本具有重要的意义。从某种意义上来说，仓库类似于制造业的工厂，因为物品也需要在不同地点(单元)之间移动。因此，仓库布局也可以有很多不同的方案，一般的仓库布局问题的目的都是寻找一种布局方案，使得总搬运量最小。这个目标函数与很多制造业企业设施布局的目标函数是一致的。因此，可以借助于类似负荷距离法等方法。实际上，这种仓库布局的情况比制造业工厂中的经济活动单元的布局更简单，因为全部搬运都发生在出入口和货区之间，而不存在各个货区之间的搬运。

例　有一个家电用品仓库，共有 M 个货区，分别存储 7 种家电。仓库有一个出入口，进出仓库的货物都要经过该口。假设该仓库每种物品每周的存取次数如表 2-13 所示，应该如何布置不同物品的货区，使总搬运量最小？

表 2-13

存储物品	搬运次数(每周)	所需货区
A. 电烤箱	280	1
B. 空调	160	2
C. 微波炉	360	1
D. 音响	375	3
E. 电视机	800	4
F. 收音机	150	1
G. 其他	100	2

图 2-13 仓库平面示意图

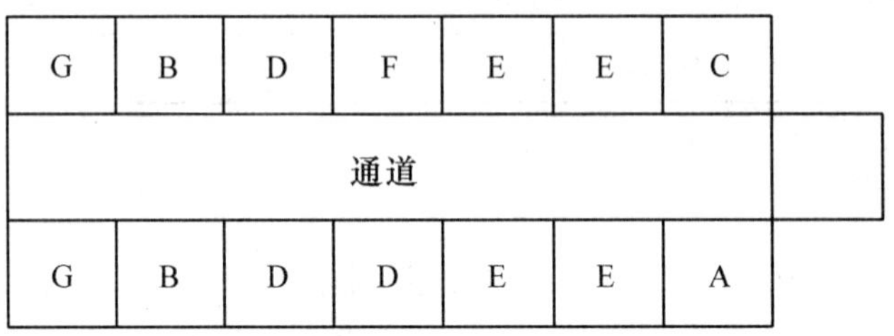

图 2-14 布置好的仓库平面示意图

四、非制造业的设施布置

办公室与生产制造系统相比，有许多根本不同的特点：制造系统加工处理的对象是有形物品，而办公室则是信息以及组织内外的来访者。办公室的工作效率往往取决于人的工作速度，而生产制造系统与设备速度有相当大的关系。办公室布置中，同一类工作任务可选用的办公室布置有多种。组织结构、各个部门的配置方式、部门之间的相互关系和相对位置的要求对办公室布置有更重要的影响。

1. 总裁
2. 工程顾问
3. 工程师区
4. 秘书
5. 办公室入口
6. 中心文件柜
7. 设备间
8. 影印设备
9. 储存室
O
U
A
A
I
I
O
I
I
I
I
U
A
I
O
O
A
E
U
O
X
E
E
U
U
A
O
O
U
I
O
X
U
A
E
E

图 2-15

入
口

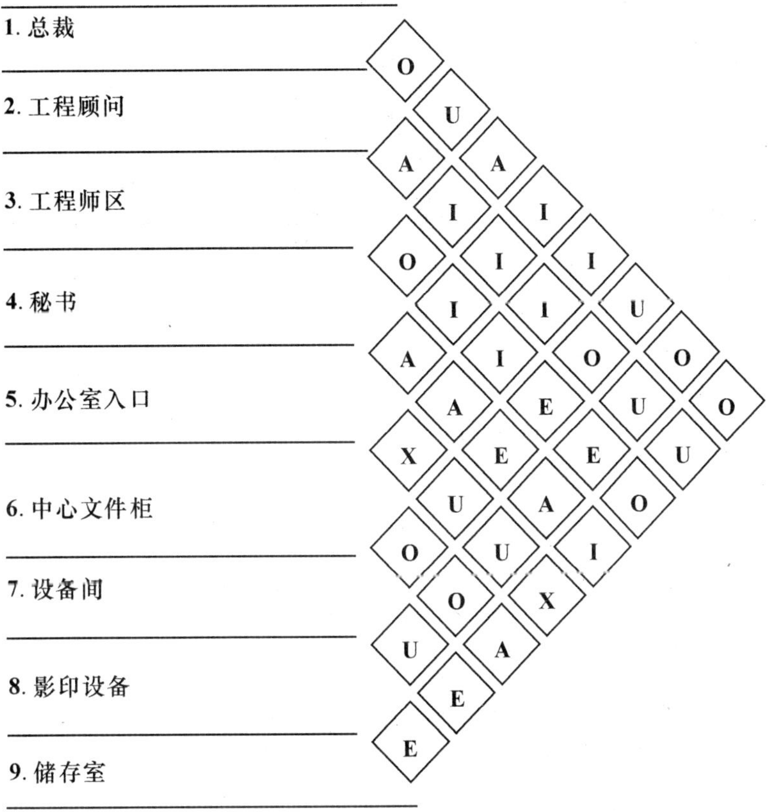

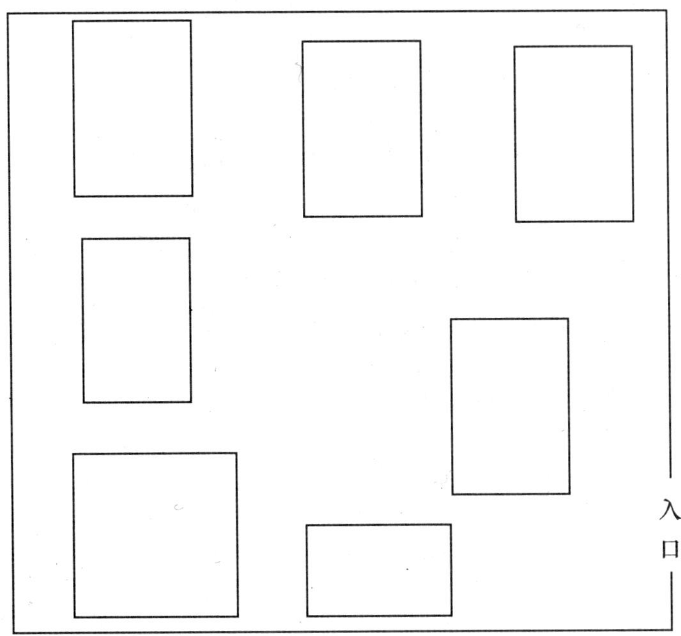

图 2-16

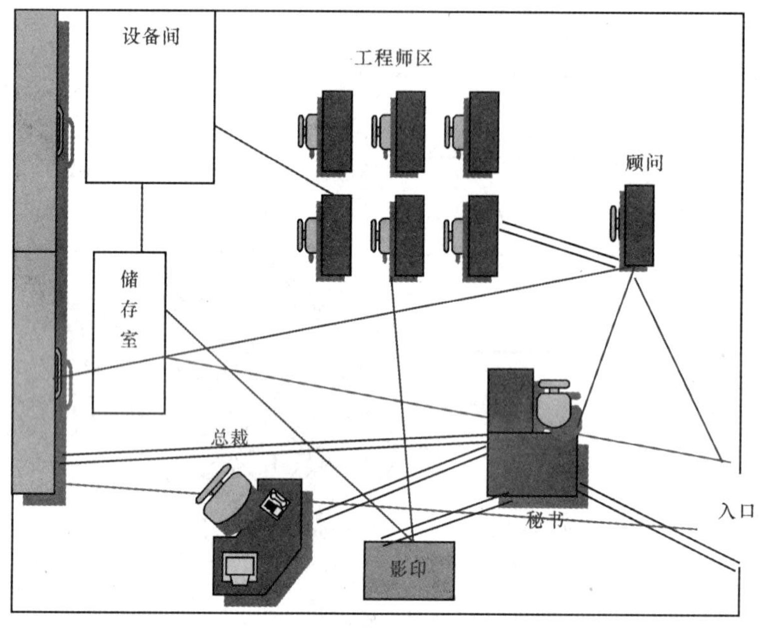

图 2-17

办公室布置的几种形式：封闭式办公室、开放式办公室、组合办公、模块活动中心、“远程”办公

(一)封闭式办公室

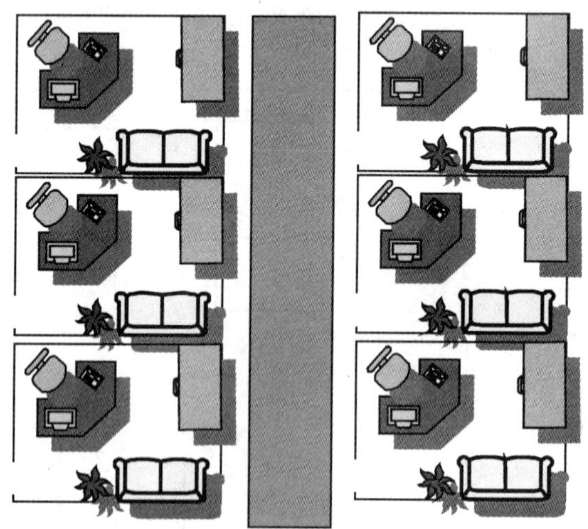

图 2-18

(二)开放式办公室

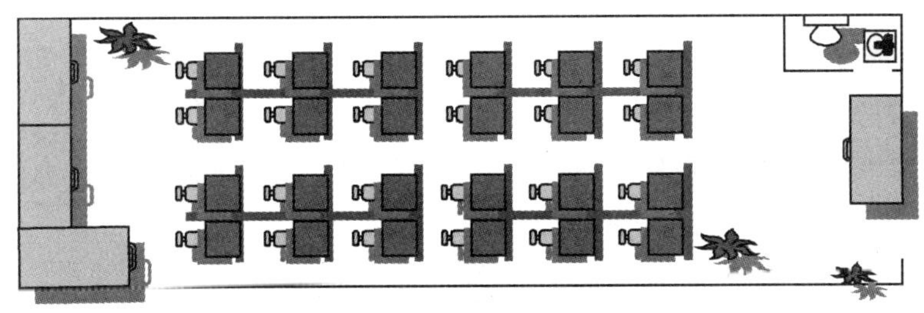

图 2-19

(三)零售业布局

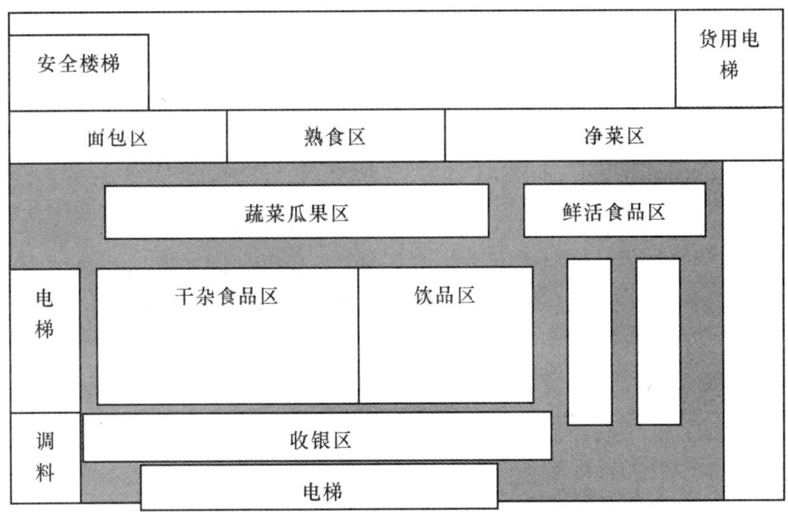

图 2-20

工作任务

任务 1　认识影响设施选址的因素和原则

任务 1a　阅读下列案例,回答有关问题

邦图化学品公司在印度设厂

近年来,厂商在国外设厂的兴趣越来越浓。原因很多:第一,一些不发达国家的土地、劳动力和原材料的成本低廉;第二,为了开拓国际市场,就近生产可以节约运输及其他费用,如关税等;第三,通过与当地企业合作建厂,可以避免一些贸易限制。

作为世界上最大的化工企业之一,邦图公司也把跨国经营作为发展的重要战略之一。对于邦图公司来说,不够发达但拥有 7 亿人口的印度是个不容忽视的市场。但对邦图公司希望在印度销售的产品,印度政府规定必须与当地企业合资才能够生产,生产的地点也必须获得政府的许可。为了进入印度市场,邦图公司决定在印度设立合资企业。公司选择了一家印度企业作为合作伙伴，并对未来厂址提出如下要求：

- 接近市场
- 接近港口
- 便于原材料运输
- 地方政府稳定
- 合作伙伴与当地政府有良好的合作关系
- 容易通过许可审查
- 便于与其他企业联系
- 劳动力便宜
- 地价低
- 能源供应充足
- 便于处理污染
- 投资政策和环境良好
- 接近基础设施
- 接近首都新德里，因为邦图公司和其伙伴的总部都在那儿

根据以上条件，首先排除一些明显不具备条件的地点，如不接受政局动荡的地区。经过几番筛选，最后选择了位于喜马拉雅山脚下的 Uttar Pradesh 州作为候选地区。这个地方离最近的海港有 1 700 公里，沿途许多地方的道路都很危险。邦图公司的合作伙伴历时两年才获得了在这个州生产的许可，其过程真可谓漫长而艰辛。而另外三家公司也获得了在印度生产同类产品的许可。所以时不我待，邦图公司必须尽快作出决策。

为此，邦图公司成立了一支由各方面专家组成的选址小组，深入印度，对候选地点进行考察和评价。其核心任务就是考察该地是否存在严重不符合投资建厂条件的因素。邦图公司的选址小组包括各方面的专家。房地产专家确保在计算土地成本时将所有占地包括进去，并且负责场地获得方式的选择。另外，他们还要调查建造公司派驻人员的住所和其他辅助设施的可能性，如仓库、办公场所等。土木工程师负责考察土质稳定性、工厂建筑的方式、公共设施、风向、环境因素等。后勤人员研究和评价将原材料运入和产品运出的可行性。制造和生产方面的代表对劳动人口、劳动纪律、劳动力的素质，以及该地是否适合生产进行整体上的评价。选址小组的一些人员到该地区的其他工厂调查劳动力的素质、当地政府的态度和政策、电力供应等情况；还对公共服务设施以及当地的学校进行了调查，因为这对公司派驻到当地的员工和他们的家庭成员十分重要。

在做选址决策时，选址小组重点考虑了与以下几方面问题有关的内容：

- 合资企业生产所用的原材料是一种具有潜在毒性的异氢酸盐(NDI)
- 这种异氢酸盐必须在内陆运输 1 700 公里
- 公司派驻人员的设施可能十分简陋和欠缺
- 当地劳动力的素质状况
- 必须重视当地的环境条件

以下是选址小组对候选厂址各方面条件的调查结果：

1. 原材料

合资工厂的主要原料之一是 NDI。NDI 是一种异氢酸盐，在印度的 Bhopal 曾经发生

过由异氢酸盐引起的毒气渗漏事故，造成 2 500 余人死亡，10 万多人终身残疾。因此，无论是印度政府还是当地居民对异氢酸盐都极度恐惧和反感。这可能会给原料的进口和运输带来一些问题。实际上，在 Bhopal 的悲剧发生后，印度当局立即下令禁止所有的异氢酸盐在印度国内运输。以进口 NDI 为原料的印度泡沫制造商经过一个多月的努力才使当局相信它们使用的 NDI 与造成事故的异氢酸盐完全不同，至此才得以恢复 NDI 进口。

邦图公司使用的 NDI 与造成 Bhopal 非剧的那种异氢酸盐也不相同，邦图使用的是一种熔点很高的固体异氢酸盐。邦图的 NDI 主要来自于美国的道氏公司，如果需要也可以考虑从其他公司购买，比如目前为印度国内的泡沫制造商提供 NDI 的德国贝氏公司。只是为了确保 NDI 在整个运输过程中保持固态，邦图公司必须在从供应商到新厂的全程中使用 40 英尺长的冷冻容器装载 NDI。选址小组在调查中发现有几家运输公司与印度有着良好的接触或在印度有分支机构。这些公司可以作为承担邦图公司 NDI 运输的候选者。

新厂使用的另一种原材料则完全不会造成环境污染。这种原料可以在邦图公司的尼亚加拉瀑布分厂装入容器后再运往印度。

2. 运输

另一个令人担忧的因素是将原料从生产地运到合资厂需要很长的提前期。不仅因为路上运输需要时间，沿途港口的停靠检查也要花去很长时间。在印度境内的运输情况还要受到雨季的影响。专家估计，如果运输原料的货车只在白天行驶的话，从港口到选定的厂址大约需要 6 天时间。

装载 NDI 的货车将会经过 Bombay。在这个地区，道路的宽度从 6 米急剧减到 3 米，沿途还有许多急转弯。这使装载有 40 英尺长容器的卡车在转弯时将十分困难。尽管邦图公司并没有改善路况的计划和预算，但专家们注意到印度政府正在将通往该地的某些路段加宽。

3. 其他因素

公司还考虑在厂区附近兴建一个住宅区。可这个地方实在太偏远，当地没有任何适宜居住的条件，如果要建住宅区，公司必须提供一切。在离厂区大约 1 小时路程处有一个环境很好的居住区，那里曾是英国殖民者消暑避夏的地方，从厂址处有一条路况不错但十分繁忙的公路通向那里。另外在离厂区大约 2 小时路程的 Pontseib 城内也有一个居民区，但那里的治安情况不太好，盗匪十分猖獗，所有住在那儿的西方人都雇有保安人员。菜蔬的购买也令西方人十分头痛。虽然有专门的商店，但商店处于闹市区，卫生状况也相当糟糕。

该地区有一个相当不错的男子学校，设有初中部。但该地区没有任何医疗设施，因此公司需要建立自己的医疗服务机构。

下面来看看当地劳动力的素质。厂址所在地与一所重要的锡克族寺庙毗邻。有许多锡克族人居住在这一地区。锡克族是印度素质最高的人口之一，因此劳动力资源将是充足的，并且有一定的培训基础。附近的水泥厂有机械方面的专业人员。这一地区还有很多轻工企业。

工厂的安全生产可能存在一定的障碍。因为这个地区的居民都有很高的宗教热情，他们不会放弃他们的穆斯林头巾，而现在的安全帽是无法戴在头巾之上的。劳动保护措施中的硬头鞋和听力保护等装备，也与当地人的风俗习惯不符，只能强迫员工执行这些安全措施。

环境方面，工厂需要处理一些废液。虽然有一条河流过厂区，但这条河是当地居民饮水之源，废液不能直接向河中倾倒。但固体废物的处理则相对不成问题。

附近的水泥厂会造成一定程度的粉尘污染。但专家们认为在正常的风向条件下，水泥厂的粉尘不会造成影响。另外还要在厂内打井，这又牵涉到地下水源的分布。但专家们认为，只要取得当地的支持，打井也不会是多大的问题。

最后要考虑的是印度的雨季。选址小组分别在雨季和旱季考察了该地。发现在7～8月的一个月内，降雨量可达25～35英寸。

4. 场地的收购

所选的场地属于当地政府已经指定为工业用地的范围，因此购买不成问题。可以通过两种方式获得用地：一种是通过政府征用。这通常需要较长的时间，而且可能会造成土地原有者的反感。第二种方式是直接与土地所有者商谈。邦图公司选定的230亩土地属于27个不同的所有者。但土地收购只需要与村长及其助手们谈判就可以了，他们能够代表所有村民的决定。整个谈判大概需要1～6个月时间。

以每亩＄4 300的价格计算，再加上＄100 000的居民安置费，估计总共需要100万美元。居民们还要求邦图公司的医务室为居民提供医疗服务，并且雇佣那些移民的家庭成员。一般是一户一员。这些人可以被派作园艺、场地维护以及清扫工厂等，因为这些工作不要求员工受过教育。

【思考与实践】

1. 你认为邦图公司在选址时，所考虑的因素是否周全？你认为还须考虑哪些因素？

2. 哪些因素导致生产服务设施应该靠近原材料供应地？哪些因素导致它们靠近消费市场？

任务1b　阅读下列案例，回答有关问题

美国新型加工工作不在工厂里

在美国宾夕法尼亚州威斯特摩兰郡的山区里，开车从匹兹堡往东行驶1小时，矗立着美国制造业复兴的标志。1988年，这里的前身装配工厂被废弃，成为充满铁锈的遗址，其工人被解雇或从事其他工作。1992年，索尼公司来此发展。今天，威斯特摩兰郡有世界上最先进的电子工厂，生产成千上万的大屏幕彩电。而且，这不是单纯地由美国公司装配日本生产的零部件。该产品中80％的部件是由美国制造的。

为什么索尼会选择在宾夕法尼亚州生产彩电呢？美国是世界上最大的彩电市场，特别是大屏幕彩电，索尼公司与其用户离得越近，货运成本就会减少。

而且，美国有一个强大的工业体系——宽敞的马路、清洁的淡水、教育程度高的工人和许多供应商，以及一个巨大的技术基地，附近的卡耐基—梅隆大学的技术力量可以帮助索尼公司的工程师制造可以在电视机运出之前自动调频的机器人。

长期以来，制造商利用规模经济的优势已建立了巨型的大量工厂，然后把产品运到远处的市场。但是今天，它的趋势是朝小规模、灵活化、低劳动密集性、接近顾客方面发展。

钢铁和汽车制造与电视制造一样出现这种情况。由纽克公司、伯明翰钢铁公司及其他公司运营的靠近顾客、低成本小型工厂是世界上最有效率的钢铁厂之一。

在汽车制造方面，丰田公司、尼桑公司和本田公司在俄亥俄、田纳西和肯塔基各州的工

厂生产出超过百万辆的汽车，超过日本出口到美国的汽车。

不仅仅是经济趋势和当地条件吸引制造商到美国去。在世界上没有地方能像美国一样能让美国、亚洲和欧洲的制造商们这样直接、自由地竞争。“如果你在美国成功，那么你已经证明你在世界各地都是好手。”奔驰公司的主席 Helmut Werner 说。该公司在亚阿拉巴马建立了一个汽车制造厂。

【思考与实践】外国公司愿意选择在美国设厂的重要原因是什么？

任务 2　利用 Excel 求解 重心法

仔细阅读下列资料，完成相关实践：

假设有一系列点代表生产地和需求地，各自有一定量货物需要以一定的运输费率运向待定的仓库，或从仓库运出，现在要确定仓库应该位于何处才能使总运输成本最小？这是一类单设施选址问题。精确重心法是求解这类问题最有效的算法之一。

我们以该点的运量乘以到该点的运输费率再乘以到该点的距离，求出上述乘积之和最小的点，即：

$$\min TC = \sum_{i=1}^{n} V_i R_i d_i$$

其中：TC—总运输成本

V_i—i 点的运输量

R_i—到 i 点的运输费率

d_i—从位置待定的仓库到 i 点的距离

$$d_i = K\sqrt{(X_i-\overline{X})^2+(Y_i-\overline{Y})^2}$$

其中 k 代表一个度量因子，将坐标轴上的一单位指标转换为通用的距离单位，如英里等。传统的精确重心法是对上述目标函数求偏微分，然后再使用迭代的方法，计算过程繁琐，在这里我们使用 Excel 软件求解。

算例：假设有两个工厂向一个仓库供货，由仓库供应三个需求中心，工厂一生产 A 产品，工厂二生产 B 产品。工厂和需求地的坐标、货运量和运输费率见表 2-14，k 值取 10。

表 2-14　工厂和需求地的坐标、货运量和运输费率

地点	产品	总运输量(担)	运输费率（美元/担/英里）	坐标值	
				X	Y
工厂一	A	2000	0.05	3	8
工厂二	B	3000	0.05	8	2
需求地一	A、B	2500	0.075	2	5
需求地二	A、B	1000	0.075	6	4
需求地三	A、B	1500	0.075	8	8

第一步：建立 Excel 模型，输入已知数据，如图 2-21 所示。

第二步：在第一步基础上，利用 Excel 提供的函数，分别求出各个地点到仓库的运输成本和总成本。如图 2-22(1)和 2-22(2)所示。

	A	B	C	D	E	F	G	H
1	Excel求解精确重心法							
2								
3	地点	坐标值		仓库坐标值		总运输量（担）	运输费率（美元/担/英里）	K
4		x	y	X	Y			
5	工厂一	3	8	1	1	2000	0.05	10
6	工厂二	8	2			3000	0.05	10
7	需求点一	2	5			2500	0.075	10
8	需求点二	6	4			1000	0.075	10
9	需求点三	8	8			1500	0.075	10
10								

图 2-21 任务 2 计算步骤 1

	A	B	C	D	E	F	G	H	I	J
1	Excel求解精确重心法									
2										
3	地点	坐标值		仓库坐标值		总运输量（担）	运输费率（美元/担/英里）	K	距离di	运输成本
4		x	y	X	Y					
5	工厂一	3	8	1	1	2000	0.05	10	72.80109889	7280.109889
6	工厂二	8	2			3000	0.05	10	70.71067812	10606.60172
7	需求点一	2	5			2500	0.075	10	41.23105626	7730.823048
8	需求点二	6	4			1000	0.075	10	58.30951895	4373.213921
9	需求点三	8	8			1500	0.075	10	98.99494937	11136.9318
10									总运输成本Tci	

图 2-22(1) 任务 2 计算步骤 2a

距离di	运输成本
=H5*SQRT((B5-$D$5)^2+(C5-$E$5)^2)	=F5*G5*I5
=H6*SQRT((B6-$D$5)^2+(C6-$E$5)^2)	=F6*G6*I6
=H7*SQRT((B7-$D$5)^2+(C7-$E$5)^2)	=F7*G7*I7
=H8*SQRT((B8-$D$5)^2+(C8-$E$5)^2)	=F8*G8*I8
=H9*SQRT((B9-$D$5)^2+(C9-$E$5)^2)	=F9*G9*I9
总运输成本Tci	=SUM(J5:J9)

图 2-22(2) 任务 2 计算步骤 2b

第三步：用 Excel 的“规划求解”工具求解。点击“工具”菜单，选择“规划求解”（如果没有此菜单，选择“工具——加载宏”，选择加载“规划求解”即可），此时出现一个“规划求解参数”对话框，如图 2-23 所示。在此对话框中输入“规划求解”的参数，其中目标单元格为 $J$10 目标函数求的是最小值，可变单元格为 $D$5、$E$9，即仓库坐标值 x 和 y 所在的单元格。最后点击“求解”按钮求解。

第四步：保存计算结果。计算机计算完成后将会提示是否将结果保存，点击“确定”保存结果。本算例的求解结果如图 2-24 所示。求得的仓库最优坐标值为(4.910,5.058)，总运输成本为 21425.136 美元。

分析：(1)在上述 Excel 模型中，仓库坐标值的初始值不能为 0，即 D5 和 E5 单元格均不能为 0。(2)Excel 的“规划求解”实际上包含一个非线性优化模块，对于求解小型问题很有效。

图 2-23　任务 2 计算步骤 3

Excel求解精确重心法

地点	坐标值		仓库坐标值		总运输量（担）	运输费率（美元/担/英里）	K	距离di	运输成本
	x	y	X	Y					
工厂一	3	8	4.910111	5.057676	2000	0.05	10	35.07961702	3507.961702
工厂二	8	2			3000	0.05	10	43.47044398	6520.566597
需求点一	2	5			2500	0.075	10	29.10682844	5457.530332
需求点二	6	4			1000	0.075	10	15.18728416	1139.046312
需求点三	8	8			1500	0.075	10	42.66694479	4800.031288
								总运输成本Tci	21425.1362

图 2-24　任务 2 计算步骤 4

项目三

企业生产过程组织

教学目标

（一）总目标:掌握生产过程组织

（二）具体目标:1. 加深对生产过程时间组织和流水线组织的认识;2. 制定调研计划并根据企业实际情况调整和完善调研计划;3. 在实际调研中学习小组分工和团队合作

工作任务

1. 选择调研企业,制定调研计划
2. 描述并分析企业生产过程的时间组织和流水线生产组织
3. 运用手动和 Excel 软件分析企业生产过程的时间组织
4. 运用手动、Excel 和 flexsim 等软件分析企业流水线生产组织

单元一　零件在加工过程中的移动方式

教学目标

（一）总目标:熟悉并掌握零件在加工过程中的移动方式

（二）具体目标:1. 加深对顺序、平行及平顺移动方式的认识;2. 能运用顺序、平行及平顺移动方式解决企业实际问题;3. 制定调研计划并根据企业实际情况调整和完善调研计划;4. 在实际调研中学习小组分工和团队合作。

理论精要

生产过程各环节之间时间衔接越紧密,就越能缩短生产周期,从而提高生产效率,降低生产成本。

产品生产过程各环节在时间上的衔接程度,主要表现在劳动对象在生产过程中的移动方式。劳动对象的移动方式,与一次投入生产的劳动数量有关。单个工件投入生产时,工件只能顺序地经过各道工序,不可能同时在不同的工序上进行加工。如果当一次投产的工件有两个或两个以上时,工序间就有不同的移动方式。一批工件在工序间存在着三种移动方式,这就是顺序移动、平行移动、平行顺序移动。

一、顺序移动方式

顺序移动方式是指每批零件只有在前道工序全部加工完之后，才整批地转送到下道工序进行加工的方式。

设一批零件在各工艺之间无停放等待时间，工序间的运输时间忽略不计，则该批零件的生产周期，等于该批零件在全部工序上作业时间的总和。用公式表示如下：

$$T_{顺} = n\sum_{i=1}^{m} t_i$$

式中：m——序数；t_i——第 i 道工序上的单件工时；N——零件批量；$T_{顺}$——顺序移动方式下一批零件的生产周期。

例 3.1　某企业生产产品的批量 $n=4$ 件，经过 4 道工序加工，其单件工时为 $t_1=10$ 分，$t_2=5$ 分，$t_3=20$ 分，$t_4=10$ 分，试求该批产品的生产周期。

解　该批产品按顺序移动方式组织生产如图 3-1 所示。

$$T_{顺} = n\sum_{i=1}^{m} t_i = 4 \times (10+5+20+10) = 180(分)$$

二、平行移动方式

平行移动方式是指每个零件在前道工序加工完后，立即转移到下道工序进行加工的方式。用公式表示如下：

$$T_{平} = \sum_{i=1}^{m} t_i + (n-1)t_e$$

式中：t_e——最长工序单件时间

本例：如图 3-1 所示，$t_e=20$ 分，则，$T_{平} = \sum_{i=1}^{m} t_i + (n-1)t_e = (10+5+20+10)+3\times 20 = 105(分)$

三、平顺移动方式

平顺移动方式是指既考虑平行性，又考虑顺序性，既保持工期短，又保持加工连续，即是前两种方式的结合。用公式表示如下：

$$T_{平顺} = \sum_{i=1}^{m} t_i + (n-1)(\sum t_l - \sum t_s)$$

式中：$\sum t_l$—— 所有较大工序单件时间之和(相邻两者比较)；$\sum t_s$—— 所有较小工序时间之和(相邻两者比较)。

本例 $T_{平顺}=(10+5+20+10)+(4-1)(10+20-5)=120(分)$

总之，一批零件的移动方式中，平行移动时间最短，顺序移动最长，之间。具体应用时要根据具体条件考虑下列因素：

(一)企业的生产类型

单件小批企业多采用顺序移动方式，大量大批生产，特别是组织流平行移动方式或平行顺序移动方式。

(二)生产任务的缓急

生产任务急，应采用平行移动方式或平行顺序移动方式，以争取时间满足交货期需要。

(三)劳动量的大小和零件的重轻

工序劳动量不大，重量较轻的零件，宜采用顺序移动方式，如工序劳动量大，重量很重的零件，宜采用平行移动方式或平顺移动方式。

(四)企业内部生产单位专业化形式

对象专业化的生产单位宜采用平行或平行顺序移动方式；而工艺专业化的生产单位，宜采用顺序移动方式。

(五)改变加工对象时，调整设备所需的劳动量

如果调整设备所需的劳动量很大，不宜采用平行移动方式。如果改变加工对象时，不需调整设备或调整设备所需时间很少时，宜采用平行移动方式。

工作任务

任务1 掌握零件在加工过程中的三种移动方式

请阅读下面资料，回答有关问题：

零件在加工过程中可以采用以下三种典型的移动方式：顺序移动方式，平行移动方式和平行顺序移动方式。

(一)顺序移动方式

一批零件在上道工序全部加工完毕后才整批地转移到下道工序继续加工。即零件在工序间是整批地移动。

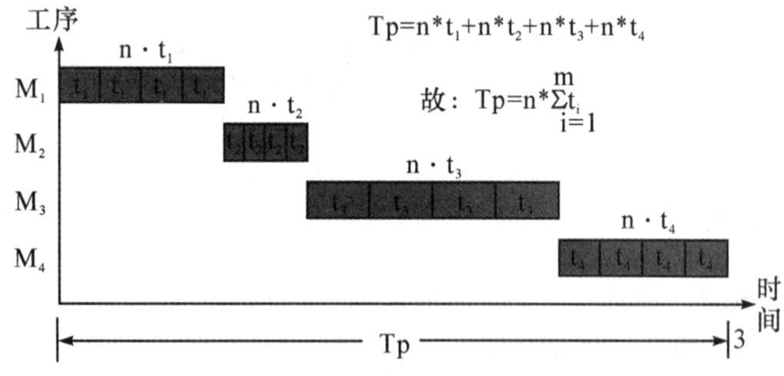

图 3-1 顺序移动方式

(二)平行移动方式

每个零件在前道工序加工完毕后，立即转移到后道工序去继续加工。即零件在工序间一件一件地移动。

$$T_0 = t_1 + t_2 + t_3 + t_4 + (n-1) \cdot t_3 \quad 故：T_0 = \sum_{i=1}^{m} t_i + (n-1) \cdot t_L$$

(三)平顺移动方式

顺序移动方式下，零件搬运次数少，设备连续加工，利用率高，但加工周期长；平行移动式下，加工周期短，但零件搬运频繁，设备间歇性加工，不便利用。

行顺序移动方式将两者的优点结合起来，既要求每道工序的设备连续加工，又要求

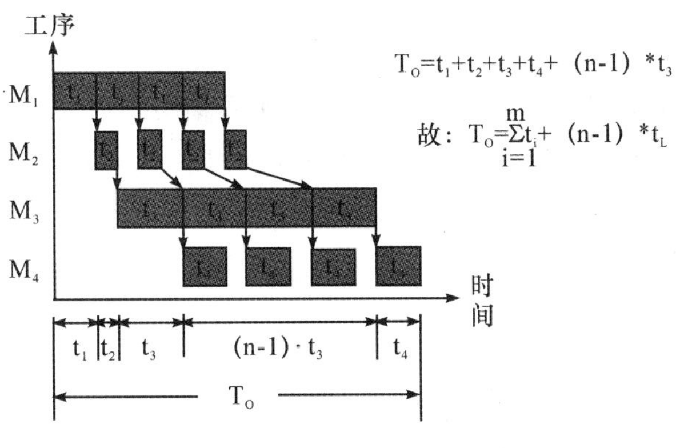

图 3-2　平行移动方式

各道工序尽可能平行地加工。

(1)当 $ti < ti+1$ 时，按平行移动方式移动；

(2)当 $ti >= ti+1$ 时，以 i 工序最后一个零件的完工时间为基准，往前推移 $(n-1) * ti+1$ 作为零件在 $(i+1)$ 工序的开始加工时间。

$$T_{op} = n \cdot \sum_{i=1}^{m} t_i - (n-1) * \sum_{j=1}^{m-1} \min(t_j, t_{j+1})$$

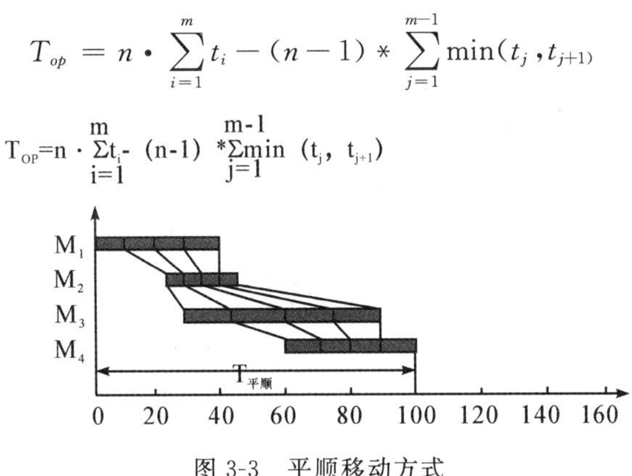

图 3-3　平顺移动方式

【思考与实践】

1. 从批量大小、加工时间长短和是否急缺件等方面思考什么样的物料在生产组织中适用顺序移动方式？

2. 从批量大小、加工时间长短和是否急缺件等方面思考什么样的物料在生产组织中适用平行和平顺移动方式？

任务 2　三种移动方式的 project 软件仿真

实训目的

(1)巩固对顺序、平行及平顺三种移动方式的认识。

(2)学会制定企业调研计划

(3)学会应用微软的 project 软件对相关数据进行顺序移动、平行移动和平顺移动的仿真。

实训内容

请采用 project 软件，用顺序移动、平行移动和平顺移动三种方式安排下述生产组织问题：某公司金加工车间加工变速箱零部件，变速箱加工批量为 4 件，需要经 5 道工序加工，其单位作业时间依次为 10 分钟、8 分钟、9 分钟、7 分钟、15 分钟。

实训要求

(1)掌握顺序、平行及平顺三种移动方式

(2)能够熟练应用 PROJECT 软件

实训步骤

Project 仿真基本步骤：(根据选择的软件版本不同实际操作略有调整)

(1)打开 project2007 或者 project2010 软件：单击“文件”选项卡，然后单击“新建”，确保选定“空白项目”，然后单击右侧窗格上的“创建”。

(2)在“项目(零件)”选项卡上的“属性”组中，单击“项目信息”，在“项目信息”对话框中排定项目时间：

若要从开始时间排定日程，请单击“日程排定方法”框中的“项目(零件)开始时间”，然后在“开始”时间框中选择开始时间。

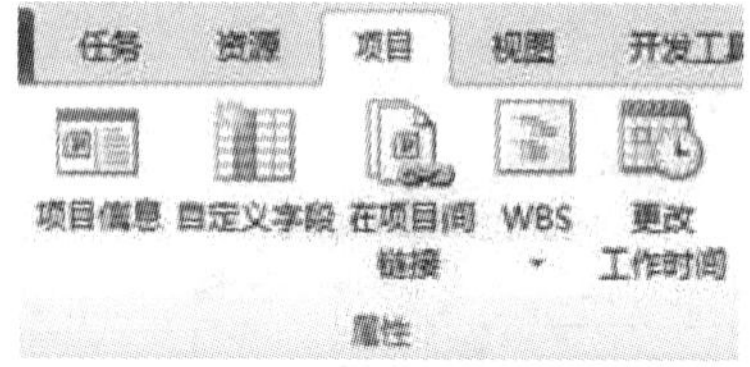

(3)定义项目(零件)的文件属性，依照本次安排选择顺序移动、平行移动和平顺移动其中一种填入。

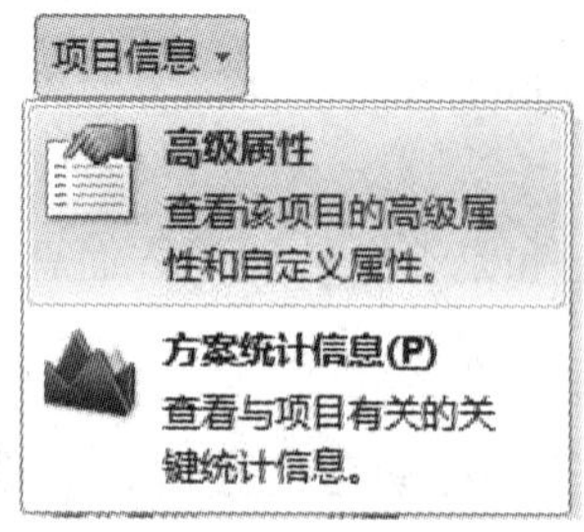

(4)单击视图中的资源工作表和任务数据编辑器，填入 5 道工序的单位作业时间 10 分钟、8 分钟、9 分钟、7 分钟、15 分钟。

(5)根据选定的移动方式生成甘特图。

任务3　企业实践

实训目的

(1)加深对顺序、平行及平顺移动方式的认识。

(2)能运用顺序、平行及平顺移动方式解决企业实际问题。

(3)制定企业调研计划并根据企业实际情况调整和完善调研计划

(4)在实际调研中学习小组分工和团队合作。

实训内容

(1)在熟练掌握上述三种移动方式后,制定企业调研计划,包括选择企业和企业运作的项目,调研企业的生产组织,选择具体调研的产品及其加工过程。

(2)寻找一个企业,搜集相关资料,包括产品及其加工作业流程及零部件的移动方式。

(3)利用 project 软件对相关数据进行顺序移动、平行移动和平顺移动的仿真,画出甘特图。

(4)对三种移动方式的仿真结果进行对比,结合企业调研结果提出相应的对策和建议。

实训要求

(1)能够熟练操作 project 软件,能够搜集和处理数据。

(2)结合企业调研结果和对三种移动方式的仿真结果,写出实训报告。

实训步骤

(1)分组

(2)以小组为单位访问校外周边企业

(3)搜集数据后,回校整理

(4)利用 project 软件对数据进行分析

(5)对于三种移动方式的结果,结合调研的企业实际情况进行小组讨论,提出可行性建议

(1)提交实训报告

(2)教师总结

检查标准

(1)交流关于三种移动方式的个人见解

(2)将比较结果和相关建议提交企业相关部门,交流意见

(3)讨论实训报告

单元二　作业排序

教学目标

（一）总目标：熟悉并掌握作业排序方法

（二）具体目标：

1. 加深对单个设备，两设备及多设备的流水型排序方法的认识。
2. 能运用单个设备，两设备及多设备的流水型排序方式解决企业实际问题。
3. 制定调研计划并根据企业实际情况调整和完善调研计划。
4. 在实际调研中学习小组分工和团队合作。

理论精要

生产作业排序是企业制定生产作业计划的重要问题。生产作业排序不仅包括确定工件的加工顺序，还包括确定每台机器设备加工每个工件的开始和完成时间。

一、生产作业排序的分类

第一种，按工件到达车间的情况，可以分成静态排序和动态排序。静态排序是指进行排序时，所有工件都已到达，可以一次性对它们进行排序；若工件是陆续到达，要随时安排它们的加工顺序，这就是动态排序。

第二种，按机器的种类和数量不同，可以分为单台机器排序和多台机器排序。多台机器的排序，按工件加工路线的特征，可以分成单件车间排序和流水车间排序。单件车间排序的基本特征是工件的加工路线不同，而完全相同的工件加工路线则是流水车间排序的基本特征。

二、生产作业排序的规则

生产作业排序规则众多，常用的有以下五种：

第一种，FCFS(first come first served)规则，即“先到先服务”规则。它是指根据任务到达的先后次序安排加工顺序，先到先加工。

第二种，SPT(shortest processing time)规则，即“最短加工时间”规则。它是把加工时间由短到长进行排序，优先选择加工时间最短的任务。

第三种，SCR(smallest critical ratio)规则，即“最小临界比”规则。临界比是工作允许停留时间和工件余下加工时间的比值。

第四种，EDD(earliest due date)规则，即“最早交货期”规则。是指按照交货期从早到晚进行排序，优先安排完工期限最紧的任务。

第五种，SST(shortest slack time)规则，即“最短松弛时间”规则。它是根据松弛时间由短到长进行排序。所谓松弛时间，是指当前时点距离交货期的剩余时间与该项任务的加工时间之差。

三、排序方法

情形一，使用甘特图进行生产作业排序，Gantt 图是作业排序中最常用的一种工具，最早由 Henry L. Gantt 于 1917 年提出。这种方法是基于作业排序的目的，将活动与时间联系起来。它有两种基本形式：作业进度图和机器图。作业进度图表示一项工作的计划开始日期、计划完成日期以及现在的进度。

情形二，一台设备加工多个加工对象时，为使任务总流程时间最短，即总等待时间最短，保证尽可能多的对象早日加工出来，加速资金周转，应该根据最短加工时间规则对加工对象排序。

情形三，两台设备加工多个加工对象时，加工顺序不同，总加工周期和等待时间都有很大差别。根据动态规划最优化原理，加工对象在两台设备上加工的顺序不同时的排序不是最优方案。换句话说，最优排序方案只能在两台设备加工顺序相同的排序方案中寻找。为保证总加工周期最短，可按照以下三种方法进行排序：

第一，计算加工对象在两台设备的加工时间中的最小值。

第二，若最小值属于第一台设备，则将该加工对象排在第一位；若隶属于第二台设备，则将该加工对象排在最后一位。

第三，对剩余的加工对象重复上述步骤，直至全部加工对象的顺序全都能够决定为止。

四、评价生产作业排序方案

不同方案可产生不同的结果。在选择方案之前，首先需要确定选择、评价的标准。下面是一些最常用的生产作业排序方案标准：

1. 延迟时间。可以用比预定完工时间延迟了的时间长短来表示，也可以用未按预定时间完工的工件数占总工件数的百分比来表示。

2. 在制品库存量。在生产过程中，工件是从一个工作地移向另一个工作地。由于一些原因被拖延，在加工线上或放置于零件库内，都可认为是在制品库存。在制品库存的度量标准可以是在制品货币价值，也可以是在制品的数量。

3. 工件流程时间。即从工件可以开始加工（不一定是实际的开始时间）至完工的时间。它包括在各个机器之间的等待时间、移动时间、加工时间以及由于机器故障、部件没有到位等问题引起的延迟时间等。

4. 全部完工时间。即完成一组工作所需的全部时间。它是从第一个工件在第一台机器开始加工时算起，到最后一个工件在最后一台机器上完成加工时为止所经过的全部时间。

总之，进行生产作业排序可以针对具体设备分配工作任务和人员，不断监督任务的完成情况，将工作任务进行最有效的排序，使其如期完成。

工作任务

工作任务 1　掌握作业排序

请阅读下面资料，回答有关问题：

有 n 项任务，在作业过程中有不同的作业顺序。

所谓作业排序，就是在充分利用现有资源的条件下，合理安排作业投产的时间顺序，使作业周期最短，或如期交货率最高或费用最省。

排序问题通常表述为有 n 项生产任务，在 m 个设备(生产单位)上加工，通常包括两类：流水型 $m\times n$ 排序问题和非流水型 $m\times n$ 排序问题。

流水型排序问题分为 $1\times n$，$2\times n$，$3\times n$ 和 $m\times n$ 几种情况进行讨论。在讨论排序问题时，有以下约定：

(1)一个工件不能同时在不同的设备上加工。

(2)每道工序只在一台设备上完成，每台设备只完成一道工序。

(3)每台设备同时只能加工一个工件。

(4)工件在加工过程中采取平行移动方式。

(5)工件数 n，设备数 m，与加工时间均已知时，允许工件在工序之间等待，允许设备在工件未达到时闲置。

情形 1：单台设备的排序问题($1\times n$)

一台设备有 n 项任务，如何安排作业顺序才能取得较好的经济效益？

衡量效益的指标通常有：

(1)完成任务的时间总和最短；

(2)按期交货的作业项目最多；

(3)任务总的拖期天数最少。

通常有以下四种优先原则：先到先安排，最短工时优先原则(SPT)，交货期优先原则(EDD)和 按期完成作业项目最多的原则排序(又称摩尔 More 法则)。

设：i 为任务编号，$I=1,2,3,4\cdots\cdots n$，

$P(i)$为第 i 项任务的作业时间；　　$W(i)$为第 i 项任务的等待时间；

$F(i)$为第 i 项任务的完成时间；　　$D(i)$为第 i 项任务的交货期；

$L(i)$为第 i 项任务的拖期时间；　　$K(i)$为实际排序序号。

通常情况下，这些指标不能同时达到最优，则根据任务的需要，以单项目标作为优先原则进行作业排序。

情形 2：$2\times n$ 流水型排序问题

n 项任务在两台机床上加工，该问题使用约翰逊—贝尔曼规则，可求出最优解(总工时最小的排序)。

约翰逊—贝尔曼规则为：

(1)检查 tAi，tBi 的各数值，找出最小值。其中 tAi 为零件在机床 A 上加工的单件时间，tBi 为零件在 B 机床上加工的单件时间，A 为第一道工序，B 为第二道工序。

(2)若最小值为 tAi，则该零件排在设备 A 上最先加工，若 tBi 为最小值，则该零件在 B

机床上最后加工。

(3)将上述已排序的零件除去,重复上述两个步骤,直至全部零件排完为止。

情形 3：$m \times n$ 流水型排序问题

$m \times n$ 流水型排序问题常用关键零件法。步骤如下：

(1)在 n 种零件中,求出总工时最大的零件,作为关键零件 Jc。

(2)除去关键零件 Jc,将满足 $ti1 < tim$ 的零件,按 $ti1$ 值的大小,从小到大排列在 Jc 之前。式中:i 为零件号。

(3)除去关键零件 Jc,将满足 $ti1 > tim$ 的零件,按 tim 值的大小,从大到小排列在 Jc 之后。

(4)若 $ti1 = tim$,则相应的零件可排在 Jc 之紧前,也可排在 Jc 之紧后。

【思考与实践】

1. 通过阅读和理解上述材料,从等待时间 $W(i)$ 比较单台设备的排序的四种优先原则。
2. 通过阅读和理解上述材料,从完成时间 $F(i)$ 比较单台设备的排序的四种优先原则。
3. 通过阅读和理解上述材料,从拖期 $L(i)$ 比较单台设备的排序的四种优先原则。
4. 通过阅读和理解上述材料,比较单设备和多设备情况的差异。

任务 2　Excel 软件对零件排序的仿真

实训目的

(1)巩固对单个设备,两设备及多设备的流水型排序问题的认识。

(2)学会利用 Excel 软件对零件排序的仿真分析

实训内容

(1)利用 Excel 软件对下面的零件排序问题进行仿真分析

有 9 种零件在一台设备上加工,加工工时、交货期如表 3-1,试分别用 SPT 法、EDD 法、More 法安排投产顺序。

表 3-1

任务编号	i	1	2	3	4	5	6	7	8	9
作业时间	P(i)	6	7	3	1	4	5	2	8	1
交货期	D(i)	12	15	10	5	8	6	13	20	25

(2)利用 Excel 软件对下面的零件排序问题进行仿真分析

A,B 两台机床,流水加工 7 种零件,单件工时如表 3-2,求最优排序。

表 3-2

	J1	J2	J3	J4	J5	J6	J7
A	10	6	8	4	4	2	6
B	2	7	6	3	5	8	4

(3)利用 Excel 软件对下面的零件排序问题进行仿真分析

A,B,C 三台机床,流水加工 6 种零件,单件工时如下表,求最优排序,并计算加工周期。

表 3-3

	J1	J2	J3	J4	J5	J6
A	10	8	12	6	7	9
B	3	6	7	4	6	5
C	8	7	10	12	9	11

实训要求

(1)能够熟练运用单个设备、两设备及多设备的流水型排序方法

(2)能够熟练应用 Excel 软件

实训步骤

Excel 软件分析步骤

(1)打开 Excel 工作表,按照实验内容输入原始数据,建立原始数据表。

(2)基于原始数据表,根据实验内容的不同,设置参数,建立新的 Excel 工作表,进行排序。建立的 Excel 工作表中,选取数据菜单,在数据菜单的下拉菜单下有排序功能。

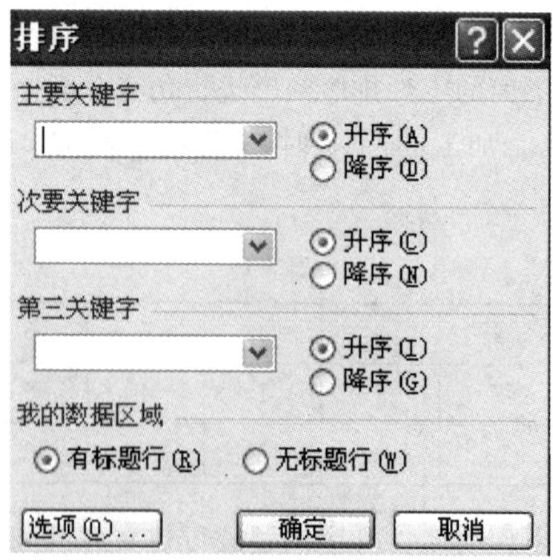

(3)在单设备作业排序问题上,选择优先原则后,按照不同的优先原则的设置参数,建立新的 Excel 工作表。例如在一台设备上安排 6 项加工任务,其作业时间和交货期已知。

表 3-4 原始数据表

任务编号	i	1	2	3	4	5	6
作业时间	P(i)	10	2	1	8	4	6
交货期	D(i)	15	4	6	14	10	8

下面分别分析此例在四种优先原则下的作业排序：

首先，按照先到先安排的原则，当 F(i)—D(i)>0，则为拖期；当 F(i)—D(i)<0，则为按期，拖期时间为零。则作业排序结果如表 3-5 所示。

表 3-5 先到先安排的原则作业排序结果表

i	1	2	3	4	5	6	$\sum$
P(i)	10	2	1	8	4	6	
W(i)	0	10	12	13	21	25	81
F(i)	10	12	13	21	25	31	112
L(i)	0	8	7	7	15	23	60

其次，按照最短工时优先原则(SPT)，作业排序结果如表 3-6 所示。

表 3-6 SPT 作业排序结果表

K(i)	1	2	3	4	5	6	$\sum$
i	3	2	5	6	4	1	
P(i)	1	2	4	6	8	10	
W(i)	0	1	3	7	13	21	45
F(i)	1	3	7	13	21	31	76
D(i)	6	4	10	8	14	15	
L(i)	0	0	0	5	7	16	28

第三，按照交货期优先原则(EDD)，作业排序结果如表 3-7 所示。

表 3-7 EDD 作业排序结果表

K(i)	1	2	3	4	5	6	$\sum$
i	2	3	6	5	4	1	
D(i)	4	6	8	10	14	15	
P(i)	2	1	6	4	8	10	
W(i)	0	2	3	9	13	21	48
F(i)	2	3	9	13	21	31	79
L(i)	0	0	1	3	7	16	27

最后，按期完成作业项目最多的原则排序(又称摩尔 More 法则)。

这种方法使拖期项目达到最少，如期完成作业项目最多。它是在 EDD 原则的基础上排序，依次计算每项作业是否拖期。如果拖期，则将该作业移到最后加工，然后再检查任务是否拖期，直到第一次向后移的任务仍然拖期为止。

表 3-8 More 法则作业排序表

K(i)	1	2	3			4	5	6	∑
i	2	3	6(5)	(4)	(1)	6	4	1	
D(i)	4	6	8(10)	(14)	(15)	8	14	15	
P(i)	2	1	6(4)	(8)	(10)	6	8	10	
W(i)	0	2	3(3)	(7)	(7)	7	13	21	46
F(i)	2	3	(9)7	(15)	(17)	13	21	31	77
L(i)	0	0	(1)0	(1)	(2)	5	7	16	28

(4)2 设备作业排序问题上，在原始数据表基础上设置加工开始和结束的参数，建立新的 Excel 工作表，并进行排序。

实例：A，B 两台机床，加工 6 种零件，单件工时如下，求最优排序。过程如表 3-9、表 3-10 和表 3-11 所示，得出结果如表 3-9 所示：J2-J6-J3-J5-J4-J1。

表 3-9 原始数据表

	J1	J2	J3	J4	J5	J6
A	21	4	7	13	16	6
B	4	7	20	5	10	14

表 3-10

	J1	J2	J3	J4	J5	J6
A	21	4	7	13	16	6
B	4	7	20	5	10	14

表 3-11

		J1	J2	J3	J4	J5	J6
A	加工开始	0	21	25	32	45	61
	结束	21	25	32	45	61	66
B	加工开始	21	25	32	52	61	71
	结束	25	32	52	71	60	85

表 3-12

		J2	J6	J3	J5	J4	J1
A	加工开始	0	4	10	17	33	46
	结束	4	10	17	33	46	67
B	加工开始	4	11	25	45	55	67
	结束	11	25	45	55	60	71

(5)在多设备作业排序问题上,在原始数据表基础上设置下表的参数,建立新的 Excel 工作表,并进行排序。

实例:有 7 种零件在 5 台机床上加工,工艺顺序均相同,工时如下,求较优工序。

排序结果如下:J6-J2-J4-J3-J5-J7-J1 或者 J6-J2-J3-J4-J5-J7-J1

表 3-13

	J1	J2	J3	J4	J5	J6	J7
M1	3	4	6	5	7	2	4
M2	2	5	7	1	6	5	6
M3	5	3	3	2	2	8	5
M4	2	3	4	2	5	2	2
M5	2	6	8	5	4	4	3
$\sum$	14	21	28	15	24	21	20

任务 3 企业实践

实训目的

(1)加深对单个设备,两设备及多设备的流水型排序方法的认识。

(2)能运用单个设备,两设备及多设备的流水型排序方式解决企业实际问题。

(3)制定调研计划并根据企业实际情况调整和完善调研计划。

(4)在实际调研中学习小组分工和团队合作。

实训内容

(1)制定企业调研计划

在熟练掌握上述作业排序方式后,制定企业调研计划,包括选择企业,调研企业的设备及设备的作业安排,选择具体的调研的企业设备及其作业排序。也可以从产品出发,首先调研产品生产过程涉及的设备,及设备的作业情况,为企业调研做好前期准备工作。

(2)寻找一个企业,收集相关资料,包括产品及其加工作业流程及作业排序情况。

(3)利用 Excel 软件对相关数据仿真作业排序情况。

(4)结合企业调研的作业排序情况和 Excel 的仿真结果提出相应的对策和建议。

实训要求

(1)能够熟练操作 Excel 软件,能够收集和处理数据。
(2)结合企业调研结果和 Excel 的仿真结果,写出实训报告。

实训步骤

(1)分组
(2)以小组为单位访问校外周边企业
(3)收集数据后,回校整理
(4)利用 Excel 软件对数据进行分析
(5)对于 Excel 作业方式的仿真结果,结合调研的企业实际情况进行小组讨论,提出可行性建议
(6)提交实训报告
(7)教师总结

检查标准

(1)交流关于单个设备,两设备及多设备作业排序的个人见解
(2)将比较结果和相关建议提交企业相关部门,交流意见
(3)讨论实训报告

单元三　流水线生产组织

教学目标

(一)总目标:掌握企业流水线生产组织
(二)具体目标:1. 加深对服务企业/制造企业生产组织过程的了解。2. 制定调研计划并根据企业实际情况调整和完善调研计划。3. 在实际调研中学习小组分工和团队合作。

理论精要

一、流水线生产组织

流水线(又称为流水作业)是指劳动对象按照一定的工艺过程,顺序地、一件接一件地通过各个工作地,并按照统一的生产速度和路线,完成工序作业的生产过程组织形式。它将对象专业化的空间组织方式和平行移动的时间组织方式有机结合,是一种先进的生产组织形式。流水线具有如下特点:

专业性。流水线上各个工作地的专业化程度很高,即流水线上固定地生产一种或几种制品,固定地完成一道或几道工序。

连续性。流水线上的在制品在各工序之间做平行或平行顺序移动,最大限度地减少停工等待时间。

节奏性。流水线生产都必须按统一节拍或节奏进行。所谓节拍，是指流水线上连续出产两件制品的时间间隔。

封闭性。生产工艺过程是封闭的，各工作地按照制品的加工顺序排列，制品在流水线上作单向顺序移动，完成工艺过程的全部或大部分加工。

比例性。流水线上各工序之间的生产能力相对平衡，尽量保证生产过程的比例性和平行性。

自动化流水线是流水线的高级形式，它依靠自动化机械体系实现产品的加工过程，是一种高度连续的、完全自动化的生产组织。同一般流水线相比，自动流水线减少了工人需要量，消除了繁重的体力劳动，生产效率更高，产品质量更容易保证。但投资较大，维修和管理要求较高。

二、确定流水线生产节拍

流水线的节拍快慢对流水线的生产率有直接影响。它是根据计划期的有效工作时间和计划产量来确定的。其计算公式如下：

$$R=\frac{F_e}{N}$$

式中：r —流水线的节拍；

F_e—计划期有效工作时间；

N—计划期产品产量(包括预计废品量)。

$$F_e=F*\eta$$

式中：F—计划期计划工作时间；

η—时间利用系数。

系数 η 是计划期内制度工作时间扣除设备调整时间、检修时间以及工人在班内必要的生理卫生时间等实际工作时间，占名义工作时间比，一般取 0.9—0.96 之间。

如果计算出来的节拍很小，产品的体积和重量也很小，不宜单件运输时，可成批进行运输。这时，流水线上顺序出产两批相同制品的时间间隔称为节奏。节奏与运输批量相关，其计算公式如下：

$$R=r*n$$

式中：R—节奏；

n—运输批量。

正确地确定运输批量是十分重要的。它对合理使用运输工具、减少运输时间和运输费用、充分利用生产面积、减少半制品占用量等方面，都具有重要意义。

三、确定各工序工作地数量

在流水生产过程中，各道工序加工单位产品的时间是不相同的。为了满足平均节拍的要求，就必须合理配备各工序的工作地(设备)数量。其计算公式如下：

$$S_i=\frac{t_i}{r}$$

式中：S_i—第 i 道工序工作地(设备)数量；

t_i—第 i 道工序加工单件产品的时间定额。

按上式计算的工作地(设备)数往往可能不是整数,而实际配备的工作地(设备)数只能上调为整数。这样,就会出现工作地负荷不足的现象。因此,还需计算工作地的负荷程度。其计算公式如下:

$$K_i=\frac{S_i}{S_a}$$

式中:K_i—第 i 道工序工作地负荷系数;

S_i—第 i 道工序计算工作地数;

S_a—第 i 道工序调整后实际配备工作地数。

流水线的总负荷系数的计算公式如下:

$$K_{总}=\sum_{i=1}^{m}S_i/\sum_{i=1}^{m}S_{ei}$$

式中:$K_{总}$—流水线的总负荷系数;

m—流水线的工序数。

流水线的总负荷系数反映了流水线的连续化程度。通常当 K 总小于 75%时,就说明流水线总负荷率太低,不宜组织;当 K 总在 75%~85%范围内,可以组织间断流水线;当 K 总大于 85%时,可以组织连续流水生产线。

四、工序同期化

工序同期化是组织连续流水线的必要条件,也是提高劳动生产率,使设备充分负荷和缩短产品生产同期的重要方法。工序同期化是指通过采取技术组织措施来调整工序时间,使各道工序加工单件产品的时间等于流水线的节拍或节拍的整数倍。工序周期化的具体措施有:进行工序的分解和合并、改进工艺方法;提高设备的机械化、自动化水平,提高设备生产效率;合理配备工人、提高工人的技术熟练程度,改进劳动组织;建立在制品储备制度等。要判断工序周期化程度,需要计算各道工序的工作节拍。其计算公式如下:

$$r_i=t_i/S_a$$

工作节拍表明流水线上各道工序实际出产产品的时间间隔,它不一定完全符合流水线的计划节拍。当工作节拍与计划节拍相一致,是最理想的,说明工序的同期化程度很高,各工序的生产能力是平衡的;当工作节拍与计划节拍不相等,且相差很大,说明工序的同期化程度低,需要进行分析研究,找出主要矛盾,加以克服,使工作节拍与计划节拍趋向基本一致。

五、计算和配备工人

以手工操作为主的流水线,需要配备的工人总数等于流水线上所有各个工作地的工人人数之和。流水线需要配备的工人人数,可按下式计算:

$$P=\sum_{i=1}^{m}S_{gi}\cdot W_i\cdot g$$

式中:P —流水线上工人总数;

W_i—第 i 道工序上每个工作地同时工作的人数;

g —每日工作班次。

以设备加工为主的流水线，计算工人人数时，要考虑看管多机台和兼作的可能性，以及配备预备工人的必要性。其计算公式如下：

$$P=(1+b)\sum_{i=1}^{m}\frac{S_{\sigma}\cdot g}{f_i}$$

式中：b—预备工人占生产工人的百分比；

f_i—第 i 道工序每个工人看管设备台数。

六、选择运输装置

流水生产线采用的运输工具和装置种类很多，主要取决于加工对象的重量、外形尺寸、流水线的类型和实现节拍的方法等。通常在连续流水线上，工序间的传送采用传送带，需要计算传送带的长度和运动速度。传送带的长度可用下式计算：

$$L=2(L_1+L_2)+L_3$$

式中：L—传送带长度；

L_1—工作地长度之和；

L_2—工作地之间的距离之和；

L_3—技术上需要的长度。

传送带的运动速度可按下式计算：

$$V=\frac{I}{r}$$

式中：V—传送带的运动速度；

I—相邻两个工作地的中心距离；

r—节拍。

七、流水生产线平面配置

流水生产线的平面布置应当有利于工人操作，在制品的运输线路最短，流水线之间合理地衔接，以及有效地利用生产面积等。流水生产线的平面布置形式主要有直线形、L 形、U 形、E 形、环形和 S 形等。流水线上工作地排列要符合工艺路线顺序，整条流水生产线布置要符合产品总流向，以尽可能缩短运输路线，减少运输工作量。

工作任务

任务 1　了解餐饮企业流水线生产组织

请阅读下面资料，回答有关问题：

在餐馆的营运时间内，必须能够对顾客的各种需求做出及时的回应。在需求的高峰期，立即对所有的顾客进行服务是几乎不可能做到的，有些顾客可能不得不坐那里等一会儿。对于餐馆而言，由于其需求变化多样性，其工艺是不稳定的，但是餐馆菜单上的许多项目也是可以提前准备的，例如凉菜和甜品等，可以加快为餐馆里的顾客进行服务的速度。下面我们以游乐场所中的自助快餐店为实例进行分析。

自助快餐店对顾客进行的服务是非常重要的，所以餐馆的经理准备了一个餐柜，顾客可以自助服务。餐柜中的食品是不断更新的，以保持食品的新鲜，为了进一步加快服务的速度，无论顾客吃了多少食物都收取相同的价格。现在据统计顾客取得食物并吃完的平均时间是 30 分钟，通常 2 到 3 个人一群在一张桌子上用餐，餐馆有 40 张桌子，每张桌子可以坐 4 个人，分析餐馆的生产服务能力。

【思考与实践】

1. 餐馆的流水线生产节拍是多少？

2. 如何解决这个排队等候问题？若缩短每张桌子的周期，但不可能在 30 分钟内就赶顾客走；若增加桌子数量，但这是游乐场，会占用其空间。

任务 2　利用 Excel 软件对餐饮业流水线数据进行分析

实训目的

(1)加深对服务业生产组织的了解

(2)学会利用 Excel 软件对流水线数据进行分析

实训内容

分析自助快餐店的生产流水线组织

实训要求

(1)熟悉餐饮业生产流程

(2)能够熟练应用 Excel 软件

实训步骤

(1)打开 Excel 表，输入相关数据，分析自助快餐店的流水线节拍

在同一时间可以为 160 个顾客提供座位，如果平均的顾客群是 2.5 人，那么餐馆以其目前的能力运作时，平均的座位利用率是 62.5%[(2.5 座位/群)/ (4 座位/群)]，餐馆的周期是 0.75 分钟[(30 分钟/桌子)/40 桌子]，因此，平均来说每张桌子每 45 秒就可以变为可以利用的资源，这家餐馆每小时能够接待 80 个顾客群[60 分钟/(0.75 分钟/群)]。

(2)在 Excel 表中，统计顾客群数量的分布

餐馆面临的问题是：几乎每一位顾客都想在同一时间用餐，通过深入调研收集了相关的数据，记录了在午饭时间到达的顾客群数量的分布，如下表 3-14 所示。这张表记录的是上午 11 点半到下午 1 点半这段时间的数据，顾客最晚的也只坐到下午 1 点。

表 3-14

时间	到达的顾客群数量
11:30——11:45	15
11:45——12:00	35
12:00——12:15	30
12:15——12:30	15
12:30——12:45	10
12:45——13:00	5
到达的顾客群总数量	110

(3)在 Excel 表中输入累计数字,分析排队等待的顾客的数量分布特征

餐馆在午饭时间运作 2 小时,每个餐馆的服务能力是 80 个顾客群,看起来这个餐馆似乎并不存在问题。但是实际上由于餐馆的顾客流不是均匀分布的,它仍然存在着问题。分析这种情况的一个简单的方法是:根据每 15 分钟的一个区间内正在被服务及在排队等待的顾客的数量来计算系统的分布特征。通过抽取餐馆每 15 分钟的片段来思考这个问题。

埋解这个分析的关键是观察累计数字。累计到达顾客数量与累计离开顾客数量的差反映了餐馆内目前的顾客数量(包括正在用餐和正在排队等待的顾客)。由于只有 40 张桌子,当一个时间段内两者的差大于 40 时,就形成了等待的队伍。当所有 40 张桌子都有人在用餐时,系统以完全能力进行运作。从上述计算可知,整个餐馆平均每个顾客群的周期都是 45 秒(这意味着平均每 45 秒可以空出一张桌子)。最后一群顾客需要一直等到前面的顾客都得到了桌子,因此期望等待时间是队伍中的顾客群的数量乘以周期。

(4)输出结果分析

从上述分析中可以看出,到中午 12 点时,有 10 个顾客群正在排队等待;到 12:15 时,队伍的数量扩大到 25 个,到 12 点半时,等待队伍数量缩小到 5 个顾客群。

表 3-15

时 间	到达的顾客群数量(累计)	离开的顾客群数量(累计)	正在服务和排队等待的顾客群数量	使用桌子数量	等待顾客群数量	期望等待时间
11:30——11:45	15(15)	0	15	15		
11:45——12:00	35(50)	0	50	40	10	7.5 分钟
12:00——12:15	30(80)	15	65	40	25	18.75 分钟
12:15——12:30	15(95)	35(50)	45	40	5	3.75 分钟
12:30——12:45	10(105)	30(80)	25	25		
12:45——13:00	5(110)	15(95)	15	15		
13:00——13:30		15(110)	0			

任务 3 了解制造企业流水线生产组织

请阅读下面的流水线案例资料,回答有关问题:

两阶段装配流水线问题

工作车间里装配线的排队问题常常连续地或并行地发生,通常无法建立此问题的数学解析模型。

一条装配线所组装的产品体积可能很大，例如：冰箱、空调机、汽车、电视机或家具。图3-4表示的是一条装配线上的两个工作站。产品的体积是装配线分析和设计所要考虑的一个重要因素，因为每个工作站上所能存放的产品数量将会影响工人的工作。如果产品体积很大，那么相邻的工作站存在着相互依赖的关系。如图3-4所示，工人甲和工人乙在一个两阶段装配线上工作，工人甲在工作站1上装配完的产品传递给工作站2上的工人乙，工人乙再进行加工。如果两个工作站相连，中间没有存放半成品的地方，那么工人甲如果干得慢，工人乙就会被迫等待；相反，如果工人甲干得快(或者说工人乙完成工作比工人甲用时长)，那么工人甲就得等工人乙。在这个问题中，假设工人甲是组装线上的第一个工人，他能够在任何时候拿到需组装的半成品进行工作。因此，我们把分析重点放在工人甲与工人乙彼此之间的相互影响上。

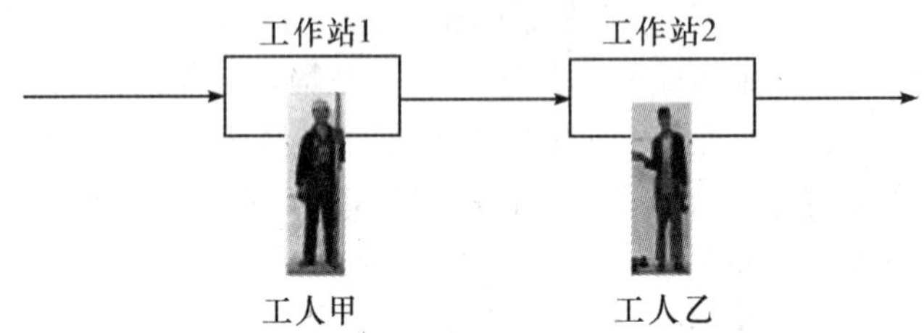

图3-4 一条装配线上的两个工作站

关于这条装配线，下面是我们列出的部分待解决的问题：

每个工人的平均完工时间是多少？

这条组装线的生产率是多少？

工人甲等待工人乙的时间是多少？

工人乙等待工人甲的时间是多少？

如果两个工作站中间的空间加大，可以存储半成品，从而增加了工人的独立性，那么这对于生产率、等待时间等问题将会产生什么影响？

图3-5是工人甲和工人乙装配时间的直方图，表3-16显示的是观测工人甲和工人乙两人装配时间后得到的数据收集表格。为了简化操作过程，装配时间以10秒为区间进行划分。对工人甲的工作我们进行了100次观测，而对工人乙的观测我们只进行了50次。二者的观测次数可以不同，但观测次数越多，时间间隔的划分越细，则研究的准确性越高。然而，时间间隔越小，观测次数越多，需要投入的时间和精力也就越多。

表3-16 工人观测数据收集表

时间(秒)	工人甲	工人乙
	次　数	次　数
0～9.99	4	4
10～19.99	6	5
20～29.99	10	6
30～39.99	20	7
40～49.99	40	10

续表

时间(秒)	工人甲	工人乙
	次　数	次　数
50～59.99	11	8
60～69.99	5	6
70～79.99	4	4
次数合计	100	50

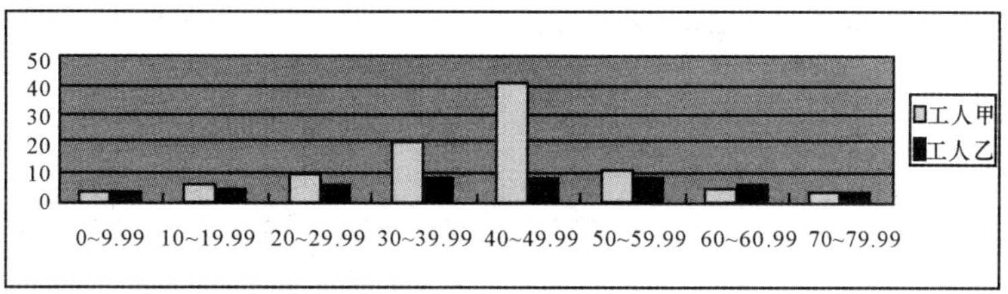

图 3-5　工人甲和工人乙装配时间的直方图

表 3-17　工人甲和工人乙的随机数区间

秒	工人甲的次数	随机数区间	工人乙的次数	随机数区间
10	4	00～03	8	00～07
20	6	04～09	10	08～17
30	10	10～19	12	18～29
40	20	20～39	14	30～43
50	40	40～79	20	44～63
60	11	80～90	16	64～79
70	5	91～95	12	80～91
80	4	96～99	8	92～99
次数合计	100		100	

表 3-17 中包含了按照实际观测数据的比率进行分配的随机数区间。例如，工人甲在 100 次操作中有 4 次在 10 秒钟内完成。因此，如果用 100 个数进行分配，那么我们应该分配 4 个数与 10 秒钟相对应。这 4 个数可以是任意的，例如，42、18、12 和 93，但是，这会使查找工作变得非常繁琐，所以我们就分配连续数，比如 00、01、02 和 03。

我们得到了 50 个对工人乙的观测值。我们可用两种方法来分配随机数。第一种方法是，用 50 个数(如 00～49)来进行分配，并在仿真时忽略掉所有超过 49 的数。然而，这是一种浪费，我们将丢弃随机数列中 50% 的数。另一种方法是将频率次数加倍。例如，我们不是将 00～03 分配给 50 次观测中装配时间为 10 秒的 4 次观测，而是将 00～07 分配给 100 次观测中的 8 次观测，这样的话，观测次数加倍了但比例不变。

表 3-18 显示的是对工人甲和工人乙装配 10 件产品的手工仿真结果。随机数来自于随机数表，从二位数的第一列开始向下取数。

假设我们从 00 时间开始，接下来以秒来计算。第一个随机数 56 对应于工人甲第一个装配工作时间 50 秒。这个工件传送给工人乙,他的开始时间是第 50 秒。接下来的随机数是 83,根据表 3-18,工人乙用 70 秒完成了工作。同时,工人甲开始装配下一件产品,从第 50 秒开始用时 50 秒(随机数 55),在第 100 秒完成。然而,工人甲无法开始第三件产品的工作,因为工人乙在第 120 秒才干完头一件活儿。因此,工人甲等了 20 秒(如果工人甲与工人乙的工作站之间有存储空间,工人甲干完的工件可以移出工作站,在第 100 秒工人甲就可以干下一个活儿)。表里剩下的数据可以用同样的方法来计算:得到一个随机数,找到对应的加工时间,注意等待的时间(如果有的话),并计算完工时间。我们可以看出,由于工人甲与工人乙之间没有存储空间,两位工人的等待时间都很长。

表 3-18 工人甲和工人乙——两阶段性装配线的仿真

工件序号	工人甲					工人乙					
	随机数	开始时间	加工时间	完工时间	等待时间	存储空间	随机数	开始时间	加工时间	完工时间	等待时间
1	56	00	50	5 0	0	0	83	50	70	120	50
2	55	50	50	100	20	0	47	120	50	170	0
3	84	120	60	180	0	0	08	180	20	200	10
4	36	180	40	220	0	0	05	220	10	230	20
5	26	220	40	260	0	0	42	260	40	300	30
6	95	260	70	330	0	0	95	330	80	410	30
7	66	330	50	380	30	0	18	410	20	430	0
8	03	410	10	420	10	0	21	430	30	460	0
9	57	430	50	480	0	0	31	480	40	520	20
10	69	480	50	530	0	0	90	530	70	600	10
合计时间			470		60				430		170

【思考与实践】

1. 每个工人的平均完工时间是多少?
2. 这条组装线的生产率是多少?
3. 工人甲等待工人乙的时间是多少?
4. 工人乙等待工人甲的时间是多少?
5. 装配型企业流水线生产组织的特点是什么?

任务 4 利用合适软件对制造业流水线数据进行分析

实训目的

(1)学会利用 Excel 对流水线数据进行分析

(2)利用 flexsim 软件对流水线数据进行分析

实训内容

(1)两阶段装配线的 Excel 仿真

以 Excel 为工具,建立了一个两阶段装配线的仿真模型。借助此模型,考察该组装线的生产效率,并且能够考察如果两个工作站之间的空间加大,可以存储半成品,从而增加工人的独立性,进而会对生产率和等待时间等问题产生影响。

(2)机械厂生产线的 FLEXSIM 仿真

某机械厂是我国生产某重要军工产品的定点军工企业,具有二十多年的发展历史,是国家重点扶持的科工集团所属机加企业。由于原有生产模式偏重于为科研开发新产品而服务,所以,原有产品生产大多属于多品种小批量生产类型。近年来,随着市场需求增加,企业调整了其产品的生产方式,由多品种小批量改为多品种大批量生产。现需要对企业生产四种产品的四条生产线进行优化。

实训要求

(1)能够熟练应用 Excel 软件进行流水线仿真

(2)能够熟练应用 flexsim 软件进行流水线仿真

实训步骤

两阶段装配线的 Excel 仿真步骤:

(1)研究的目标

每个工人的平均完工时间是多少?

这条组装线的生产率是多少?

工人甲等待工人乙的时间是多少?

工人乙等待工人甲的时间是多少?

(2)数据采集

进行系统仿真,我们需要工人甲和工人乙的装配时间数据。要收集这些数据,一种方法就是将总装配时间分割成小段时间,在每段时间对工人进行单独观测。对这些数据进行简单的汇总和分析,我们可以得到非常有用的直方图 3-5。

表 3-16 显示的是观测工人甲和工人乙两人装配时间后得到的数据收集表格。为了简化操作过程,装配时间以 10 秒为区间进行划分。对工人甲的工作我们进行了 100 次观测,而对工人乙的观测我们只进行了 50 次。二者的观测次数可以不同,但观测次数越多,时间间隔的划分越细,则研究的准确性越高。然而,时间间隔越小,观测次数越多,需要投入的时间和精力也就越多。

表 3-17 中包含了按照实际观测数据的比率进行分配的随机数区间。例如,工人甲在 100 次操作中有 4 次在 10 秒钟内完成。因此,如果用 100 个数进行分配,那么我们应该分配 4 个数与 10 秒钟相对应。这 4 个数可以是任意的,例如,42、18、12 和 93,但是,这会使查找工作变得非常繁琐,所以我们就分配连续数,比如 00、01、02 和 03。

我们得到了 50 个对工人乙的观测值。我们可用两种方法来分配随机数。第一种方法是,用 50 个数(如 00～49)来进行分配,并在仿真时忽略掉所有超过 49 的数。然而,这是一种浪费，我们将丢弃随机数列中 50% 的数。另一种方法是将频率次数加倍。例如，我们不是将 00～03 分配给 50 次观测中装配时间为 10 秒的 4 次观测，而是将 00～07 分配给 100 次观测中的 8 次观测。这样的话，观测次数加倍了但比例不变。

(3)手工仿真

表 3-18 显示的是对工人甲和工人乙装配 10 件产品的手工仿真结果。随机数来自于随机数表，从二位数的第一列开始向下取数。

假设我们从 00 时间开始，接下来以秒来计算。第一个随机数 56 对应于工人甲第一个装配工作时间 50 秒。这个工件传送给工人乙，他的开始时间是第 50 秒。接下来的随机数是 83，根据表 3-18，工人乙用 70 秒完成了工作。同时，工人甲开始装配下一件产品，从第 50 秒开始用时 50 秒(随机数 55)，在第 100 秒完成。然而，工人甲无法开始第三件产品的工作，因为工人乙在第 120 秒才干完头一件活儿。因此，工人甲等了 20 秒(如果工人甲与工人乙的工作站之间有存储空间，工人甲干完的工件可以移出工作站，在第 100 秒工人甲就可以干下一个活儿)。表里剩下的数据可以用同样的方法来计算：得到一个随机数，找到对应的加工时间，注意等待的时间(如果有的话)，并计算完工时间。我们可以看出，由于工人甲与工人乙之间没有存储空间，两位工人的等待时间都很长。现在，我们可以回答一些问题，并且可以对系统进行一些评述。例如：

每个工作的平均加工时间为：(430＋170)/10＝60 秒；

工人甲的平均加工时间为：470/10＝47 秒；

工人乙的平均加工时间为：430/10＝43 秒；

工人甲的利用率为：470/530＝88.7%；

工人乙的利用率为：430/550＝78.2%(除去开始的等待时间 50 秒)。

虽然我们已经说明了怎样对这个问题进行简单的手工仿真，但 10 个抽样所组成的样本实在太小了，不足以保证结果的可信度。因此，这个问题应由计算机进行数千次的重复计算才能得到比较可信的结果。

(4)运用 Excel 进行仿真

图 3-6 所示工人甲和工人乙——两阶段性装配线的 Excel 仿真。

在图 3-6 中，我们用 Excel 进行了 800 次仿真，即工人甲和工人乙总共加工了 800 个工件。其具体的操作步骤如下：

第一步，运用 RANDBETWEEN()函数产生随机数

任何仿真方法的一个基本步骤就是，生成与分布函数相关的随机变量。在本例中，分布函数是关于工人甲和工人乙加工时间的分布。

RANDBETWEEN()函数可以生成任意指定数值之间的随机数值。在本例中，我们需要产生的是 0～99 的随机数，因此我们可以用公式“＝RANDBETWEEN(0,99)”来生成 0～99 的随机数。在图 3-6 中，第 D 列和 I 列为 RANDBETWEEN()函数所生成的随机数列，分别表示工人甲和工人乙完成每个工件加工任务所对应的随机数。

第二步，运用查找函数 VLOOKUP 建立随机数与加工时间之间的关系。

按照前面表 3-17 中给定的随机数值分配规则，我们可以借助查找函数 VLOOKUP 建立随机数与加工时间之间的关系。方法是先在单元格 A2 A101 中按顺序输入 0～99 共 100 个随机数；然后在 B2 B101 输入各随机数对应的加工时间。例如，单元格 A2 和 A12 中

输入的随机数值分别为 0 和 10，按前面的规则其对应的加工时间分别是 10 秒和 30 秒，因此，我们就在单元格 B2 和 B12 中分别输入 10 和 30，并将区间 A2 B101 命名为随机数区间。接下来在第 F 列中输入查找函数 VLOOKUP，将第 D 列的随机数转换成加工时间。例如，在单元格 F2 中输入"＝VLOOKUP(D)2，随机数区间，2，FALSE"，这样就将单元格 D2 中的随机数转换成了单元格 F2 中的加工时间，表示工人甲完成第一件工作所花费的时间。F3 以后的单元格可以直接用填充柄填充即可。同理，在第 K 列中输入查找函数 VLOOKUP，将第 I 列的每一个随机数转换成相应的工人乙完成每件工作的加工时间。图 3-6 中各主要单元格内输入的公式见表 3-19，对应各列随后各单元格内的公式都可以由填充柄填充而获得。

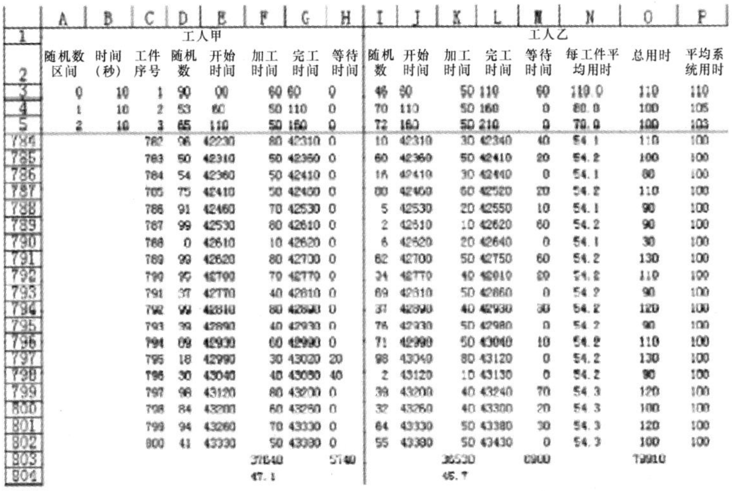

	A	B	C	D	E	F	G	H	I	J	K	L	M	N	O	P
1	工人甲								工人乙							
2	随机数区间	时间（秒）	工件序号	随机数	开始时间	加工时间	完工时间	等待时间	随机数	开始时间	加工时间	完工时间	等待时间	每工件平均用时	总用时	平均系统用时
3	0	10	1	90	00	60	60	0	46	60	50	110	60	110.0	110	110
4	1	10	2	53	60	50	110	0	70	110	50	160	0	80.0	100	105
5	2	10	3	65	110	50	160	0	72	160	50	210	0	70.0	100	103
784			782	96	42230	80	42310	0	10	42310	30	42340	40	54.1	110	100
785			783	50	42310	50	42360	0	60	42360	50	42410	20	54.2	100	100
786			784	54	42360	50	42410	0	16	42410	30	42440	0	54.1	80	100
787			785	75	42410	50	42460	0	80	42460	60	42520	20	54.2	110	100
788			786	91	42460	70	42530	0	5	42530	20	42550	10	54.1	90	100
789			787	99	42530	80	42610	0	2	42610	10	42620	60	54.2	90	100
790			788	0	42610	10	42620	0	6	42620	20	42640	0	54.1	30	100
791			789	99	42620	80	42700	0	62	42700	50	42750	60	54.2	130	100
792			790	95	42700	70	42770	0	34	42770	40	42810	20	54.2	110	100
793			791	37	42770	40	42810	0	69	42810	50	42860	0	54.2	90	100
794			792	99	42810	80	42890	0	37	42890	40	42930	30	54.2	120	100
795			793	39	42890	40	42930	0	76	42930	50	42980	0	54.2	90	100
796			794	09	42930	60	42990	0	71	42990	50	43040	10	54.2	110	100
797			795	18	42990	30	43020	20	98	43040	80	43120	0	54.2	130	100
798			796	30	43040	40	43080	40	2	43120	10	43130	0	54.2	90	100
799			797	98	43120	80	43200	0	39	43200	40	43240	70	54.3	120	100
800			798	84	43200	60	43260	0	32	43260	40	43300	20	54.3	100	100
801			799	94	43260	70	43330	0	64	43330	50	43380	30	54.3	120	100
802			800	41	43330	50	43380	0	55	43380	50	43430	0	54.3	100	100
803						37640		5740			36530		6900		73810	
804						47.1					45.7					

图 3-6　工人甲和工人乙——两阶段性装配线的 Excel 仿真

表 3-19　图 3-6 中的 Excel 单元格公式

D2	＝RANDBETWEEN(0,99)	K2	＝VLOOKUP(I2，随机数区间，2，FALSE)
E3	＝G2＋H2	L2	＝J2＋K2
F2	＝VLOOKUP(D2，随机数区间，2，FALSE)	M2	＝C2
G2	＝E2＋F2	M3	＝MAX(0,G3－L2)
H3	＝MAX(0,L2－G3)	N2	＝L2/C2
J2	＝G2	O2	＝F2＋H2＋K2
J3	＝MAX(1.2,G3)	P2	＝AVERAGE(SO＄2:02)

（注：单元格 O2 为工人甲和工人乙共同完成同一工件任务的总用时）

图 3-6 综述了运用 Excel 进行仿真模拟工人甲和工人乙完成 800 个工件产品后的结果。仿真技术作为一种分析工具，它的动态特性决定了它在定量分析方面具有优势。而解析方法则不同，它表示的是系统长期运转的平均结果。从表 3-20 和图 3-7 中可以看出，有一个明显的启动阶段(或称瞬时阶段)。表 3-20 描绘了通过工人甲和工人乙两阶段系统的 100 项数据，请注意第一个工件完成后的剧烈变化。曲线数据指的是工件完成的平均时间。

它是一个累计数据，即第一个工件的完工时间采用的是随机产生的数值；而两个工件的平均时间则是生产第一个工件和第二个工件所用总时间的平均值；三个工件的平均时间则是生产前三个工件所用总时间的平均值，以此类推。曲线的开始阶段取决于产生的随机数据流，因而可以是任何形状，并不一定如图所示。我们能够确定的是，加工时间在系统启动之后的一段时间内将上下波动，直到加工后期平均加工时间趋于一个稳定的值。

表 3-20 单件产出的平均时间

D2	=RANDETWEEN(0,99)	K2	=VLOOKUP(I2,随机数区间,2,FALSE)
E3	=G2+H2	L2	=J2+K2
F2	=VLOOKUP(D2,随机数区间,2,FALSE)	M2	=G2
G2	=E2+F2	M3	=MAX(0,G3-L2)
H3	=MAX(0,12-G3)	N2	=L2/C2
J2	=G2	O2	=F2+H2+K2
J3	=MAX(1,2,G3)	P2	=AVERAGE(SO￥2;02)

图 3-7 显示的是加工工件在系统中的平均时间，即图 3-6 中 O2 列所对应的数据随工件数的变化情况。在开始阶段，曲线在系统中表现出不断增加的趋势。因为系统是从空闲状态开始的，工件从工人甲到工人乙的过程中没有间断。但随着第二个工件进入系统后，由于工人甲和工人乙完工的速度不完全一致，而且两个工人间没有存储空间，所以两个工序间可能会出现等待，这使得随后进入系统的工件不得不延期。随着时间的增长，除非第二道工序的工作能力小于第一道，否则工件传递将趋于稳定。所以，若工人甲先完成，他将不得不等待工人乙；反之亦然。

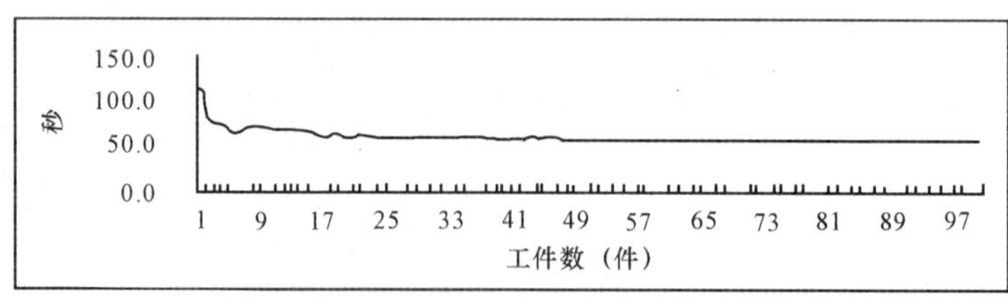

图 3-7 产品在系统中的平均停留时间

由图 3-6 所示的数据，我们同样可以计算一些考察系统效率的指标：

每个工件的平均加工时间为：43430/800=53.4 秒；

工人甲的平均加工时间为：37640/800=47.1 秒；

工人乙的平均加工时间为：36530/800=45.7 秒；

工人甲的利用率为：37640/43380=86.7%；

工人乙的利用率为：36530/43380=84.2%(除去开始的等待时间 50 秒)。

将图 3-6 中所得的数据与手工模拟的 10 个工件数据相比，手工模拟的结果还不是太糟。工人甲和工人乙的平均工作时间分别为 47.1 秒和 45.7 秒，这非常接近于长期运行时所期望的平均值。工人甲工作时间的期望值是(10×4+20×6+30×10+…)/100=45.9 秒。工人乙工作时间的期望值是(10×4+20×5+30×6+…)/50=46.4 秒。

(5)结果分析

对于两个工人间的存储空间的研究也很重要。解决这个问题可以通过比较不同存储空间条件下，生产率和工人利用率等数据。前面我们已经对两个工人间没有存储空间的情况进行了仿真，第二次仿真增加一个存储空间并记录下相关数据的变化。然后在增加2个、3个、4个…… 存储空间的情况下进行仿真。决策者可以根据这些数据计算增加存储空间所增加的成本和提高生产率所带来的收益，并将二者进行比较。在工人间增加存储空间有可能需要一个更大的厂房，系统中需要更多的物料和工件，需要增加物料处理设备、传送设备，使用更多的热能和电能，以及增加厂房的维护等。

图3-6中，工人甲完成800个工件的总用时为37640/3600＝10.45小时，等待时间为5740/3600＝1.59小时；工人乙完成800个工件的总用时为36530/3600＝10.15小时，等待时间为6900/3600＝1.92小时。为了提高工人的利用率，可以在两个工人间增加存储空间，以缩短每个工人的等待时间。但在做决定之前，最好能计算一下，在两个工人间增加存储空间所带来的额外成本和提高工人利用率所带来的收益。只有在两个工人间增加存储空间所带来的额外成本低于由此而提高工人利用率所带来的收益时，增加存储空间才是有价值的。

机械厂生产线的FLEXSIM应用实训步骤：

(1)仿真目标

①根据市场需求，企业要把原来的多品种小批量生产方式转换为多品种大批量生产方式，因此本次仿真的首要目标为提高企业生产效率，增加产量。

②本企业四条生产线的各道工序间生产加工时间差异很大，很明显，是离散型生产流水线。因此，本次研究的次要目标为生产流水线工序能力平衡(根据实际情况，确定工序生产能力标准差小于等于480s时生产线达到平衡)。

(2)收集资料

目前企业四条生产线都以“一个流”的原则进行布置。其中第一条生产线有18道工序(GX101～GX118)，第二条生产线有9道工序(GX201～GX209)，第三条生产线有20道工序(GX301～GX320)，第四条生产线有14道工序(GX401～GX414)，每道工序只有一台设备和一名操作员进行加工和装夹。因此，整个生产系统现有61台加工设备和61位操作员参加生产。根据仿真模型的建立和仿真目标，已测出四条生产线每道工序的生产加工类型、加工时间、装夹时间以及各台设备故障次数和故障时间。其中部分资料和计算结果如表3-21所示。

(3)建立仿真模型

根据企业实际生产情况和收集到的资料，建立生产系统的物理模型，并对模型中的各实体建立关系并进行相关参数设置。由企业性质决定，原材料的购进主要由最低库存量决定，受市场需求的影响比较小。于是，假设原材料是以固定时间间隔购进的。而通过故障次数最多的工序GX310进行概率统计分析后，可知此设备故障时间近似服从正态分布，其均值μ＝39.6(min)，σ＝226.4＝15.04≈(3/8)×39.6(min)。根据实际情况，为了简化建模过程，其他设备的故障时间也近似假设服从偏差为3/8均值的正态分布。本论文仿真研究企业15天(一班制)的生产加工过程，其中假设预热时间为10000s，因此在实验控制器中设定仿真时间为10000＋432000(15×8×3600＝432000s)＝442000s。把各参数输入到仿真模型的装夹时间、加工时间、MTTR 和 M TBF 和 Experimener 相关位置中。“编译”和修改模型以保证仿真的正常运行。

表 3-21 第三条生产线各道工序收集到的资料

工序名称	机床	加工时间（检验时间）	装夹及辅助时间	故障时间及次数(min)	操作人数	MTTR均值(s)	MTBF均值(s)
GX1	车床	4′	30″	20/40/60/90	1	3150	104850
GX2	车床	15′	60″	20	1	1200	215400
GX3	检验台	10′	25″	无	1		
GX4	车床	40′	60″	30/120/15/45/20	1	2760	83640
GX5	车床	30′	30″	30/45/180	1	5100	138900
GX6	车床	20′	30″	30/30	1	1800	214200
GX7	车床	20′	60″	40/90	1	3900	212100
GX8	车床	30′	50″	40	1	2400	429600
GX9	检验台	4′	25″	无	1		
GX10	镗床	48′	80″	20/30/40/30/40/25/35/10/60/60/55/55/55/40/40/40/20/30/45/45/45/50/35/15/70	1	2268	15012
GX11	车床	40′	40″	30	1	1800	430200
GX12	磨床	30′	30″	40	1	2400	429600
GX13	镗床	20′	70″	30/65/15/90/45/30/35	1	2658	59057
GX14	车床	20′	40″	20	1	1200	430800
GX15	钳工工作台	8′	30″	无	1		
GX16	铣床	12′	70″	20/30/50/10	1	1530	106350
GX17	钳工工作台	20′	30″	无	1		
GX18	检验台	6′	30″	无	1		
GX19	钳工工作台	5′	30″	无	1		
GX20	检验台	3′	30″	无	1		

(4)输出结果分析及优化

由于生产系统受到很多不确定因素的影响，在其仿真运行过程中用到随机数的产生，当随机数发生器产生的随机变量驱动仿真模型时，输出结果呈现出随机特性。因此，不能把单次仿真获得的系统参数值视为“真值”，而是应该用若干次重复运行的仿真结果来估计系统参数的真值。通过计算，可得最佳仿真次数 $n=10$ ，其仿真结果如表 3-22 所示。

表 3-22　第一次仿真输出结果

生产线 \ 仿真次数	1	2	3	4	5	6	7	8	9	10
1	159	161	166	154	160	159	159	161	160	160
2	199	200	195	200	200	196	201	198	202	199
3	132	126	126	131	125	125	128	129	130	129
4	140	140	141	144	146	139	142	141	145	140
原材料到达	540	540	540	540	540	540	540	540	540	540

求出每条生产线产出量的样本均值为

$\theta 1=(159+161+166+154+160+159+159+161+160+160)/10=159.9$

$\theta 2=199$，$\theta 3=128.1$，$\theta 4=141.8$

于是，可以计算出每条生产线的生产率为

$\eta 1=159.9/540=29.6\%$，

$\eta 2=199/540=36.85\%$，

$\eta 3=128.1/540=23.7\%$，

$\eta 4=141.8/540=26.26\%$。

从计算结果可知，四条生产线生产率都很低。分析原因发现，流产线中每道工序的加工时间不均衡，很多半成品堆积到加工时间长的那几道工序，从而影响了整条生产线的生产率。因此，确定每条生产线中总耗时间最长的工序为瓶颈工序。如 GX110，GX304，GX310，GX311，GX408，GX409，GX411 等，这些工序的加工时间都很长(50 min 左右)，接近其他工序的两倍，因此通过在这些工序上增加一台设备和一位操作员(总共 68 台设备，68 位操作员)来提高产量，优化后的仿真模型如图 3-8 所示。

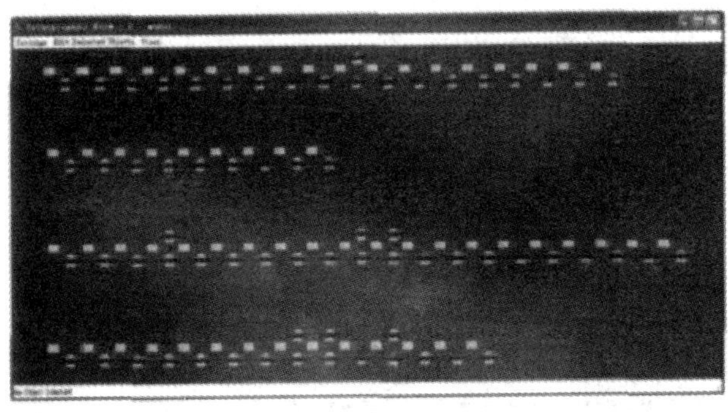

图 3-8　第一次优化后的仿真模型

统计各条生产线的产量。结果如下表 3-23 所示：

表 3-23 对生产线第一次优化后的输出结果

生产线 \ 仿真次数	1	2	3	4	5	6	7	8	9	10
1	187	189	191	187	189	189	190	187	191	191
2	201	206	206	200	204	204	206	201	206	206
3	214	216	218	214	215	215	218	214	216	217
4	218	221	222	220	222	222	221	218	221	220
原材料到达	540	540	540	540	540	540	540	540	540	540

根据表中数据算出，每条生产线输出量为：

$\theta'_1=189.1$，$\theta'_2=204$，$\theta'_3=215.7$，$\theta'_4=220.5$。

生产率为 $\eta'_1=35.01\%$，$\eta'_2=37.77\%$，$\eta'_3=39.94\%$，$\eta'_4=40.83\%$。

各生产线的产量增幅分别为

$\Delta1=(189.1-159.9)/159.9=18.26\%$，

$\Delta2=(204-199/199=2.5\%$，

$\Delta3=(215.7-128.1/128.1=68.38\%$，

$\Delta4=(220.5\quad 141.8/141.8=55.50\%$。

此次优化后，虽然各生产线产量提高了很多，但是流水线中各道工序间负荷率不均衡，很多加工设备与操作人员的空闲率比较高，而且最终装配到一起的四条生产线的产出量不均衡。为了提高加工设备的利用率，使各工序间的负荷率达到均衡。在上次优化的基础上，对四条生产线整体进行优化。主要采取空闲率高的不同生产线的相同工序进行合并的方法。首先根据四条生产线加工内容，把原来的第二条生产线布置到第四条生产线后面，第三和第四条生产线往前移，既优化后四条生产线的布局排序为 2，3，4，1，再根据每道工序的加工内容、加工时间和负荷率，把四条生产线的各工序进行合并。

如四条生产线的第一道工序合并为一道工序由一台设备和一位操作员完成，即可以表示为 GX101＋GX201＋GX301＋GX401 (1)，其他合并工序为 GX203＋GX403 (1)，GX103＋GX303(1)，GX109＋GX309＋GX111 (1)，GX112＋GX315(1)，GX116＋GX317 (1)，GX207＋GX410 (1)，GX413＋GX319 (1)，GX118＋GX209＋GX320＋GX414 (1)，优化后的仿真模型如图 3-9 所示(为了看图清楚，把物料的流动过程用传送带表示)。

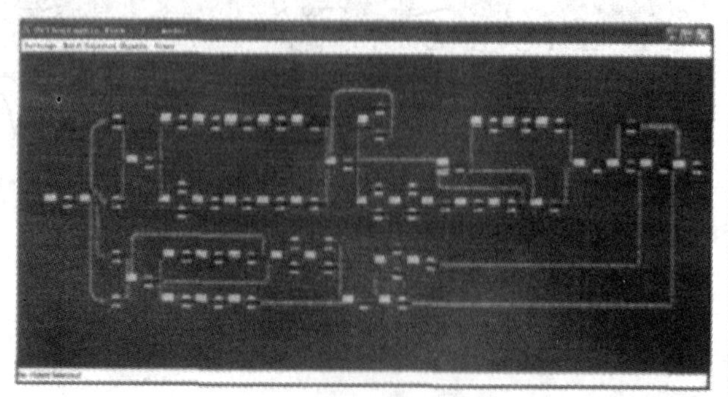

图 3-9 第二次优化后的仿真模型

计算每条生产线输出量为：$\theta''_1=183$，$\theta''_2=200$，$\theta''_3=221$，$\theta''_4=229$。生产率为 $\eta''_1=33.88\%$，$\eta''_2=37.04\%$，$\eta''_3=40.92\%$，$\eta''_4=42.41\%$。通过此次优化后，在一些工序上两条生产线或四条生产线共用一台设备来加工产品。因此在上次优化后的产量没有多大变化的情况下，提高了生产线平衡率，减少了加工设备与操作人员的数量（原四条生产线共需 61 台设备，第一次优化后 68 台设备，现第二次优化后变为 55 台设备及 55 位操作员），降低了成本，创造了利润。本次优化前后各道工序空闲率排序后画出直方图进行比较，如下图 3-10 所示。

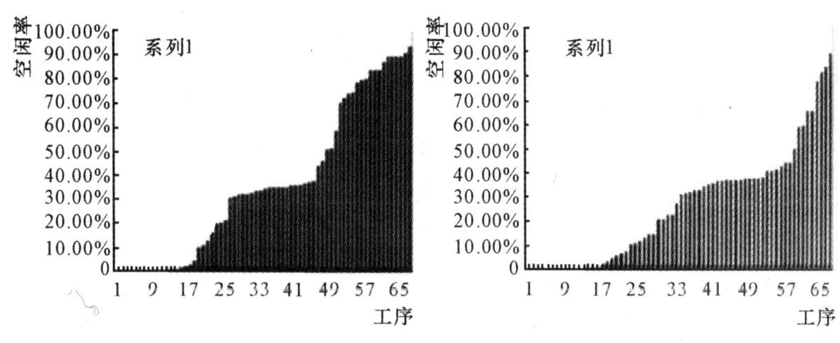

图 3-10　第二次优化后的每道工序空闲率比较图

从图 3-10 中可以知道，优化后除了个别工序以外大部分工序的空闲率都小于 40%，生产线各工序生产能力基本达到了平衡。考虑到一些工序工作性质的不同和操作员的技术水平，为了避免操作员在不同机床上工作而容易出错，虽然几道工序的空闲率在 80%左右，但没有进行合并。如果操作员水平比较高，机床的柔性比较好，也可以对这几道工序进行更进一步的优化处理。经过计算后，原各条生产线的工序能力方差分别为 885153.6，1035342，814724.4，992389.9，标准差为 940.83，1017.52，902.62，996.19，满足不了生产线平衡要求。而第二次优化后，各条生产线的工序能力方差为 60563.99，172707.4，66126.5，15204.4，标准差为 246.10，415.58，257.15，387.56，都小于要求的标准差值 480，因此生产线达到了平衡。经过两次优化处理后，企业流水线的生产物流系统不但节约了成本，提高了产量，而且各条生产线基本达到了平衡。

任务 5　制造企业实践

实训目的

（1）加深对制造企业流水生产组织过程的了解。

（2）制定制造业企业调研计划，根据企业实际情况调整和完善调研计划。

（3）在实际调研中学习小组分工和团队合作。

实训内容

（1）寻找一个制造企业，依据所选的案例及制定的调研计划收集相关资料。

（2）利用 Excel 或者 flexsim 软件对相关数据进行分析。

（3）结合企业调研和上述分析结果提出相应的对策和建议。

制定制造企业流水线生产组织的调研计划

在熟练掌握上述案例分析方法后，依照上述分析需要的数据制定详细的制造型企业调研计划。

首先，确定调研的制造企业；

其次，选择上述三个案例中的其中一个作为调研的基础，确定好需要搜集的相关数据，制定相关表格；

最后，进行小组分工，布置原始数据搜集计划。

实训要求

(1)能够熟练操作 Excel 或者 flexsim 软件，能够收集和处理数据。

(2)结合企业调研和分析结果，写出实训报告。

实训步骤

(1)分组

(2)以小组为单位访问校外周边企业

(3)收集数据后，回校整理

(4)利用手动或者 Excel 对数据进行分析

(5)结合企业调研和上述分析结果进行小组讨论，提出可行性建议

(6)提交实训报告

(7)教师总结

检查标准

(1)交流关于制造企业流水线生产组织的个人见解

(2)将比较结果和相关建议提交企业相关部门，交流意见

(3)讨论实训报告

任务 6　服务企业实践

实训目的

(1)加深对服务类企业生产组织过程的了解。

(2)根据企业实际情况调整和完善调研计划。

(3)在实际调研中学习小组分工和团队合作。

实训内容

(1)制定服务企业流水线生产组织的调研计划

在熟练掌握上述案例分析方法后，依照上述分析需要的数据制定详细的餐饮企业调研计划。

首先，确定调研的服务企业；其次，依据上述案例，确定好需要搜集的相关数据，制定相关表格；最后，进行小组分工，布置原始数据搜集计划

(2)寻找一个服务企业，依据案例及制定的调研计划收集相关资料

(3)利用手动方式或者 Excel 软件对相关数据进行分析
(4)结合企业调研结果和上述分析提出相应的对策和建议

实训要求

(1)能够熟练操作 Excel 软件,能够收集和处理数据。
(2)结合企业调研和对三种移动方式的仿真结果,写出实训报告。

实训步骤

(1)分组
(2)以小组为单位访问校外周边企业
(3)收集数据后,回校整理
(4)利用手动或者 Excel 对数据进行分析
(5)结合企业调研和上述分析结果进行小组讨论,提出可行性建议
(6)提交实训报告

检查标准

(1)交流关于服务企业流水线生产组织的个人见解
(2)将比较结果和相关建议提交企业相关部门,交流意见
(3)讨论实训报告

项目四

生产计划

教学目标

(一)总目标:掌握各种生产计划的内涵、特点、作用、编制要求、编制步骤

(二)具体目标:

1. 理解总生产计划的内涵、特点及编制步骤
2. 掌握主生产计划(MPS)的内涵、特点及编制步骤
3. 掌握物料需求计划(MRP)的内涵、特点及编制步骤
4. 掌握能力需求计划(CRP)的内涵、特点及编制步骤
5. 掌握生产作业计划的内涵、特点及编制步骤

工作任务

(一)编制中小企业的各种生产计划

(二)运用仿真或ERP软件进行生产计划的编制,解决企业实际问题

单元一 总生产计划

教学目标

(一)总目标:理解总生产计划的内涵、特点,并了解总生产计划在生产计划体系中的作用

(二)具体目标:

1. 了解总生产计划制定的一般步骤
2. 理解总生产计划的编制方法
3. 能在MTS、MTO环境下编制总生产计划

理论精要

一、生产计划概述

生产计划是根据国家和市场的需求及企业的技术、设备、人力、物资等资源能力条件,

合理地安排计划期内应该生产的品种、产量和出产进度，使得企业的产品和产量能够满足市场和用户的需求。它包括企业各个层次的各种活动计划，并构成了整个企业的一个计划系统。生产计划系统可以从两个维度进行划分：按计划时间范围划分和按计划制定的组织结构层次划分。

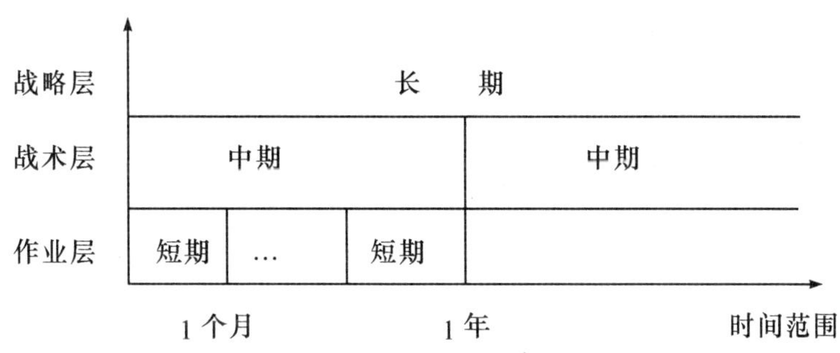

图4-1　生产计划的划分

二、总生产计划目标与任务

总生产计划，又称综合生产计划或生产大纲，是对中期的生产进行规划，目的是明确生产率、劳动力人数和当前库存的最优组合，从而保证计划期内需求和生产的平衡。生产率是每单位时间的生产产品数量；劳动力是生产所需的人数。当前库存是上期期末库存。因此，总生产计划问题可描述为：在已知计划期内，每一时段 t 的需求预测量为 F_t，以生产计划期内最小成本为目标，确定各时段的产量 P_t、库存量 I_t 和劳动力水平 $W_t(t=1,2,\cdots T)$。

显然，要取得生产的供需平衡，首先要明确计划期内市场对于产品的需求品种、数量和质量，再对每月产量、工人人数和库存等进行决策。因此，总生产计划需要安排的具体任务有：

(一)产品品种

产品品种是企业在计划期内预计出产的产品名称、规格、型号和种类数，也就是解决“生产什么”的问题。

(二)产量

产量是确定“生产多少”的决策，指的是企业在计划期内应当生产多少符合产品质量标准的实物数量或提供的服务数量。

(三)质量

质量有两个含义：一是产品的技术标准或质量要求；二是产品生产的过程质量，也就是产品合格率、废品率等。企业生产应确保产品质量符合所要求的技术标准，并将过程质量控制在合理的范围内。

(四)产值

产值是用货币表示的产量，分为总产值、商品产值和净产值三种。商品产值是企业计划期内生产的可供销售的产品价值，包括企业自备材料生产的成品和半成品价值、来料加工的产品加工价值和工业劳务的价值。总产值是计划期内生产活动的总成果，包括商品价值、期初期末在制品价值差额等。净产值是企业计划期内生产活动新创造的价值，可用总产值减去所有转入产品的物化劳动价值求得。

(五)出产期

产出期是为了保证按时交货确定的产品出产期限。它是确定生产进度的重要条件,也是编制主生产计划、物料需求计划和生产作业计划的重要依据。

对于 MTS(按备货生产)企业,产品为标准化生产,其品种、数量和质量可以根据对市场需求进行预测得出。MTO(按订单生产)企业的需求量取决于订单的要求。因此,总生产计划主要是在总体需求确定情况下,对每个时段应该产出的品种、数量做出决策。表 4-1 是某空调企业的总生产计划。

表 4-1 2010 年度空调生产计划

空调品种	1 月	2 月	3 月	…
1 匹单冷分体式	2 万	2 万	2.5 万	
2 匹单冷分体式	2.5 万	2.5 万	3 万	
5 匹单冷柜	3 万	3 万	4 万	
总工时	80000	80000	120000	

但制定每月的生产品种、数量和总工时需要根据总成本最低原则,对库存、劳动力、生产率采用合适的策略决定。

三、总生产计划制定一般步骤

生产计划制定的一般步骤如图 4-2 所示。

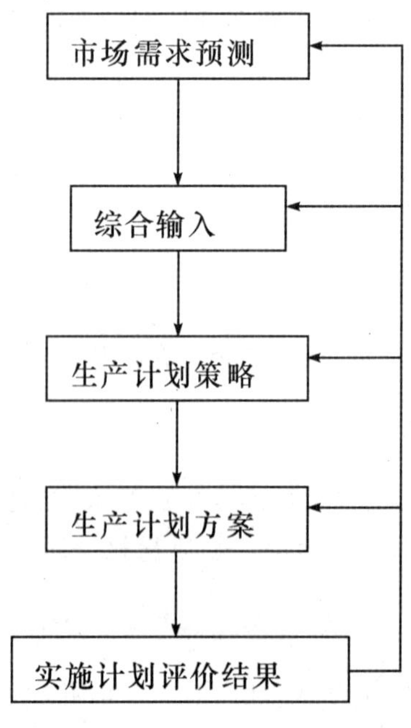

图 4-2 总生产计划编制程序

(1)制定生产计划前,首先要对市场进行预测,了解需求状况。对于 MTS 企业,需要采用各种技术对年度和各时段对于产品品种、数量和质量等市场需求情况进行预测。对于 MTO 企业，则需要与订货用户通过协议和合同方式对产品性能、质量、数量、交货期等加以明确。

(2)对内外部影响因素进行分析。外部因素包括竞争者情况、原材料供应状况、分包商能力和协作密切程度等。内部因素包括生产能力、劳动力数量和技能、物资准备等情况。

(3)根据需求和内外部影响因素，依成本最小化原则，采用合适的总生产计划策略和技术决定产量和产出期，并制定生产计划。

(4)对计划进行实施，编制主生产计划、物料需求计划和作业计划。在此过程中，可能出现由于能力或物料需求不能满足生产需要等原因使得生产计划难以进行，则需要找出原因，采取修正措施。

四、总生产计划的制定方法

(一)试算法

企业一般采用简单的试算法制定总生产计划。试算法是通过计算不同生产计划方案的成本，从中选出最佳方案。

例如：设某公司要制定某年的总生产计划。预计每月需求、各种成本和库存量等原始数据如表 4-2 所示(只列出 1～6 月作为示例，其余月份计划可按同样算法制定。因为需求预测的不准确性，设立了一个为预测需求量四分之一的安全库存作为缓冲。)该公司希望能制定出满足需求且所费成本最低的生产计划。(本例数据来源于 Production and Operation Management，Richard B. Chase，8th Edition)

表 4-2　需求、成本和库存数据

需求与工作天数							
月份	1	2	3	4	5	6	总计
需求预测(件)	1800	1500	1100	900	1100	1600	8000
每月工作天数	22	19	21	21	22	20	125
费用							
材料成本(元/件)						100	
库存成本(元/件月)						1.5	
缺货损失(元/件月)						5	
分包成本(元/件)						20	
招聘与培训成本(元/人)						200	
解聘成本(元/人)						250	
单位产品加工时间(小时/件)						5	
正常上班人工成本(元/小时)						4	
加班人工成本(元/小时)						6	
库存							
初期库存(件)						400	
安全库存						月需求预测量的 25%	

解:1. 首先计算出每月的生产需求量,如表 4-3 所示,具体计算方法如下。

生产需求量=需求预测量+安全库存-期初库存

期初库存=上期末库存

期末库存=本期期初库存+生产需求量-需求预测量

表 4-3 每月生产需求量

月份	1	2	3	4	5	6
期初库存	400	450	375	275	225	275
需求预测量	1800	1500	1100	900	1100	1600
安全库存	450	375	275	225	275	400
生产需求量	1850	1425	1000	850	1150	1725
期末库存	450	375	275	225	275	400

2. 采用不同策略试制生产计划

策略 1:追逐策略。也就是通过改变每月工人人数,使得工作的人数在正常生产时间就能够满足每月的需求。

策略 2:按所有 6 个月的平均需求量确定工人人数,并保持每个月的工人人数不变。每个月的缺货由下个月生产补齐。人数确定方法为:人数=(总生产需求量×单件产品加工时间)/(总生产天数×8 小时)=(8000×5)/(125×8)=40(人)。

策略 3:外包。在正常工作时间内用固定的人数生产满足最小的预测需求量(4 月份),其他月份不能满足的需求量差额部分采用外包。最少固定人数=850×5/(21×8)=25(人)。

策略 4:固定工作人数,采用加班变化工作时间,满足每个月预测需求。该策略首先要确定工作人数,该人数要使得 6 月份期末库存与安全库存(400)尽可能接近,因此需要经过不断试算。当试定人数=37 时,6 月份期末库存=273(表 4-4)。按同样方法试定人数=38 时,6 月份期末库存=407;人数=39,6 月份期末库存=542。因此,最合适的工人人数为 38 人。

表 4-4 策略 4 的工人人数试算表

月份	1	2	3	4	5	6
需求预测量	1800	1500	1100	900	1100	1600
生产需求量	1850	1425	1000	850	1150	1725
每月工作天数	22	19	21	21	22	20
每月工作人数(i)	37	37	37	37	37	37
实际生产时间(ii)	6512	5624	6216	6216	6512	5920
每月实际产量(iii)	1302	1125	1243	1243	1302	1184
期初库存(iv)	400	0	0	143	486	689
期末库存	-98	-375	143	486	689	273
加班生产件数	98	375	0	0	0	0
安全库存	450	375	275	225	275	400

注:i 试定人数

ii 实际生产时间=每月工作人数×每月工作天数×8 小时

iii 每月实际产量=实际生产时间/单件产品加工时间

iv 当期末库存为负,通过加班补齐,所以下个月期初库存为 0

3. 计算每种策略下的生产计划成本

计算结果分别见表 4-5、4-6、4-7 和 4-8。

表 4-5 策略 1 拟定的生产计划成本计算表

月份	1	2	3	4	5	6	成本(元)
生产量	1850	1425	1000	850	1150	1725	
所需生产时间(小时)	9250	7125	5000	4250	5750	8625	
每月工作天数	22	19	21	21	22	20	
每人每月工时(小时)	176	152	168	168	176	160	
满足生产量所需人数	53	47	30	25	33	54	
需要新增人数	0	0	0	0	8	21	
招聘费(元)	0	0	0	0	1600	4200	5800
需要解聘人数	0	6	17	5	0	0	
解聘费(元)	0	1500	4250	1250	0	0	7000
正常人工成本	37000	28500	20000	17000	23000	34500	160000
合计		172800					

表 4-6 策略 2 拟定的生产计划成本计算表

月份	1	2	3	4	5	6	成本(元)
工人数	40	40	40	40	40	40	
每月工作天数	22	19	21	21	22	20	
实际可用工时(小时)	7040	6080	6720	6720	7040	6400	
实际生产量	1408	1216	1344	1344	1408	1280	
需求预测量	1800	1500	1100	900	1100	1600	
期初库存	400	8	−276	−32	412	720	
期末库存(i)	8	−276	−32	412	720	400	
多余库存(ii)	0	0	0	187	445	0	
库存成本(元)	0	0	0	280.5	667.5	0	948
缺货件数	0	276	32	0	0	0	
缺货损失(元)	0	1380	160	0	0	0	1540
正常人工成本(元)	28160	24320	26880	26880	28160	25600	160000
合计							162488

注：i 期末库存＝实际生产量＋期初库存－需求预测量

ii 多余库存＝期末库存－本期安全库存(取正数)

表 4-7 策略 3 拟定的生产计划成本计算表

月份	1	2	3	4	5	6	总成本
生产需求量	1850	1425	1000	850	1150	1725	
每月工作天数	22	19	21	21	22	20	
每月工作人数	25	25	25	25	25	25	
实际生产时间	4400	3800	4200	4200	4400	4000	
每月实际产量	880	760	840	840	880	800	
分包件数	970	665	160	10	270	925	
分包成本	19400	13300	3200	200	5400	18500	60000
正常人工成本	17600	15200	16800	16800	17600	16000	100000
合计							160000

表 4-8 策略 4 拟定的生产计划成本计算表

月份	1	2	3	4	5	6	成本
需求预测量	1800	1500	1100	900	1100	1600	
生产需求量	1850	1425	1000	850	1150	1725	
每月工作天数	22	19	21	21	22	20	
每月工作人数	38	38	38	38	38	38	
实际生产时间	6688	5776	6384	6384	6688	6080	
每月实际产量	1338	1155	1277	1277	1338	1216	
期初库存	400	0	0	177	554	791	
期末库存	－62	－345	177	554	791	407	
加班生产件数	62	345	0	0	0	0	
加班成本(i)	1860	10350					12210
安全库存	450	375	275	225	275	400	
多余库存	0	0	0	329	516	7	
库存费用	0	0	0	492.9	774.3	10.8	1278
正常人工费用	26752	23104	25536	25536	26752	24320	152000
合计							165488

注：i 加班成本＝加班生产件数×单件生产时间×加班人工成本

4. 最终生产计划确定

从以上各个策略制定的生产计划成本来看，策略 3 制定的生产计划成本最低，为 160000 元，可作为最佳生产计划。

（二）线性规划法

总生产计划问题实际上是一个优化问题，当成本与变量间关系为线性且需求可以确定时，常常可以用线性规划方法编制总生产计划。总生产计划的线性规划模型可以把总成本最小作为目标函数，需求量、库存和转包能力等作为约束条件，用单纯形法对此单目标优化问题求解。

工作任务

任务1 总生产计划制定
桂冠食品公司生产计划

你是一家生产休闲食品的制造工厂生产经理。你的重要职责之一是为工厂制定总生产计划。这个计划是每年预算的重要依据。该计划提供了来年的相关信息，如生产率、生产所需劳动力及计划成品的库存水平等。

你在工厂的包装线上生产小盒的混合布丁。一条包装线有很多机器，它们排成链条一样。在包装线的一开始，布丁进行混合；然后装进小包。这些小包被装入小的布丁包装盒，每当这些布丁包装盒达到48个就把它们集中一下并堆放。最后160堆被放到一个货盘上。这些货盘放置在运输区域，然后被运送到四个分销中心。这些年来，包装线的技术日新月异，以至于在同一些相关的小炉子里可以生产出不同口味布丁，而不需要花费不同口味之间的切换时间。工厂有15条这样的包装线，但目前只用上了10条，每条需要6个工人。

该产品的需求按月波动。另外，还有一个季节的成分，每年的春节、圣诞节、五一节之前都是销售淡季。综合下来，每年第一个季度末公司都搞一个促销活动，给予大订单客户特别优惠。这样生意一般会很好，公司一般也会得到销售上的增长。

工厂把产品送到全国四个大的分销仓库。卡车每天运货。运货的数量是根据仓库的目标存货水平而定的。这些目标是根据每个仓库的预期供应周数而定。目前的目标是供应2周。

过去，公司的政策是生产量满足预期销售量，因为对成品的储存能力有限。生产能力是完全能支持这个政策的。市场部门已经作出了明年的销售预测。这个预测是按每季销售配额制定的，这是一个激励销售人员的方法。销售主要面向美国的零售店。根据销售人员拿到的订单，布丁从分销仓库运往各零售店。

你的直接任务就是制定来年的总生产计划。所需考虑的技术和经济因素列示如下：

1. 目前有10条包装线非加班工作。每天需要6个工人。出于计划目的，每次正常启动包装线运行7.5个小时。当然，支付工人8小时的工资。可以考虑每天加班两小时，但这必须规划成每次加班至少持续一周，而且所有包装线都得加班。工人正常工资是40元/小时，加班为60元/小时。每条包装线的标准生产率为450套/小时。

2. 市场部门对需求的预测如下：Q1－2 000；Q2－2 200；Q3－2 500；Q4－2 650；及Q1（下一年）－2 200。这些数字都是以1 000套为单位的。每个数字代表13周的预测。

3. 管理部门已经通知生产部门维持足够仓库2周供应的生产量。这2周供应量应该建立在对未来销售的预测上。如下是每季期末存货的目标水平：Q1－338；Q2－385；Q3－

408；Q4—338。

4. 根据会计估计，存货存储成本约为每套每年3元。这意味着如果一套布丁存放一整年，存货成本就是3元。如果存放一星期，成本就是3元/52，即0.05769元。成本是与存放时间成比例的。在Q1的时候有200 000套存货(这是预测宣布的以1 000套为单位的200套)。

5. 如果发生脱销，那么就要延期交货并推迟运输。延期交货的成本是2.40元/每套，因为信誉丧失以及紧急运输。

6. 人力资源小组估计雇佣并培训一个新的生产工人需要花费5 000元，解雇一个工人需要花费3 000元。

【思考与实践】假设销售预测正确，请制定来年的总生产计划。

任务2 MTS环境下生产计划大纲的编制

某公司生产自行车，编制生产规划，计划展望期是1年，按月划分时区。自行车的预测销售量是3600辆，当前库存为700辆，年末库存目标是200辆，拖欠订单数量是400辆，请编制其生产大纲初稿。

提示：

按照MTS环境下生产大纲的编制方法，具体计算步骤如下：

(1)把年预测销售量3600辆按月平均分布，每月3600÷12=300辆。

(2)计算期初库存：

期初库存=当前库存水平-拖欠订货数=700-400=300辆

(3)计算库存水平的变化：

库存变化=目标库存-期初库存=200-300=-100辆(库存减少)

(4)计算总生产需求量：

总生产需求=预测数量+库存改变量=3600-100=3500辆

(5)把总生产需求量按时间段分配在整个计划展望期内，把3500辆产量分布到12个月，其中1—10月均为290辆，11—12月为300辆。

任务3 MTO环境下生产计划大纲的编制

某公司生产自行车，编制生产规划，计划展望期是1年，按月划分时区。当前未完成订单是1000辆，期末未完成订单数量为700辆，请编制其生产大纲初稿。

提示：

按照MTO环境下生产大纲的编制方法，具体计算步骤如下：

(1)把年预测销售量3600辆按月平均分布，每月3600÷12=300辆。

(2)按交货日期把未完成的订单数量分配到计划展望期的相应时间段内。

(3)计算未完成订单的改变量：拖欠订货数变化=期末目标拖欠量-期初拖欠量。

(4)计算总生产需求量：总生产需求=预测量-拖欠订货数变化。

(5)把总生产需求量分配到各月，月产量应满足当月的拖欠并保持均衡生产率。

单元二　主生产计划(MPS)

教学目标

(一)总目标:理解主生产计划的内涵、特点、作用以及编制要求和步骤。掌握主生产计划在生产计划体系中的地位。

(二)具体目标:

1. 会用收入利润顺序法进行品种的确定;
2. 会用盈亏平衡分析法和线性规划法进行产量的确定;
3. 了解 MPS 的编制步骤;
4. 会简单编制主生产计划;
5. 会运用 ERP 系统操作主生产计划模块。

理论精要

一、MPS 概述

企业计划包括企业经营计划、总生产计划、主生产计划、物料需求计划、能力需求计划、生产作业计划。如下图所示。

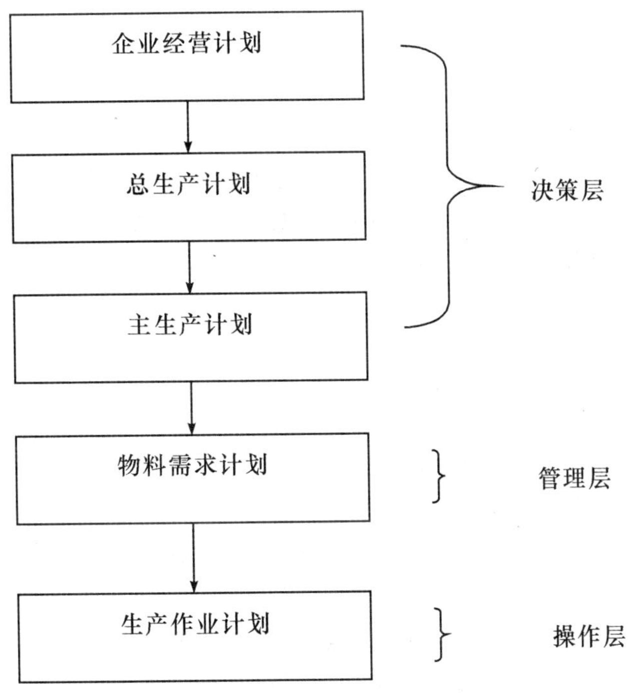

图 4-3　企业计划体系

MPS(主生产计划)是 ERP 系统计划的开始,是把企业的经营战略、生产计划大纲等宏观计划转变为可操作的微观作业计划，描述企业生产什么、生产多少以及什么时段完成的生产计划。它是根据企业产品销售计划制定的，是企业经营计划的重要组成部分，同时又是编制企业其他计划的主要依据。

MPS 是企业生产管理的依据，它对企业的生产任务统筹安排，规定着企业在计划期内生产的产品品种、质量、数量和期限等指标，这些指标各有不同的经济内容，从不同的角度反映计划期内企业生产活动的要求。主要有：

（一）品种指标

品种指标是企业在计划期内出产的产品品名、型号、规格和种类数，它涉及“生产什么”的决策。确定品种指标是编制生产计划的首要问题，关系到企业的生存和发展。品种一般按用途、型号和规格来划分，例如机床制造企业中不同型号的机床。

（二）产量指标

产量指标是企业在计划期内出产的合格产品的数量，它涉及“生产多少”的决策，关系到企业能获得多少利润。产量指标通常采用实物单位或假定实物单位来计量，如机床用“台”表示，煤炭用“吨”表示等。对于品种、规格很多的系列产品，也可以用主要技术参数计量，如拖拉机用马力计量等。产量指标是表示企业生产能力和规模的一个重要指标，是企业进行供产销平衡和编制生产作业计划、组织日常生产的重要依据。

（三）质量指标

质量指标是指企业在计划期内各种产品应该达到的质量水平，它反映着产品内在质量及外观质量，一般采用统计指标来衡量，如一等品率、合格品率、废品率、返修率等。

（四）产值指标

产值指标是用货币表示的产量指标，但不同于产量指标，因为它还受质量因素影响，它是企业生产成果的综合反映。

（五）出产期

出产期是为了保证按期交货而确定的产品出产期限。正确地决定出产期非常重要，因为出产期太紧，保证不了按期交货，会给顾客带来损失，也会影响企业的信誉；出产期太松，不利于争取顾客，还会造成生产能力的浪费。

二、MPS 指标

（一）品种的确定

对于大量大批生产，品种数很少，而且既然是大量大批生产，所生产的产品品种一定是市场需求量很大的产品。因此，没品种选择问题。

对于多品种批量生产，则有品种选择问题。确定生产什么品种是十分重要的决策。确定品种可以采取象限法和收入利润顺序法。象限法是美国波士顿顾问中心提出的方法，该法是按“市场引力”和“企业实力”两大类因素对产品进行评价。确定对不同产品所应采取的策略，然后从整个企业考虑，确定最佳产品组合方案。这里不作详细介绍。

收入利润顺序法是将生产的多种产品按销售收入和利润排序，并将其绘在收入利润图上，表 4-9 所示的 8 种产品的收入和利润顺序，可绘在图 4-4 上。

表 4-9 8 种产品的收入和利润顺序

产品代号	A	B	C	D	E	F	G	H
销售收入	1	2	3	4	5	6	7	8
利润	2	3	1	6	5	8	7	4

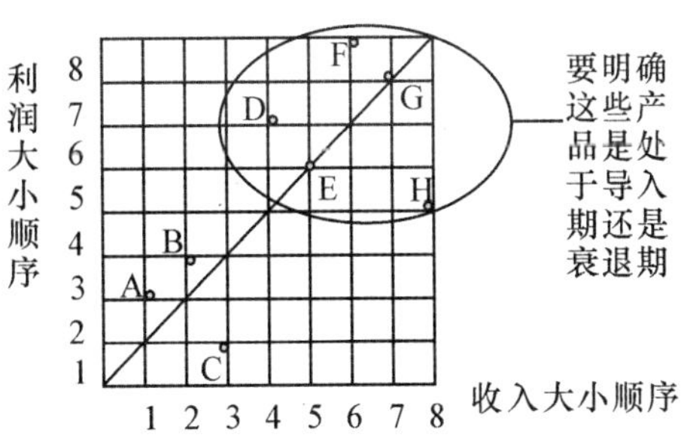

图 4-4 收入利润顺序图

由图 4-4 可看出，一部分产品在对角线上方，还有一部分产品在对角线下方。销售收入高，利润也大的产品，即处于图 4-4 左下角的产品，应该生产。相反，对于销售收入低，利润也小的产品(甚至是亏损产品)，即处于图 4-4 右上角的产品。需要作进一步分析。其中很重要的因素是产品生命周期。如果是新产品，处于导人期，因顾客不了解，销售额低；同时，由于设计和工艺未定型，生产效率低，成本高，利润少，甚至亏损，就应该继续生产。并作广告宣传，改进设计和工艺，努力降低成本。如果是老产品，处于衰退期，就不应继续生产。除了考虑产品生命周期因素以外，还可能有其他因素，如质量不好，则需提高产品质量。

一般来说，销售收入高的产品，利润也高，即产品应在对角线上。对于处于对角线上方的产品，如 D 和 F，说明其利润比正常的少，是销售价低了还是成本高了，需要考虑。反之，处于对角线下方的产品，如 C 和 H，利润比正常的高，可能由于成本低所致，可以考虑增加销售量，以增加销售收入。

(二)产量的确定

1. 用盈亏平衡分析法确定总产量计划

盈亏平衡分析法是进行总产量计划时常使用的一种定量分析方法。企业的基本目的是赢利，至少要做到不亏损。作为经营者必须要知道，自己的企业最低限度生产多少产品才不会亏损，这就是盈亏平衡分析的基本目的。

2. 用线性规划法优化分品种产量计划

线性规划法是解决多变量最优决策的方法，是在各种相互关联的多变量约束条件下，解决或规划一个对象的线性目标函数最优的问题，即给予一定数量的人力、物力和资源，如何应用而能得到最大经济效益。当资源限制或约束条件表现为线性等式或不等式，目标函数表示为线性函数时，可运用线性规划法进行决策。

例如：生产合金钢 A 和 B，每生产一公斤合金钢 A 需要稀有金属 30 公斤，工时 4 小时，利润 80 元；每生产一公斤合金钢 B 需要稀有金属 60 公斤，工时 3 小时，利润 100 元。可供资源稀有金属为 3000 公斤，工时为 300 小时，试用线性规划确定企业利润最大时生产 A 和 B 各多少？

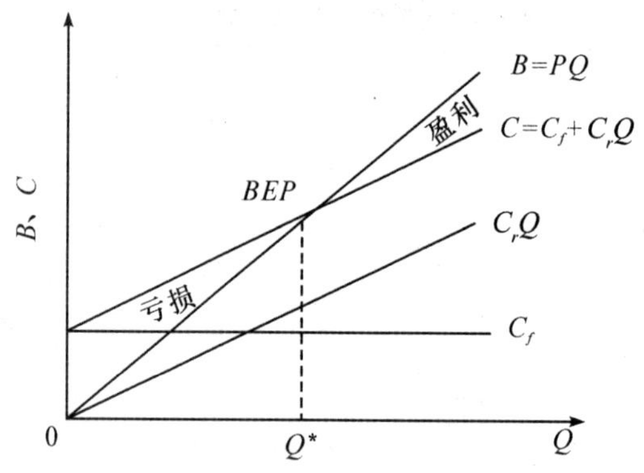

图 4-5 盈亏平衡分析法示意图

解：设生产 A、B 产品分别为 X、Y 时，企业利润最大，则有：

目标函数：$Pmax=80X+100Y$；

约束条件：$4X+3Y<=300$；

$30X+60Y<=3000$；

$X、Y>=0$

得：当 $X=50$，$Y=20$ 时，企业利润最大。最大利润为 $P_{max}=80X+100Y=6800$ 元。

三、MPS 的编制步骤

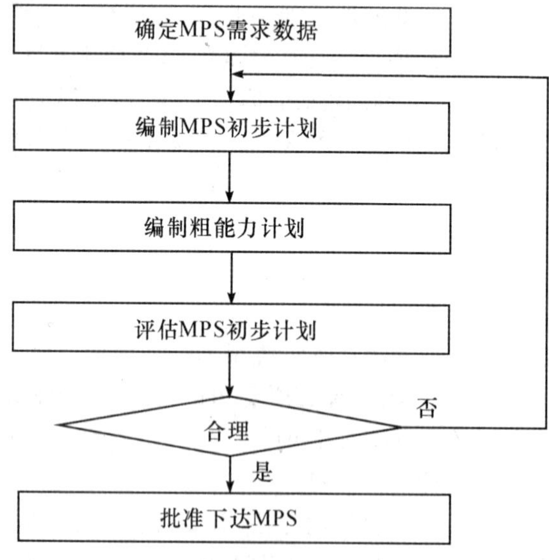

图 4-6 MPS 编制步骤图

(一)主生产计划 MPS 的计算流程

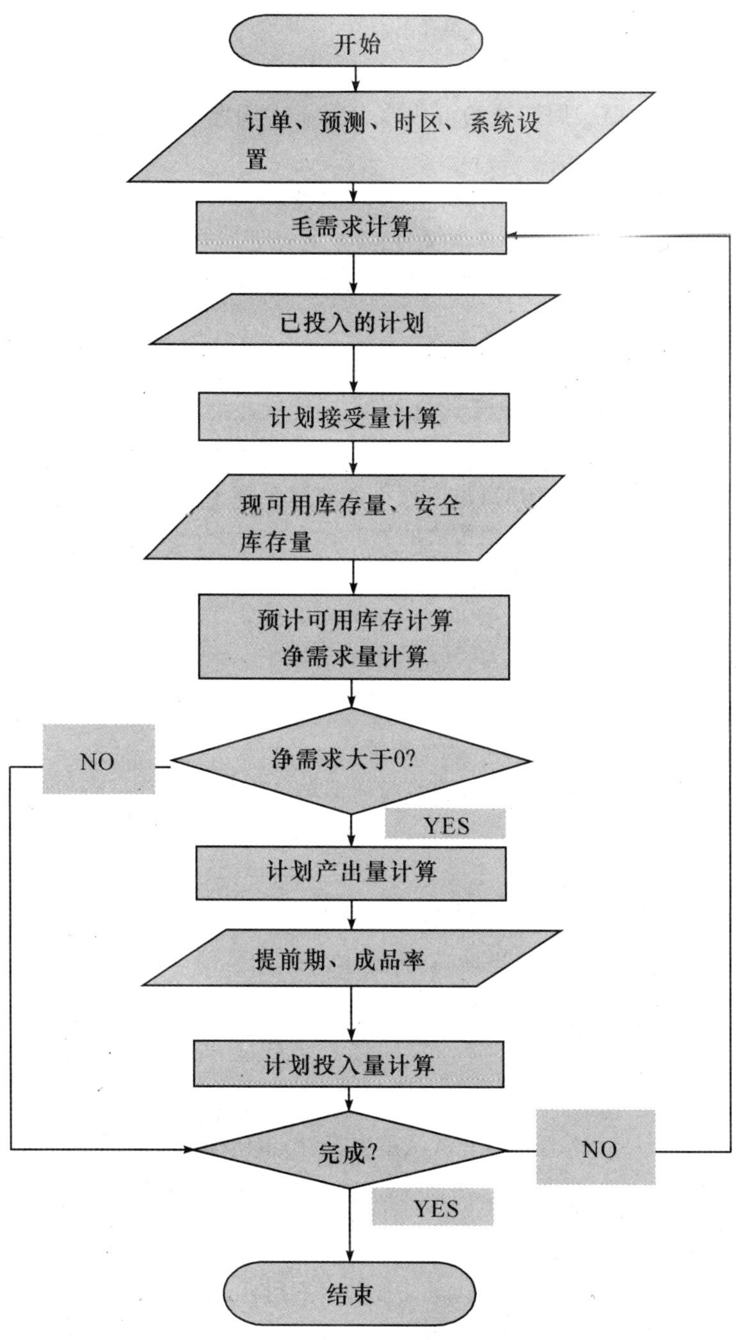

图 4-7　MPS 的计算流程图

(二)编制 MPS 的有关术语

1. 计划接收量:在任意给定的计划周期内,项目预计完成的数量;

2. 毛需求量:在任意给定的计划周期内,项目总的需求量(MPS 只考虑独立需求)。

(1)在需求时间区内,毛需求量就是客户订单数量;

(2)在计划时间区内,毛需求量为取实际需求与预测数值中的较大者;

(3)在预测时间区内,毛需求量为预测值。

3. 预计可用库存量(Projected Available Balance):在某个时段的期末库存量,扣除用于需求的数量,平衡库存与计划。

预计可用库存量=前一周期末的可用库存量+本周期计划接收量-本周期毛需求量+本周期计划产出量

4. 安全库存量(Safety Stock):库存量的最低线。

5. 净需求量(Net Requirement):在任意给定的计划周期内,某项目实际需求数量。

净需求量=本周期毛需求量-前一周期末的可用库存量-本周期计划接收量+安全库存量

6. 批量规则(Lot Sizing)。

(1)最大批量:计划下达数量大于此批量时,系统取此批量作为计划下达量;

(2)最小批量:计划下达数量小于此批量时,系统取此批量作为计划下达量;

(3)固定批量(Fixed Quantity):每次订货计划数量按一个固定值下达,或取其倍数,但间隔周期不一样,一般用于订货费用较大的物品;

(4)直接批量(Lot for Lot):完全根据计划(或实际)需求量来决定订货量;

(5)固定周期法(Fixed Time):MPS下达的间隔周期相同,但其计划量不尽相同;

(6)经济批量法(Economic Order Quantity):物料的订购费用和保管费之和为最低时的最佳批量法。

7. 计划产出量:系统计算得到的供应数量。

8. 计划投入量:根据计划产出量、物品的提前期及物品的合格率等计算出的投入量。

9. 可供销售量=某期间的计划产出量(包括计划接收量)-该期间的订单(合同)量总和。

(三)主生产计划编制过程

主生产计划编制过程包括三个方面:编制MPS项目的初步计划;进行粗能力平衡;评价MPS。涉及的工作包括收集需求信息、编制主生产计划、编制粗能力计划、评估主生产计划、下达主生产计划等。

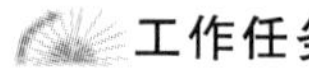

工作任务

任务1 认识主生产计划(MPS)

张先生在公司所做的工作就是由销售订单模块的报价单功能向他的客户针对自行车一个详细的报价,等客户认为价钱合理,可以成交,并将信息反馈给张先生后,张先生只需在计算机上点击几下,报价单便自动转换为订单,同时张先生不用自己跑到库房查询存货情况,计算机会告诉他是否有足够的存货,是否还需组织生产。如果客户催货比较紧,张先生可通过批次管理制定该货出厂可以是第几批,然后系统会提交一份交货时间表,不过由于自行车生意的确不错,库存明显不够,需要组织生产,这时MPS根据本厂的实际情况会向张先生提供一个长期的生产计划。而MRP则将这个计划转化为具体的生产和采购建议。尤其是它还能将物料清单分解、细化,比如生产一辆自行车需要的轴承、螺丝、螺母、铁丝等,而这些原材料库存不足,需要采购。至于采购多少、生产多少,MRP会在建议中给出。

【思考与实践】

通过阅读案例,请分析 MPS 在生产计划管理中所起的作用。

任务2 主生产计划 MPS 的计算过程

通过下列简单的例子来了解主生产计划的整个计算过程:

一、MPS 的报表类型

(一)横式报表

如下图所示:

物料号:1000002 物料名称:机芯 计划时期 2003/03/29 计划员:王冰

现有库存量:80 安全库存量:50 批量:100 批量增量:100

提前期:1 需求时界:3 计划时界:01

单位:台

时段	当期	1	2	3	4	5	6	7	8
		04/04	04/11	04/18	04/25	05/01	05/08	05/15	05/22
预测值		60	60	60	60	60	60	60	60
合同量		110	80	50	70	50	60	110	150
毛需求		110	80	50	70	60	60	110	150
计划接收量		100							
PAB初值	现有	70	-10	-60	-130	-190	-250	-360	-510
预计库存量	量80	70	90	140	70	110	50	140	90
净需求量			60	10		40		110	60
计划产出量			100	100		100		200	100
计划投入量		100	100		100		200	100	100
可供销售量(ATP)		70	20	-20		10		90	-50
ATP(调整后)		70				10		40	

图 4-8 横式 MPS 报表

(二)竖式报表

如下图所示:

物料号:1000002 物料名称:机芯 计划时期 2003/03/29 计划员:王冰

现有库存量:80 安全库存量:50 批量:100 批量增量:100

提前期:1 需求时界:3 计划时界:01

供给					需求			库存
措施	加工单号	产出量	投入日期	产出日期	毛需求	需用日期	需求追溯	结余
下达					110	2003/04/04	合同511	70
	204041	100	2003/04/04	2003/04/11	80	2003/04/11	合同513	90
	204111	100	2003/04/11	2003/04/18	50	2003/04/18	合同524	140
确认					60	2003/04/25	合同533	80
	204251	100	2003/04/25	2003/05/01	60	2003/05/01	合同535	
					20	2003/05/01	预测	100
					40	2003/05/08	合同546	60
	205081	200	2003/05/08	2003/05/15	130	2003/05/15	合同549	130
	205151	100	2003/05/15	2003/05/22	80	2003/05/22	合同552	150
安全库存	计划	100	2003/05/22	2003/05/29	70	2003/05/29	合同560	
					20	2003/05/29	预测	160
					80	2003/06/06	预测	80
	计划	100	2003/06/06	2003/06/13	50	2003/06/13	合同566	
					60	2003/06/13	预测	70

图 4-9 竖式 MPS 报表

二、MPS的计算过程

准备计算MPS前的基本资料，如下表所示。

表4-10 计算MPS前的基本资料

物品代码	A009	计划员	LH	计划日期	2000-3-27	物品名称	VCD333
可用库存	10	安全库存	5	提前期	7	指量规则	固定批量
批量	10	批量周期		需求时界	3	计划时界	7

(一)计算毛需求量

计算原则：1，2，3时段处于时区1，毛需求量等于订单数量，4，5，6，7处于时区2，毛需求量等于订单量与预测量的最大值；8，9，10处于时区3，毛需求量等于预测量。如下表所示：

表4-11 计算毛需求量

类别	时段	1	2	3	4	5	6	7	8	9	10
	过去	4月1日	4月8日	4月15日	4月22日	4月29日	5月6日	5月13日	5月20日	5月27日	6月3日
预测量		15	30	10	30	18	30	32	25	30	20
订单量		20	25	20	25	20	16	35	20	28	25
毛需求量		20	25	20	30	20	30	35	25	30	20

(二)读入计划接收量与过去的库存量(预计库存)

如下表所示。

表4-12 计算计划接收量与过去的库存量(预计库存)

类别	时段	1	2	3	4	5	6	7	8	9	10
	过去	4月1日	4月8日	4月15日	4月22日	4月29日	5月6日	5月13日	5月20日	5月27日	6月3日
预测量		15	30	10	30	18	30	32	25	30	20
订单量		20	25	20	25	20	16	35	20	28	25
毛需求量		20	25	20	30	20	30	35	25	30	20
计划接收量		10									
预计库存	16										

(三)计算预计可用库存量

预计可用库存量＝前一时段末的可用库存量＋本时段计划接收量－本时段毛需求量＋计划产出量。如下表所示。

表 4-13　计算预计可用库存量

类别	时段	1	2	3	4	5	6	7	8	9	10
	过去	4月1日	4月8日	4月15日	4月22日	4月29日	5月6日	5月13日	5月20日	5月27日	6月3日
预测量		15	30	10	30	18	30	32	25	30	20
订单量		20	25	20	25	20	16	35	20	28	25
毛需求量		20	25	20	30	20	30	35	25	30	20
计划接收量		10									
预计库存	16	6	−19	−39	−69	−89	−119	−154	−179	−209	−229

(四)计算计划产出量。

对第一个零或负计划可用库存量的时段计算出净需求量(考虑安全库存),然后计划产出量(考虑批量),之后计算本时段的计划可用库存量。

在重新计算下一时段计划可用库存量(计划产出量先为零),然后考虑安全库存量,计算出净需求量的人小。根据净需求量计算(决定)本时段的计划产出量,之后计算本时段的计划可用库存量。

重复计算下一时段的可用库存量,用类似的方法去处理各个时段的净需求量的计算,可利用库存量与计划产出量,净需求量=本周期毛需求量－前一周期末的可用库存量－本周期计划接收量+安全库存。如下表所示。

表 4-14　计算净需求量和计划产出量

类别	时段	1	2	3	4	5	6	7	8	9	10
	过去	4月1日	4月8日	4月15日	4月22日	4月29日	5月6日	5月13日	5月20日	5月27日	6月3日
预测量		15	30	10	30	18	30	32	25	30	20
订单量		20	25	20	25	20	16	35	20	28	25
毛需求量		20	25	20	30	20	30	35	25	30	20
计划接收量		10									
预计库存	16	6	11	11	11	11	11	6	11	11	11
净需求量			24	14	24	14	24	29	24	24	14

(五)根据提前期及成品率计算计划投入量和可供销售量,如下表所示。

表 4-15　计算计划投入量和可供销售量

类别	时段	1	2	3	4	5	6	7	8	9	10
	过去	4月1日	4月8日	4月15日	4月22日	4月29日	5月6日	5月13日	5月20日	5月27日	6月3日
预测量		15	30	10	30	18	30	32	25	30	20
订单量		20	25	20	25	20	16	35	20	28	25

续表

类别	时段	1	2	3	4	5	6	7	8	9	10
	过去	4月1日	4月8日	4月15日	4月22日	4月29日	5月6日	5月13日	5月20日	5月27日	6月3日
毛需求量		20	25	20	30	20	30	35	25	30	20
计划接收量		10									
预计库存	16	6	11	11	11	11	11	6	11	11	11
净需求量			24	14	24	14	24	29	24	24	14
计划产出量			30	20	30	20	30	30	30	30	20
计划投入量											
可供销售量											

任务 3 主生产计划 MPS 在用友 ERP 系统中实现

主生产计划业务处理的过程，就是针对市场需求，产生相应的供应。具体业务主要包括 MPS 累计提前天数推算、MPS 计划参数维护和 MPS 计划生成。

一、MPS 累计提前天数推算与库存异常查询

业务：针对 MPS 计划，推算累计提前天数，并对库存异常情况进行查询。

提前期是指某一工作的工作时间周期，即从工作开始到工作结束的时间。在 ERP 系统中，累计提前天数是根据物料清单的结构层次，由系统自动逐层滚动累加而成的。包括生产准备提前天数、采购提前天数、铸造、加工、装配等提前天数的总和。如果物料清单的结构层次发生变化，应重新推算累计提前天数。

当库存中出现某物品的现存量为负值时，称为库存异常。库存异常会影响 MPS 展开结果的正确性，当查询到库存有异常情况，要找出原因，设法消除。

（一）推算累计提前天数的操作步骤：

1. 进入用友 ERP-U8 企业应用平台，业务生产制造主生产计划/计划前稽核作业/累计提前天数推算，弹出累计提前天数推算窗口，如下图所示。

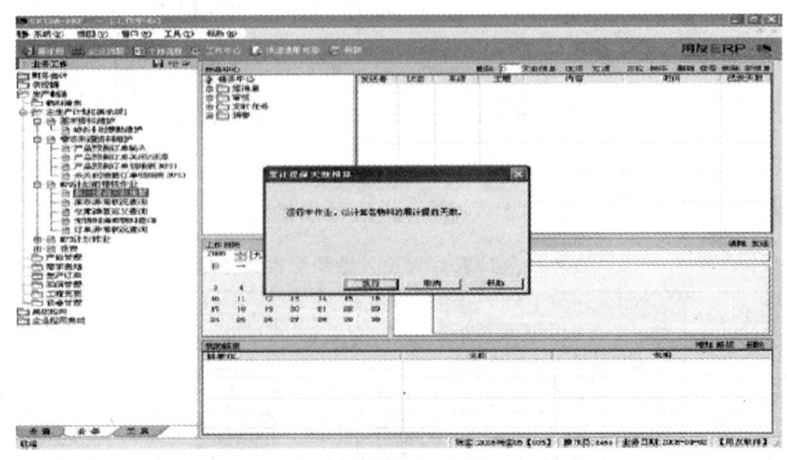

图 4-10 累计提前天数推算窗口

2. 单击“执行”，完成累计提前天数推算，弹出提示窗口，如下图所示。

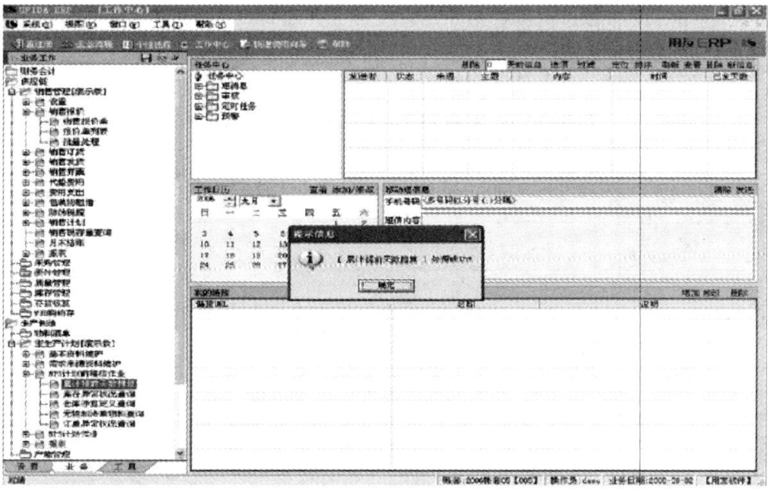

图 4-11　累计提前天数推算处理成功窗口

3. 单击“确定”，处理成功。

（二）库存异常查询的操作步骤：

1. 进入用友 ERP-U8 企业应用平台，业务生产制造主生产计划/计划前稽核作业/库存异常状况查询，弹出库存异常情况查询窗口，如下图所示。

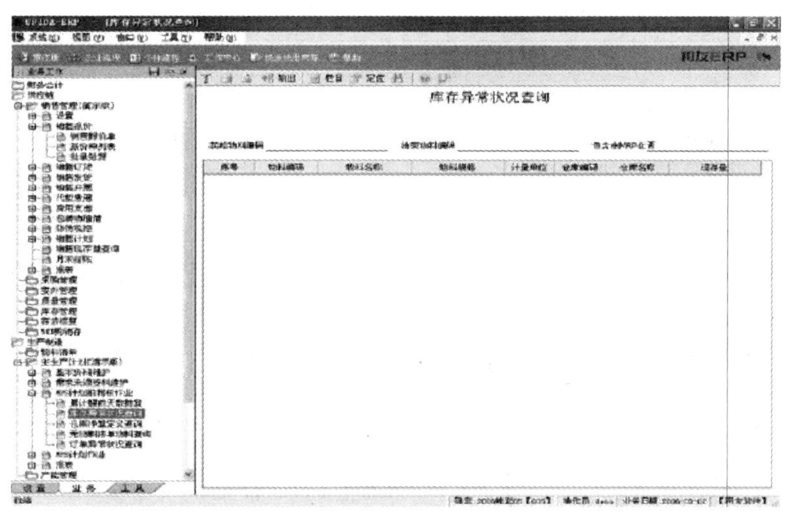

图 4-12　库存异常情况查询

2. 选择“起始物料编码”与“结束物料编码”，单击“查询”，显示查询结果。若有异常显示异常情况，否则不显示任何信息。

二、MPS 计划参数维护

业务：设置 MPS 计划参数。预测版本为 200609，时栅编号为 0001，内容如下图所示；时格编号为 0001，内容如下图所示，冻结日期为 2006 年 9 月 2 日，截止日期为 2006 年 10 月 2 日。

行　号	日　数	预测来源
1	10	客户销售订单
2	20	预测＋客户销售订单，反向(往前)抵消
3	40	预测＋客户销售订单，先反向(往前)再正向(往后)抵消

行　号	类　别	日　数	起始位置
1	周		星期一
2	周		星期一
3	月		
4	月		

图 4-13　时栅和时格数据示意图

MPS 计划参数维护就是要设定企业进行 MPS 计划所依据的条件。如预测版本号、时栅代号、时格代号、计划期间起始日期、冻结日期、截止日期。

预测版本号是用来说明 MPS 展开所用的产品需求预测资料的来源。在进行“产品预测资料输入”时，会套用此处设定的版本号。

时栅是决定预测和订单之间冲抵关系的时段划分。时栅分为三个时间段，每一个区段的天数可以由使用者自行决定。

时格是根据企业生产特性确定的时间单元。供查看物料可承诺量、MPS/MRP 供需资料、工作中心资源产能/负载资料等使用。

冻结日期是指主生产计划不允许变动、不允许插单的时间范围。

截止日期是指设定参与 MPS 计划的客户销售订单或者预测资料截止的日期。在截止日期之后的订单不作为规划对象。

操作步骤：

(一)进入用友 ERP-U8 企业应用平台，业务生产制造主生产计划/基本资料维护/MPS 计划参数维护。弹出 MPS 计划参数维护窗口。

(二)输入各项参数，预测版本为 200609，时栅编号为 0001，内容如下图所示；时格编号为 0001，冻结日期为 2006 年 9 月 2 日，截止日期为 2006 年 10 月 2 日，如下图所示：

(三)单击“确定”，即完成 MPS 计划参数的设置。

三、MPS 计划生成

业务：生成 MPS 的供需规划并查询 MPS 的供需资料内容。

完成 MPS 参数设定和有关的核查工作后，执行 MPS 生成，系统工具产销排程系统参数中设定的需求来源，从系统日期到截止日期为止自动产生对所有 MPS 件的净需求的供应计划。主要是最终产品、关键零部件、产能负荷占用较多的零部件等。

完成 MPS 运算后，可以查询 RCCP，了解资源是否能满足 MPS 的要求。若不能满足，则要修改 MPS 的时间和数量等资料。

(一)生成 MPS 的供需规划的操作步骤：

1. 进入用友 ERP-U8 企业应用平台，业务生产制造主生产计划/MPS 计划作业/MPS

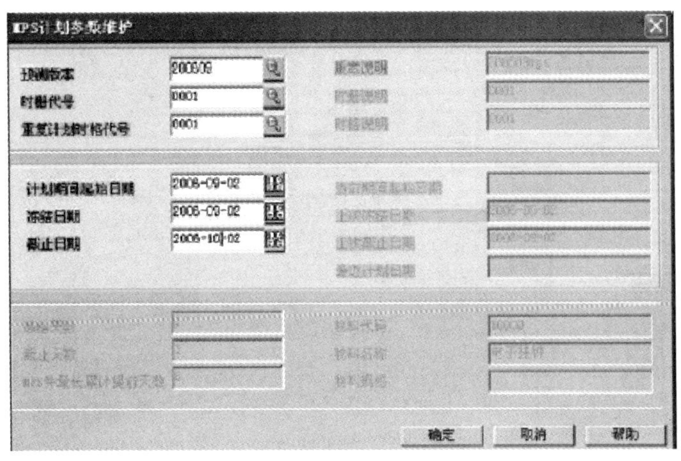

图 4-14　MPS 计划参数的设置窗口

计划生成，弹出 MPS 计划执行窗口，如下图所示。

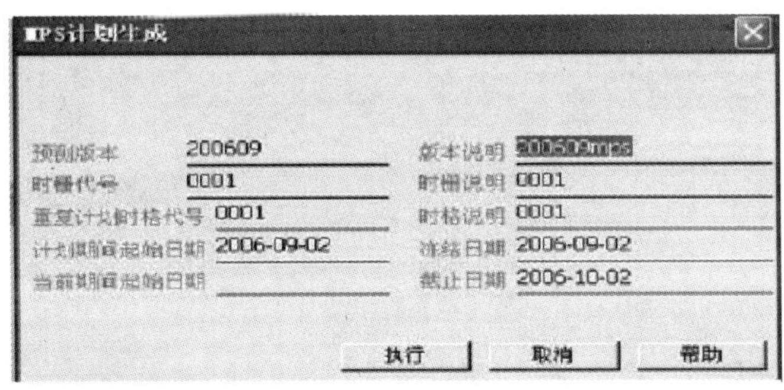

图 4-15　MPS 计划执行窗口

2. 单击“执行”，系统自动运算 MPS，完成后弹出提示“处理成功”的窗口。

3. 单击“确定”，即完成 MPS 的处理。

（二）查询 MPS 供需资料内容的操作步骤：

1. 进入用友 ERP-U8 企业应用平台，业务生产制造主生产计划/MPS 计划作业/供需资料查询—订单或物料，进入订单的供需资料查询窗口。

2. 选择查询 MPS 件，并选择起始和结束销售订单，查询方式为明细，单击“查询”，展示出所有销售订单的明细情况，如下图所示：

3. 在图 4-16 和图 4-17 中，双击每一个销售订单，可以弹出每一个订单的明细资料，如图所示：

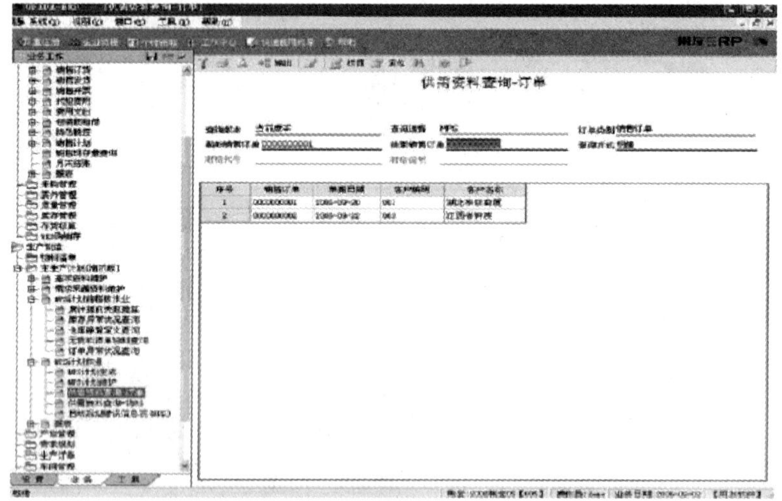

图 4-16　供需资料查询——订单窗口

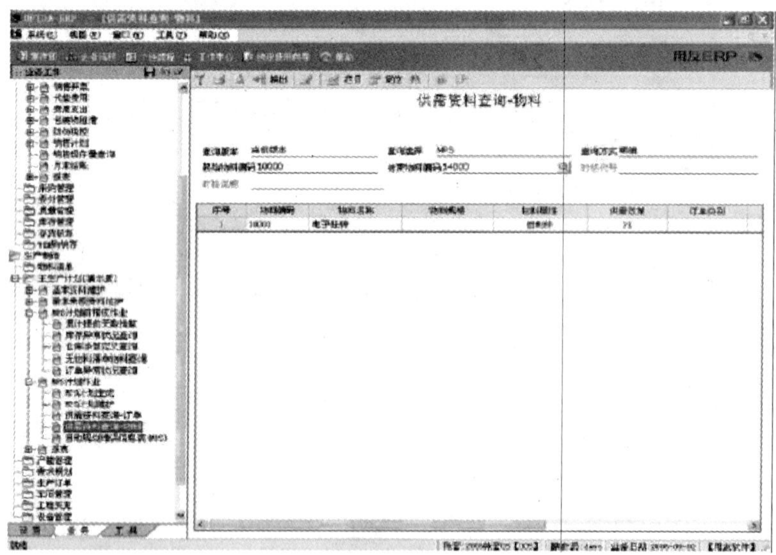

图 4-17　供需资料查询——物料窗口

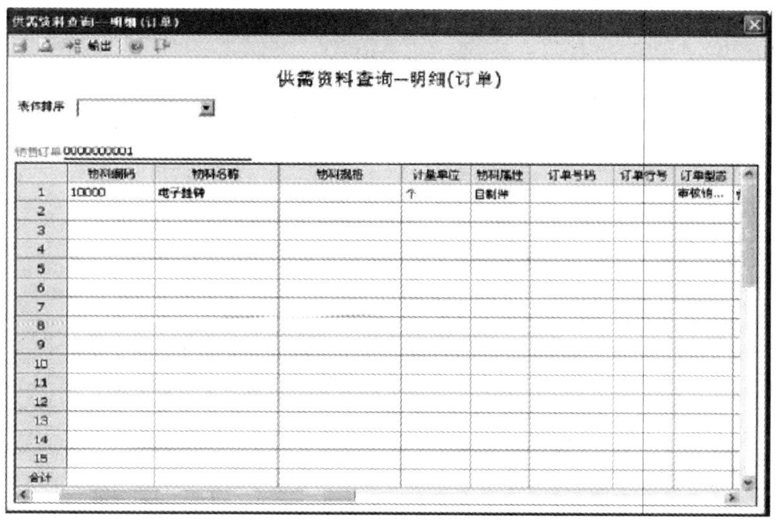

图 4-18 供需资料查询——订单明细窗口

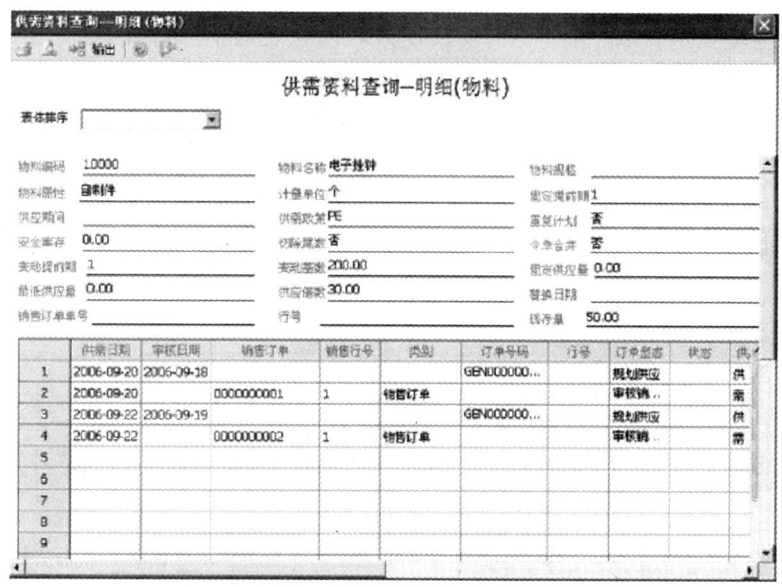

图 4-19 供需资料查询——物料明细窗口

单元三 物料需求计划(MRP)

教学目标

(一)总目标:理解物料需求计划(MRP)的内涵、特点、作用、编制要求和步骤,以及在生产计划体系中的地位。

(二)具体目标:

1. 能展开产品结构,建立 BOM;

2. 会确定物料消耗定额；
3. 会根据 BOM 表及物料消耗定额确定 MRP；
4. 能简单编制物料需求计划；
5. 能在 ERP 系统中操作物料需求计划模块。

理论精要

一、MRP 概述

MRP 是 20 世纪 60 年代发展起来的一种计划物料需求量和需求实践的系统。1965 年，美国奥列基博士提出了独立需求和相关需求的概念，在此基础上产生了 MRP，并不断得到应用和发展，从 MRP 到 MRP Ⅱ，发展到目前的 ERP 阶段。

本模块中，MRP 是指在产品生产中对构成产品的各种物料的需求量与需求实践所做的计划。其基本思想是围绕物料转化组织制造资源，实现按需、准时生产。在企业的生产计划管理体系中，它一般被排在 MPS 之后，属于实际作业层面上的计划。

MRP 在 ERP 系统中的处理过程：MPS 是把企业的宏观计划转变成了可操作的微观作业计划，描述企业生产什么、生产多少以及什么时段完成的生产计划，是把企业战略、企业生产计划大纲等宏观计划转化为生产作业和采购作业等微观作业计划的工具，是 MRP 的直接来源。根据主生产计划确定独立需求产品或备件、备品的需求数量和日期；依据 BOM 自动推导出构成独立需求物料的所有相关需求物料的需求，即毛需求；由毛需求以及现有库存量和计划接收量得到每种相关需求物料的净需求量；根据每种相关需求物料的各自提前期(采购或制造)推导出每种相关需求物料开始采购或制造的日期。

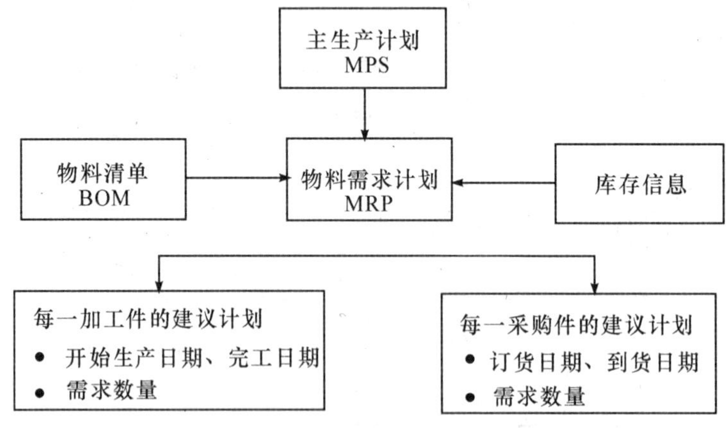

图 4-20　物料需求计划示意图

MRP 中的"物料"指的是构成产品的所有物品，包括部件、零件、外购件、标准件以及制造零件所用的毛坯与原材料等。这类物料的需求性质属于相关性需求，其特点是需求量与需求实践苛求且相对稳定；需求量符合批量准则且可按时段均匀划分；可以按时按量地保证供应。

二、建立 BOM

BOM 是描述产品结构的文件，是企业各主要业务部门都需要使用的基本而又重要的管理文件。要正确计算出物料需求的时间和数量，特别是相关需求物料的数量和时间，首先要使系统能够知道企业所制造的产品结构和所有要使用到的物料。产品结构列出构成成品或装配件的所有部件、组件、零件等的组成、装配关系和数量要求，它是 MRP 产品拆零的基础。图 4-21 就是一个简化了的自行车产品结构图，它大体反映了自行车的构成。

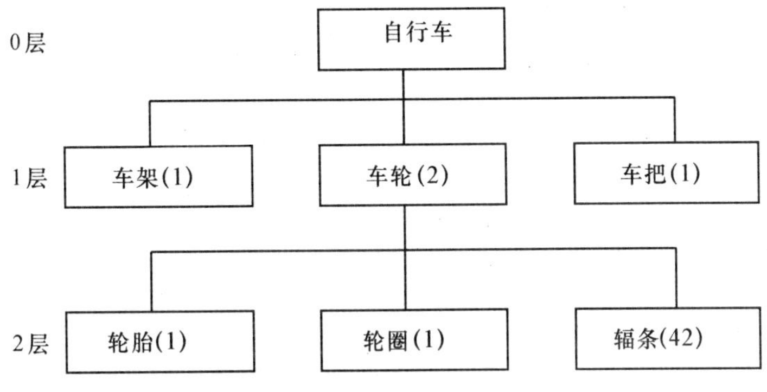

图 4-21 自行车产品结构图

当然，这并不是我们最终要的 BOM。为了便于计算机识别，必须把产品结构图转换为规范的数据格式，这种用规范的数据格式来描述产品结构的文件就是 BOM，它必须说明组件(部件)中各种物料需求的数量和相互之间的组成结构关系。表 4-16 所示的就是一个简单的与自行车产品结构相对应的 BOM。

表 4-16 自行车产品的物料清单

层次	物料号	物科名称	单位	数量	类型	成品率	ABC 码	生效日期	失效日期	提前期
0	GB950	自行车	辆	1	M	1.0	A	950101	971231	2
1	GB120	车架	件	1	M	1.0	A	950101	971231	3
1	CL120	车轮	个	2	M	1.0	A	000000	999999	2
2	LG300	轮圈	件	1	B	1.0	A	950101	971231	5
2	GB990	轮胎	套	1	B	1.0	B	000000	999999	7
2	GBA30	辐条	根	42	B	0.9	B	950101	971231	4
1	113000	车把	套	1	B	1.0	A	000000	999999	4

注：类型中“M”为自制件，“B”为外购件。

三 确定物料消耗定额

(一)物料消耗定额的含义

所谓物料消耗定额是指在一定的生产技术条件下，生产单位产品或完成单位工作量所合理消耗的数量标准。物料消耗定额是编制物料供应计划和计算物料需要量的依据，是科学组织物料供应的重要基础。

物料消耗定额可分为单项定额和综合定额两种。单项定额指制造单位零件的物料消耗定额，是加工前下料及核算各生产环节用料数量的依据，同时也可作为车间发放物料的标准。综合定额是指制造单位产品所消耗的全部物料定额，它是用来核算企业物料需求量，计算产品成本和考核企业物料消耗水平的依据。

(二)制定物料消耗定额的基本方法

1. 技术计算法。它是根据产品的设计结构、技术要求、工艺流程、合理的下料方案来制定消耗定额的方法。技术计算法制定定额比较准确，但计算工作量大，主要适用于图样、工艺资料完整且批量较大的产品。

2. 统计分析法。它是根据以往生产中物资消耗的统计资料，经过分析研究，并考虑计划期内生产技术组织条件的变化等因素，来确定物资消耗定额的方法。

3. 经验估计法。它是根据技术人员和生产工人的实际经验，结合有关技术文件和产品实物，考虑计划期内的生产技术组织条件变化等因素制定物资消耗定额的方法。

四 MRP 编制

(一)MRP 的基本原理

MRP 方法先用总进度计划列明最终产品需求量，再用组件、部件、原材料的物料清单抵消生产提前期，确定各时期需求。在此，我们经过剖析物料清单得出的数量是总需求，它尚未考虑持有库存量与在途订货量等因素。而厂商根据总进度计划生成的，必须予以实际满足的需求叫做净需求。决定净需求是 MRP 的核心。总需求减去存货持有量，再加上安全存货，就可得：

t 期间净需求＝t 期间总需求－t 期间计划存货＋安全存货

为简化起见，我们在计算中不考虑安全存货。在举例之前，先介绍几个术语：

1. 总需求——不考虑持有量，某细项或原材料在各时间期间的期望总需求。

2. 已在途的订货——各起初始在卖主或供应链上其他地点接受的公开订货(已订的原材料)。

3. 计划持有量——各期初始期望的存货持有量，即已在途的订货量加上期末存货。

4. 净需求——各期实际需要量。

5. 计划收到订货——各期初始显示出来的期望接收量。在配套批量订货条件下，它等于净需求。在进货批量订货条件下，它比净需求大，超过的部分被加到了下期存货中。

6. 计划发出订货——各期计划订货量。此数将产生装配链或生产链下一层次的总需求。

订货的时间选择与批量规模由计划发出订货所决定，接受特定货物的时间选择由计划收到订货所决定。

(二)MRP 的逻辑处理图

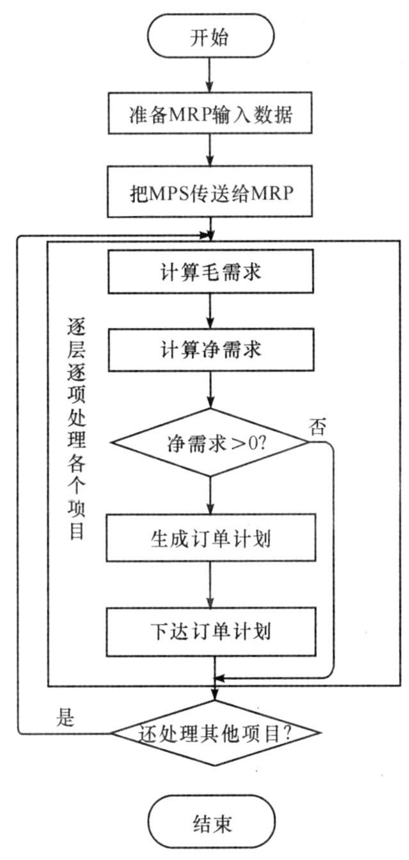

图 4-22　MRP 的逻辑处理图

1. 计算毛需求

项目毛需求＝项目独立需求＋父项的相关需求

父项的相关需求＝父项的计划订单数量×项目用量因子

2. 计算净需求

(1)计算各个时间段上的预计库存量：

预计库存量＝前期库存＋计划接收量－毛需求－已分配量

其中,在第一个时间段上的前期库存为库存文件中的现有库存量。

(2)确定净需求

如果在某个时间段上的预计库存量小于零,则产生净需求：

净需求＝预计库存的相反数＋安全库存

3. 确定订单下达日期和下达数量

(1)利用批量规则确定订单数量。

(2)考虑损耗因子和提前期下达订单计划(又称计划订单下达),即计划投入量和投入的时间。

计划产出量＝计划投入量×损耗系数

计划产出时间＝计划投入时间＋提前期

4. 利用计划订单数量计算同一周期内更低一层相关项目的毛需求，进入下一个循环。

(三)简单的MRP编制范例

假设生产木制百叶窗和书架的某厂商收到两份百叶窗订单：一份要100个，另一份要150个。在当前时间进度安排中，100单位的订单应于第四周开始时运送，150单位的订单则于第八周开始时运送。每个百叶窗包括4个木制板条部分和2个框架。木制部分是工厂自制的，制作过程耗时1周。框架需要订购，生产提前期是2周。组装百叶窗需要1周。第1周(即初始时)已在途的订货数量是70个木制部分。为使送货满足如下条件，求解计划发出订货的订货规模与订货时间：

——配套批量订货(即订货批量等于净需求)。

——订货批量为320单位框架与70单位木制部分的进货批量订货

解：1. 制作总进度计划

表4-17 总进度计划

周数	1	2	3	4	5	6	7	8
数量				100				150

2. 制作产品结构树

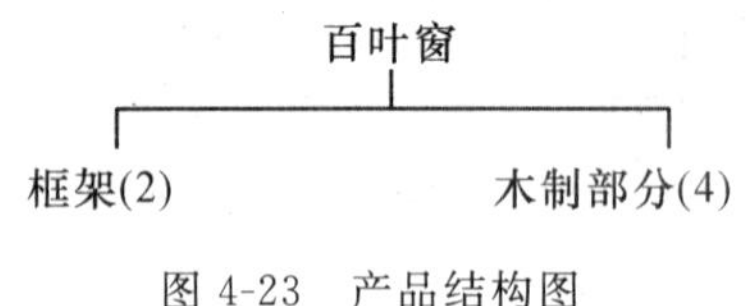

图4-23 产品结构图

3. 利用总进度计划，求解百叶窗总需求，然后计算净需求。假设在配套批量订货条件下，求解满足总进度计划的时间安排的计划收到订货与计划发出订货数量

总进度计划显示需要运送100个百叶窗，在第4周开始时没有计划持有量，因此净需求也是100个单位。于是，第4周的计划接收量(计划收到订货)等于100个百叶窗。由于装配百叶窗耗时1周，这就意味着计划发出订货在第3周开始。运用同样的逻辑，150个百叶窗必须在第7周组装，这样才能在第8周运送出去。

在第3周开始时100个百叶窗的计划发出订货，指的是那时必须得到200个框架(总需求)。因为没有预期持有量，净需求就是第三周开始时的200个框架，以及必备条件：200个框架的计划收到订货。生产提前期为2周意味着厂商必须在第1周开始时订购200个框架。同样的，第7周时150个百叶窗的计划发出订货产生第7周的总需求与净需求：300个框架以及当时的计划收到订货。2周的生产提前期表示厂商必须在第5周开始时订购框架。

第3周开始时100个百叶窗的计划发出订货同时生成400单位木制部分的总需求。然而由于计划持有量为70个木制部分，净需求即为400－70＝330。这意味着第3周开始时的计划接收量为330单位。制作过程历时1周，因此制作必须在第2周开始(计划发出订货)时进行。

同样的，第7周150个百叶窗的计划发出订货产生的总需求是600个木制部分。由于木制部分没有计划持有量，净需求也是600单位，计划收到订货是600单位。此外，1周的生产提前期意味着600个部分的制作安排在第6周开始时。

4. 在进货批量订货条件下，唯一不同点就是计划接收数量超过净需求的可能性。超过部分记为下一期计划存货。

已知框架的订货批量是320单位，木制部分的订货批量是70单位。第3周框架的净需求是200单位，因此超过量为320－200＝120单位，成为下一周的计划存货量。类似地，第7周框架净需求180单位比订货批量320少了140单位，又一次地，超过量变为第8周计划存货量。木制部分计算同理。注意，订货批量必须是批量规模的倍数。

工作任务

任务1　认识物料需求计划(MRP)

任务1a　阅读案例内容，回答思考题

宏宇汽车制造厂是一家装配轻型卡车的小型工厂，专门承接一些大的汽车公司不愿生产、消费者有特殊需求的变形汽车。这些变形汽车生产批量小，品种较多，适合宏宇生产。今年2月份，宏宇收到生产100辆某种型号轻型卡车的任务。生产科李科长要新来的科员小张安排生产和采购计划。

由于过去宏宇生产过这种车型，尚有余下的零部件，经小张查点，库房里还有该车型可以使用的零部件。其中有变速器两件，该变速器使用的齿轮箱组件15件，用于齿轮箱的最大齿轮7个和制造该齿轮的毛坯46件。小张看了看零件清单和图纸，发现一辆轻型卡车除了其他的零部件外，还包含变速器1件，每个变速器包括齿轮箱组件1件，每个齿轮箱中有最大齿轮1个，而制造这种齿轮需要(100－2)＝98件变速器，需要(100－15)＝85个齿轮箱组件，需要(100－7)＝93个大齿轮，需要(100－46)＝54件毛坯。当小张兴致勃勃地找到李科长，告诉他需要生产和采购的零部件数量时，李科长连连摇头，说："错了！错了！"小张顿时感到不解，难道我连这样简单的算术都不会了吗？

【思考与实践】

通过阅读案例，分析小张错在哪里？并说明物料清单(BOM)在物料需求计划(MRP)中的作用。

任务1b　阅读案例内容，回答思考题
椅艺公司物料需求规划

椅艺公司的生产部门位于本市南部的一个小社区内，由生产经理吴泛颍领导。因为椅艺不允许有成品库存，为了迎合顾客的需要，椅子的生产量因季节而异。

客户订单的处理

每份顾客的订单有一个指定的送货日。当公司收到订单后，就按顾客指定的日子安排当月的生产量。那些要求在指定月份送货的订单，大抵会在前一个月的15日之前收到(椅艺公司很少在三个星期内处理完订单)。当一个月的订货量达到生产极限时(这由当月的生产计划进度决定)，吴先生就得决定要么停止接收订单(booking)，要么提高生产量。每周都有一份经过修正的为期三个月的报告，记载顾客来单情况、现存订单情况和计划生产

能力。

椅艺公司运货方式包括铁路货车和公路卡车。为了便于安排货运，每月的生产安排根据运输计划，被细分为每周的生产安排(运输计划是用来说明哪个单位、在哪一周将哪一批货品运走的计划)。

物料需求规划

生产控制部有一个经理和三个职员。他们根据运输计划和标准部件结构清单(BOM)，决定需要哪些零件组装订单要求的椅子。根据每周的要求，针对每一种零件以它的标准批量(standard order quantity-SOQ)或SOQ的倍数发出物料需求指令。

吴先生知道框架零件的生产控制体系需要做一番修改。他认为有三个地方值得立刻关注：零件生产指令(parts ordering)、机器负荷(machine loading)和生产率确定(production rate setting)。

吴先生的烦恼是：某些零件库存积压，另一些零件却供不应求。每天总有工人报告1～3种零件无货。当这种情况发生时，生产控制记录却显示几百种零件已生产完毕，应该有存货。这是由于组装工人在某种零件短缺情急之下使用非标准零件以作替代(组装工人知道有时用一种零件代替另一种会加快组装速度。为赚得更多计件工资，某些组装工人经常使用非标准件)。有时也是因为过多浪费以至超过标准用量，那些零件的使用情况没有记录。送货工人按规定应该报告这部分额外的变动，而且只应送标准件给组装工人，但这些规定很少被执行。

如果框架车间短缺了某种零件，那么公司逾期交货和有额外运费发生的可能性就会大大增加。尽管车间可以发出加快指令，但这需要主任和助手的合作。

生产控制系统电脑化

假定你为某咨询公司工作。吴先生决定雇佣贵公司为椅艺进行生产控制系统电脑化的可行性研究，并推荐适当的改善措施。椅艺公司的弹簧垫椅产品系列给公司带来的利润最高，且产品的结构比较简单，所以被选为研究的试点。因为利润高，如果存在缺货或销售部门对顾客招待不周，将会严重地影响公司的盈利。

以下是生产控制部提供的有关弹簧垫椅产品系列的资料。椅艺生产的两种弹簧垫椅由三个主要部件组成：框架、装潢物和椅罩。每个主要部件是由几个小零件组合而成的。表4-19，表4-20为成品的部件结构清单，表4-21为各种材料的存货状态和批量准则。

表4-18 弹簧垫椅的运输计划

周	1	2	3	4	5	6	7	8	9	10	11	12	13
豪华型		350	250	400	150	350	300	400	140	350	300	350	150
超级型		150	150	150	75	150	160	100	100	160	150	120	75

表 4-19 豪华型弹簧垫椅的部件结构清单

编 号	等 级	项目叙述	父母代	单位需求	前置时间(周)
001	0	成品 DELUXE			1
004	1	框架 FRM-DLX	001	1	2
005	1	装潢物 UPHLSTRY	001	1	1
006	1	椅罩 CVR-DLX	001	1	1
017	1	五金组件 HRDWRE	001	12	2
007	2	配件 FRM-A1	004	4	1
008	2	配件 FRM-B1	004	2	1
009	2	配件 FRM-C1	004	1	1
010	2	配件 FRM-D1	004	1	1
011	2	配件 FRM-E1	004	4	1
012	2	配件 FRM-F2	005	4	1
013	2	配件 FRM-G2	005	1	1
014	2	配件 FRM-H2	005	1	1

表 4-20 超级型弹簧垫椅的部件结构清单

编 号	等 级	项目叙述	父母代	单位需求	前置时间(周)
002	0	成品 SUPER			1
003	1	框架 FRM-SPR	002	1	2
005	1	装潢物 UPHLSTRY	002	1	1
015	1	振动器组件 VBRTR	002	1	2
016	1	椅罩 CVR-SPR	002	1	1
017	1	五金组件 HRDWRE	002	12	2
007	2	配件 FRM-A1	003	4	1
009	2	配件 FRM-C1	003	1	1
011	2	配件 FRM-E1	003	4	1
018	2	配件 FRM-J1	003	2	1
019	2	配件 FRM-K1	003	2	1
012	2	配件 UPH-F2	005	4	1
013	2	配件 UPH-G2	005	1	1
014	2	配件 UPH-H2	005	1	1
020	2	配件 VBR-O2	015	1	1
021	2	配件 VBR-P2	015	1	1
022	F2	配件 VBR-Q2	015	1	1

表 4-21 存货状况

材 料	等 级	SOQ *	现有存货	前期拖欠	计划收货	收货时间
DELUXE	1	LFL	0	0	350	第 1 周
SUPER	2	LFL	0	0	550	第 1 周
FRM-SPR	3	LFL	0	0	0	
FRM-DLX	4	LFL	400	0	400	第 1 周
UPHLSTRY	5	500	500	0	0	
CVR-DLX	6	500	350	0	0	
FRM-A1	7	LFL	2000	0	0	
FRM-B1	8	LFL	700	0	0	
FRM-C1	9	LFL	400	0	0	
FRM-D1	10	LFL	600	0	0	
FRM-E1	11	LFL	1800	0	0	
UPH-F2	12	500	1800	0	0	
UPH-G2	13	500	450	0	0	
UPH-H2	14	500	450	0	0	
VBRTR	15	LFL	0	0	150	第 4 周
CVR-SPR	16	500	0	0	0	
HRDWRE	17	2500	4000	0	4000	第 2 周
FRM-J1	18	LFL	250	0	0	
FRM-K1	19	LFL	250	0	0	
VBR-O2	20	250	150	0	0	
VBR-P2	21	250	250	0	0	
VBR-Q2	22	500	1000	0	0	

* SOQ：Standard Order Quantity

【思考与实践】

请你运用所学到的 MRP 知识对本案例提供的信息进行分析，为椅艺公司的生产控制系统电脑化试点研究提供参考方案。

任务 2 编制物料需求计划 MRP

一、求毛需求及发出订货计划

已知 MPS 为在第 8 个计划周期时产出 100 件 A 产品，其中 A 产品的 BOM 见下图。

解答：

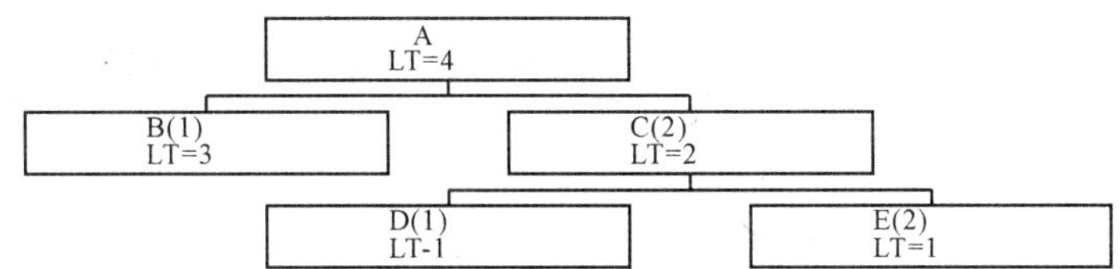

图 4-24 A 产品的 BOM

表 4-22 毛需求及发出订货计划

提前期		计划期段	1	2	3	4	5	6	7	8
4	A	毛需求								100
		发出订货计划				100				
3	B	毛需求				100				
		发出订货计划	100							
2	C	毛需求				200				
		发出订货计划	200							
1	D	毛需求		200						
		发出订货计划	200							
1	E	毛需求		400						
		发出订货计划	400							

注意：上一层物料"发出订货计划"的时间即为下一层物料的"毛需求"时间

二、物料需求的计算(当独立需求与相关需求同时存在时)

已知：物料 A 既是产品 X 的组件又是产品 Y 的组件，BOM 见下图。所以，A 的需求为相关需求；此外，A 作为配件又有独立需求。因此，物料 A 的总的毛需求应为其独立需求和相关需求之和。

解答：

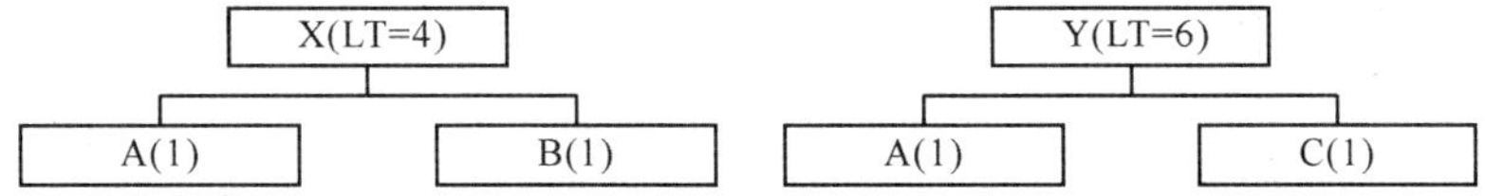

图 4-25 产品 X、Y 的 BOM 图(物料 X 的需求关系)

表 4-23 物料 A 的毛需求计算表

周	1	2	3	4	5	6	7	8	9	10	11	12	13
X(1t=4)						25		30			15		
Y(LT=6)									40		15		30
相关需求 X－A		25		30			15						
相关需求 Y－A			40		15		30						

续表

周	1	2	3	4	5	6	7	8	9	10	11	12	13
独立需求 A	15	15											
A 的毛需求	15	40	40	30	15		45						

三、物料净需求的计算(当同一零件分布在同一产品的不同层次上时,即低位码的应用)

已知 MPS 为在第 8 个计划周期时产出 100 件 A 产品,各物料的计划接收量和已分配量均为零,求物料 B 的净需求。其中 A 产品的 BOM 见下图。

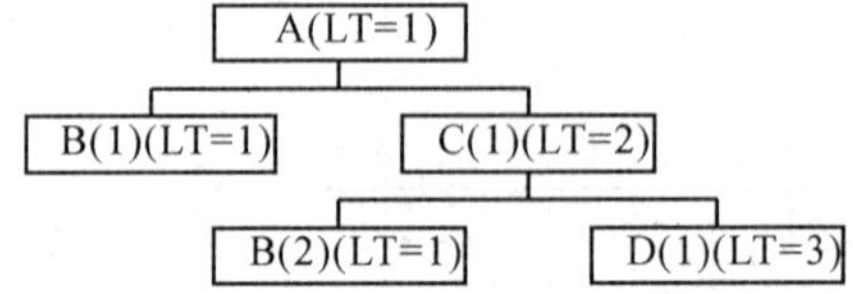

图 4-26 A 产品 BOM 图

表 4-24 用低位码计算物料 B 的净需求表

提前期	物料名	现库存	需求	1	2	3	4	5	6	7	8
1	A	50	毛需求								100
			净需求								50
3	C	60	毛需求						100		
			净需求						40		
2	D	50	毛需求			100					
			净需求			30					
用低位码运算	B	120	毛需求					200		100	
			净需求					80		100	

注意:(1)低位码的定义;(2)如不按低位码运算,则结果是:第 7 周的净需求为 0,第 5 周的净需求为 180

四、MRP 的编制简例

已知:某产品的毛需求和到货计划见下表 4-25,该产品的已分配量为零,提前期为 2 周,现分别采用按需订货法和固定批量法编制 MRP(见表 4-25)。

表 4-25　MRP 的编制简例

1. 某产品的毛需求与计划收到量表

计划周期		1	2	3	4	5	6	7	8
毛需求		5	10	18	0	10	6	0	14
计划收到量			20						
现有库存	20								
净需求									
发出订货计划									

2. 采用按需订货法计算订货量表

计划周期		1	2	3	4	5	6	7	8
毛需求		5	10	18	0	10	6	0	14
计划收到量			20						
现有库存	20	15	25	7	7	0	0	0	0
净需求						3	6		14
发出订货计划				3	6		14		

3. 采用固定批量法计算订货量表

计划周期		1	2	3	4	5	6	7	8
毛需求		5	10	18	0	10	6	0	14
计划收到量			20						
现有库存	20	15	25	7	7	12	6	6	7
净需求						3			
发出订货计划				15			15		

五、MRP 计划的一般编制

已知产品 A 的 BOM 和 MRP 的四个输入见下图 4-27，请编制项目 B、C 的物料需求计划（或为项目 B、C 编制 MRP）。

任务 3　物料需求计划 MRP 在用友 ERP 系统的实现

MPS 是计算出要生产、采购的全部自制件、委外件和采购件的需求量，并按照各个产品的交货时间顺序，计算出全部自制件、委外件和外购件的需求时间，自动生成建议性的规划文件。具体内容包括：建立产品物料清单（BOM）、MRP 累计提前天数推算、MRP 库存异常状况查询、MRP 计划参数维护、MRP 计划生成。

一、建立 BOM

建立 BOM 包括生成一个物料清单、物料清单逻辑查验和低阶码推算。

业务：建立江苏电子挂钟公司的产品电子挂钟的物料清单，如表 4-26 所示。

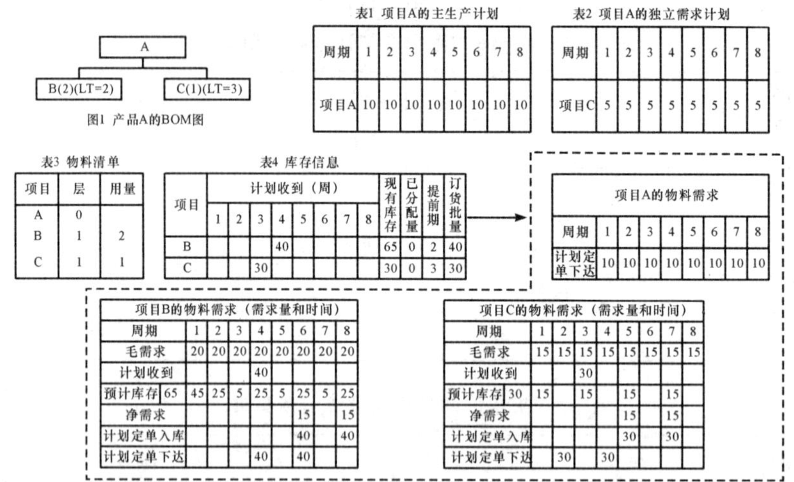

图 4-27 MRP 计划的一般编制

表 4-26 电子挂钟的物料清单

子件阶别	母件编号	母件名称	子件编号	子件名称	子件计量单位	基本用量分子	基本用量分母	使用数量	子件易性
+	10000	电子挂钟	11000	机艺	个	1	1	1	采购
+	1000	电子挂钟	12000	钟盘	个	1	1	1	自制
+	1000	电子挂钟	14000	电池	个	2	1	2	采购
+	10000	电子挂钟	3000	钟框	个	1	1	1	委外
++	12000	钟盘	12100	长针	根	1	1	1	自制
++	12000	钟盘	12200	短针	根	1	1	1	自制
++	12000	钟盘	12300	秒针	根	1	1	1	自制
++	12000	钟盘	12400	盘面	个	1	1	1	自制
+++	12100	长针	12010	铝材	千克	0.02	1	0.02	采购
+++	12200	短针	12010	铝材	千克	0.01	1	0.01	采购
+++	12300	秒针	12010	铝材	千克	0.0	1	0.0	采购
+++	12400	盘面	2420	字模	个	4	1	4	自制
++++	12410	盘体	12411	塑料	千克	0.5	1	0.5	采购
++++	12420	字模	12421	薄膜	米	0.05	1	0.05	采购
++	13000	钟框	12411	塑料	千克	0.5	1	0.5	采购

母件编码：可参照存货主档输入（而且必须输入），输入母件编码后可自动带出该母件名称、规格型号及主计量单位。输入的母件物料其属性应为非采购件；如果该“母件＋结构自由项”已引用公用清单，则不可输入；该“母件＋结构自由项”在建立主要清单前，不可建立替代物料清单。

子件编码：参照存货主档输入（而且必须输入），输入子件编码后可自动带出该子件名称、规格型号及主计量单位。主要清单中“子件”不可与“母件”相同，替代清单中“子件”可与“母件”相同；相同工序号中，“子件编码＋结构自由项”可重复，但其生效/失效日期不能重叠。

基本用量(分子)：每基本用量(分母)所对应的子件需求数量。例如，在某一母件下该子件的基本用量为 1/27，则可以基本用量(分子)为 1 而基本用量(分母)为 27 米表达，系统默认值为 1，可改(必须输入)。

使用数量：是指考虑母件和子件耗损率后子件所需数量。当子件“固定/变动”设为“变动”时，等于“基本用量(分子)/基本用量(分母)/(1－母件耗损率)×(1＋子件耗损率)”；当子件“固定/变动”设为“固定”时，等于“基本用量(分子)/基本用量(分母)/(1－子件耗损率)”。

队码：是指在物料清单结构中按照由上而下为各层赋予的阶层代码，一般最上层为 0，向下依次递增。

低阶码：是记录物料层次的一个代码，如果某物料在不同的物料清单中所处的层次不一样，则取其中最大的层次为其低阶码。

低阶码推算：是电脑自动推算所有的料品在不同的 BOM 中最低的那个阶码。

物料清单逻辑结构查验：是指检查物料清单中是否存在料品成为本身子件的逻辑错误，在进行查验时，可针对某一料品结构进行查验，也可以进行全结构的查验。

(一)生成 BOM 的操作步骤

1. 进入用友 ERP-U8 企业应用平台，业务生产制造物料清单/物料清单维护。

2. 单击“增加”按钮，生成一个新的物料清单，如下图所示。

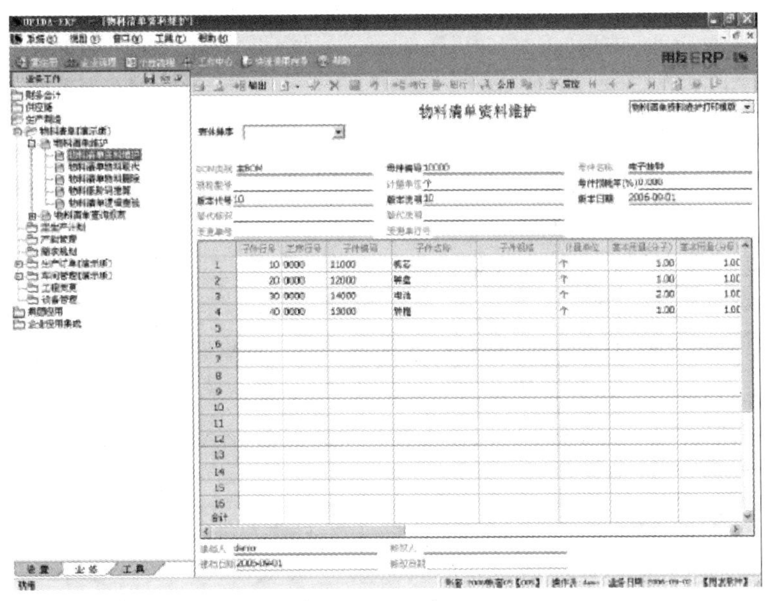

图 4-28　物料清单资料维护

3. 输入相关信息，按“保存”按钮。

(二)物料清单逻辑查验的操作步骤

1. 进入用友 ERP-U8 企业应用平台，业务生产制造物料清单/物料清单逻辑查验，如图所示。

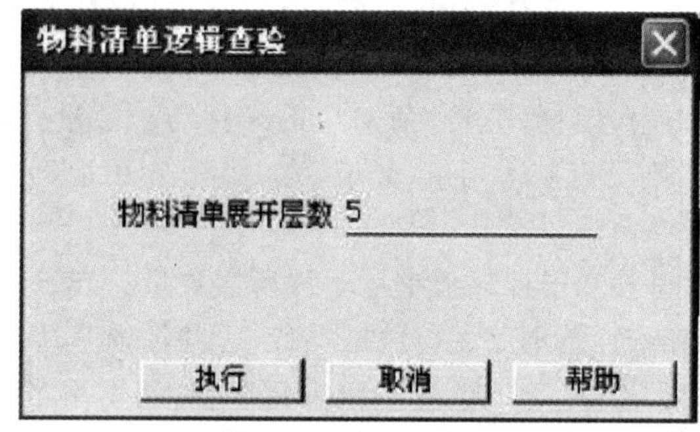

图 4-29 物料清单逻辑查验窗口

2. 单击“执行”按钮，显示查验结果。

(三)低阶码推算

1. 进入用友 ERP-U8 企业应用平台，业务生产制造物料清单/低阶码推算，如图所示。

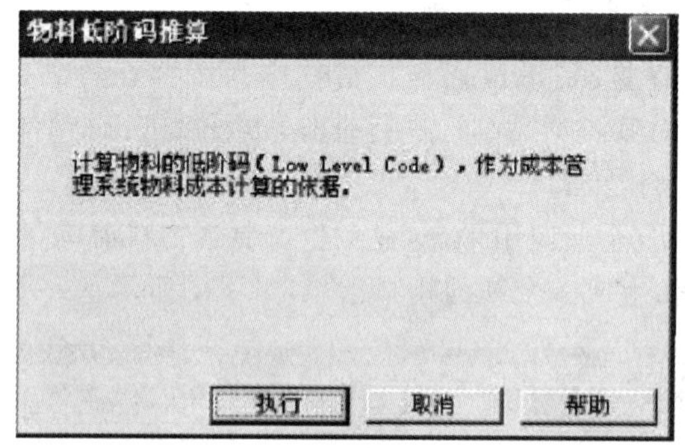

图 4-30 物料低阶码推算窗口

2. 单击“执行”按钮，完成操作。

二、MRP 累计提前天数推算

业务：针对 MRP 计划，推算料品累计提前天数。

操作步骤：

(一)进入用友 ERP-U8 企业应用平台，业务生产制造需求规划/MRP 计划前稽核作业/累计提前天数推算，弹出累计提前天数推算出口，如图所示。

(二)单击“执行”按钮，完成累计提前天数推算，弹出提示窗口，如图所示，

(三)单击“确定”，处理成功。

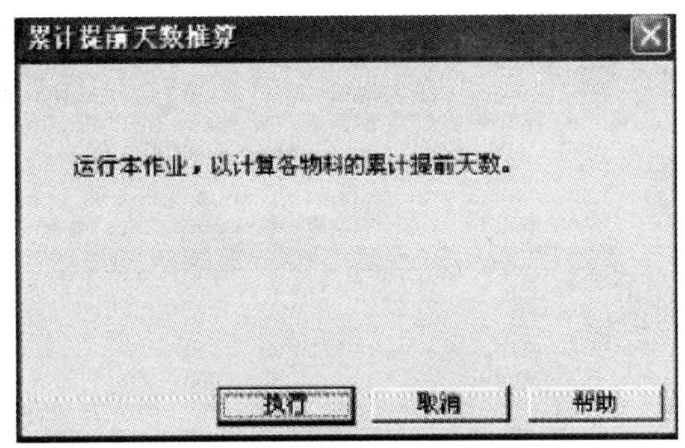

图 4-31　累计提前天数推算窗口

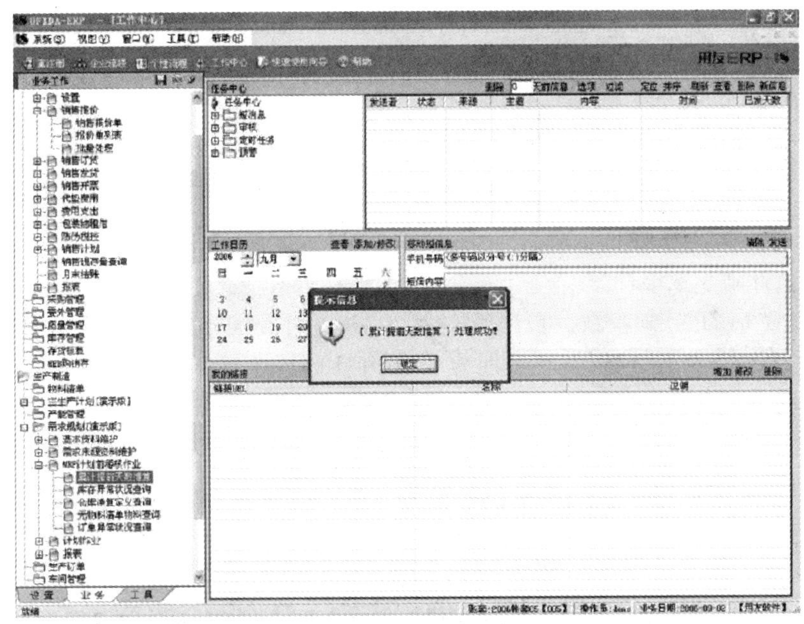

图 4-32　累计提前天数推算处理成功窗口

三、MRP 库存异常状况查询

业务：进行 MRP 库存异常状况查询

操作步骤：

（一）进入用友 ERP-U8 企业应用平台，业务生产制造需求规划/MRP 计划前稽核作业/库存异常状况查询，弹出库存异常状况查询窗口，如下图所示。

（二）选择“起始物料编码”与“结束物料编码”，单击“查询”，显示查询结果。若有异常显示异常情况，否则不显示任何信息。

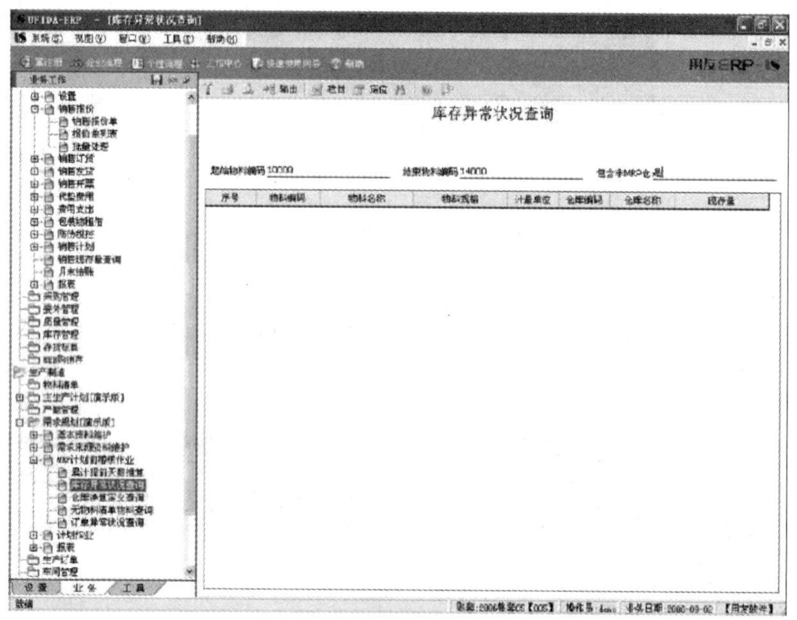

图 4-33　库存异常状况查询窗口

四、MRP 计划参数维护

业务：设置 MRP 计划参数。预测版本为 200609，时栅编号为 0001，时格编号为 0001，冻结日期为 2006 年 9 月 2 日，截止日期为 2006 年 10 月 31 日。

操作步骤：

(一)进入用友 ERP-U8 企业应用平台，业务生产制造需求规划/基本资料维护/MRP 计划参数维护。弹出 MRP 计划参数维护窗口。

(二)输入各项参数，预测版本为 200609，时栅编号为 0001，时格编号为 0001，冻结日期为 2006 年 9 月 2 日，截止日期为 2006 年 10 月 31 日，如图所示。

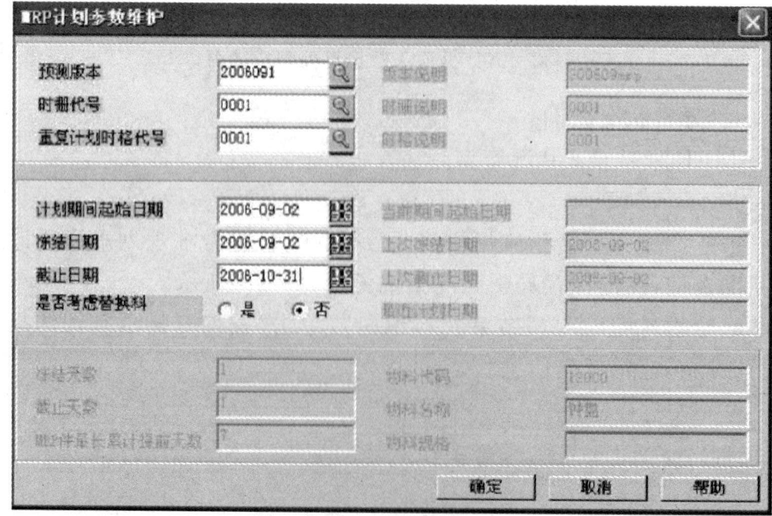

图 4-34　MRP 计划参数维护

3. 单击“确定”，即完成 MRP 计划参数的设置。

五、MRP 计划生成

业务：生成 MRP 的供需规划并查询 MRP 的供需资料内容。

（一）生成 MRP 的供需规划

其操作步骤：

1. 进入用友 ERP-U8 企业应用平台，业务生产制造需求规划/MRP 计划作业/MRP 计划生成，弹出 MRP 计划执行窗口，如下图所示。

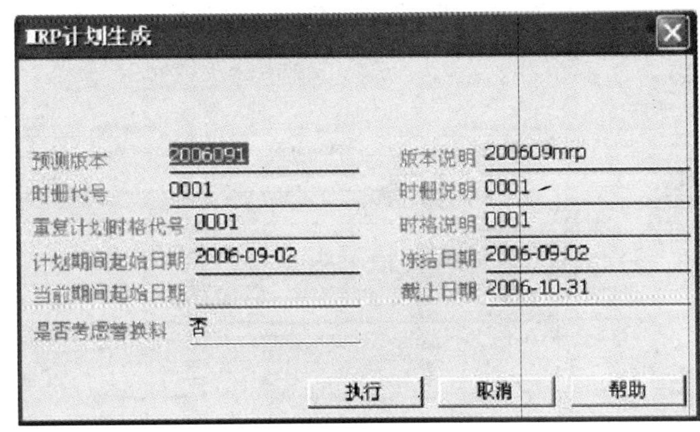

图 4-35　MRP 计划生成

2. 单击“执行”按钮，系统自动运算 MRP，完成后弹出提示“处理成功”的窗口，如图所示。

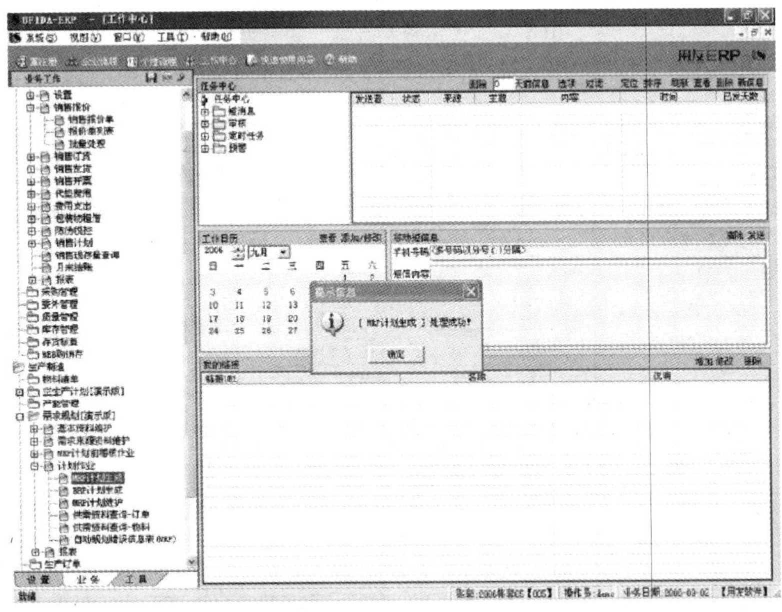

图 4-36　MRP 计划生成处理成功

3. 单击“确定”按钮，即完成 MRP 的处理。

（二）查询 MRP 的供需资料内容

其操作步骤如下：

1. 进入用友 ERP-U8 企业应用平台，业务生产制造需求规划/MRP 计划作业/供需资料查询——物料或订单，进入订单的供需资料查询窗口。

2. 选择查询 MRP 件，并选择起始和结束销售订单，查询方式为明细，单击“查询”按钮，展示出所有销售订单的明细情况，如下图所示。

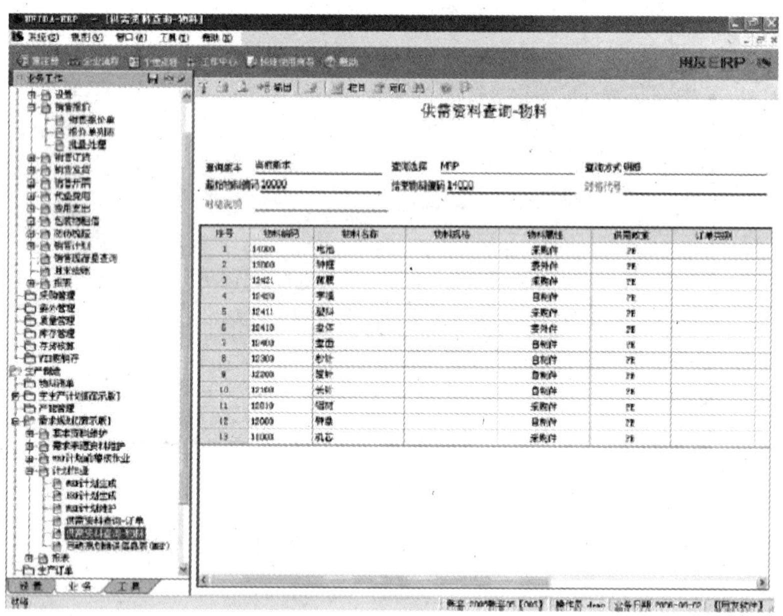

图 4-37 供需资料查询—物料窗口

3. 在图 4-37 中，双击每一个销售订单，可以弹出每一个订单的明细资料，如下图所示。

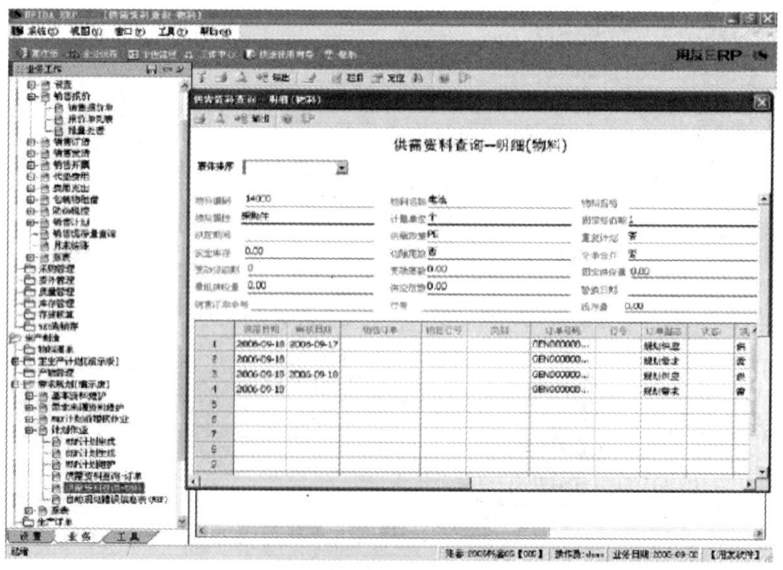

图 4-38 供需资料查询—物料明细窗口

单元四 能力需求计划(CRP)

教学目标

(一)总目标:理解能力需求计划的内涵、分类、编制要求和步骤;理解生产能力的确定

(二)具体目标:

1. 会进行企业生产能力的核定;
2. 能编制简单的粗能力计划和能力需求计划;
3. 会通过 ERP 软件系统开展企业产能管理。

理论精要

一、CRP 的概述

(一)CRP 的概念

CRP(能力需求计划)是确定为完成生产任务具体需要多少劳动力和机器资源,是企业分析 MRP 后产生的切实可行的能力执行计划。广义的能力需求计划分为粗能力需求计划(RCP,又称为产能负荷分析)和细能力需求计划(CRP,又称能力计划)。

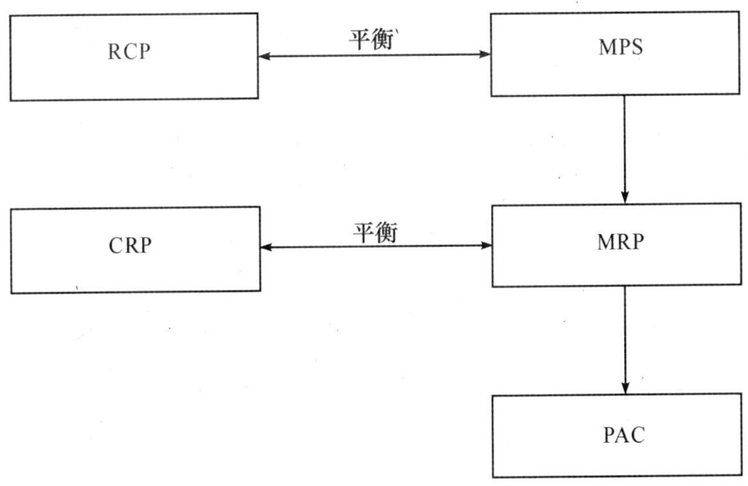

注:PAC 代表车间作业管理(production Activity Control, PAC)

图 4-39 能力需求计划在 ERP 中的层次

(二)CRP 的分类

能力需求计划按编制方法可分为无限能力计划和有限能力计划两种方式。

1. 无限能力计划(Infinite Capacity Planning)

在物料需求计划时不考虑生产能力的限制,而对各个工作中心的能力与负荷进行计算,得出工作中心的负荷情况,产生能力报告。

这里所说的无限能力只是暂时不考虑能力的约束,尽量去平衡与调度能力,发挥最大能力,或进行能力扩充,目的是为了满足市场的需求。

现行的大多数 ERP 系统均采用这种方式，这也体现了企业以市场为中心的战略思想。

2. 有限能力计划(Finite Capacity Planning)

指工作中心的能力是不变的或有限的，计划的安排按照优先级进行。先把能力分配给优先级高的物料，当工作中心负荷已满时，优先级别低的物料被推迟加工，即订单被推迟。

该方法计算出的计划可以不进行负荷与能力平衡。这里的优先级是指物品加工的紧迫程度，优先级数字越小说明优先级越高，不同的软件有不同的设置方法。

RCP 是根据产品需求计算关键资源所需投入的时间，观察关键资源的能力提供是否能满足实际生产的需要。负荷计算对象是独立需求。

CRP 是计算所有生产任务在各个相关工作中心加工所需的能力，并将所需能力与实际可供能力进行对比，以便企业确定能力供应是否满足生产需求。若不能满足，则需要调整生产任务或生产时间，直至能力供应能满足所有的生产任务需要。

3. 能力需求计划(CRP)与粗能力需求计划(RCP)的区别

能力需求计划(CRP)与粗能力需求计划(RCP)的功能相似，都是为了平衡工作中心的能力与负荷，从而保证计划可行性与可靠性。但能力需求计划与粗能力需求计划又有区别，这些区别可由下表描述。

表 4-27 RCP 与 CRP 的区别

对比项目	区　别	
	粗能力计划(RCP)	能力需求计划(CRP)
计划阶段	MPS 编制阶段	MRP 编制阶段中
可用能力对象	MPS 物料涉及的关键工作中心	MRP 物料涉及的所有工作中心
需用能力对象	最终产品和独立需求物料	MRP 物料涉及的所有工作中心
提前期	计划周期的单位一般为月、周	精确到天，甚至小时
批量	因需定量	批量规则
订单类型	计划及被确认订单	全部订单(含已下达订单)
现有库存量	不考虑	考虑
工作日历	企业通用日历	工作中心日历

(三)CRP 处理过程

在编制 MPS 时，一般要在总体上进行能力平衡核算，即能力计划工作。但是，多品种小批量生产企业生产的产品品种、数量各月不相同，生产能力需求经常变化，当总负荷核算平衡时，每个生产周期、每个工作中心可能不平衡，所以还要按较短的时间期、更小的能力范围(如工作中心)进行详细负荷核算与能力平衡。CRP 处理过程如下：

1. 编制工序进度计划。用倒序排法或工序编排法，利用订单下达日期(开工期)、计划订单入库日期(完成日期)及数量，对工序进度进行编制。

2. 编制负荷图。当所有订单都编制了工序计划后，以工作中心为单位进行负荷计算。

3. 负荷与能力调平。如果能力与负荷不平衡，要进行原因分析。可能的原因是 MRP 计划不全面，能力数据不准确，提前期数据不准确，根据原因进行纠正。

(四)CRP 的依据

1. 工作中心。主要指人力资源及设备资源,它是各种生产或加工能力单元和成本计算单元的统称。对工作中心,都统一用工时来量化其能力的大小。

2. 工作日历。是用于编制计划的特殊形式的日历,它是由普通日历除去每周双休日、假日、停工和其他不生产的日子,并将日期表示为顺序形式而形成的。

3. 工艺路线。是一种反映制造某项物料加工方法及加工次序的文件,说明加工和装配的工序顺序,每道工序使用的工作中心,各项时间定额,外协工序的时间和费用等。

4. 由 MRP 输出的零部件作业计划。

(五)CRP 的计算逻辑

CRP 的运算过程就是把 MRP 订单换算成能力需求数量,生产能力需求报表,这个过程可用图来表示。

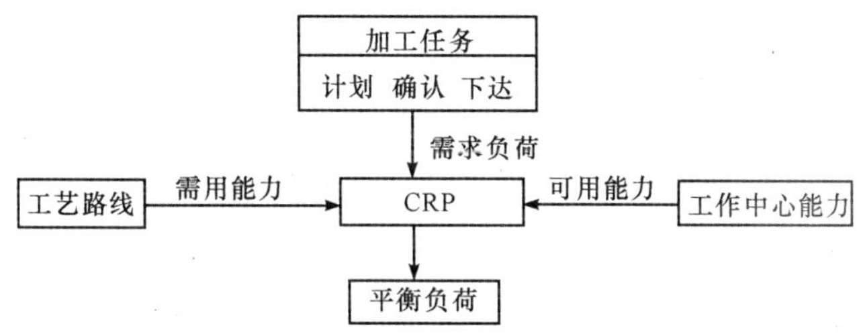

图 4-40 CRP 的计算逻辑图

当然,在计划时段中也有可能出现能力需求超负荷或低负荷的情况。闭环 MRP 能力计划通常是通过报表的形式(直方图是常用工具)向计划人员报告,但是并不进行能力负荷的自动平衡,这个工作由计划人员人工完成。

二、企业生产能力概述

(一)企业生产能力的概念

企业生产能力是指一定时期内(通常为一年)企业的全部生产性固定资产,在一定的技术组织条件下,所能生产一定种类和一定产量的产品的最大数量。能力与产量是不同的两个概念:产量是某一时间段内的实际产出,而能力是正常操作时间内的最大产出率。一般把企业的生产能力分为设计能力、查定能力和计划能力。

设计能力是指企业基本建设设计任务书的技术文件中所规定的生产能力,是新建、改建或扩建后的企业应达到的最大年产量。而企业建成投产后,由于种种条件的限制,一般要经过相当长一段时间后才能达到设计能力。

查定能力是指企业生产了一段时期以后,重新调查核定的生产能力。在没有设计能力或虽有设计能力,但由于企业的产品方案、协作关系和技术组织发生了很大变化,原有设计不能反映实际情况,而由企业重新调查核定的生产能力。

计划能力(现有能力,或有效生产能力)是指企业在计划年度内依据现有的生产技术条件,实际达到的生产能力。

(二)影响生产能力的因素

影响生产能力的因素很多,而最基本的影响因素有三种:固定资产的数量、固定资产的工作时间和固定资产的生产效率。

1. 固定资产的数量是指全部能够用于工业生产的机器设备、厂房及其他生产性建筑物面积。机器设备包括正在运转、正在修理、正在安装或等待修理的机器设备，以及因生产任务不足或某些非正常原因而暂时停用的机器设备。对于损坏严重，已判定不能修复决定报废的设备，以及留作备用、封存待调的机器设备，则不应计算在内。

2. 固定资产的工作时间是指机器设备的全部有效工作时间和生产面积的全部利用时间。可以分为制度工作时间和有效工作时间。前者是在规定的工作制度下，固定资产可利用的时间，一般为全年日历数目扣除 104 个周末和 11 个节假日的差（一般为 250 天）与每天工作班次、每班工作小时数的连乘积。后者是在制度工作时间中扣除了设备停歇时间。机器设备有效工作时间为日历时间减去计划修理时间。而生产面积的利用时间，按制度工作时间计算，一般没有停修时间。

3. 固定资产的生产效率包括机器设备生产效率即设备能力和生产面积的生产效率。前者用单位机器设备的产量定额或单位产品的台时定额表示；后者是指单位产品占用生产面积的大小以及时间的长短。

上述三个影响因素相乘的乘积就是企业固定资产的生产能力。在核定生产能力时，必须正确确定固定资产生产效率的定额水平，使之先进合理，才能使生产能力保持在先进水平上。

（三）生产能力的计量单位

1. 具体产品。在产品品种单一的大量生产企业中，企业的生产能力可以用该具体产品的产量表示。

2. 代表产品。在多品种生产的企业中，可从构成相似的产品中选出代表产品，以生产代表产品的时间定额和产量定额作为固定资产的生产效率定额来计算生产能力。

3. 假定产品。在产品品种数较多，各种产品结构、工艺和劳动量构成差别较大的情况下，可选择用假定产品作为计量单位。

三、生产能力的核定

（一）单台设备及流水线生产能力的计算

1. 单台设备生产能力的计算。

流水线的生产能力取决于每道工序设备的生产能力，因此，生产能力的计算从单台设备开始。单台设备生产能力的计算公式为：

$M_{单}$ = 计划期有效工作时间/单位产品台时定额 = Fe/t

或 $M_{单}$ = 计划期有效工作时间×单位时间产量定额 = $Fe \times P$

2. 流水线生产能力的计算

流水线生产能力 = 流水线有效工作时间/节拍 = Fe/R

流水线的生产能力在各道工序生产能力综合平衡的基础上确定。

例如：某加工 A 产品的流水线，有车、铣、磨三道工序，各工序生产能力在综合平衡后，分别为 500 台/年、495 台/年、510 台/年，则该流水线的年生产能力为 495 台/年。

（二）设备组生产能力的计算

1. 生产单一产品，工序由 S 台设备承担时，工序生产能力为 $M = Fe \times S/t$

例如：某加工车间有车床 15 台，两班制工作，车床组计划检修时数为 1145 小时，单位产品台时定额为 200 小时，求该车床组的生产能力。

解：$M=Fe\times S/t=(250\times 15.5\times 15-1145)/200=284$

注：全年工作日按制度工作日数 250 天计，每天两班按 15.5 小时计（下同）。

又例如：某机加工车间的产品加工过程是按顺序移动方式设置，顺次通过车、铣、磨三个工艺环节，相关资料见表，试计算各组设备的生产能力。

表 4-28　加工车间的产生能力

设备组	设备台数	工作班数	设备组计划检修时数	全年有效台时	产品台时定额	设备组生产能力
①	②	③	④	⑤＝②×250×15.5－④	⑥	⑦＝⑤÷⑥
车工组	15	2	1100	57025	200	285
铣工组	10	2	1000	37750	180	209
磨工组	9	2	680	34195	120	285

由计算结果可知，车工组与磨工组的生产能力相同，每年可以生产 285 件。相比之下，铣工组是薄弱环节，应采取一定的技术组织措施“填平补齐”。

2. 多品种成批生产条件下，按代表产品作为计量单位计算

首先，确定代表产品。代表产品是反映企业专业方向、产量较大、占用劳动量最多、在结构或工艺上具有代表性的产品。

其次，计算出以代表产品为计算单位表示的设备组的生产能力。

再次，将其他产品的计划产量用换算系数分别折合成代表产品的产量。换算时，一般用台时定额或产量定额作为换算标准。换算系数的计算公式是：

换算系数＝某种产品台时定额/代表产品台时定额

或 换算系数＝代表产品单位时间产量定额/某种产品单位时间产量定额

最后，计算出设备组各种计划产品的生产能力。

某具体产品的生产能力＝该产品以代表产品单位表示的生产能力/换算系数

例如：某厂车床组有车床 10 台，每台车床全年有效时间为 3800 小时，车床组加工 A、B、C、D 四种结构和工艺相似的产品，其计划产量分别为 100 台、50 台、200 台、80 台，单位产品台时定额分别为 90 台时、60 台时、80 台时、50 台时，选定 C 为代表产品，试计算车床组的生产能力。

以代表产品 C 的产量表示的生产能力及将代表产品换算为具体产品的计算过程和结果。如下表所示：

表 4-29　车床组的生产能力计算过程

产品名称	生产计划	台时定额	换算系数	换算为代表产品产量	换算后产量比重	以代表产品表示的生产能力	换算为具体产品表示的生产能力	备注
①	②	③	④＝③/80	⑤＝②×④	⑥ ＝ ⑤/$\sum$⑤	⑦	⑧＝⑦×⑥×④	⑨
A	100	90	1.125	112.5	0.281		118	
B	50	60	0.75	37.5	0.094		59	

续表

产品名称	生产计划	台时定额	换算系数	换算为代表产品产量	换算后产量比重	以代表产品表示的生产能力	换算为具体产品表示的生产能力	备注
C	200	80	1	200	0.5	3800×10/80=475	237	代表产品是C
D80	50	0.625	50	0.125		95		
∑	430	280		400	1		509	

3. 单件小批生产条件下，用假定产品作为计量单位计算

首先，计算假定产品的台时定额

假定产品的台时定额＝∑(该产品台时定额＊该产品占假定产品总产量的百分比)

公式中，假定产品总产量以各种产品计划产量总和来表示。

以假定产品为单位的生产能力＝设备台数＊单位设备有效工时/假定产品台时定额

最后，根据设备组假定产品生产能力，计算出设备组各种计划产品的生产能力。

计划产品生产能力＝假定产品生产能力＊该产品产量占假定产品总产量的百分比。

例如：某厂车床组共有车床10台，生产A、B、C、D四种结构和工艺相似的产品，计划年产量分别为750、600、1200、450台，单位产品消耗定额分别为20、25、10、40台时，每台年有效时间为4400。求该车床组的生产能力。

计算过程及结果见下表。

表4-30 车床组的生产能力计算过程

产品名称	计划产量（台）	各产品比重	各产品台时定额	假定产品台时定额	以假定产品的生产能力	各种计划产品的生产能力
①	②	③	④	⑤＝③×④	⑥	⑦＝⑥×③
A	750	25%	20	5	4400×10/20＝2200	550
B	600	20%	25	5		440
C	1200	40%	10	4		880
D	450	15%	40	6		330
合计	3000	100%		20	2200	2200

四、能力需求计划的编制

一般来说，编制能力需求计划遵照如下思路：首先，将MRP计划的各时间段内需要加工的所有制造件通过工艺路线文件进行编制，得到所需要的各工作中心的负荷；然后，同各工作中心的额定能力进行比较，提出按时间段划分的各工作中心的负荷报告；最后，由企业根据报告提供的负荷情况及订单的优先级因素加以调整和平衡。

(一)收集数据。

能力需求计划计算的数据量相当大。通常，能力需求计划在具体计算时，可根据MRP下达的计划订单中的数量及需求时间段，乘上各自的工艺路线中的定额工时时间，转换为需求资源清单，加上车间中尚未完成的订单中的工作中心工时，成为总需求资源。再根据

现有的实际能力建立起工作中心可用能力清单。有了这些数据，才能进行能力需求计划的计算与平衡。

（二）计算与分析负荷。

将所有的任务单分派到有关的工作中心上，然后确定有关工作中心的负荷，并从任务单的工艺路线记录中计算出每个有关工作中心的负荷。然后，分析每个工作的负荷情况，确认导致各种具体问题的原因所在，以便正确地解决问题。

（三）能力/负荷调整。

解决负荷过小或超负荷能力问题的方法有3种：调整能力，调整负荷，以及同时调整能力和负荷。

（四）确认能力需求计划。

在经过分析和调整后，将已修改的数据重新输入到相关的文件记录中，通过多次调整，在能力和负荷达到平衡时，确认能力需求计划，正式下达任务单。

工作任务

任务1　粗能力计划的编制

一、用资源清单法编制粗能力计划

某产品A对应的主生产计划(MPS)、工艺路线及工时定额和物料清单分别见表4-30、表4-31和图4-41，关键资源的额定能力见表4-32，试编制其粗能力计划并进行能力分析。

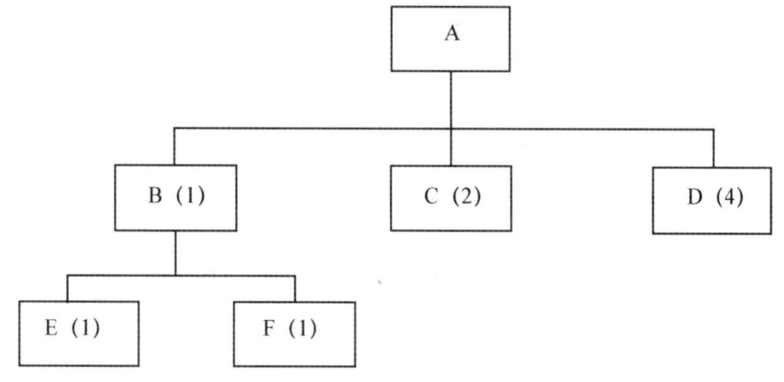

图4-41　产品A物料清单

表4-30　产品A的主生产计划(MPS)

计划周期	1	2	3	4	5	6	7	8	9	10
主生产计划	25	25	20	20	20	20	30	30	30	25

表4-31　产品A的工艺路线及工时定额

项目	工序号	关键工作中心	单件加工时间(h)	生产准备时间(h)	平均批量	单件准备时间(h)	单件总时间(h)
A	10	30	0.09	0.40	20	0.0200	0.1100
B	10	25	0.06	0.28	40	0.0070	0.0670

续表

项目	工序号	关键工作中心	单件加工时间(h)	生产准备时间(h)	平均批量	单件准备时间(h)	单件总时间(h)
C	10	15	0.14	1.60	80	0.0200	0.1600
	20	20	0.07	1.10	80	0.0138	0.0838
E	10	10	0.11	0.85	100	0.0085	0.1188
	20	15	0.26	0.96	100	0.0096	0.2696
F	10	10	0.11	0.85	80	0.0106	01206

表 4-32 关键资源的额定能力

关键工作中心	30	25	20	15	10
额定能力(小时/周数)	3.0	2.0	5.5	14.0	5.5

表 4-33 工作中心工序间隔时间

工作中心	工序间隔时间(天)	
	排队时间	运输时间
30	2	1
25	2	1
20	1	1
15	1	1
10	1	1
库房	—	1

解答:

分别计算单件产品 A 对各工作中心的能力需求。对工作中心 15,生产单件产品 A 需要 2 件 C 和 1 件 E,且项目 C 的工序 10 和项目 E 的工序 20 在工作中心 15 上加工,生产单件产品 A 对工作中心 15 得到能力需求为:

2×0.14+1×0.26=0.54(定额工时/件)

将生产单件产品 A 对所有工作中心的需求分别计算出来,得产品 A 的能力清单如表 4-34。

表 4-34 产品 A 的能力清单

工作中心	单件加工时间	单件生产准备时间(h)	单件总时间(h)
10	0.22	0.0191	0.2391
15	0.54	0.0496	0.5896
20	0.14	0.0376	0.1776
25	0.06	0.0070	0.0670
30	0.09	0.0200	0.1100
合计	1.05	0.1233	1.1833

根据产品 A 的能力清单和主生产计划，计算出产品 A 的粗能力需求(总工时＝周计划量×单件总时间)，如表 4-35 所示。

表 4-35 产品 A 的粗能力需求计划

项目	计划周期										
关键工作中心	1	2	3	4	5	6	7	8	9	10	总计
30	2.75	2.75	2.20	2.20	2.20	2.20	3.30	3.30	3.30	2.75	
25	1.68	1.68	1.34	1.34	1.34	1.34	2.01	2.01	2.01	1.68	
20	4.19	4.19	3.35	3.35	3.35	3.35	5.03	5.03	5.03	4.19	
15	14.74	14.74	11.79	11.79	11.79	11.79	17.69	17.69	17.69	14.74	
10	5.98	5.98	4.78	4.78	4.78	4.78	7.17	7.17	7.17	5.98	
总工时	29.34	29.34	23.46	23.46	23.46	23.46	35.20	35.20	35.20	29.34	287.46

根据关键资源额定能力(表 4-32)和产品 A 的粗能力需求(表 4-35)对产品 A 在关键资源上负荷和能力进行分析，如表 4-36 所示。

表 4-36 能力负荷表

项目		计划周期									
关键工作中心	能力分析	1	2	3	4	5	6	7	8	9	10
30	需求负荷	2.75	2.75	2.20	2.20	2.20	2.20	3.30	3.30	3.30	2.75
	总能力	3.0	3.0	3.0	3.0	3.0	3.0	3.0	3.0	3.0	3.0
	能力超/欠	0.25	0.25	0.80	0.80	0.80	0.80	−0.30	−0.30	−0.30	0.25
	负荷率%	92	92	73	73	73	73	110	110	110	92
25	需求负荷	1.68	1.68	1.34	1.34	1.34	1.34	2.01	2.01	2.01	1.68
	总能力	2.0	2.0	2.0	2.0	2.0	2.0	2.0	2.0	2.0	2.0
	能力超/欠	0.32	0.32	0.66	0.66	0.66	0.66	−0.01	−0.01	−0.01	0.32
	负荷率%	84	84	67	67	67	67	100	100	100	84
20	需求负荷	4.19	4.19	3.35	3.35	3.35	3.35	5.03	5.03	5.03	4.19
	总能力	5.5	5.5	5.5	5.5	5.5	5.5	5.5	5.5	5.5	5.5
	能力超/欠	1.31	1.31	2.15	2.15	2.15	2.15	0.47	0.47	0.47	1.31
	负荷率%	76	76	61	61	61	61	92	92	92	76
15	需求负荷	14.74	14.74	11.79	11.79	11.79	11.79	17.69	17.69	17.69	14.74
	总能力	14.0	14.0	14.0	14.0	14.0	14.0	14.0	14.0	14.0	14.0
	能力超/欠	−0.74	−0.74	2.21	2.21	2.21	2.21	−3.69	−3.69	−3.69	−0.74
	负荷率%	105	105	84	84	84	84	126	126	126	105

续表

项目		计划周期									
关键工作中心	能力分析	1	2	3	4	5	6	7	8	9	10
10	需求负荷	5.98	5.98	4.78	4.78	4.78	4.78	7.17	7.17	7.17	5.98
	总能力	5.5	5.5	5.5	5.5	5.5	5.5	5.5	5.5	5.5	5.5
	能力超/欠	−0.48	−0.48	0.72	0.72	0.72	0.72	−1.67	−1.67	−1.67	−0.48
	负荷率%	109	109	87	87	87	87	130	130	130	109

任务 2 能力需求计划的编制案例

某产品 A 的物料清单见图,其主生产计划、库存信息、工艺路线及工作中心工时定额信息和工序间隔见表 4-36 ～表 4-39,求零件 B,C 的批量规则均是 2 周净需求,零件 E 的批量规则是 3 周净需求,零件 F 的批量规则是固定批量 80;每周工作 5 天,每天工作 8 小时,每个工作中心有一位操作工,所有的工作中心利用率和效率均为 95%。试编制其能力需求计划并分析其能力情况。

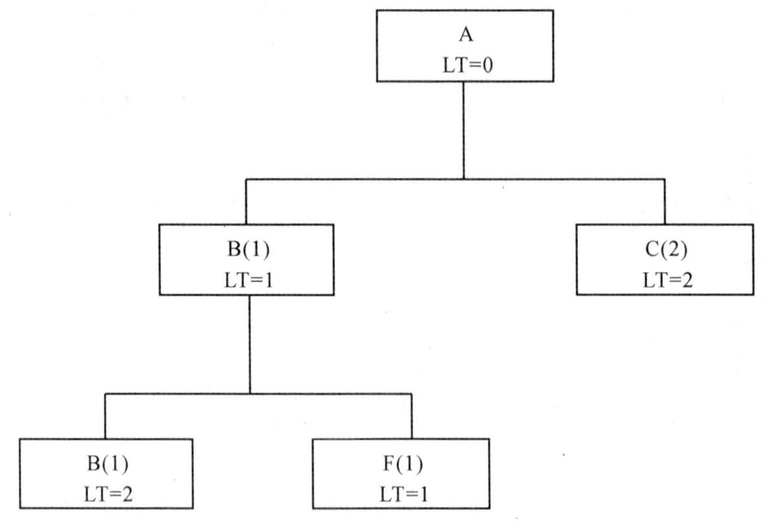

图 4-42 产品 A 的物料清单

表 4-37 项目 A 主生产计划清单

周期	1	2	3	4	5	6	7	8	9	10
项目 A	25	25	20	20	20	20	30	30	30	25

表 4-38 库存信息

项目	计划收到量(计划周期)								现有库存	已分配量	提前期	固定批量
	1	2	3	4	5	6	7	8				
A												
B	38								14		1	2 周
E		76							5		2	3 周
F									22		1	80
C	72								33		2	2 周

表 4-39 工艺路线及工作中心工时定额信息

项目	工序号	工作中心	单件加工时间(h)	生产准备时间(h)	平均批量	单件准备时间(h)	单件总时间(h)
A	10	30	0.09	0.40	20	0.0200	0.1100
B	10	25	0.06	0.28	40	0.0070	0.0670
C	10	15	0.14	1.60	80	0.0200	0.1600
	20	20	0.07	1.10	80	0.0138	0.0838
E	10	10	0.11	0.85	100	0.0085	0.1185
	20	15	0.26	0.96	100	0.0096	0.2696
F	10	10	0.11	0.85	80	0.0106	0.1206

表 4-40 工作中心工序间隔时间

工作中心	工序间隔时间(天)	
	排队时间	运输时间
30	2	1
25	2	1
20	1	1
15	1	1
10	1	1
库房	—	1

解答:

1. 编制 MRP 计划

根据 MRP 编制方法及已知条件,可编制产品 A 的 MRP 计划,如下表。

表 4-41 项目 A 的 MRP 计划

项目		计划周期									
		1	2	3	4	5	6	7	8	9	10
A	主生产计划	25	25	20	20	20	20	30	30	30	25
B LT=1	毛需求量	25	25	20	20	20	20	30	30	30	25
	计划接收量	38									
	现有库存 14	27	2	20	0	20	0	30	0	25	0
	净需求量			18	0	20	0	30	0	30	0
	计划订单入库			38		40		60		55	
	计划订单下达		38		40		60		55		
E LT=2	毛需求量		38		40		60		55		
	计划接收量		76								
	现有库存 5	5	43	43	3	3	55	55	0	0	0
	净需求量						57		55		
	计划订单入库						112				
	计划订单下达				112						
F LT=1	毛需求量		38		40		60		55		
	计划接收量										
	现有库存 22	22	64	64	24	24	44	44	69	69	69
	净需求量		16				36		11		
	计划订单入库		80				80		80		
	计划订单下达	80				80		80			
C LT=2	毛需求量	50	50	40	40	40	40	60	60	60	50
	计划接收量	72									
	现有库存 33	55	5	40	0	40	0	60	0		
	净需求量			35	0	40	0	60	0	60	0
	计划订单入库			75		80		120		110	
	计划订单下达	75		80		120		110			

2. 编制能力需求计划

(1)计算工作中心能力

工作中心负荷能力=件数×单件加工时间+准备时间

如对于工作中心 30，最终产品 A 在工作中心 30 加工，单件加工时间和生产准备时间分别为 0.09h 和 0.4h，分别是：25 ×0.09+0.4=2.65h，20 ×0.09+0.4=2.20h，30 ×0.09+0.4=3.10h。

表 4-42　能力需求计划

零件	工作中心	拖期	计划周期									
			1	2	3	4	5	6	7	8	9	10
A	30	0	2.65	2.65	2.20	2.20	2.20	2.20	3.10	3.10	3.10	2.65
	小计	0	2.65	2.65	2.20	2.20	2.20	2.20	3.10	3.10	3.10	2.65
B	25	0	0	2.56	0	2.68	0	3.88		3.58	0	0
	小计	0	0	2.56	0	2.68	0	3.88		3.58	0	0
C	20	0	6.35	0	6.70	0	9.50	0	8.80	0	0	
	小计	0	6.35	0	6.70	0	9.50	0	8.80	0	0	
	15	0	12.1	0	12.8	0	18.4	0	17.0			
E	15	0	20.72	0	0	0	30.08	0	0	0	0	0
	小计	0	32.82	0	12.8	0	48.48	0	17.0	0	0	0
	10	0	0	0	0	13.17	0	0	0	0	0	0
F	10	0	9.65	0	0	0	9.65	0	9.65	0	0	0
	小计	0	9.65	0	0	13.17	9.65	0	9.65	0	0	0

(2)用倒序排产法计算每道工序的开工日期和完工日期

所谓倒序排产法，是指将 MRP 确定的订单完成时间作为起点，然后安排各道工序，找出各工序的开工日期，进而得到 MRP 订单的最晚开工日期。

以下仅以零件 C 为例，说明如何用倒序排产法计算每一批订单每道工序的开工日期和完工日期。

由上表可知，零件 C 的加工有两道顺序工序：工序 10 和工序 20，这两道工序分别在工作中心 15 和 20 上完成。

根据该例题的已知条件：每周工作 5 天，每天工作 6 小时，每个工作中心有一位操作工，所有的工作中心利用率和效率均为 95%，可以得到各工作中心每天的可用能力为：8×1×0.95×0.95＝22h；一周的最大可用能力为：22×5＝36.1h

根据 MRP 计划，第 1 批 C 零件应在第 3 周周一早上已经在库房中，因此其完成时间应该是第 2 周周五下午下班之前完成；由于最后一道工序 20 完成后，按计划还要安排 1 天运输时间(见表 4-39)，所以工序 20 的完工时间定在第 2 周周四的下班时间；工序 20 的生产时间为 6.35h(见表 4-41)，工作中心 20 每天的可用工时为 22h，因此在工序 20 上的生产时间为 6.35/22＝0.88 天(取整为 1 天)；而在工作中心 20 前的排队时间和将工作中心 15 运输到工作中心 20 的时间都是 1 天(见表 4-39)，所以第 2 周的第 2 天和第 3 天用于运输和排队等待；工序 10 的完成时间应在第 2 周的第 1 天下班时间；工序 10 的生产时间为 2 天(12.10/22＝1.68，取整为 2 天)。工序 10 的开工时间为第 1 周的第 5 天，由于还要有 1 天运输和 1 天等待，这样，这批订单的开工时间为第 1 周的第 3 天。

3. 编制负荷图

以下以工作中心 15 为例，说明如何编制工作中心能力负荷曲线图。

根据上述的有关计算可知，工作中心 15 的额定可用能力为 36.1，在第 1、3、5、7 周的能力需求分别为 32.82、12.80、478、10，因此除了第 5 周因其能力－负荷＝－12.6＜0，因此其负荷处于超负荷状态(或其能力处于欠能力状态)，其余各周均处于超能力或低负荷状态。工作中心 15 的负荷曲线图如图 4-43 所示。

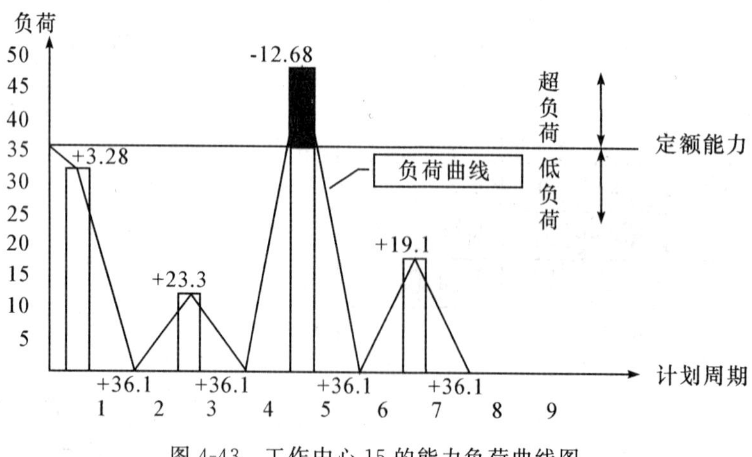

图 4-43 工作中心 15 的能力负荷曲线图

任务 3 能力需求计划在用友 ERP 系统实现

产能计划是为了保证有足够的生产能力去完成主生产计划，进行的生产能力的规划。即对企业的工作中心和资源的产能与负载情况来计算，以确保有足够的生产能力来满足企业的生产需求。它包括资源需求计划、粗能力计划和能力需求计划三个部分：资源需求计划是验证现有资源能否满足长远规划的需要；粗能力计划是验证主生产计划的可行性；能力需求计划是验证生产订单的可执行度。

一、产能管理参数设置

业务：根据“电子挂钟”的工艺路线资源生产物料资源清单。需求预测版本号为 200609，时格代号为 0001，截止日期为 2006 年 10 月 31 日，超载百分比为 100%，低载百分比为 60%。工作中心、资源资料、标准工序资料见下表所示：

表 4-43 工作中心、资源资料、标准工序资料表

工作中心代号	工作中心名称	隶属部门	是否生产线
0010	线切割加工中心	生产部	是
0020	冲压中心	生产部	否
0030	表面处理中心	生产部	否

资源代号	资源名称	资源类别	工作中心	工作中心名称	计算产能	可用数量	关键资源
001	线切割机床	机器设备	0010	线切割加工中心	是	2	是
002	精密冲压模具	模夹具	0020	冲压中心	是	3	是
0003	高级技工	人工	0030	表面处理中心	是	5	是

项 目	内 容		
工序代号	0001	0002	0003
工序说明	铝材切割	冲压成型	表面处理
工作中心	0010	0020	0030
行号	10	10	10
资源代号	0001	0002	0003
资源名称	线切割机床	精密冲压模具	高级技工
资源活动	切割	冲压	人工
资源类型	物料	物料	物料
工时(分子)	1	1	1
工时(分母)	1	1	1
计划否	是	是	是

操作步骤：

(一)进入用友 ERP-U8 企业应用平台，业务/生产制造/产能管理/基本资料/产能管理参数设定，弹出产能管理参数设定窗口，如下图所示：

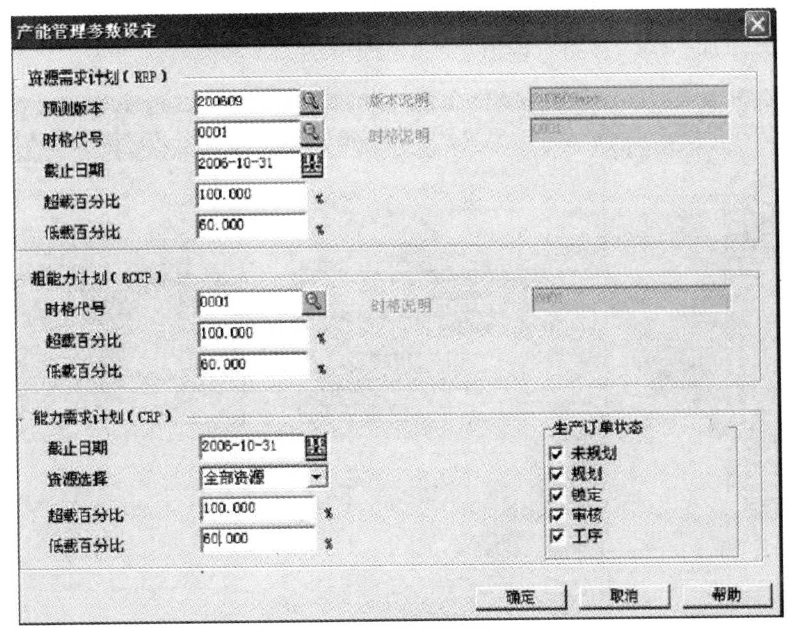

图 4-44 产能管理参数设定窗口

(二)单击“确定”，完成设定。

(三)进入用友 ERP-U8 企业应用平台，业务生产制造产能管理基本资料物料工艺路线转资源清单，弹出物料工艺路线转资源清单窗口，如下图所示。

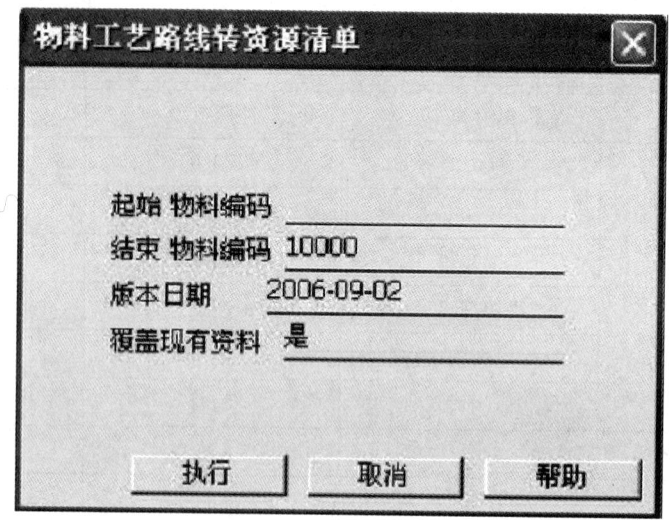

图 4-45　物料工艺路线转资源清单窗口

（四）单击“执行”，弹出成功处理窗口。

（五）单击“确定”，完成处理。

（六）进入用友 ERP-U8 企业应用平台，业务生产制造产能管理基本资料物料资源清单维护。弹出物料资源清单维护窗口。

（七）单击“增加”，录入物料资源清单，如下图所示。

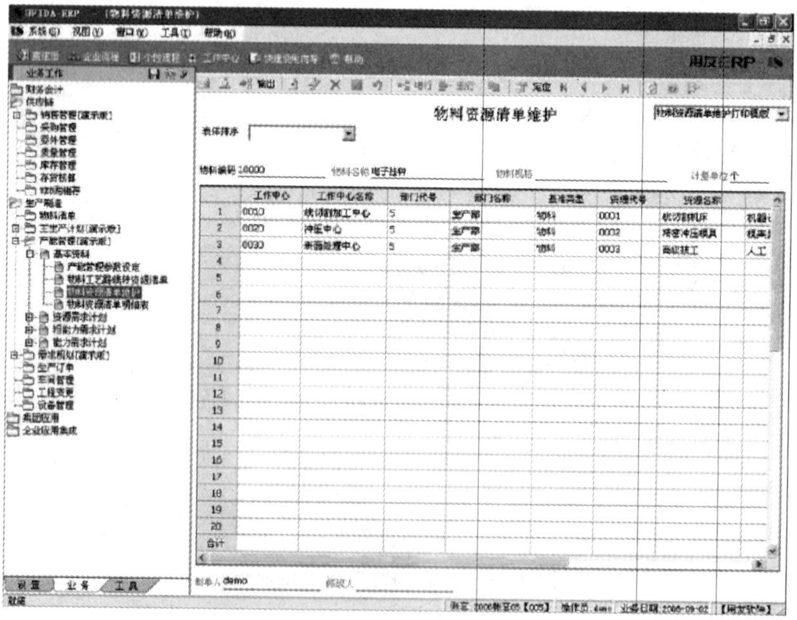

图 4-46　物料资源清单维护窗口

（八）单击“保存”，完成处理。

二、资源需求计算

业务：预测 9 月销售电子挂钟 1000 个，作周均化；10 月销售电子挂钟 1200 个，作不均化。根据预测需求订单，计算资源需求和查询资源需求状况。

操作步骤：

（一）进入用友 ERP-U8 企业应用平台，业务生产制造产能管理/资源需求计划/资源需求计算，弹出资源需求计算窗口，如下图所示。

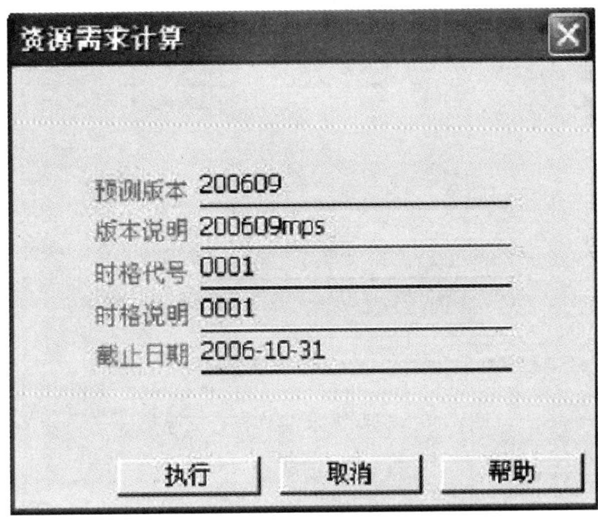

图 4-47 资源需求计算窗口

（二）单击“执行”，完成资源的需求计算，弹出成功处理窗口。

（三）单击“确定”，结束计算。

（四）进入用友 ERP-U8 企业应用平台，业务生产制造产能管理/资源需求计划/资源需求汇总表，可按“工作中心”或“资源代号”查看资源需求情况，如下图所示。

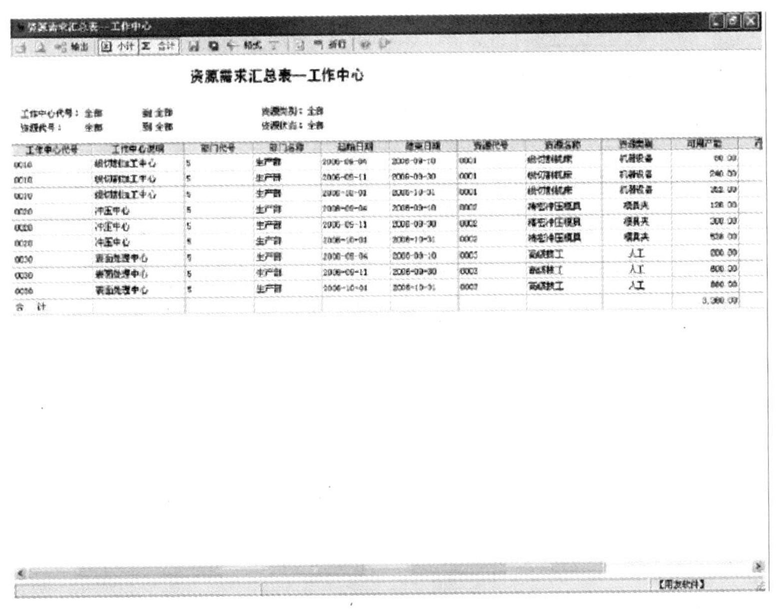

图 4-48 资源需求汇总表—工作中心

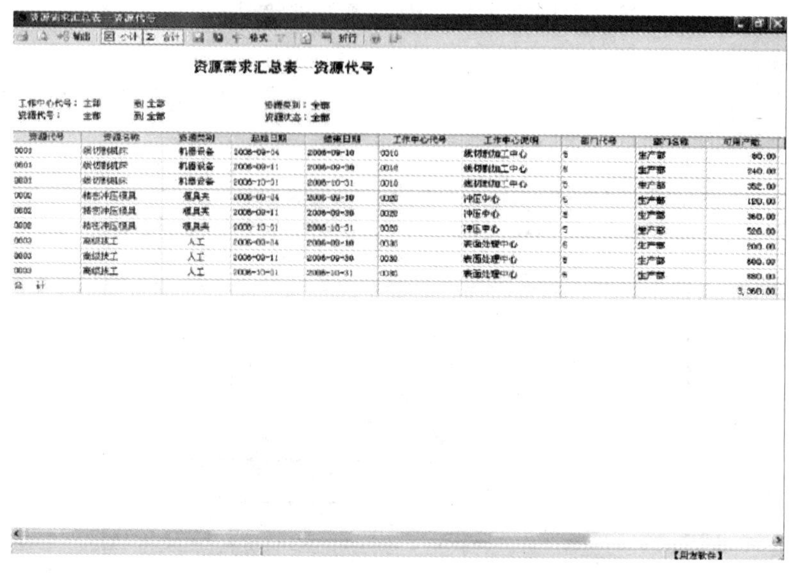
资源需求汇总表—资源代号

工作中心代号：全部　到 全部　资源类别：全部
资源代号：全部　到 全部　资源状态：全部

资源代号	资源名称	资源类别	起始日期	结束日期	工作中心代号	工作中心说明	部门代号	部门名称	可用产能
0001	铣切削机床	机器设备	2006-09-04	2006-09-10	0010	铣切削加工中心	5	生产部	80.00
0001	铣切削机床	机器设备	2006-09-11	2006-09-30	0010	铣切削加工中心	5	生产部	240.00
0001	铣切削机床	机器设备	2006-10-01	2006-10-31	0010	铣切削加工中心	5	生产部	352.00
0002	精密冲压模具	模具类	2006-09-04	2006-09-10	0020	冲压中心	5	生产部	120.00
0002	精密冲压模具	模具类	2006-09-11	2006-09-30	0020	冲压中心	5	生产部	360.00
0002	精密冲压模具	模具类	2006-10-01	2006-10-31	0020	冲压中心	5	生产部	528.00
0003	高级技工	人工	2006-09-04	2006-09-10	0030	表面处理中心	6	生产部	200.00
0003	高级技工	人工	2006-09-11	2006-09-30	0030	表面处理中心	5	生产部	600.00
0003	高级技工	人工	2006-10-01	2006-10-31	0030	表面处理中心	5	生产部	880.00
总　计									3,360.00

图 4-49　资源需求汇总表—资源代号

三、粗能力需求计算

业务：计算粗能力需求和查询粗能力需求状况。

操作步骤：

（一）进入用友 ERP-U8 企业应用平台，业务生产制造产能管理/粗能力需求计划/粗能力需求计算，弹出粗能力需求计算窗口，如下图所示。

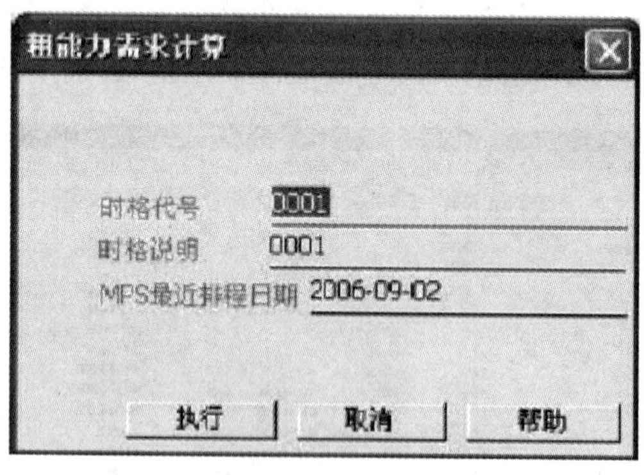

图 4-50　粗能力需求计算窗口

（二）单击“执行”，完成计算，弹出成功处理窗口。

（三）单击“确定”，结束计算。

（四）进入用友 ERP-U8 企业应用平台，业务生产制造产能管理/粗能力需求计划/粗能力需求汇总表，可按“工作中心”或“资源代号”查看粗能力需求情况，如下图所示。

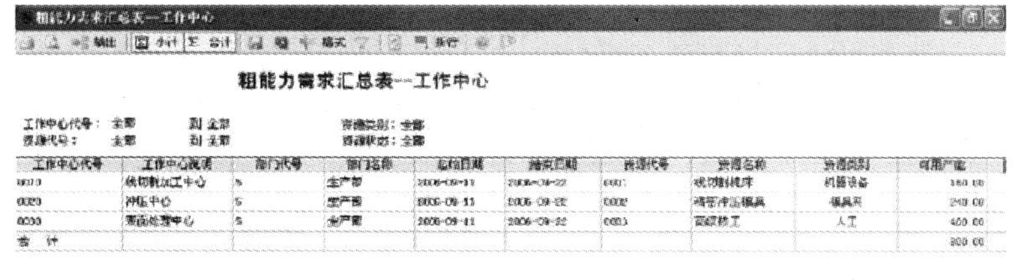

粗能力需求汇总表--工作中心

工作中心代号：全部　到 全部　资源类别：全部
资源代号：全部　到 全部　资源状态：全部

工作中心代号	工作中心说明	部门代号	部门名称	起始日期	结束日期	资源代号	资源名称	资源类别	可用产能
0010	铣切削加工中心	5	生产部	2006-09-11	2006-09-22	0001	铣切削机床	机器设备	160.00
0020	冲压中心	5	生产部	2006-09-11	2006-09-22	0002	精密冲压模具	模具类	240.00
0030	表面处理中心	5	生产部	2006-09-11	2006-09-22	0003	高级技工	人工	400.00
合　计									800.00

图 4-51　粗能力需求汇总表—工作中心

粗能力需求汇总表--资源代号

工作中心代号：全部　到 全部　资源类别：全部
资源代号：全部　到 全部　资源状态：全部

资源代号	资源名称	资源类别	起始日期	结束日期	工作中心代号	工作中心说明	部门代号	部门名称	可用产能
0001	铣切削机床	机器设备	2006-09-11	2006-09-22	0010	铣切削加工中心	5	生产部	160.00
0002	精密冲压模具	模具类	2006-09-11	2006-09-22	0020	冲压中心	5	生产部	240.00
0003	高级技工	人工	2006-09-11	2006-09-22	0030	表面处理中心	5	生产部	400.00
合　计									800.00

图 4-52　粗能力需求汇总表—资源代号

四、查询关键资源负载情况，进行能力需求计算并查询

业务：查询各工作中心的关键资源负载情况，计算能力需求和查询能力需求状况。

（一）查询各工作中心的关键资源负载情况

其操作步骤：

进入用友 ERP-U8 企业应用平台，业务生产制造产能管理/粗能力需求计划/关键资源负载明细表，可按“工作中心”或“资源代号”查看资源负载情况，如下图所示。

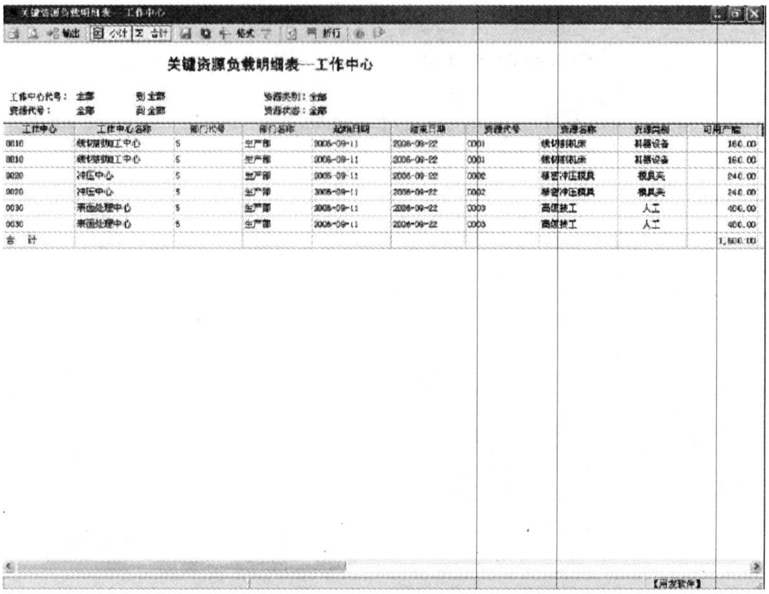

关键资源负载明细表—工作中心

关键资源负载明细表—工作中心

工作中心代号：全部　到 全部　资源类别：全部
资源代号：全部　到 全部　资源状态：全部

工作中心	工作中心名称	部门代号	部门名称	起始日期	结束日期	资源代号	资源名称	资源类别	可用产能
0010	线切割加工中心	5	生产部	2006-09-11	2006-09-22	0001	线切割机床	机器设备	160.00
0010	线切割加工中心	5	生产部	2006-09-11	2006-09-22	0001	线切割机床	机器设备	160.00
0020	冲压中心	5	生产部	2006-09-11	2006-09-22	0002	精密冲压模具	模具类	240.00
0020	冲压中心	5	生产部	2006-09-11	2006-09-22	0002	精密冲压模具	模具类	240.00
0030	表面处理中心	5	生产部	2006-09-11	2006-09-22	0003	高级技工	人工	400.00
0030	表面处理中心	5	生产部	2006-09-11	2006-09-22	0003	高级技工	人工	400.00
合　计									1,600.00

【用友软件】

图 4-53　关键资源负载明细表—工作中心

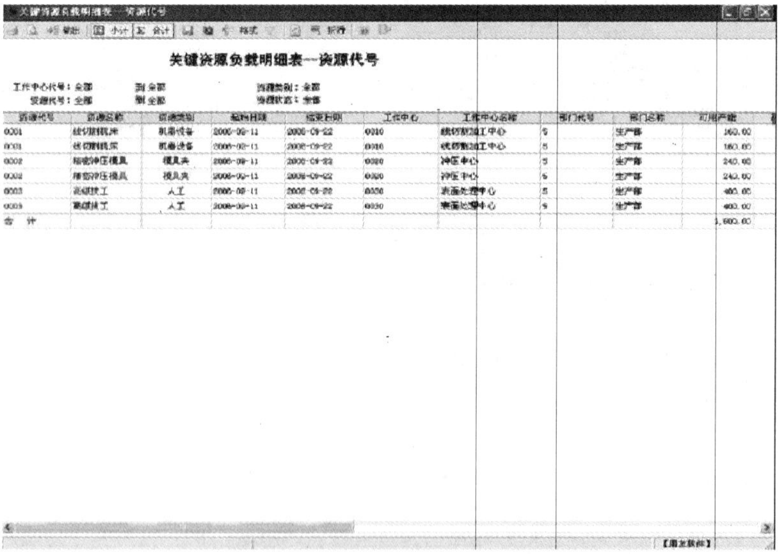

关键资源负载明细表—资源代号

关键资源负载明细表—资源代号

工作中心代号：全部　到 全部　资源类别：全部
资源代号：全部　到 全部　资源状态：全部

资源代号	资源名称	资源类别	起始日期	结束日期	工作中心	工作中心名称	部门代号	部门名称	可用产能
0001	线切割机床	机器设备	2006-09-11	2006-09-22	0010	线切割加工中心	5	生产部	160.00
0001	线切割机床	机器设备	2006-09-11	2006-09-22	0010	线切割加工中心	5	生产部	160.00
0002	精密冲压模具	模具类	2006-09-11	2006-09-22	0020	冲压中心	5	生产部	240.00
0002	精密冲压模具	模具类	2006-09-11	2006-09-22	0020	冲压中心	5	生产部	240.00
0003	高级技工	人工	2006-09-11	2006-09-22	0030	表面处理中心	5	生产部	400.00
0003	高级技工	人工	2006-09-11	2006-09-22	0030	表面处理中心	5	生产部	400.00
合　计									1,600.00

【用友软件】

图 4-54　关键资源负载明细表—资源代号

(二)计算能力需求和查询能力需求状况

其操作步骤：

1. 进入用友 ERP-U8 企业应用平台，业务生产制造产能管理/能力需求计划/能力需求计算，弹出能力需求计算窗口，如下图所示。

2. 选择所需的生产订单，单击“执行”，弹出成功处理窗口。

3. 单击“确定”，结束计算。

4. 进入用友 ERP-U8 企业应用平台，业务生产制造产能管理/能力需求计划/能力需求

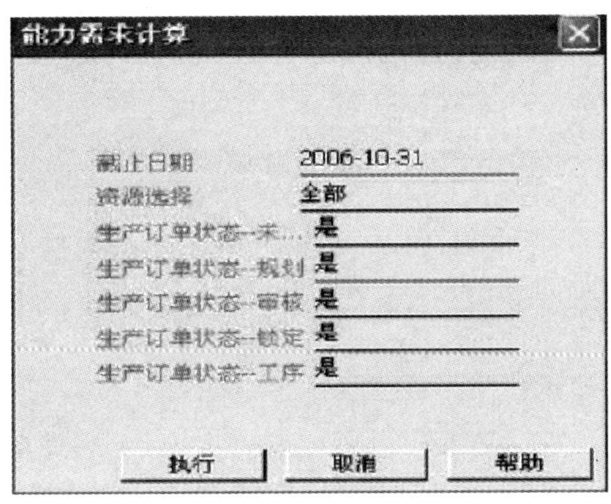

图 4-55 能力需求计算窗口

汇总表，可按“工作中心”或“资源代号”查看工作中心资源不同时段的产能和负载，如下图所示。

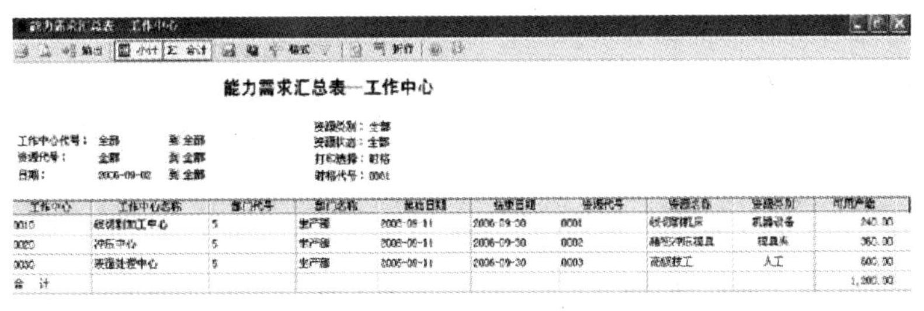

能力需求汇总表—工作中心

工作中心	工作中心名称	部门代号	部门名称	[illegible]	结束日期	资源代号	资源名称	资源类别	可用产能
0010	[illegible]	5	生产部	[illegible]	2006-09-30	0001	[illegible]	[illegible]	240.00
0020	冲压中心	5	生产部	[illegible]	2006-09-30	0002	[illegible]	[illegible]	360.00
0030	[illegible]	5	生产部	[illegible]	2006-09-30	0003	[illegible]	人工	600.00
合 计									1,200.00

图 4-56 能力需求汇总表—工作中心

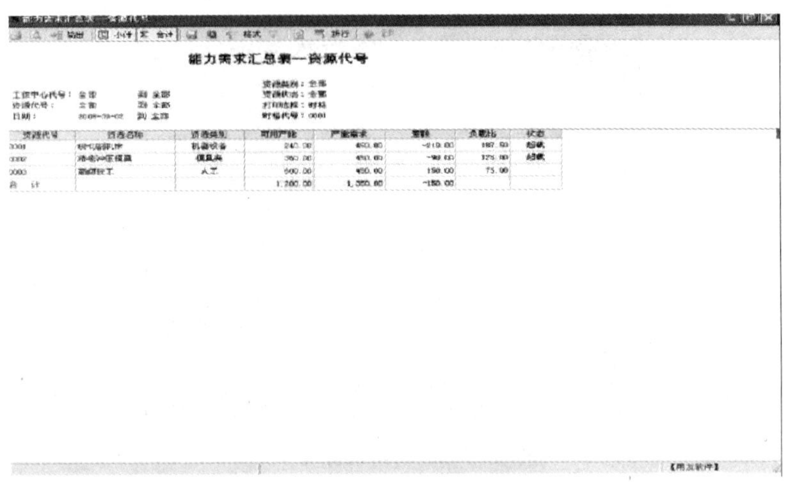

图 4-57 能力需求汇总表—资源代号

五、产能问题检核

业务:查询各工作中心的主要资源在各时段内的产能与负载情况。

操作步骤:

(一)进入用友 ERP-U8 企业应用平台,业务生产制造产能管理/能力需求计划/产能问题检核。弹出产能问题检核窗口。

(二)输入工作中心代号、资源代号和时格代号。

(三)查询各工作中心资源在各时段内的产能与负载情况,如下图所示。

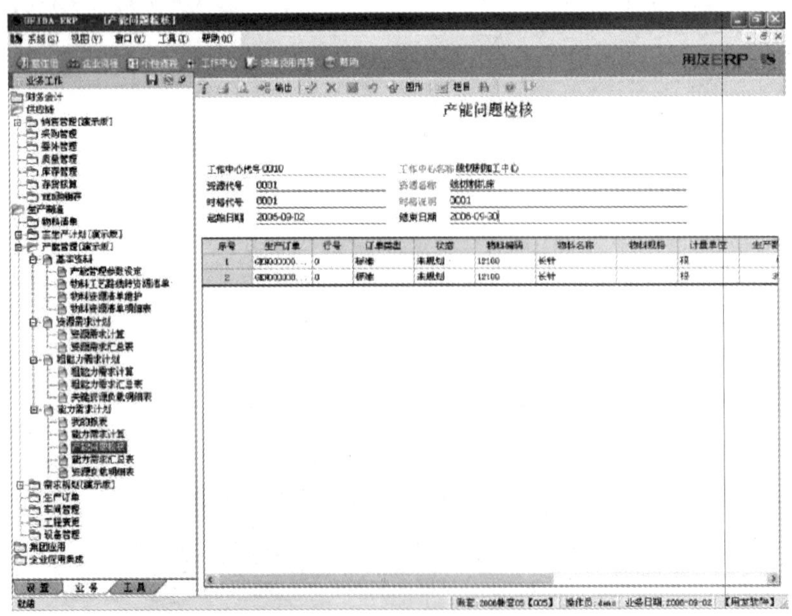

图 4-58 产能问题检核

单元五　生产作业计划

教学目标

（一）总目标：理解生产作业计划的编制

（二）具体目标：

1. 会进行批量、生产间隔期、生产周期、生产提前期、在制品定额等期量标准的确定；
2. 会用累计编号法进行成批生产作业计划的编制；
3. 会进行生产作业排序；
4. 掌握用友 ERP 系统生产订单的业务处理。

理论精要

一、生产作业计划概述

生产作业计划是生产计划的具体执行计划，即把企业年度、季度生产计划中规定的月度生产任务以及临时性的生产任务，从空间上具体地分配到各个车间、工段、班组以至于每个工作地和个人，从时间上把年、季、生产计划细分到月、旬、周、日、轮班以至于每个小时，并按日历顺序安排进度，从而保证按数量、品种、质量、期限、成本完成企业的生产任务。生产作业计划是企业的生产计划变成工人具体的日常生产作业活动。

企业生产作业计划工作的主要内容包括生产作业计划的编制和组织实现计划两个方面。编制生产作业计划包括制定期量标准、编制各车间生产作业计划、编制车间内部生产作业计划。

二、期量标准的含义

期量标准是生产作业计划的重要依据，因此又称作业计划标准，就是为加工对象在加工过程中所规定的生产期限和数量方面的标准数据。其中，“期”表示期限，“量”表示数量。生产过程中各环节的期限和数量随着企业生产类型、生产组织形式的不同而产生不同的联系方式，因而形成不同的期量标准。

（一）大量生产的期量标准

1. 节拍。节拍是流水线最重要的期量标准，反映流水线的生产进度，是指流水线上前后两个相邻加工对象投入或出产的时间间隔。如果产品在工序之间是成批传递的，节拍与传递批量的乘积称为节奏。

2. 在制品储备量定额。在制品是指从原材料投入到成品入库为止，处于生产过程中，尚未完工入库，正在加工的毛坯、零件、部件、产品的总称。企业根据具体情况保持一定的在制品数量是保证有节奏的均衡生产的基本条件。

3. 流水线标准工作指示图表。流水线标准工作指示图表是为间断流水线编制的。间断流水线由于各工序时间与流水线的节拍不相等或互不成整数倍数关系，各道工序的生产率各不相等，在生产中存在零件等待工作地或工作地等待零件的情况，因此，需要规定间断流水线的看管期。看管期长短应根据产品(零部件)的特点(价值、尺寸)以及工人兼管设备之间的距离长短合理地选择,一般不大于 8 小时。根据看管期编制流水线标准工作指示图表。

(二)成批生产的期量标准

成批生产的期量标准主要有批量、生产间隔期、生产周期、提前期、在制品定额等。

(三)单件小批生产的期量标准

单件小批生产的特点是产品品种多而不稳定,每种产品的数量很少,每一工作地有多道工序,工序很少重复,专业化生产水平低,生产任务需要根据用户的具体订货情况来确定。因此,单件小批生产作业计划解决的主要问题是控制好产品的生产流程,按订货期进行生产,其主要期量标准有产品生产周期、生产提前期等。

下面以成批生产企业的期量标准为例介绍期量标准的制定。

三、批量生产间隔期的确定

批量是花费一次结束准备时间投入生产的同种产品的数量。其中,“准备结束时间”是指生产开始前熟悉图纸、领取工具、调整设备工装等工作所花费的时间。

批量与生产间隔期的关系:

批量=计划期平均日产量 * 生产间隔期

平均日产量=计划期产量/计划期工作日数

批量和生产间隔期的确定主要有以量定期法和以期定量法两种。

(一)以量定期法

1. 最小批量法。该方法的着眼点是从合理利用设备的观点出发制定批量的。该方法主要适用于关键设备和贵重设备的批量决策。

最小批量=设备调整时间/(工序单件时间 * 设备调整时间损失系数)

设备调整时间损失系数根据企业实际生产情况进行确定。影响因素主要有生产类型、零件大小、设备负荷系数等,具体参考数值大小见下表。

表 4-44 设备调整时间损失系数

零件大小	大批	中批	小批
大件	0.05	0.08	0.1
中件	0.04	0.05	0.08
小件	0.03	0.04	0.05

2. 经济批量法。产品生产费用由设备的调整费用和产品的存储费用构成,批量越大,完成一定生产任务所需调整设备的次数就越少,单位产品的调整费用就越少。同时批量增加会加大产品的存储数量,增加资金占用和仓库面积,从而增加存储费用,加大产品成本。经济批量正是从使生产费用中与批量有关的费用最小的观点出发来制定批量的。如下图所示:

其计算公式为:

$$Q_0=\sqrt{\frac{2NA}{Ci}}$$

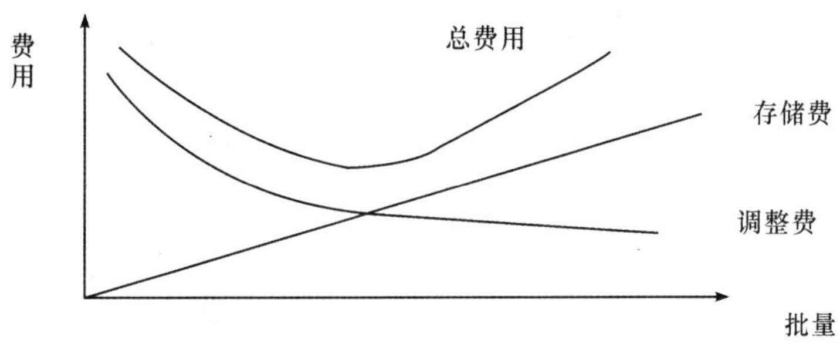

图 4-59 费用与批量的关系

式中：Q_0—经济批量

N—年度计划生产任务(件、套)

A—设备调整一次所需费用(元)

C—单位产品成本(元)

i—年保管费率

例如：某车间计划加工零件 1000 件，每次设备调整费用为 20 元，每件产品的成本为 24 元，在制品的存储费用率为 5%，求 Q_0

解：$Q_0=\sqrt{\dfrac{2NA}{Ci}}=187$ 件

无论是最小批量还是经济批量，求出的批量都是初步的，还要进行适当的调整和修正。主要考虑以下因素：批量应与月产量相等或成倍数关系；供应车间的批量要与需求车间的批量成倍数关系；批量应尽可能与工装、工位器具、设备容量和设备一次装夹数相适应；批量应不低于半个班的产量。

在批量确定后，即可据此确定生产间隔期。在平均日产量不变的情况下，批量越大，生产间隔期就越长。

(二)以期定量法

其基本原理是根据工艺特点、零件复杂程度等因素凭经验确定生产间隔期，然后据此计算批量，使批量与其相适应。

当生产任务变动时，生产间隔期保持不变，只调整批量。

确定生产间隔期时，应考虑两个因素：

(1)生产间隔期与月工作日数互成倍数。

(2)尽可能采用统一的或倍数的几个生产间隔期。

机械工业企业常用的生产间隔期与批量标准参考数值见下表。

表 4-45 生产间隔期与批量标准参考数值

标准间隔期	1 日	2 日 1/12 月	3 日 1/8 月	6 日 1/4 月	8 日 1/3 月	12 日 1/2 月	24 日 1 月	72 日 3 月
批类	日批	1/12 月	1/8 月	1/4 月	1/3 月	1/2 月	1 月	3 月
批量	日产量 平均	1/12 月 产量	1/8 月 产量	1/4 月 产量	1/3 月 产量	1/2 月 产量	1 月 产量	3 月 产量
每月投入出产次数	24	12	8	4	3	2	1	一季一次

注：每月按 24 个工作日计算

四、生产周期的确定

生产周期是指从原材料投入生产开始到成品出产所经过的全部日历时间。生产周期是确定产品各零件、毛坯的投入出产时间,编制生产作业计划的重要依据,对于缩短生产周期、提高劳动生产率、加速资金周转、降低成本等都有重要意义。

产品的生产周期由各个零部件的生产周期组成,零部件的生产周期由该零件的各工艺阶段或工序的生产周期组成。生产周期的计算分两步进行:首先确定产品(或零部件)在各个工艺阶段或工序上的生产周期,然后计算产品的生产周期。对于机械产品而言,它包括零件的毛坯制造、机械加工、部件装配、总转配等工艺阶段的生产周期。如下图所示。

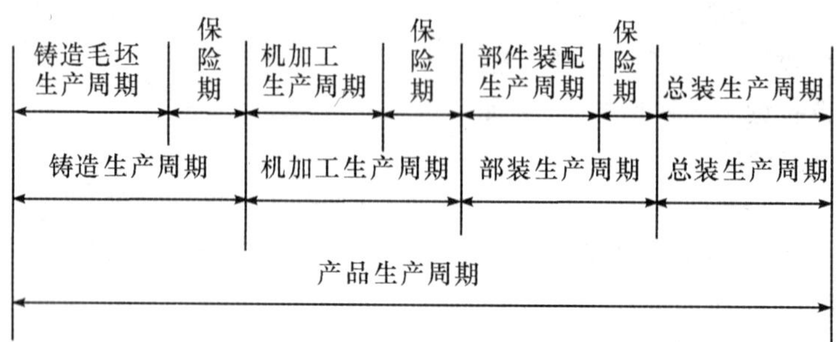

图 4-60 机械产品生产周期示意图

产品的生产周期是整批产品各工艺阶段的生产周期与保险期之和。计算公式如下:

$$T_{产品}=T_{毛}+T_{毛保}+T_{加}+T_{加保}+T_{部装}+T_{总装}$$

公式中:$T_{产品}$—产品生产周期

$T_{毛}$—毛坯生产周期

$T_{毛保}$—毛坯保险期

$T_{加}$—加工生产周期

$T_{加保}$—加工保险期

$T_{部装}$—部件装配生产周期

$T_{总装}$—产品总装配生产周期

确定成批生产条件下的生产周期需要考虑每批零部件在各工艺阶段的移动方式,零件在各车间的成套周期等诸多因素,用公式计算不但复杂,而且脱离实际,因此,在生产实践中一般采用图表法。即用反工序法绘制出各工艺阶段的衔接关系以及各工艺阶段的生产周期指示图表。

五、生产提前期的确定

生产提前期是指产品在生产过程的各个工艺阶段投入的日期比成品出产的日期要提前的时间。正确计算提前期可以保证各工艺阶段及时投入,适时出产,保证生产的连续性和均衡性。

生产提前期可以分为投入提前期和出产提前期。

生产提前期是从产品装配出产日期开始,按各工艺阶段的生产周期和出产间隔期反工艺顺序推算的。根据前后工序的批量大小关系,分为两种计算方法:

(一)前后工序车间的生产批量相等时

1. 投入提前期。投入提前期是指各工序车间投入日期比产品出产日期提前的时间。最后工序车间的投入提前期等于该生产车间的生产周期。其余每一个车间的投入提前期都比该车间出产提前期提早一个该车间的生产周期,所以计算公式为:

$$T\text{投}=T\text{出}+T\text{周}$$

公式中:T 投—车间投入提前期

T 出—本车间出产提前期

T 周—本车间生产周期

2. 出产提前期。出产提前期是指各车间出产日期比成品出产日期提前的时间。

出产提前期的计算是按反工艺顺序进行的。计算公式如下:

$$T\text{出}=T\text{后投}+T\text{保}$$

公式中:T 出—某车间出产提前期

T 后投—后车间投入提前期

T 保—两车间之间保险期

各车间的提前期及其相互关系如下图所示。

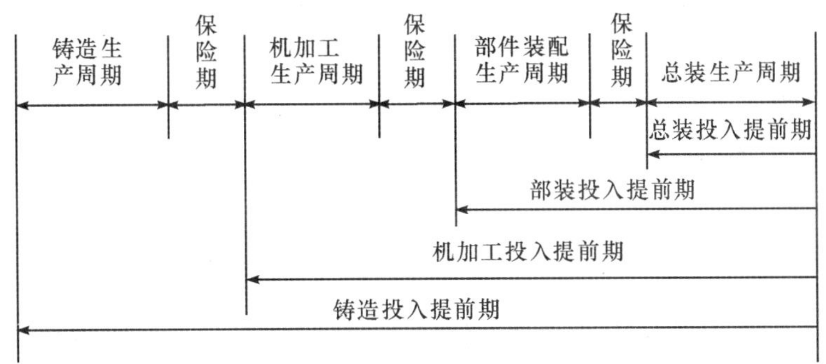

图 4-61 各车间的提前期及其相互关系

(二)前后工序车间生产批量不相等,但是前工序车间的批量是后工序车间批量的倍数时

1. 投入提前期:投入提前期的计算公式与前后工序车间的生产批量相等时的计算方法相同。

2. 出产提前期:

$$T\text{出}=T\text{后投}+T\text{保}+(T\text{生}-T\text{后生})$$

其公式中:

T 出—车间出产提前期

T 后投—后车间投入提前期

T 保—两车间之间保险期

T 生—本车间生产间隔期

T 后生—后车间生产间隔期

例如:A 零件的有关资料见下表,计算各车间的投入、出产提前期。

表 4-46 A 零件的有关资料

车间	批量	生产周期(天)	生产间隔期(天)	保险期(天)
装配车间	40	30	10	—
机加工车间	120	50	30	4
毛坯车间	240	20	60	4

解:

装配车间出产提前期=0

装配车间投入提前期=0+30=30(天)

机加工车间出产提前期=30+4+(30-10)=54(天)

机加工车间投入提前期=54+50=104(天)

毛坯车间出产提前期=104+4+(60-30)=138(天)

毛坯车间投入提前期=138+20=158(天)

又例如:松江机械厂定期成批轮番生产甲产品,月计划任务为150台,月工作日为25天,各车间有关资料见下表,各车间之间的保险期均为5天,求各车间的投入出产提前期。

表 4-47 各车间有关资料

车间	批量(台)	生产周期(天)
毛坯车间	240	10
机加工车间	120	40
装配车间	60	15

解:平均日产量=计划期任务量/计划期工作日数=150/25=6(台/天)

生产间隔期=批量/平均日产量

某车间出产提前期=后车间投入提前期+本车间保险期+(本车间生产间隔期—后车间生产间隔期)

某车间投入提前期=该车间出产提前期+该车间生产周期

装配车间生产周期=60/6=10(天)

装配车间出产提前期=0

装配车间投入提前期=0+15=15(天)

机加工车间生产间隔期=120/6=20(天)

机加工车间出产提前期=15+5+(20-10)=30(天)

机加工车间投入提前期=30+40=70(天)

毛坯车间生产间隔期=240/6=40(天)

毛坯车间出产提前期=70+5+(40-20)=95(天)

毛坯车间投入提前期=95+10=105(天)

六、在制品定额的确定

在制品定额是生产过程中各环节所需占用的最低限度的在制品数量,保持一定数量的在制品是保证正常生产的客观需要。在成批生产条件下，在制品定额分为车间内部在制品定额和车间之间半成品定额。

（一）车间内部在制品定额

车间内部在制品定额是指在制品成批投入车间到出产入库以前在车间内部占用的数量。计算公式是：

车间北部在制品定额＝生产周期/生产间隔期 * 批量＝生产周期 * 平均日产量

（二）车间之间半成品定额

车间之间半成品定额是指车间之间的毛坯库或零件库中的半成品储备量。由于前后车间生产率、工作班次、批量、间隔期不同或者投入生产的时间不协调而形成的在制品。计算公式是：

车间之间半成品定额＝每日需要量 * 库存天数＝后车间领用批量/两次领用间隔天数×（前车间出产间隔天数－后车间领用间隔天数）

七、成批生产作业计划的编制

（一）生产作业计划的编制要求

1. 确保完成生产任务。作业计划的编制要在品种、规格、质量、数量、期限等方面做到确保完成生产计划规定的生产任务。

2. 均衡生产。要充分考虑各车间、工段、班组和工作地的特点，进行合理分工，使之衔接紧密、相互配合，各生产单位能按规定的品种、数量、质量和期限均衡地、有节奏地出产产品。

3. 做好生产准备。要切实保证生产前的各项准备工作落实到位，主要是工艺技术、物料能源、人力资源、设备完好等方面。并进一步对生产任务和生产能力进行综合平衡。

4. 缩短生产周期。通过周密计算和细致安排，尽可能缩短生产周期，减少资金占用，节约成本。

（二）生产作业计划的编制依据

保证销售计划的顺利完成是编制生产作业计划的首要原则，同时尽量保持企业生产的连续性和均衡性。生产作业计划的编制依据包括：

1. 生产任务方面的资料

包括企业生产计划、订货合同及协议，备品备件生产计划，新产品试制计划，厂外协作任务，车间之间以及厂内其他辅助部门，基建等部门协作的任务。

2. 设计、工艺方面的资料

包括产品零部件的图纸加工，验收技术条件，工艺规程及其变化情况，产品装配系统图，工艺路线，自制或外购零件清单，各种工艺卡片，车间编制的零件明细表。

3. 生产能力方面的资料

包括各类人员配备情况及各类生产工人的人数及技术等级；设备的类型、数量、实际运行情况，特别是关键设备的工序能力情况、设备的修理计划及完成情况，厂房生产面积及其利用情况，各类产品分工种、零件、工序的工时定额及压缩系数。

4. 生产准备方面的资料

包括工装生产计划，原有工装在用、在库、在制的成套情况；原材料、外购件、配套件、标准件等物资的供应和库存情况，动力运输的能力及供应、服务情况。

5. 前期计划完成情况资料。包括各种产品品种、质量产量完成情况，废品率、合格率及其原因分析，特别是关键零件的质量情况及有关质量的分析材料，配套缺件及在制品期末结存量，工时利用率、工人出勤率及有关分析资料。

6. 各项有关的期量标准

包括旧标准的修改，新标准的制订，现有标准的选用。

(三)用累计编号法编制生产作业计划

累计编号法又叫提前期法，该方法适用于多品种成批轮番生产类型。在成批生产条件下，产品品种较多，产量不大，一般采用轮番生产，编制生产作业计划，要保证各车间在品种、数量和时间上相互衔接，通常采用累计编号法。累计编号法一般按工艺反顺序计算。

在累计编号法中，根据预先测定的各车间的提前期标准，把提前期转化为提前量，规定各车间应该比最后车间提前完成的数量，并且各车间投入生产的数量常用累计数表示，累计数是从计划年度开始生产某种产品的第一台算起，对每一台产品按顺序地编上号码，产品越接近装配车间，累计号越小，产品越接近开始阶段，累计号越大。累计编号法的主要环节是规定各车间投入和出产的累计数，以此来联系和调节各车间之间的衔接关系，掌握各车间生产进度和确定计划月任务量。

第一步，确定各车间的出产提前期和投入提前期：

出产提前期和投入提前期见前面“生产提前期的确定”部分内容。

第二步，计算各车间应达到期的出产(投入)累计号数：

某车间某月出产(投入)累计号数＝最后车间出产累计号数＋最后车间平均日产量＊本车间出产(投入)提前期

第三步，求出各车间计划期出产量和投入量：

某车间计划出产(投入)任务量＝本车间计划期末出产(投入)的累计号数－本车间计划期初已出产(投入)的累计号数。

注：按公式计算出的任务量应修正为一个或几个批量。

在逐月产量不稳定的大量生产条件下或者间断生产的多品种成批轮番生产，应按产品出产的时间要求，根据提前期和数量、批量等来确定各车间提前生产零部件的时间和累计数。一般安排当月计划时，除装配车间按当月产出任务确定外，其他车间任务的确定是根据生产大纲或订货合同和轮番计划等，看当月以后各月出产的品种、数量、批量的要求，按它的零部件提前期和批量来推算，并摘抄出来应由当月各车间提前生产的品种、数量、批量以及应达到的累计数，或用图表的方法反工艺推算。

例如：计划月生产任务100台，日出产量4台，投入、出产量的计算见下表所示。

表4-48 投入、出产量的计算

期量标准	装配车间	机加工车间	毛坯车间
批量	50	100	100
生产周期	13	25	20
生产间隔期	12	25	25

续表

期量标准	装配车间	机加工车间	毛坯车间
保险期	—	3	4
出产提前期	0	13+3+(25−12)=29	54+4+(25−25)=58
投入提前期	13	29+25=54	58+20=78
上月已达出产累计号数	100	200	300
上月已达投入累计号数	150	300	400
该月出产累计号数	100+100=200	200+29*4=316	200+58*4=432
该月投入累计号数	200+13*4=252	200+54*4=416	200+78*4=512
出产量	200−100=100	316−200=116(100)	432−300=132(100)
投入量	252−1250=102(100)	416−300=116(100)	512−400=112(100)

(四)用在制品定额法编制生产作业计划

在制品定额法适用于大量大批生产类型。在大量大批生产条件下，品种少，产量大，工作地专业化程度高，工艺装备系数大，操作工人分工细，生产任务稳定，车间之间分工明确，联系密切。所以编制生产作业计划主要关注各车间之间衔接平衡。通过采用在制品定额法编制生产作业计划，即以零件为计划单位，根据现行制定的在制品定额，结合在制品实际结存量及其变化，按反工艺顺序确定各车间计划投入量和出产量。计算公式如下：

某车间出产量=后车间投入量+外销半成品+(库存半成品定额−预计期初半成品库存量)

某车间投入量=该车间投入量+该车间计划允许废品量+(车间在制品定额−预计期初车间在制品结存量)

注：最后车间出产量和车间半成品外销量是根据市场需要确定的；车间允许废品量是按预先规定的废品率计算出来的；预计期初半成品的库存量和在制品结存量是根据账面结算加上预计来确定，正式下达计划时，按实际盘点加以修正。

例如：各车间5月份资料见下表所示，确定投入与产出情况。

表4-49 车间5月份投入与产出情况

产品名称		C650车床	
产品产量		10000台	
零件名称		轴(01−051)	齿轮(02−034)
每台件数		1	4
装配车间	1. 出产量	10000	40000
	2. 废品	—	—
	3. 在制品占用量定额	1000	5000
	4. 期初预计在制品占用量	600	3500
	5. 投入量(1+2+3−4)	10400	41500

续表

零件库	6. 半成品外销量	—	2000
	7. 占用量定额	800	6000
	8. 期初预计占用量	1000	7100
加工车间	9. 出产量(5+6+7−8)	10200	42400
	10. 废品	100	1400
	11. 在制品占用量定额	1800	4500
	12. 期初预计在制品占用量	600	3400
	13. 投入量(9+10+11−12)	11500	44900
毛坯库	14. 半成品外销量	500	6100
	15. 占用量定额	2000	10000
	16. 期初预计占用量	3000	10000
毛坯车间	17. 出产量(13+14+15−16)	11000	51000
	18. 废品	800	—
	19. 在制品占用量定额	400	2500
	20. 期初预计在制品占用量	300	1500
	21. 投入量(17+18+19−20)	11900	52000

根据上表，可以编制各车间5月份的月度作业计划草案，经讨论后确定。如5月份加工车间投入与出产计划任务见下表：

表 4-50　5月份加工车间投入与出产计划任务

序号	名称	每台件数	装配投入需要量	库存定额差额	外销量	出产量	投入量
1	01-051 轴	1	10400	−200	—	10200	11500
2	02-034 齿轮	4	41500	−1100	2000	42400	44900

车间任务确定后，将月任务按日分配，编制月度进度计划。如上例(扣除节假日，按20个工作日安排)，5月份加工车间进度计划表见下表。

表 4-51　5月份加工车间进度计划表

名称	月任务	项目		工作日							
				1	2	3	4	5	6	7	8
01-051 轴	10200	出产	计划	510	510	510	510	—	—	—	—
			实际								
	11500	投入	计划	575	575	575	575	575	—	—	—
			实际								

五、生产车间作业排序

(一)作业排序的原则

具体地确定每台设备、各位员工每天的工作任务和工件在每台设备上的加工顺序称为作业排序。作业排序要解决先加工哪个工件、后加工哪个工件的加工顺序问题,还要解决同一设备上不同工件的加工顺序问题。在很多情况下,可选择的方案很多,而不同的加工顺序得出的结果差别很大,为此,需要采用一些方法和得出最优或令人满意的加工顺序。

排序问题有不同的分类方法。在制造业领域和服务业领域中,有两种基本形式的作业排序:一是劳动力排序,主要是确定人员何时工作;二是生产作业排序,主要是将不同工件安排到不同设备上或安排不同的人做不同的工作。在制造业和服务业企业中,有时两种作业排序问题都存在。这种情况下,应集中精力注意其主要的、占统治地位的方面。在制造业中,生产作业排序是主要的,因为要加工的工件是注意的焦点,许多绩效衡量标准,如按时交货率、库存水平、制造周期、成本和质量都直接与排序方法有关,除非企业雇佣了大量的非全日制工人或每周 7 天都运行,否则劳动力作业排序问题就是次要的。反过来,在服务业中,劳动力作业排序是主要的,因为,服务的及时性是影响公司竞争力的主要因素,许多绩效衡量标准,如顾客等待时间、排队长度、设备利用情况、成本和服务质量等,都与服务的及时性有关。

合理的作业排序,在保证生产任务完成的前提下,可缩短生产周期,提高设备利用率和操作人员的工作效率,取得良好的经济效益。在进行作业排序时,可按以下的排序原则进行:

1. 先到先服务原则

这是基本原则,即按照接到订单的先后顺序进行加工。

2. 最短作业时间优先原则

首先加工所需时间最短的作业,然后加工时间次短的,以此类推。此原则具有良好的平均性质,它使平均流程时间、平均工作时间、平均延误时间最小,但加工时间长的任务会出现很长的延误时间。

3. 最长加工时间优先原则

加工时间长的产品往往是企业的主要产品,数量多,利润大,既然有了订单,就要及早安排,以免延误交货,给企业产生较大损失。

4. 最早交货者优先原则

首先安排交货期最早的作业。按订单的交货时间,最早交货先安排会使总延误时间最小,但其他几个平均值指标不好。

5. 最小松弛时间优先原则

松弛时间是交货日期与加工时间的比较,差值时间最小的任务最早安排。

(二)制造业中的生产作业排序

在制造业中,许多工作要在一个或几个工作地进行加工,每个工作地都安置有不同的机器和工人。一般来说,每一个工作地都可以执行多种任务,因此有可能造成排队等待。

1. 甘特图

甘特图是作业排序中最常用的一种工具,最早由美国管理专家甘特于 1947 年提出。这种方法是基于作业排序的目的，将活动与时间联系起来的最早尝试之一，主要用计划进度与实际进度进行比较控制，如下图所示。

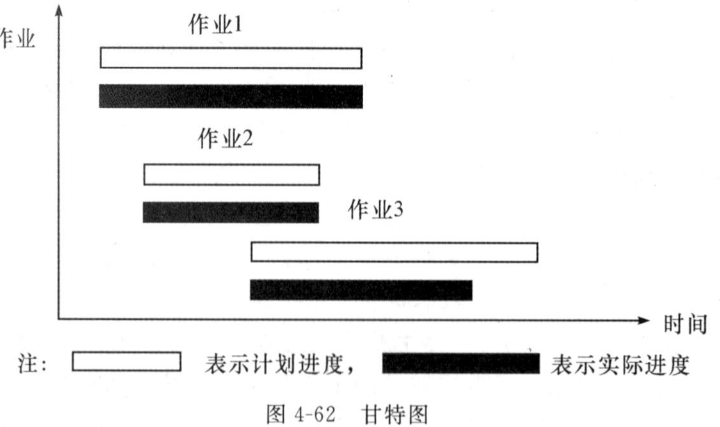

图 4-62　甘特图

2. 加工顺序的安排

合理安排加工顺序，有利于缩短产品的生产周期，减少在制品的占用量，保证产品的交货期等。过去安排加工顺序都凭计划工作人员的经验。近年来，国内外对排序问题进行了大量的理论研究，提出了许多的排序方法。

对加工排序安排合理与否的评价标准有：工件的最大流程时间、工件的平均流程时间、工件的最大延期量、工件的平均延期时间、总调整时间。工件的最大流程时间是指从第一种零件开始加工起到所有等待加工零件加工完毕的时间，排序的目标是最大流程时间最短。工件的最大延期量是指等待加工零件中完工日期超过交货期的最大值，最大延期量要求最小。工件的平均延期时间是指各等待加工零件延期量的平均值，平均延期时间要求最小。总调整时间是指各零件调整时间之和，由于零件相似程度不同，不同的加工顺序可有不同的总调整时间，总调整时间以最小为好。下面介绍几种排序方法：

(1)单台设备的排序问题。即只有一道工序的零件在同一台设备上加工的排序问题。几种零件在一台设备上加工，不论加工顺序如何，最大流程时间 T 是一个固定值，即

$$T=\sum_{i=1}^{n}t_i$$

公式中：t_i—零件 i 的加工时间；n—零件种数

评价标准是平均流程时间最短或最大延期量最小。

平均流程时间$\overline{T}$的计算公式如下：

$$\overline{T}=\frac{\sum_{j=1}^{n}T_j}{n}$$

$$T_j=T_{j-1}+t_j$$

公式中：Tj—第 j 零件的流程时间，tj—零件 j 的加工时间

令 $T0=0$，由 $T_j=T_{j-1}+t_j$ 得

$T_1=T_0+t_1=t_1$

$T_2=T_1+t_2=t_1+t_2$

$$T_3 = T_2 + t_3 = t_1 + t_2 + t_3$$

……

$$T_n = T_{n-1} + t_n = t_1 + t_2 + t_3 + \cdots + t_n$$

$$\sum_{j=1}^{n} T_j = T_1 + T_2 + T_3 + \cdots + T_n = nt_1 + (n-1)t_2 + (n-3)t_3 + \cdots + t_n$$

由上式可知，为使$\overline{T}$最小，必须使 $t_1 < t_2 < t_3 \cdots < t_n$，即零件按加工时间的大小安排加工顺序，加工时间最短者最先安排。这一安排加工顺序的方法，也称为 SPT 规则。

例如：设有 5 种零件在同一设备上加工，其加工时间及交货期如下表所示，试安排其加工顺序。

表 4-52 零件加工时间及交货期

零件编号	A	B	C	D	E	F
加工时间(天)	5	7	3	6	2	4
预定交货期(第几天)	10	14	6	11	5	4

按 SPT 规则，该 5 种零件的加工顺序应为 E—C—F—A—D—B，$\overline{T}$为：

$$\overline{T} = (6\times2+5\times3+4\times4+3\times5+2\times6+1\times7)/6 = 12.8 \text{ 天}$$

为使最大延期量最小，零件应按预定交货期的先后排序，最早交货者最先安排。这一安排加工顺序的方法，称为 EDD 规则。

按这一规则，上例中零件的加工顺序及交货延期量如下表所示，最大延期量 Dmax＝13 天，交货总延期量＝30 天。

表 4-53 零件加工顺序及交货延期量

零件编号及加工顺序	F	E	C	A	D	B
加工时间(天)	4	2	3	5	6	7
完工时间(第几天)	4	6	9	14	20	27
交货期(第几天)	4	5	6	10	11	14
交货延期量(天)	0	1	3	4	9	13

(2)两台设备流水型排序问题。几种零件在两台机床上加工，它们的工艺顺序相同，即流水型排序问题，可用约翰逊—贝尔曼法则求解，使最大流程时间最短。

设 t(iA)和 t(iB)分别为零件 i 在第一台设备 A 和第二台设备 B 上的加工时间，用约翰逊—贝尔曼法则确定零件加工顺序的步骤如下：

第一步，列出所有零件的加工时间表。

第二步，找出最短加工时间。

第三步，根据最短加工时间所属工序，确定零件的排列顺序。如最短加工时间属于第一台设备，则排在最前面，如属于第二台设备，则排在最后面。

第四步，将已排定加工顺序的零件除去。

第五步，重复步骤二、三、四，直到安排完所有零件加工顺序。

例如：设有甲、乙、丙、丁 4 种零件，均需先在车床 A 上加工，再在铣床 B 上加工，车床、铣床均仅有 1 台，各种零件在机床上加工所需时间见下表。试安排 4 种零件的加工顺序。

表 4-54 零件加工时间

工序号	加工时间 / 零件 / 机床	甲	乙	丙	丁
1	车床 A	4	10	5	9
2	铣床 B	2	8	6	12

解：根据约翰逊—贝尔曼法则

①在第一道工序和第二道工序中找出其加工工时的最小值。

②若此最小值在第一道工序，则此最小值对应的零件安排在最先加工；若此最小值在第二道工序，则此最小值对应的零件安排在最后加工

③去掉已安排的零件，继续按步骤 1、2 来安排，直至全部零件安排完毕为止。

④若两个工序有相同的最小值，则可将此零件任意放在前面或后面加工。

⑤算出总工时。

分析：

①最小值在第二道工序，对应的零件为甲，则将甲安排在最后加工。

②去掉甲后，最小值在第一道工序，对应的零件为丙，则将丙安排在最先加工。

③以此类推，加工顺序为甲—乙—丙—丁。

④画甘特图，如下图所示，计算总工时。

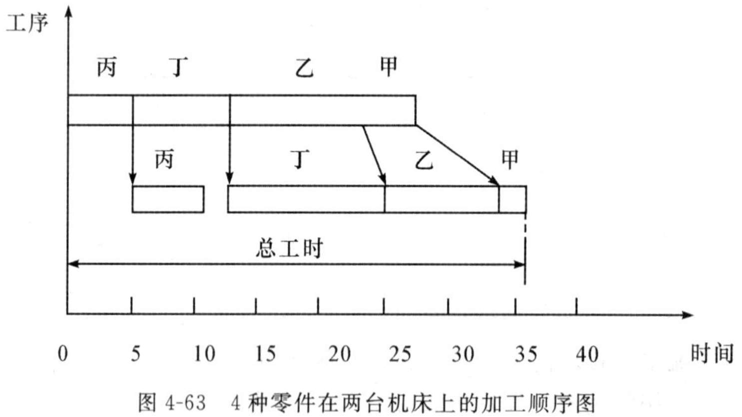

图 4-63 4 种零件在两台机床上的加工顺序图

由上图可知，总工时＝5＋9＋12＋8＋2＝36(分)

(3)三台设备流水型排序问题。几种零件在三台机床上加工，它们的工艺顺序相同，对此种排序问题，可用约翰逊—贝尔曼法则的扩展方法求解。

加工的机床为三台，而且符合下列条件之一的情况下，可以将三台机床变换为二台假想的机床：

Min(t(iA))≥max(t(iB))

Min(t(iC))≥max(t(iB))

计算假想的机床上零件的加工工时，用假想的机床 G、H 代替 A、B、C 三台机床，以 t(iG)和 t(iH)表示假想的机床上的零件工时，则：

$t(iG)=t(iA)+t(iB)$

$t(iH)=t(iB)+t(iC)$

于是问题转化为对G、H两台假想机床的求解，用约翰逊—贝尔曼法则求解，使最大流程时间最短。

如果三台机床的零件加工时间不符合上述两条件，用此法也可求得近似最优方案。

例如：有四种零件需依次在三台机床上加工，其工艺顺序相同，加工时间见下表。

表 4-55 零件加工时间

工序号	加工时间 零件 / 机床	甲	乙	丙	丁
1	车床 A	24	16	12	18
2	铣床 B	6	4	10	12
3	磨床 C	8	20	10	14

因为 $\min(t(iA))\geqslant\max(t(iB))=12$，符合上述条件，故可将三台机床转换为两台假想机床，并求出各零件在两台假想机床上的加工时间，如下表所示。

根据约翰逊—贝尔曼法则，使总流程时间最短的加工顺序为：乙—丁—丙—甲。根据此排序方案，绘制出4种零件在三台机床上的甘特图，总流程时间为 16+18+12+24+6=84(分)。

表 4-56 零件在假想机床上的加工时间

工序号	加工时间 零件 / 机床	甲	乙	丙	丁
1	机床 G	30	20	22	30
2	机床 H	14	24	20	26

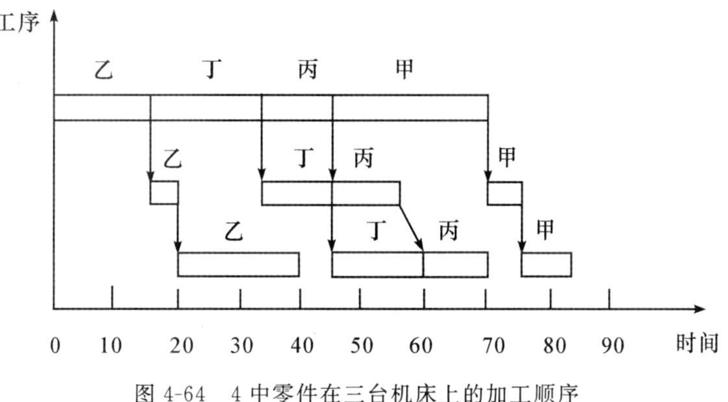

图 4-64 4 中零件在三台机床上的加工顺序

工作任务

在用友 ERP 系统进行生产订单业务处理

经过产能平衡后，MPS/MRP 计划产生计划订单，生产订单用来表示某一物料的生产数量，以及计划开工/完工日期等，主要用来控制生产进度、子件用料和资源需求，以便收集制造成本。已审核的生产订单，依其“物料工艺路线资料”，产生各生产订单的工序资料，包括生产订单各工序的开工/完工日期、资源需求和工序检验资料等。生产订单业务包括生产订单生成和工序计划生成。

一、生产订单生成

业务：

1. 将 MPS 计划产生的建议计划全部生成为正式生产订单，并对生成的生产订单进行审核。

2. 手工生成一张生产订单：长针，数量 50 根，开工日期 2006 年 9 月 5 日，完工日期 2006 年 9 月 20 日，并对生成的生产订单进行审核。

（一）自动生成生产订单

操作步骤：

1. 进入用友 ERP-U8 企业应用平台，业务生产制造生产订单/生产订单自动生成，进入生产订单自动生成窗口。

2. 单击工具栏上的“生成”按钮，系统自动生成符合要求的订单资料，即生产订单明细，如下图所示。

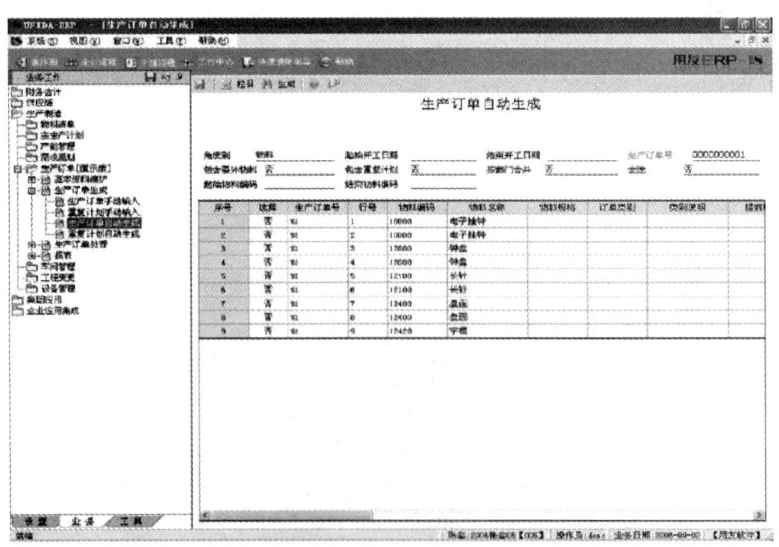

图 4-65　生产订单自动生成窗口

3. 将表体栏目中的“选择”栏位的“否”双击改为“是”。

4. 单击“保存”完成生产订单的自动生成，出现结果报告提示窗口，如下图所示。

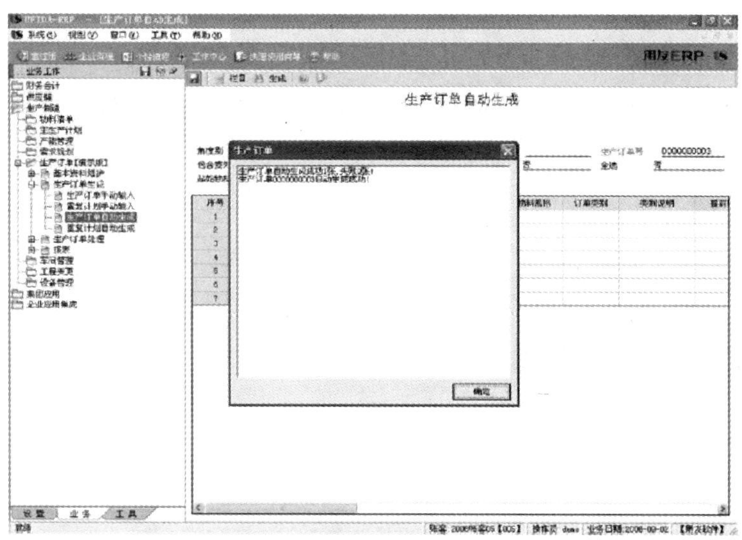

图 4-66 生产订单自动生成结果

(二)手工生成生产订单

操作步骤:

1. 进入用友 ERP-U8 企业应用平台,业务生产制造生产订单/生产订单手动输入,进入生产订单手动输入窗口。

2. 单击“增加”按钮,进行生产订单资料的手工输入,如下图所示。

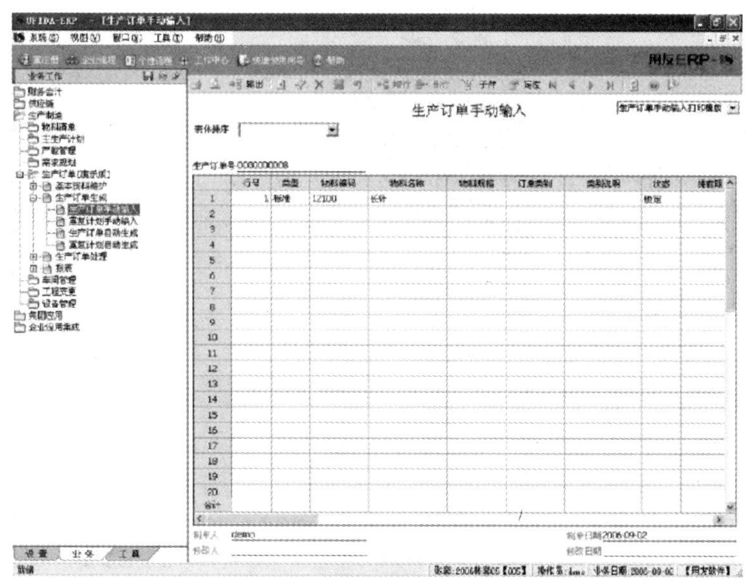

图 4-67 生产订单手动输入

3. 单击“保存”完成生产订单的手工输入。

(三)生产订单审核

其操作步骤:

1. 进入用友 ERP-U8 企业应用平台,业务生产制造生产订单/生产订单处理,进入生产订单处理窗口。

2. 表头生产订单状态选择为“锁定”,单击工具栏上的“查询”按钮,如下图所示。

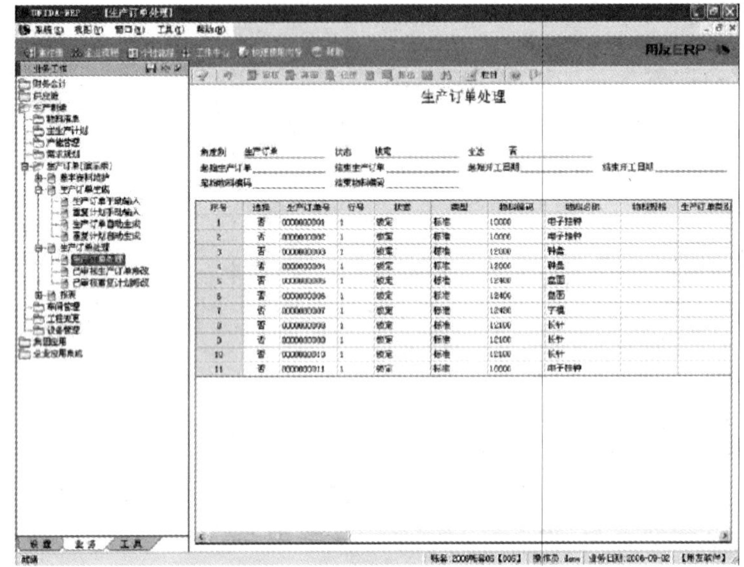

图 4-68 生产订单处理

3. 单击工具栏上的“修改”按钮,选择某物料的记录行,将“选择”栏中的“否”双击改为“是”。

4. 单击“审核”按钮,显示审核结果报告,如下图所示。

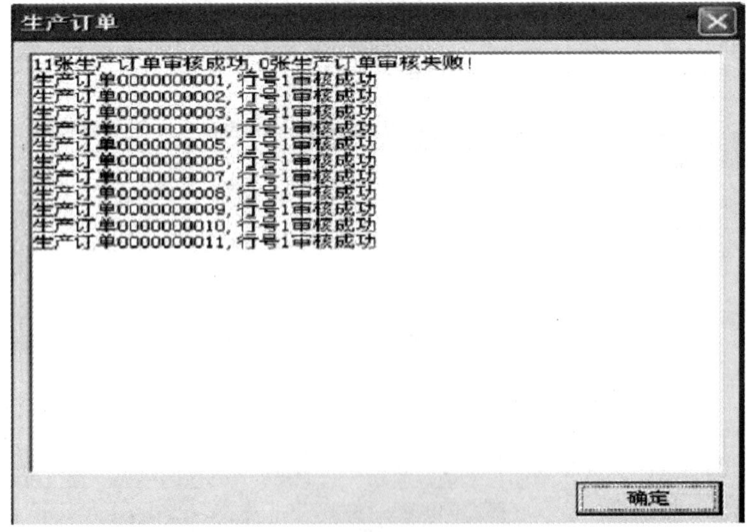

图 4-69 生产订单的审核

5. 单击“确定”完成生产订单的审核。

二、工序计划生成

业务:根据“长针”生产订单,做“长针”工序计划。“长针”工序资料如下表所示。

表 4-57 “长针”工序资料

工序代号	用料	资源	制造批量	标准工时	整备工时	搬运工时
0001	12010(0.02)	0010	1	2	1	1
0002		0020	1	1	2	1
0003		0030	50	8	3	1

顺推:以生产订单的“开工日期”为第一道工序的开工日期,然后按每一道工序的资源顺序号及其计划属性、资源用量、资源工时及资源产能比较而推算各工序的完工日期。

逆推:以生产订单的“完工日期”为最后工序的完工日期,然后同顺推逻辑往前工序推算每一道工序的开工日期和完工日期。

操作步骤:

1. 进入用友 ERP-U8 企业应用平台,业务车间管理基本资料/物料工艺路线资料维护,进入物料工艺路线资料维护窗口,如下图所示。

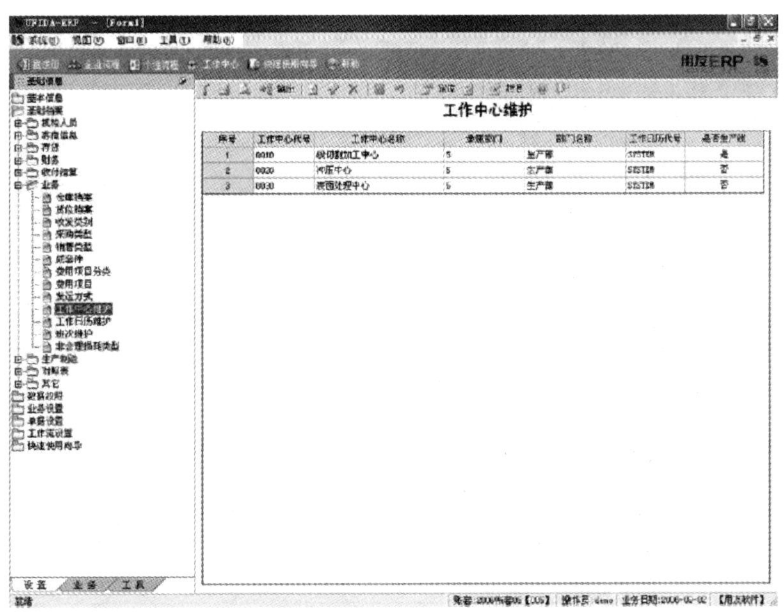

图 4-70 工作中心维护

2. 单击“增加”按钮,录入表头、表体资料。

3. 单击“保存”完成长针工序资料维护。

4. 进入用友 ERP-U8 企业应用平台,业务/车间管理/生产订单的工序计划/生产订单的工序计划生成,进入生产订单的工序计划生成窗口。

5.“生产订单的工序计划”窗口中,输入结束生产订单号和结束开工日期,如下图所示。

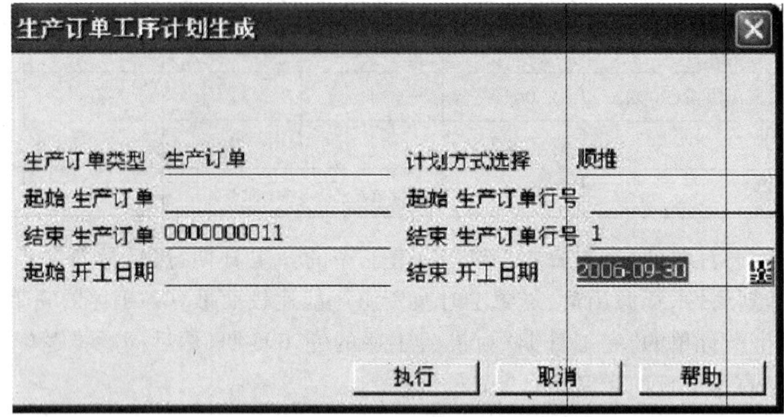

图 4-71 生产订单工序计划生成

6. 单击“执行”按钮，即进行工序计划的生成作业，显示生成结果报告，如下图所示。

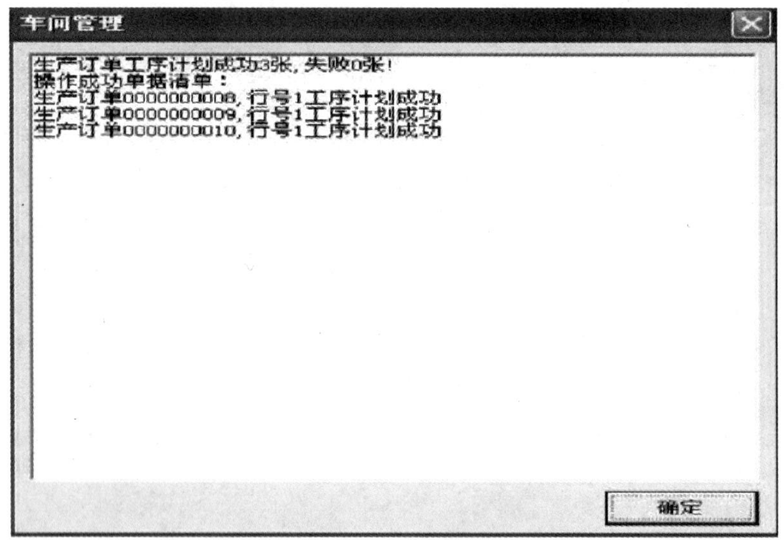

图 4-72 生产订单的工序计划生成结果

项目五

库存管理

教学目标

(一)总目标:掌握库存管理的技术和方法

(二)具体目标:

1. 掌握库存的内涵、特点及价值
2. 掌握库存控制的目标和基本模型

工作任务

(一)掌握库存管理的控制方法

(二)运用仿真软件进行库存管理,解决企业实际问题

单元一　库存管理和基本决策

教学目标

(一)总目标:掌握库存管理相关概念以及基本决策

(二)具体目标:

1. 理解库存的概念、作用
2. 了解库存的分类
3. 掌握库存管理

理论精要

一、库存的定义

库存是指一个组织所储备的所有物品和资源。库存系统是指用来监控库存水平、确定应维持的库存水平、决定库存补充的时间及订购量大小的整套制度和控制手段。

传统上,制造性库存是指对公司产品有贡献或组成产品一部分的物质。制造性库存一般可分为:原材料、产成品、零配件、低值易耗品以及在制品。在服务行业,库存一般指用于销售的有形商品以及用于管理该服务的耗用品。

在制造业和仓储保管业中，库存分析的目的是为了规范以下两个问题：第一，应该什么时候进行订购；第二，订购量应该为多少。许多公司都努力与供应商建立长期供需关系，以便该供应商能为企业全年的需求提供服务。这样一来，问题就从“何时”与“订多少”转化为“何时”与“运送多少”。

二、库存的作用

所有公司(包括JIT方式下的公司)都要保持一定的库存，其库存的作用，见下表。考虑以上任一种原因时，我们都应意识到库存需要付出高昂的代价，而且高库存一般是没有必要的。高容量库存还会引起过长的生产周期，这也是应该避免的。

表 5-1　库存的作用

批量库存	数量折扣 降低准备成本 降低运输、物料处理、管理成本	增加存储成本 增加机会损失
安全库存	降低销售损失和缺货损失 增加客户服务 缩短客户反应时间和成本	增加存储成本
避险库存	降低销售损失成本 降低加班成本	增加存储成本
预期库存	降低加班、外协成本 提高制造能力利用	增加存储成本
通路库存	保证售点供应 增加客户服务	增加存储成本 增加机会损失
投机库存	降低物料成本	增加存储成本 增加机会损失

三、库存成本

进行有关库存规模的决策时，应考虑如下成本：

(1)持有成本。该类成本的范围相当广泛，包括存储设施的成本、搬运费、保险费、盗窃损失、破损、过时损失、折旧费、税金以及资金的机会成本。很明显，存储成本高则要求保持低库存量并经常补充库存。

(2)生产准备(或生产变化)成本。每生产一种不同的产品都要做以下工作：取得所需的原材料，安排所需设备的调试，填写物料单，确定装卸时间和材料以及运来库存中原有的材料。如果从生产一种产品转到另一种产品不产生成本或没有时间损失，则可以采用批量小、次数多的生产方法。这将降低库存水平，并最终达到节约成本的目的。目前，一个挑战性的目标是尽量降低生产准备成本以满足较小的生产批量要求。

(3)订购成本。这些成本是指准备购买订单或生产订单所引起的管理和办公成本。订购成本包括订货的所有细节，例如盘点库存和计算订货量所产生的成本都属于订购成本。该成本也包括有关维护订单跟踪系统的成本。

(4)短缺成本。当某一物质的储备耗尽时，对该物质的需求或者被取消，或者必须等到再次补充库存才能得到满足。这就涉及权衡为满足需求而持有库存的成本与缺货引起的成本的大小。这种平衡经常是难以达到的，因为损失的利润、失去顾客的影响以及延误损失可能难以估计。虽然通常可以把短缺成本限定在一个大概范围内，但这种假设的短缺成本往往还只限于猜测的程度。

确定向供应商订货的数量或者要求生产部门生产的批量时，应该尽量使由以下四种单项成本引起的综合总成本达到最小。这四项单项成本为：持有成本、生产准备成本、订购成本和短缺成本。当然，订购时机也是影响库存成本的关键因素。

四、独立需求与非独立需求

在库存管理中，有必要弄清楚独立需求与非独立需求之间的区别。这是因为库存系统决策的基础依赖于区分需求来自最终产品还是与该产品本身有关。

简单来说，独立需求与非独立需求之间的区别是：独立需求中各物质的需求是互不相关的。例如，一个工作站可以生产相互无关的许多零件，用来满足一些外部需求。对于非独立需求，对任一物质的需求常常是对其他物质的需求的直接结果。通常，该物质是其高层次物质的一个部件。

从概念上说，非独立需求是相对直接的计算上的问题。在求得使用该物质的高层次物质需求数量的基础上，该物质的需求量可以简单地计算出来。例如，如果一家汽车公司计划每天生产 500 辆汽车，那么很显然它将需要 2000 个轮子和轮胎(加上备用轮胎)。在生产水平上，轮子与轮胎的需求是非独立的，不是独立产生的。而另一方面，汽车的需求是独立的——它来自汽车公司外部的许多渠道，而不是其他产品的一个部分：它与其他产品的需求无关。

为了确定独立需求物质的生产数量，公司经常依赖销售和市场研究部门。它们使用的技术多种多样，包括：顾客调查、预测技术、经济和社会趋势等。由于非独立需求是不确定的，所以库存中必须备有额外的产品作缓冲。

工作任务

任务 1　认识库存的内涵与作用

任务 1a　阅读下列案例，回答有关问题

刘总在海滨城市经营一家海鲜酒店。由于酒店的菜肴制作卫生，海鲜产品的新鲜度高，又处于有利的地理位置，该酒店经营一直很红火。海鲜的一个重要“风味”就体现在“鲜”字上。于是，刘总在酒店中摆设了许多海鲜饲养池，饲养海鲜。但是问题在于酒店里储存的海鲜数量有限，而且占用大量资金和营业面积，还要高薪聘请饲养员。如果进货过多，占用资金就多，而且一时卖不掉的海鲜还有损耗，这样就造成了很大的库存费用。反之，进货过少，又会失去很多生意。刘总真是左右为难，他迫切需要掌握顾客具体的需求品种和需求量，用来制定相应的库存策略以降低运营成本，从而应对激励的市场竞争。

【思考与实践】

1. 结合案例，谈谈什么是库存？库存的作用是什么？

2. 丰田公司创始人丰田喜一朗说过：“库存是万恶之源”。结合案例分析，库存的“恶”体现在哪里？

任务 1b 阅读下列案例，回答有关问题

挑战零库存的第一种现实途径是寄售零库存法：不停工待料或有单无货。把需方厂房或仓库内部分场地以租金或免费方式租给供方，作为供方的仓库，这时，需方的库存为零。供方的库存也有了定向的销售。该仓库里的库存可由需方或供方管理。需方可随意到仓库里取货，领取后将单据交给供方，并定期付款。此法也称委托库存法或超市库存法。详见如下案例：

此方法由日本新力公司首次启用，并被命名为“自来水仓库”。其基本观念是由供应厂商负担库存。新力公司所采购的电线、小螺丝、顶阻器等标准件，与特定的供应商订立购买合同，将供应商使用的库存空间无偿出借，并代管理。这样，供应商在负担库存的同时免去了管理成本。

现在，已与越来越多的公司采用这种双赢的方法。松下电器公司也应用得很成功。日本精工藤泽公司则将此法发展成为“专柜库存”。将本公司的工具室分散管理的材料和零件统一集中到一个仓库中，并设立了 NSK 专卖店，使其成为材料供应中心，从而获得如下优势：

1)将供应厂商的 6000 多种材料和零件预先寄存在本公司内的“专卖店”中，用多少物品就付多少货款；2)因为所有的工具室都取消了，使生产的操作空间大大扩增，提高了库存资金的利用率和固定资产的投资回报率；3)由于每月一次按量付款，库存记账、品质验收等日常事务性的许多繁杂工作都大大减少了；4)由于是订立了 3 个月或 6 个月一次的意向采购协议，从而有效简化了购买手续。应特别注意的是，寄售物品的前期质量检查工作必须到位，这是寄售库存法成功的前提条件。

第二种途径供应商管理用户库存：随用随取与定向销售。所谓 VMI(Vendor Managed Inventory)是一种以用户和供应商双方都获得最低成本为目的，在一个共同的协议下由供应商管理库存，并不断监督协议执行情况和修正协议内容，使库存管理得到持续地改进的合作性策略。

这种库存管理策略打破了传统的各自为政的库存管理模式。体现了供应链的集成化管理思想，适应市场变化的要求，是一种新的、有代表性的库存管理思想。目前，VMI 在分销链中的作用十分重要，因此被越来越多的人重视。

美国达可海德(DC)服装鞋业公司把供应商管理的库存(VMI)看作增加销售量、提高服务水平、减少成本、保持竞争力和加强与客户联系的战略性措施。在实施 VMI 过程中，DC 公司发现有些客户希望采用 EDI 先进技术并且形成一个紧密的双方互惠、信任和信息共享的关系。

为对其客户实施 VMI，DC 公司选择了 STS 公司的 MMS 系统，以及基于客户机/服务器的 VMI 管理软件。DC 公司采用 WINDOWS NT，用 PC 机做服务器，带有 5 个用户终端。在 STS 公司的帮助下，对员工进行了培训，设置了必要的基本参数和使用规则。技术人员为主机系统的数据和 EDI 业务管理编制了特定的程序。

在起步阶段，DC 选择了分销链上的几家主要客户作为试点单位。分销商的参数、配置、交货周期、运输计划、销售历史数据以及其他方面的数据，被统一输进了计算机系统。经过一段时间的运行，分销商的库存减少了 50%，销售额增加了 23%，取得了较大成效。

接着,DC公司将VMI系统进行了扩展,并且根据新增客户的特点,采取了多种措施,在原有VMI管理软件上增加了许多新的功能。

有些分销商要求提供一个最低的用于展示商品的数量。DC公司与这些客户一起工作,一起确定他们所需要的商品和数量(因为数量太多会影响库存成本),然后用VMI中的工具设置好,以备今后使用。

VMI系统建立以后,客户每周将销售和库存的数据传送到DC公司,然后由主机系统和VMI接口系统进行处理。DC公司用VMI系统,根据销售的历史数据、季节、款式、颜色等不同因素,为每一个客户预测一年的销售和库存需要量。

某些客户可能只能提供总存储量的EDI数据而不是当前现有的库存数。为此,DC公司增加了一个简单的EDI/VMI接口程序,计算出客户需要的现有库存数。

有些客户没有足够的销售历史数据用来进行销售预测。为了解决这个问题,DC公司用VMI软件中的一种预设的库存模块让这些客户先运行起来,直到积累足够的销售数据后再切换到正式的系统中去。

为把工作做好,DC公司运用了不同的预测工具进行比较,选择出其中最好的方法用于实际管理工作。在库存需求管理中,他们主要做的管理工作是:计算可供销售的数量和安全库存、安排货物运输计划、确定交货周期、计算补充库存的订货量等。

所有计划好的补充库存的数据都要复核一遍,然后根据下一周或下一天的业务,输入主机进行配送的优化,最后确定各配送中心装载/运输的数量。DC公司将送货单提前通知各个客户。

一般情况下,VMI系统需要的数据通过ERP系统获得,但是DC公司没有ERP。为了满足要求,同时能够兼顾VMI客户和非VMI客户,DC公司选择了最好的预测软件,并建立了另外的VMI系统数据库。

公司每周更新数据库中的订货和运输数据,并且用这些数据进行总的销售预测。结果表明,DC公司和它的客户都取得了预期效益。

同样,美国戴尔公司采取供应商管理用户库存后,在短短6个月里,从电脑界的无名小卒一跃成为互联网上第一号PC机零售商。理由之一是顾客可以买到他们需要的计算机,按自己的要求配置,并且可以很快拿到手,从订货到发货不到5个工作日。

戴尔计算机只在顾客要求时才生产,有了订单,才开始定购零部件,组装计算机, 戴尔按订单而不为库存生产。大部分零件都存放在类似超市的供应店里,相距自己的生产场地要不了几分钟。库存是供应商的事,与戴尔无关。

零件要等到装配时才让供应商发货, 发货时才算购买,零件离开超市前戴尔不必付款,这样,戴尔就不必把资金积压在待销售的计算机上,也不用投资采购待装配的计算机零件。仅采购这一项费用,戴尔就可转换成6%的利润。零件超市收到戴尔的“取件看板”后,就马上取出零件,送到组装车间。当库存行将脱销时,“看板”也会及时通知供应商自动为超市补货。

另外,当一台计算机从戴尔公司的任何一家工厂发货时,戴尔就给送货公司发一封电子邮件。送货公司就供应商仓库里提取一台计算机监视器,安排好时间与PC机同时送到顾客手中。这样就不必先把监视器送到戴尔那里,再由戴尔送到顾客那里。每笔生意戴尔可节省30美元的运输费。

第三种途径即时制库存法：看板——不多也不少/不早也不迟。中国第一汽车制造厂利用看板对其生产作业进行调整，实现了在制品零库存的极限。

早在1982年用看板去送货的零部件，就已达到总数的43%，并在此基础上，又实行了零部件直送工位制度，与周边15个协作厂，就2千种原材料签订了直送工位协议，改变了厂内层层设库储备的老办法，从而取消了15个中间仓库。如刹车碲片，过去由石棉厂每月分4次送往供应处总仓库，再由总仓库分发到分仓库，再从分仓库到生产现场。现改为直送生产现场，减少了重复劳动，当年就节约流动资金15万元。橡胶厂供应的轮胎过去集中发货，最多时一次发货20车皮，使轮胎库存高达2万套。现实行多批分发，使轮胎储备从过去的15天降到现在的2天，节约流动资金190万元。轴承座生产线的7道工序，现只由1个人操作，把扎在生产线第一道工序上的信号灯作为看板，每当后一道生产线取走一个零件时，信号灯显示为绿色，工人即按节拍进行生产。该生产线7道工序除了工序上加工的工件外，只有一个待加工工件，工序件的在制品基本为零。

上海通用汽车有限公司是美国通用汽车公司和上海汽车工业集团共同投资15.2亿美元组建的中外合资企业，主要生产高质量的别克轿车。中远集团承担通用汽车零部件的供应任务，成为上海通用汽车供应链的一个组成部分。1998年7月双方签订了“门到门”供应协议。上海通用汽车有限公司采用的是标准的JIT库存控制模式，由国际知名的物流咨询公司RYDER设计零库存管理系统。按照该系统，汽车零部件的库存要存放于运输途中，不再有大型仓库，而是在生产线旁边设立再配送中心，中心只需维持288套最低安全库存即可。中远集团立足于中国物流系统的现状，对于上海通用汽车有限公司要求的零库存生产模式，提出用木箱配送的方案。即将在配送中心的库存维持在平衡状态，并且逐渐减少，每天按照零件拉动计划收取装有汽车零部件的木箱，多余的木箱仍然留在中远集团的仓库里。这样就使“再配送中心”可以在低负荷库存水平下安全运行。

看板生产流程图

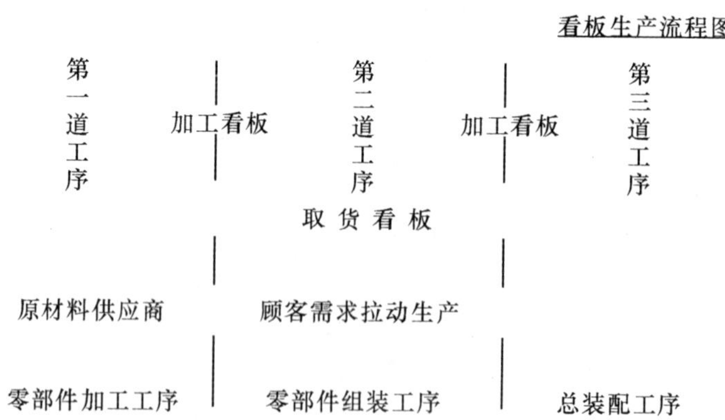

【思考与实践】

结合案例，谈谈什么是零库存？实现零库存的途径有哪些？

任务2 基于Excel的库存仿真决策

现实生活中大多数系统的动态行为都十分复杂，涉及许多不确定或未知的变化因素，很难甚至无法运用数学上的解析方法对其进行建模或求解。计算机仿真就是利用计算机模型来模仿某个复杂系统的动态行为，对其行为变化进行重复的模拟实验和动态演示，评价或预测它的行为效果，为决策提供依据。

1. 库存问题的提出

在商品的销售中，由于库存量和销售量不可能做到完全同步，所以要保持一定的库存储备。若库存过多，就会造成商品积压，占用过多流动资金，仓储费、保管费、自然损耗等增加。如果库存少，就可能造成缺货。下面举一种常见的例子。

某商家经销某商品，采用的订货策略是：若此种商品的库存量降到控制量 M，并且以前没有未到货的订单，则订货量为 N。希望找到最佳的决策参数 M 和 N，使累计利润最大。

给定的已知条件是：(1)订货后的第三个工作日收到厂家的送货；(2)每售出一件商品可获毛利 15.00 元；(3)每件商品积压一天，流动资金占用、仓储费等损失 0.80 元；(4)每次订货费用为 75.00 元；(5)商品每天的销售量 X 是随机的，根据以往的销售记录统计，销售量 X 平均每天为 50 件，其均方差为 10，近似地服从正态分布。

2. 仿真模型的流程图(图 5-1)

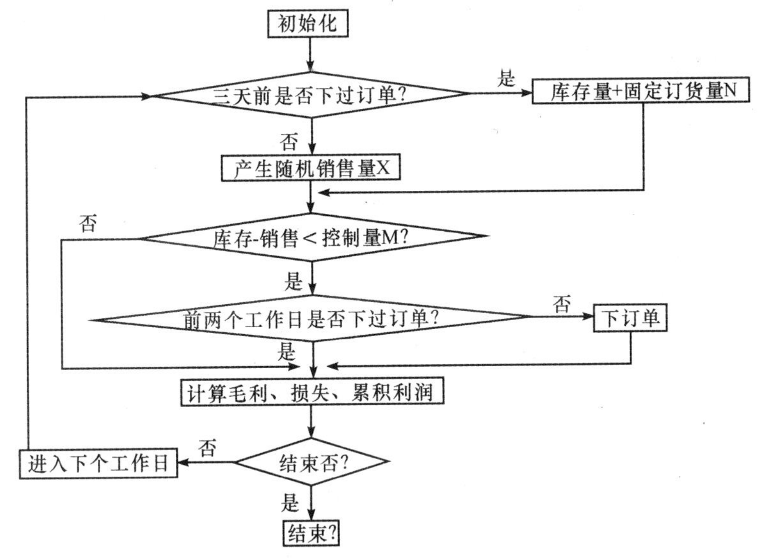

图 5-1　库存仿真模型的流程图

3. 运用的有关 Excel 函数

(1)NORMINV

返回指定平均值和标准偏差的正态累积分布函数的反函数。

Probability：正态分布的概率值；

Mean：分布的算术平均值；

Standard_dey：分布的标准偏差。

(2)RAND

返回大于等于 0 及小于 1 的均匀分布随机数。

(3)MAX(number1，number2，...)

返回一组值中的最大值。Number1，number2，...：是要从中找出最大值的 1～30 个数字参数。

(4)MIN(number1，number2，...)

返回一组值中的最小值。Number1,number2,...:是要从中找出最小值的 1～30 个数字参数。

(5)IF(logical_test,value_if_true, value_if_false)

执行真假值判断，根据逻辑计算的真假值，返回不同结果。

Logical_test：表示计算结果为 TRUE 或 FALSE 的任意值或表达式；

Value_if_true：logical_test 为 TRUE 时返回的值；

Value_if_false：logical_test 为 FALSE 时返回的值。

(6)AND(logical1, logical2, ...)

所有参数的逻辑值为真时，返回 TRUE；只要一个参数的逻辑值为假，即返回 FALSE。Logical1, logical2,...:表示待检测的 1～30 个条件值，各条件值可为 TRUE 或 FALSE。

(7)INT(number)

将数字向下舍入到最接近的整数。Number:需要进行向下舍入取整的实数。

根据概率论的知识，已知定理：如果随机变量 X 的分布函数 $F(x)$ 单调连续，则 $Y=F(x)$ 确定一个新的随机变量，它服从于(0,1)上的均匀分布。利用这个定理，先产生(0,1)上的均匀分布的随机数 Y，则 $X=F^{-1}(Y)$ 就是一个服从 $F(x)$ 的随机变量。

因此，Excel 中的随机变量 NORMINV(RAND(), 50, 10)服从期望值为 50、标准差 10 的正态分布。取整后，即可作为随机销售量 X。

4. Excel 表上建模

表 5-2 是 Excel 表格中的一部分，用它说明表上建模的过程。方案中的决策参数 M(控制量)=N (订货量)=150。

表 5-2 库存问题仿真模型

	A	B	C	D	E	F	G	H
1	时间序列	库存量	需求量	售出量	判断	毛利	损失	累计利润
2	−2	0	0	0	1	0	75	−75
3	−1	0	0	0	0	0	0	−75
4	0	0	0	0	0	0	0	−75
5	1	150	52	52	1	780	153.4	551.6

2、3、4 行(时间序列为−2、−1、0)是初始化状态；E 列放置判断值 e，当库存量 b 与售出量 d 之差小于 M 时，e=1，表示下订单；否则 e=0，没有下订单。5 行放置库存仿真系统第一天(时间序列为 1)运行的动态演示。

库存量 B5=B4−D4+E2＊150，其中 150 是决策参数 N 的取值；

需求量 C5=INT(NORMINV(RAND(), 50, 10))；

售出量 D5=MIN(B5, C5)；

判断 E5=IF(AND(B5−D5<150, E3=0, E4=0), 1, 0)，其中 150 是决策参数 M 的取值。在 AND(B5−D5<150, E3=0,E4=0)中，第二和第三个逻辑参数的取值是为了保证当前工作日的前两个工作日没有下订单，也就是保证了以前没有未到货的订单；

毛利 F5＝D5＊15；

损失 G5＝(B5－D5)＊0.8＋E5＊75；

累计利润 H5＝F5－G5＋H4。

然后，选中 A5：G5 区域，拖动填充柄将该区域中的公式往下复制，直至结束。复制的过程就是仿真系统模仿真实系统的动态演示过程。

5. 仿真结果分析

选择不同的决策参数 M(控制量)和 N(订货量)，组成不同的库存订货方案。考虑到：

第一，销售量 X 的期望值＝50，均方差－10，依据正态分布的 3σ 原则，每天的销售量 X 在 20～80 之间。

第二，下订单的第三天送货，并且下订单时，以前没有未到货的订单，即下订单的后两天没有货物补充。因此订单量须考虑三天的销售量。

因此，决策参数 M(控制量)和 N(订货量)都应在 60～240 之间。修改上例中库存量 B5＝B4－D4＋E2＊150 中的 N＝150，以及判断 E5＝IF (AND(B5－C5 <150，E3＝0，E4＝0)，1，0)中的 M＝150，重新开始仿真系统的动态演示过程，得到不同的行为效果。先作表 5-3 中的前 7 个方案。

表 5-3　仿真模型运行效果

方案编号	M(控制量)	N(订货量)	效果(100 天累计利润)	效果排序
1	120	120	54470.80 元	9
2	130	130	59106.80 元	8
3	140	140	63399.20 元	5
4	150	150	64259.40 元	3
5	160	160	64816.80 元	2
6	170	170	61153.20 元	7
7	180	180	61540.00 元	6
8	150	160	65454.00 元	1
9	160	150	64098.80 元	4

前面 7 个方案中，两个具有最佳演示效果的方案参数分别是 M＝160、N＝160 和 M＝150、N＝150，进一步在其附近做后面两个方案，得到最佳方案的参数为 M＝160、N＝150。

单元二　库存系统

教学目标

(一)总目标：掌握库存管理控制模型

(二)具体目标：

1. 掌握库存管理 ABC 法；

2. 掌握定量订货法；

3. 掌握定期订货法。

理论精要

库存系统为库存货品的管理和控制提供了组织机构和运营策略。该系统负责货品的订购和接收:决定订购时机,跟踪“订购什么”、“订购多少”和“向谁订购”等事项。该系统必须回答以下问题:供应商收到订单了吗?货物已经发出了吗?日期正确吗?是否建立了再订货及退还不必要商品的程序?

两种基本的库存模型是:定量订货模型(也称经济订购批量,EOQ 模型)和定期订货模型。两者的基本区别是,定量订货模型是“事件驱动”,而定期订货模型是“时间驱动”。也就是说,在定量订货模型中,当到达规定的再订货水平后,才引发订货行为。这一事件有可能随时发生,主要取决于对该物质的需求情况。与之相对的是,定期订货模型只限于在预订时期期末进行订货;模型中惟一的驱动原因是时间的变化。

运用定量订货模型时(当库存量降低到预先设定的再订购点 R 时,就进行订货),必须连续控制剩余库存量。因此,定量订货模型是一种永续盘存系统,它要求每次从库存里取出货物或者往库存里增添货物时,必须刷新纪录以确定是否已达到再订货点。而在定期订货模型中,库存盘点只在盘点期发生。

影响选择这两种系统的其他区别因素是:第一,定期订货模型平均库存较大,因为要预防在盘点期(T)发生缺货情况;定量订货模型没有盘点期。第二,因为平均库存量较低,所以定量订货模型有利于贵重物质的库存。第三,对于重要的物质如关键维修零件,定量订货模型将更适用,因为该模型对库存的监控更加密切,这样可以对潜在的缺货更快地做出反应。第三,由于每一次补充库存或货物出库都要进行记录,维持定量订货模型需要的时间更长。

一、定量订货模型

定量订货模型的目标是确定特定的一个点 R,当库存水平到达这一点时,就应当进行订购且该订单的数量为 Q。订购点 R 往往是一个既定的数。当可供货量(包括目前库存量和已订购量)到达 R 时,就应进行批量为 Q 的订购。库存水平可定义为目前库存量加上已订购量减去延期交货量。定量订货模型的求解课规范的表示如下:当库存降低到 36 单位时,再订购 57 单位。

这类模型中最简单的是所有的条件都确定的情况。如果对某产品的年需求量是 1000 单位,那就是指确切的 1000——而不是 1000±10%。对于生产准备成本和储存成本也是一样的,即数字非常精确。虽然在实际中完全确定的情况几乎是不可能的,但这一假设却为我们对库存模型的研究提供了很好的基础。

图 5-2 中关于 Q 和 R 的“锯齿形效果”表明,当库存水平下降到 R 点时,就应进行再订购。订购的货物将在提前期 L 的期末收到,且 L 在这个模型中保持不变。建立任何库存模型时,首先应在利息变量与效益指标之间建立函数关系。本例中,我们关心的是成本。下面是有关的等式:年总成本=年采购成本+年订购成本+年持有成本

$$TC=DC+(D/Q)S+(Q/2)H \tag{5-1}$$

式中:TC—年总成本

D—需求量(每年)

Q—订购批量{最佳订购批量称为经济订购批量 (economic order quantity)EOQ 或 Qopt}

S—生产准备成本或订购成本

R—再订购点

L—提前期

H—平均库存水平下,单位产品的持有和存储成本

在等式右边,DC 指产品的年采购成本,(D)/QS 指年订购成本(实际的订购次数 D/Q 乘以每次订购的成本 S),(Q/2)H 是年持有成本(平均库存 Q/2 乘以单位持有和储存成本 H)。这些成本之间的关系如图 5-3 所示。

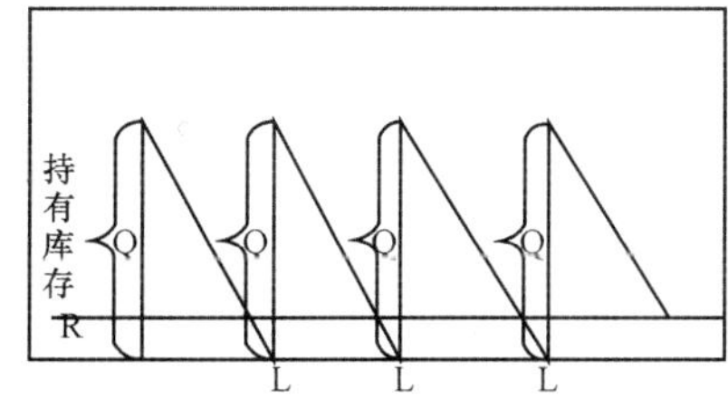

图 5-2 基本的定量订货模型

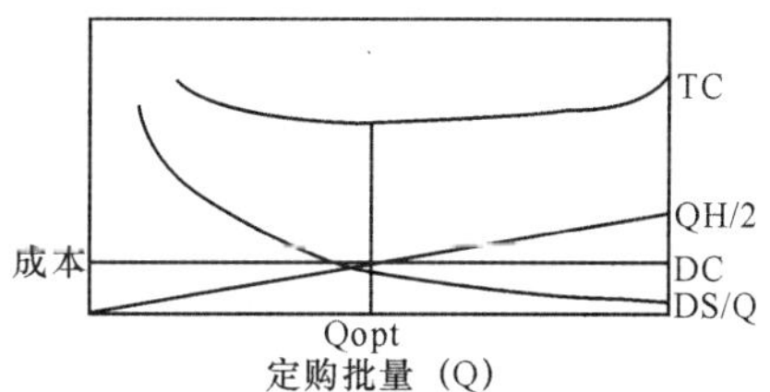

图 5-3 基于订购量的年产品成本

建立模型的第二步是确定订购批量 Qopt,以使总成本最小。在图 5-3 中,总成本最小的点出现在曲线上斜率为零的地方。利用微积分,我们将总成本对 Q 求导数,并令其等于零。对于我们所考虑的基本模型,具体计算过程如下:

$$TC = DC + (D/Q)S + (Q/2)H$$

$$dTC/dQ = 0 + (-DS/Q^2) + H/2 = 0$$

$$Qopt = \sqrt{\frac{2DS}{H}} \quad (5\text{-}2)$$

因为该模型假定需求和提前期都不变,即无需安全库存,则再订购点 R 可简单表示为:

$$R = \bar{d}L \quad (5\text{-}3)$$

式中:$\bar{d}$——日平均需求量(常数)

L ——用天表示的提前期(常数)

二、定期订货模型

在定期订货系统中,库存只在特定的时间进行盘点,例如每周一次或每月一次。供应商定期走访顾客并提供其所有产品供顾客订购,或买方为了节约运输费用而将他们的订单合在一起下达的情况下,采用定期进行库存盘点和订购就较为理想。另外,一些公司实行定期订货系统是为了方便安排库存的盘点。例如,销售商 X 每两周打来一次电话,则员工就明白所有销售商 X 的产品都应进行盘点了。

在定期订货系统中,每一期的订购量不尽相同,订购量的大小主要取决于各个时期的库存使用率。它一般比定量订货系统要求有更高的安全库存。定量订货系统是对库存连续盘点,一旦库存水平达到再订购点,立即进行订购。相反地,标准的定期订货模型仅在确定的盘点期进行库存盘点。它有可能在刚订完货时由于大量的需求而使库存降至零,而这

种情况只有在下一个盘点期才会发现。而新的订货还需要一段时间才能到达。这样，有可能在整个盘点期 T 和提前期 L 内都会发生缺货。所以，安全库存应当保证在盘点期内和从发出订单到收到货物的提前期内都不发生缺货。

其决策思想是：每隔一个固定的时间周期检查库存项目的储备量。根据盘点结果与预订的目标库存水平的差额确定每次订购批量。这里假设需求为随机变化，因此，每次盘点时的储备量都是不相等的，为达到目标库存水平 Q0 而需要补充的数量也随之变化。这样，这类系统的决策变量应是：检查时间周期 T、目标库存水平 Q0。这种库存控制系统的储备量变化情况如下图 5-4 所示。

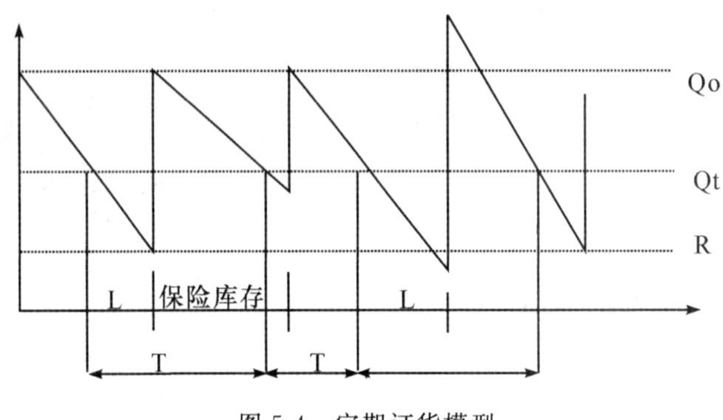

图 5-4　定期订货模型

定期订货主要包括以下内容：

第一，订货周期的确定。订货周期一般根据经验确定，主要考虑制定生产计划的周期时间，常取月或季度作为库存检查周期，但也可以借用经济订货批量的计算公式确定使库存成本最有利的订货周期。

$$订货周期=1/订货次数=Q/D \tag{5-4}$$

第二，目标库存水平的确定。目标库存水平是满足订货期加上提前期的时间内的需求量。它包括两部分：一部分是订货周期加提前期内的平均需求量，另一部分是根据服务水平保证供货概率的保险储备量。

$$Q0=(T+L)r+ZS2 \tag{5-5}$$

式中：T—订货周期；

L—订货提前期；

r—平均日需求量；

Z—服务水平保证的供货概率查正态分布表对应的 t 值。

S 是订货期加提前期内的需求变动的标准差。若给出需求的日变动标准差 S0，则：

$$S_2=SQ\sqrt{T+L} \tag{5-6}$$

依据目标库存水平可得到每次检查库存后提出的订购批量：

$$Q=Q_0-Qt \tag{5-7}$$

式中 Qt—在第 t 期检查时的实有库存量。

例　某货品的需求率服从正态分布，其日均需求量为 200 件，标准差为 25 件，订购的提前期为 5 天，要求的服务水平为 95%，每次订购成本为 450 元，年保管费率为 20%，货品单价为 1 元，企业全年工作 250 天，本次盘存量为 500 件，经济订货周期为 24 天。计算目标库存水平与本次订购批量。

解：

1)(T＋L)期内的平均需求量＝(24＋5)×200＝5800 件

2)(T＋L)期内的需求变动标准差＝135 件

3)目标库存水平：Q0＝5800＋1.96×135＝6065 件

4)订购批量：Q＝6065—500＝5565 件

从上例的计算结果可以看出，在同样的服务水平下，固定订货期限系统的保险储备量和订购批量都要比固定订货量系统的保险储备量和订购批量大得多。这是由于在固定订货期系统中需满足订货周期加提前期内需求量和防止在上述期间发生缺货所需的保险储备量。这就是为什么一些关键物品、价格高的物品不用固定订货期法，而用固定订货量法的原因。

三、ABC 库存计划

通过不断盘点、发放订单、接收订货等工作来维持库存要耗费大量的时间和资金。当这些资源有限时，企业很自然地就会试图采用最好的方式，充分利用有限的资源来对库存进行控制。换句话说，此时重点应该集中于重要物质的库存。

ABC 分析法是储存管理中常用的分析方法，也是经济工作中一种基本工作和认识方法。ABC 分析的应用，在储存管理中比较容易地取得以下成效：第一，压缩了总库存量；第二，解放了被占压的资金；第三，使库存结构合理化；第四，节约了管理力量。

ABC 分析的理论基础。社会上任何复杂事物，都存在着“关键的少数和一般的多数”这样一种规律。事物越是复杂，这一规律便越是显著。“关键的少数和一般的多数”是普遍存在的，可以说是比比皆是。例如：在社会结构上，少数人领导多数人；在一个集体中，少数人起左右局势的作用；在市场上，少数人进行大量购买，几百种商品中，少数商品是大量生产的；在销售活动中，少数销售人员销售量占绝大部分，成千上万种商品中少数几种取得大部分利润；在工厂方面，少数品种占生产量的大部分；成千上万种库存物资中，少数几种库存量占大部分，少数几种占用了大部分资金；在影响质量的许多原因中，少数几个原因带来大的损失；在成本方面，少数因素占成本的大部分；在研究机关中，少数科研人员取得研究成果的大部分；在人事方面，德、智、体诸方面都拔尖的只是少数。

可以做出这样归纳：一个系统中，少数事物具有决定性的影响。相反，其余的绝大部分事物却不太有影响。很明显，如果将有限的力量主要（重点）用于解决这具有决定性影响的少数事物上，和将有限力量平均分摊在全部事物上。两者比较，当然是前者可以取得较好的成效，而后者成效较差。ABC 分析便是在这一思想的指导下，通过分析，将“关键的少数”找出来，并确定与之适应的管理方法，这便形成了要进行重点管理的 A 类事物。这就能够以“一倍的努力取得 7—8 倍的效果”。

但是，ABC 分析和哲学中抓主要矛盾的理论还是有一定区别的。主要在于：ABC 分析用数量的研究方法来分析出“关键的少数”，这就使这种分析手段更容易排除假象而认识到事物本质，更容易排除主观随意性而客观地认识问题。由于采用了数量的研究方法，才使千百年来人们头脑中“主要、次要”、“关键、一般”、“纲、目”等认识，转变成了具有较强科学性的现代管理方法。

ABC 分析的一般步骤。此处仅以库存的 ABC 分析及重点管理方法为例。一般说来，企业的库存反映着企业的水平，调查企业的库存，可以大体搞清该企业的经营状况。虽然 ABC 分析法已经形成了企业中的基础管理方法，有广泛的适用性，但目前应用较广的，还是在库存分析中。

ABC 分析的一般步骤如下：

(1)搜集数据。按分析对象和分析内容，搜集有关数据。例如，打算分析产品成本，则应收集产品成本因素、产品成本构成等方面的数据；打算分析针对某一系统搞价值工程，则应收集系统中各局部功能、各局部成本等数据。

(2)处理数据。对收集来的数据资料进行整理，按要求计算和汇总。本例以平均库存乘以单价，求出各种物品的平均资金占用额。

(3)制出 ABC 分析表。ABC 分析表栏目构成如下：第一栏物品名称；第二栏品目数累计，即每一种物品皆为一个品目数，品目数累计实际就是序号；第三栏品目数累计百分数，即累计品目数对总品目数的百分比；第四栏物品单价；第五栏平均库存；第六栏是第四栏单价乘以第五栏平均库存，为各种物品平均资金占用额；第七栏为平均资金占用额累计；第八栏平均资金占用额累计百分数；第九栏为分类结果。制表按下述步骤进行：将第 2 步已求算出的平均资金占用额，以大排队方式，由高至低填入表中第六栏。以此栏为准，将相当物品名称填入第一栏、物品单价填入第四栏、平均库存填入第五栏，在第二栏中按 1、2、3、4……编号，则为品目累计。此后，计算品目数累计百分数，填入第三栏；计算平均资金占用额累计，填入第七栏；计算平均资金占用额累计百分数，填入第八栏。

(4)根据 ABC 分析表确定分类。按 ABC 分析表，观察第三栏累计品目百分数和第八栏平均资金占用额累计百分数，将累计品目百分数为 5%～15 %而平均资金占用额累计百分数为 60%～80 %左右的前几个物品，确定为 A 类；将累计品目百分数为 20%～30 %，而平均资金占用额累计百分数也为 20%～30 %的物品，确定为 B 类；其余为 C 类，C 类情况正和 A 类相反，其累计品目百分数为 60%～80 %，而平均资金占用额累计百分数仅为 5%～15 %。

(5)绘制 ABC 分析图。以累计品目百分数为横坐标，以累计资金占用额百分数为纵坐标，按 ABC 分析表第三栏和第八栏所提供的数据，在坐标图上取点，并连接各点曲线，则绘成 ABC 曲线。

按 ABC 分析曲线对应的数据，按 ABC 分析表确定 A、B、C 三个类别的方法，在图上标明 A、B、C 三类，则制成 ABC 分析图。在管理时，如果认为 ABC 分析图直观性仍不强，也可绘成直方图。

确定重点管理要求。ABC 分析的结果，只是理顺了复杂事物，搞清了各局部的地位，明确了重点。但是，ABC 分析主要目的更在于解决困难，它是一种解决困难的技巧，因此，在分析的基础上必须提出解决的办法，才能真正达到 ABC 分析的目的。目前，许多企业为了应付验收检查，形式上搞了 ABC 分析，虽对了解家底有一些作用，但并未真正掌握这种方法的真话，未能将分析转化为效益，这是应力求避免的。按 ABC 分析结果，再权衡管理力量与经济效果，对三类库存物品进行有区别的管理。

工作任务

工作任务1 库存ABC管理法的内涵与作用

工作任务1a 阅读下面资料，回答有关问题

安科公司ABC分析法的应用

19世纪，维尔福瑞多·帕累托在研究米兰的财富分布时发现，20%的人口控制了80%的财富。这种少数具有重要的地位，多数居于次要地位的哲理广泛应用于许多方面，称作帕累托原理。库存管理在企业的物流管理中起着至关重要的作用。现代库存管理的理论和方法很多，ABC分析法就是其中的一个，并且在实际中被广泛地应用。

ABC分类法把物资分成三类：A类占用资金多的物资；B类占用资金中等的物资；C类占用资金较少的物资。占用资金的大小是衡量物资重要程度的尺度，也就是说，一种成本虽低但用量极大的物资可能比成本虽高但用量极少的物资更为重要。

安科公司是一家专门经营进口医疗用品的公司，2001年该公司经营的产品有26个品种，共有69个客户购买其产品，年营业额为5800万元人民币。对于安科公司这样的贸易公司而言，因其进口产品交货期较长、库存占用资金大，库存管理显得尤为重要。

安科公司按销售额的大小，将其经营的26种产品排序，划分为ABC类。排序在前3位的产品累计数量百分比为5%～15%，而价值占总价值的70%左右，因此，把它们归为A类产品；第4、5、6、7种产品数量累计百分比为20%～30%，而价值占总价值的20%～30%的，把它们归为B类；其余的21种产品累计数量百分比为70%左右，而价值占总价值的5%～15%，将其归为C类。

对于A类的3种产品，安科公司实行了连续性检查策略，即每天检查库存情况，随时掌握准确的库存信息，并对其进行严格的控制，在满足客户需要的前提下维持尽可能低的安全库存量。通过与国外供应商的协商，并且对运输时间进行了认真的分析，算出了该类产品的订货提前期为两个月，即如果预测在6月份销售的产品，应该在4月1日下订单给供应商，才能保证产品在6月1日出库。

由于该公司的产品每个月的销售量都不稳定，因此，每次订货的数量都不同，要按照实际的预测数量进行订货。为了预防预测的不准确及工厂交货时间的不准确，还要保持一定的安全库存，安全库存是下一个月预测销售数量的1/3。该公司对该类产品实行连续检查的库存管理，即每天对库存进行检查，一旦手中实际的存货数量加上在途的产品数量等于下两个月的销售预测数量加上安全库存时，就下订单订货，订货数量为第3个月的预测数量。因其实际的销售量可能大于或小于预测值，所以，每次订货的间隔时间也不相同。这样进行管理后，这3种A类产品库存的状况基本达到了预期的效果。由此可见，对于货值高的A类产品应采用连续检查的库存管理方法。

对于B类产品的库存管理，该公司采用周期性检查策略。每个月检查库存并订货一次，目标是每月检查时应有以后两个月的销售数量在库里（其中一个月的用量视为安全库存），另外在途还有一个月的预测量。每月订货时，再根据当时剩余的实际库存数量，决定需订货的数量，这样就会使B类产品的库存周转率低于A类。

对于C类产品，该公司则采用了定量订货的方法。根据历史销售数据，得到产品的半

年销售量，为该种产品的最高库存量，并将其两个月的销售量作为最低库存。一旦库存达到最低时就订货，将其补充到最低库存量。这种方法比前两种更省时间，但是库存周转率更低。

该公司实行了产品库存的ABC管理以后，虽然A类产品占用了最多的时间和精力进行管理，但得到了满意的库存周转率。而B类和C类产品，虽然库存的周转率较低，但相对于其很低的资金占用和很少的人力支出来说，这种管理也是个好方法。

在对产品进行ABC分类以后，该公司又对其客户按照购买量进行了分类。发现在69个客户中，前5位的客户购买量占全部购买量的75%，将这5个客户定为A类客户；到第25位客户时，其购买量已达到95%。因此，把第6到第25的客户归为B类，其他的第26—69位客户归为C类。对于A类客户，实行供应商管理库存，一直保持与他们密切的联系，随时掌握他们的库存状况；对于B类客户，基本上可以用历史购买纪录，以需求预测作为订货的依据；而对于C类客户，有的是新客户，有的一年也只购买一次，因此，只在每次订货数量上多加一些，或者用安全库存进行调节。这样做，一方面可以提高库存周转率，另一方面也提高了对客户的服务水平，尤其是A类客户对此非常满意。

通过安科公司的实例，可以看到将产品及客户分为ABC类以后，再结合其他库存管理方法，如连续检查法、定期检查法等，就会收到很好的效果。

思考与实践：

1. ABC分类的依据是什么？安科公司是如何来进行库存ABC分类的？
2. ABC分类以后，安科公司如何进行分类管理？
3. 安科公司在采用库存ABC管理方法后，库存管理的效果如何？

工作任务1b 阅读下面资料，回答有关问题

一家主要的立体声收音机生产商，当前正面临着快速增长的产品线和与产品线多样化相关的库存问题，该公司的总裁已经决定开始一项以使用不同的存货分析工具，进行公司存货需求分析的项目，这个项目的第一阶段包括公司产品线的ABC分类。总裁在决定ABC分类时，使用正确的标准以及制定每一类库存合理的库存量方面遇到了问题。为了解决这种为难处境，总裁已经与一家物流咨询公司订立了服务合同，由咨询公司来从事库存分析。下表5-4是公司的产品销售记录。

表5-4 公司的销售记录

产品号	售出单位	单位售价
101	12386	275
103	784	1530
105	1597	579
201	48	2500
203	2	3000
205	9876	450
301	673	600

续表

产品号	售出单位	单位售价
303	547	725
305	3437	917
500	78	1000

【思考与实践】

这家咨询公司应如何构建分析方法？会使用什么样的方法？要将库存削弱到什么样的水平？

任务 2　基于 Excel 软件的库存 ABC 计算机仿真

存货管理水平的高低直接影响着企业的生产经营，并最终影响企业的收益、风险和资产的流动性。由于企业存货品种繁多，且有些商品价值高，品种、数量很少；而另一些商品价值低廉，品种、数量多。如果对所有的商品均按相同的方法进行管理，容易造成管理不到位，或加大不必要的管理成本。因此，对存货应根据其重要程度，区分主次，分别采用不同的方法进行管理。而 ABC 分类管理法恰好满足这一管理要求。它是按照一定的标准将企业的存货划分为 A、B、C 三类，分别实行分品种重点管理、分类别一般控制和按总额灵活掌握的存货管理方法。

1. 库存控制问题的提出

衢州市元达商贸有限公司正面临着库存控制问题。公司没有足够的时间对所有物资进行有效的管理，表 5-5 为库存中的物资列表以及相应的单价，平均库存量。请对表中物资进行分类并提出适当的管理分配方案。

表 5-5　衢州市元达商贸有限公司库存情况

物品名称	物品单价(元/件)	平均库存量(件)
蒸汽房	25683	2
智能座便器	9600	4
温控龙头	4237	3
石英槽	17538	1
冲浪缸	8900	6
油烟机	5866	8
消毒柜	4092	9
燃气灶	3080	10
水槽	2378	26
浴柜	5296	19
座便器	2548	21
水龙头	786	11

续表

物品名称	物品单价(元/件)	平均库存量(件)
淋浴大喷	2560	7
蹲坑	498	4
小便斗	1034	1
水箱	360	2
冲洗阀	448	3
皂液器	189	29
中长水嘴	77	33
玻璃角架	103	4
挂衣钩	148	3
浴巾架	456	3
毛巾架	180	5
内接	12	33
弹跳下水	108	31
三角阀	63	50
40 公分软管	30	42
加厚伸缩管	10	46
合计		

2. 库存 ABC 法基于 Excel 仿真

第一步：启用 Excel 表打开工作簿，将工作簿中的工作表 sheet1 重命名为“存货 ABC 分类管理”，在当前工作表中，选择 A1∶J1 合并单元格后输入“存货 ABC 分类管理”。

第二步：将第 2、4 行高度设置为 0.75，并将 F、H 列单元格式设置为百分比形式，小数点保留两位。

第三步：在相关单元格中输入相关内容如下：将第 3 行单元格对齐方式，设置为“水平居中、垂直居中，自动换行”，并在 A3∶J3 单元格中，分别输入“商品名称”、“数量”、“单价”、“金额”、“累计金额”、“金额累计百分比”、“累计数量”、“数量累计百分比”、“备注”、“分类”；选择 I10∶I11 合并单元格，并将该单元格对齐方式设置为“水平居中、垂直居中，自动换行”后，输入“1. 全部商品金额合计”；选择 I13∶I14 合并单元格，并将该单元格对齐方式设置为“水平居中、垂直居中，自动换行”后，输入“2. 全部商品数量合计”。

第四步：将单元格 I12、I15、D5∶K5 设置为水平居中，并定义公式如下：在 I12 中定义公式为：=SUM(E5∶E65536)；在 I15 中定义公式为：=SUM(G5∶G65536)；在 D5 中定义公式为：=B5 * C5；在 E5 中定义公式为：=E4+D5；在 F5 中定义公式为：=E5/ $ I $ 12；在 G5 中定义公式为：=B5+G4；在 H5 中定义公式为：=G5/ $ I $ 15。设置完成后，I12，I15 及 D5∶H5 中，各单元格分别显示“0、0、0、0、#DIV/0!、0、#DIV/0!”。如图 5-5 所示。

第五步：输入或导入全部商品。结果如图 5-6 所示。

	A	B	C	D	E	F	G	H	I	J
1	库存ABC分类管理									
3	商品名称	数量	单价	金额	累计金额	金额累计%	累计数量	数量累计%	备注	分类
5				0	0	#DIV/0!	0	#DIV/0!		
6										
7										
8										
9										
10									1.全部商品	
11									金额合计	
12									0	
13									2.全部商品	
14									数量合计	
15									0	
16										
17										
18										
19										
20										

图 5-5　任务 2 计算步骤 4

	A	B	C	D	E	F	G	H	I
1	库存ABC分类管理								
3	商品名称	数量	单价	金额	累计金额	金额累计%	累计数量	数量累计%	备注
5	蒸汽房	2	25683	51366	51366	100.00%	2	0.48%	
6	智能座便器	4	9600						
7	温控龙头	3	4237						
8	石英槽	1	17538						
9	冲浪缸	6	8900						
10	油烟机	8	5866						1.全部商品
11	消毒柜	9	4092						金额合计
12	燃气灶	10	3080						51366
13	水槽	26	2378						2.全部商品
14	浴柜	19	5296						数量合计
15	座便器	21	2548						416
16	水龙头	11	786						
17	淋浴大喷	7	2560						
18	蹲坑	4	498						
19	小便斗	1	1034						
20	水箱	2	360						
21	冲洗阀	3	448						
22	皂液器	29	189						
23	中长水嘴	33	77						
24	玻璃角架	4	103						
25	挂衣钩	3	148						
26	浴巾架	3	456						
27	毛巾架	5	180						
28	内接	33	12						
29	弹跳下水	31	108						
30	三角阀	50	63						
31	40公分软管	42	30						
32	加厚伸缩管	46	10						

图 5-6　任务 2 计算步骤 5

第六步：选定单元格区域 D5∶H5，利用填充柄的填充功能复制公式，结果如图 5-7 所示。

第七步：选定单元格区域 A5∶H(已输入商品行，最后一行行号)，按 D 列递减排序，无标题行，即完成对存货的分类(如本例中：选 A5∶H16 按 D 列递减排序，如图 5-8 所示)。

第八步，根据分类标准，依据金额累计百分比和数量累计百分比，将库存物品分成 A、B、C 三类，见表 5-6。

	A	B	C	D	E	F	G	H	I
1	库存ABC分类管理								
3	商品名称	数量	单价	金额	累计金额	金额累计%	累计数量	数量累计%	备注
5	蒸汽房	2	25683	51366	51366	9.25%	2	0.48%	
6	智能座便器	4	9600	38400	89766	16.16%	6	1.44%	
7	温控龙头	3	4237	12711	102477	18.45%	9	2.16%	
8	石英槽	1	17538	17538	120015	21.61%	10	2.40%	
9	冲浪缸	6	8900	53400	173415	31.23%	16	3.85%	
10	油烟机	8	5866	46928	220343	39.68%	24	5.77%	1.全部商品
11	消毒柜	9	4092	36828	257171	46.31%	33	7.93%	金额合计
12	燃气灶	10	3080	30800	287971	51.85%	43	10.34%	555347
13	水槽	26	2378	61828	349799	62.99%	69	16.59%	2.全部商品
14	浴柜	19	5296	100624	450423	81.11%	88	21.15%	数量合计
15	座便器	21	2548	53508	503931	90.74%	109	26.20%	416
16	水龙头	11	786	8646	512577	92.30%	120	28.85%	
17	淋浴大喷	7	2560	17920	530497	95.53%	127	30.53%	
18	蹲坑	4	498	1992	532489	95.88%	131	31.49%	
19	小便斗	1	1034	1034	533523	96.07%	132	31.73%	
20	水箱	2	360	720	534243	96.20%	134	32.21%	
21	冲洗阀	3	448	1344	535587	96.44%	137	32.93%	
22	皂液器	29	189	5481	541068	97.43%	166	39.90%	
23	中长水嘴	33	77	2541	543609	97.89%	199	47.84%	
24	玻璃角架	4	103	412	544021	97.96%	203	48.80%	
25	挂衣钩	3	148	444	544465	98.04%	206	49.52%	
26	浴巾架	3	456	1368	545833	98.29%	209	50.24%	
27	毛巾架	5	180	900	546733	98.45%	214	51.44%	
28	内接	33	12	396	547129	98.52%	247	59.38%	
29	弹跳下水	31	108	3348	550477	99.12%	278	66.83%	
30	三角阀	50	63	3150	553627	99.69%	328	78.85%	
31	40公分软管	42	30	1260	554887	99.92%	370	88.94%	
32	加厚伸缩管	46	10	460	555347	100.00%	416	100.00%	

图 5-7　任务 2 计算步骤 6

	A	B	C	D	E	F	G	H	I	J
1	库存ABC分类管理									
3	商品名称	数量	单价	金额	累计金额	金额累计%	累计数量	数量累计%	备注	分类
5	浴柜	19	5296	100624	100624	18.12%	19	4.57%		
6	水槽	26	2378	61828	162452	29.25%	45	10.82%		
7	座便器	21	2548	53508	215960	38.89%	66	15.87%		
8	冲浪缸	6	8900	53400	269360	48.50%	72	17.31%		
9	蒸汽房	2	25683	51366	320726	57.75%	74	17.79%		
10	油烟机	8	5866	46928	367654	66.20%	82	19.71%	1.全部商品	
11	智能座便器	4	9600	38400	406054	73.12%	86	20.67%	金额合计	
12	消毒柜	9	4092	36828	442882	79.75%	95	22.84%	555347	
13	燃气灶	10	3080	30800	473682	85.29%	105	25.24%	2.全部商品	
14	淋浴大喷	7	2560	17920	491602	88.52%	112	26.92%	数量合计	
15	石英槽	1	17538	17538	509140	91.68%	113	27.16%	416	
16	温控龙头	3	4237	12711	521851	93.97%	116	27.88%		
17	水龙头	11	786	8646	530497	95.53%	127	30.53%		
18	皂液器	29	189	5481	535978	96.51%	156	37.50%		
19	弹跳下水	31	108	3348	539326	97.12%	187	44.95%		
20	三角阀	50	63	3150	542476	97.68%	237	56.97%		
21	中长水嘴	33	77	2541	545017	98.14%	270	64.90%		
22	蹲坑	4	498	1992	547009	98.50%	274	65.87%		
23	浴巾架	3	456	1368	548377	98.74%	277	66.59%		
24	冲洗阀	3	448	1344	549721	98.99%	280	67.31%		
25	40公分软管	42	30	1260	550981	99.21%	322	77.40%		
26	小便斗	1	1034	1034	552015	99.40%	323	77.64%		
27	毛巾架	5	180	900	552915	99.56%	328	78.85%		
28	水箱	2	360	720	553635	99.69%	330	79.33%		
29	加厚伸缩管	46	10	460	554095	99.77%	376	90.38%		
30	挂衣钩	3	148	444	554539	99.85%	379	91.11%		
31	玻璃角架	4	103	412	554951	99.93%	383	92.07%		
32	内接	33	12	396	555347	100.00%	416	100.00%		

图 5-8　任务 2 计算步骤 7

表 5-6 库存 ABC 分类结果

物品名称	浴柜	水槽	座便器	冲浪缸	蒸汽房	油烟机	智能座便器	消毒柜	燃气灶	淋浴大喷	石英槽	温控龙头	水龙头	皂液器	弹跳下水	三角阀	中长水嘴	蹲坑	浴巾架	冲洗阀	40公分软管	小便斗	毛巾架	水箱	加厚伸缩管	挂衣钩	玻璃角架	内接
分类结果	A	A	A	A	A	A	B	B	B	B	C	C	C	C	C	C	C	C	C	C	C	C	C	C	C	C	C	C

3. 库存 ABC 分类结果分析

从表 5-6 中可得出：

(1)A 类物品如浴柜、水槽、座便器、冲浪缸、蒸汽房、油烟机等，品目数比例在 5%～20%之间，品目数占总数比重非常小；然而资金占用额比例在 60%～80%之间，占用了大部分的金额。

(2)B 类物品如智能座便器、消毒柜、燃气灶、淋浴大喷等，品目数比例在 15%～25%之间，资金占用额比例也在 15%～25%之间。

(3)C 类物品如石英槽、温控龙头、水龙头、皂液器、弹跳下水、三角阀、中长水嘴、蹲坑、浴巾架、冲洗阀、40 公分软管、小便斗、毛巾架等，品目数比例在 60%～80%之间，品目数占总数比重非常大；然而资金占用额比例在 5%～15%之间。

A 类物品是属于库存重点管理的对象，应该采取定期采购、重点管理的策略。这类物品出入库频繁，量过多的话，仓储成本提高，而且如果有损耗，损失较大。然而如果储存的量偏少，又会影响经营活动，降低服务水平，不利于提高服务质量。所以需要做好准确的需求量预测和详细的采购计划，明确库存管理中的补库流程。

B、C 类物品相对于 A 类物品来说，采购相对比较容易，进出库次数不是很频繁。但是，这些物品在数量上相对比较多，特别是 C 类的物品，要占用较大的仓库空间，这样会使仓储的成本大大增加。对于这两类物品进行正常的管理和控制。

任务 3 认识定期订货模型

阅读下面资料，回答有关问题：

在定期订货系统中，库存只在特定的时间进行盘点。定期订货法是按预先确定的订货时间间隔按期进行订货，以补充库存的一种库存控制方法。其决策思路是：每隔一个固定的时间周期检查库存项目的储备量。根据盘点结果与预定的目标库存水平的差额确定每次订购批量。这里假设需求为随机变化，因此，每次盘点时的储备量都是不相等的，为达到目标库存水平 Qmax 而需要补充的数量也随之变化。这样，这类系统的决策变量应是，检查时间周期 T、目标库存水平 Qmax。

订货周期一般根据经验确定，主要考虑制定生产计划的周期时间，常取月或季度作为库存检查周期，但也可以借用经济订货批量的计算公式确定使库存成本最有利的订货周期。订货周期＝1/订货次数＝Q/D。

目标库存水平是满足订货期加上提前期的时间内的需求量。它包括两部分：一部分是订货周期加提前期内的平均需求量，另一部分是根据服务水平保证供货概率的保险储备量。

$$Q_{max}=(T+L)r+ZS2$$

式中T—订货周期

L—订货提前期

r—平均日需求量

Z—服务水平保证的供货概率查正态分布表对应的 t 值

S—订货期加提前期内的需求变动的标准差。

若给出需求的日变动标准差 S0,则 S2=S0(T+L)1/2

依据目标库存水平可得到每次检查库存后提出的订购批量:Q=Qmax-Qt

式中 Qt—在第 t 期检查时的实有库存量。

某货品的需求率服从正态分布,其日均需求量为 200 件,标准差为 25 件,订购的提前期为 5 天,要求的服务水平为 95%,每次订购成本为 450 元,年保管费率为 20%,货品单价为 1 元,企业全年工作 250 天,本次盘存量为 500 件,经济订货周期为 24 天。计算目标库存水平与本次订购批量。

解:(T+L)期内的平均需求量=(24+5)×200=5800(件)

(T+L)期内的需求变动标准差=25×(25+4)1/2=135(件)

目标库存水平:Qmax=5800+1.96×135=6065(件)

订购批量:Q=6065-500=5565(件)

思考与实践:

1. 什么是定期订货法?目标库存是由哪两个部分组成?

2. 在定期订货法下,如何确定订货量?

3. 若产品的日需求量为 10 单位,标准差为 3 单位。盘点周期为 30 天,提前期为 14 天。管理部门已经制定的需求政策是要满足 98%的对库存物品的需求。在盘点周期开始时,库存中有 150 单位产品。这次订购量应该为多少?

任务 4 基于 Excel 的定期订货模型仿真

定期订货法是预先确定一个订货周期 T 和一个最高库存量 Qmax,周期性检查库存,发出订货,订货批量的大小应使订货后的“名义”库存量达到额定的最高库存量 Qmax。定期订货法的最高库存量应该以满足 T+Tk 期间的需求量为依据。也就是说,我们可以取最高库存量等于 T+Tk 期间的总需求量。如果我们用 DT+Tk 来描述 T+Tk 期间的需求量,则有:Qmax=DT+Tk=R×(T+Tk),因为 DT+Tk 一般是随机变量,所以也存在一个分布问题。R 和 Tk 是随机变量,它们影响最高库存量的大小。

1. 蒙特卡罗模拟法的仿真步骤:

(1)确定随机变量和决策变量,在考虑服务水平(库存满足率)的定期订货模型中,主要随机变量包括需求(销售)速率 R 和订货提前期 TK,主要决策变量为最高库存量 Qmax。

(2)确定随机变量所服从的概率分布类型。一般库存控制中随机变量的概率分布为正太分布。

(3)确定经济订货周期 T* 和模拟次数 N。其中经济订货周期,c0 为一次订货费用,c1 为单位物资单位时间的保管费用,R 为需求速率;模拟次数对模拟结果的精确性有很大影响,一般而言,N 的取值越大,模拟结果越精确。

(4)对随机变量进行 N 次模拟,得到 N 个 T+TK 期间需求量 DT+TK。

(5)对 N 次模拟结果进行数据统计处理。具体步骤如下:

①将模拟得到的全部 DT+Tk 按照从小到大的顺序排列;

②求出每个 DT+Tk 的发生频数 S(D)T+Tk 和发生概率 f(DT+Tk);

③按照 DT+Tk 从小到大的顺序求出每个 DT+Tk 的累计概率,这样就可以得到每个 DT+Tk 的发生概率和累计概率的对照表。根据对照表,如果把某一个 DT+Tk 值取为最高库存量 Qmax,则其对应的累计概率就是相应的服务水平(库存满足率)。相反,如果想达到某一个服务水平(库存满足率),则可以取累计概率等于这个库存满足率的 DT+Tk 值作为最高库存量 Qmax。

2. 考虑服务水平的定期订货策略仿真实现

下面以一个具体实例加以说明:某种物资的销售速率和订货提前期均服从正态分布,R～N(10,1)件/天,TK～N(12,2)天,要求库存服务水平达到 96%,其一次订货费用为 10000 元,每件物资每天的保管费用为 20 元,用定期订货法制定其订货策略。在实施定期订货策略后,第一次订货检查时,发现现有库存量为 30 件,已订未到货的物资为 50 件,已经售出但尚未提货的物资为 75 件,则计算第一次订货时的订货量。

以 Excel 为建模仿真工具,运用蒙特卡罗模拟法的定期订货策略实现的具体步骤如下:

(1)确定随机变量和决策变量。有两个随机变量:销售速率和订货提前期,分别为 R～N(10,1)件/天,销售速率均值为 10,标准偏差为 1,TK～N(12,2)天,订货提前期均值为 12,标准偏差为 2;决策变量为最高库存量 Qmax。

(2)确定经济订货周期。具体操作如下:按照图 5-9 所示,进行相应的设置,其中在 N2 中输入"=SQRT(2 * K2/(L2 * M2))",K2 为一次订货费,L2 为单位物资单位时间保管费,M2 为销售速率均值。

K	L	M	N	O	P
订货费C0	保管费C1	销售速率R	经济订货周期T		
			=SQRT(2*K2/(L2*M2))		

图 5-9 任务 4 计算步骤 2

将 C0=1000 元,保管费 C1=20 元,销售速率 R=10 件/天,代入 Excel 表格中,可得表 5-7。

表 5-7 任务 4 计算步骤 2

	K	L	M	N
1	订货费 C0	保管费 C1	销售速率 R	经济订货周期 T
2	10000	20	10	10

(3)确定模拟次数 N,考虑到计算结果的准确性和计算过程篇幅的大小,取 N 为 100 次。

(4)利用计算机产生满足要求的对于销售速率和订货提前期的随机数,各为 100 个。具体操作如下图 5-10 所示。

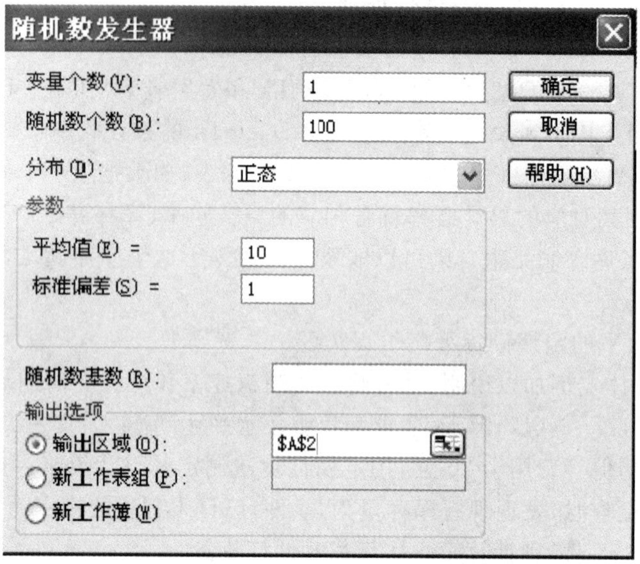

随机数发生器

变量个数(V): 1
随机数个数(B): 100
分布(D): 正态
参数
平均值(E) = 10
标准偏差(S) = 1
随机数基数(R):
输出选项
输出区域(O): $A$2
新工作表组(P):
新工作薄(W)

确定
取消
帮助(H)

图 5-10 任务 4 计算步骤 4-1

进行相应设定后，得到销售速率 R、订货提前期的 100 个随机数(注：随机数是计算机按照要求随机产生的)，如图 5-11 所示。

	A	B
1	销售速率	订货提前期
2	9.699768	13.3124691
3	8.722317	11.3288861
4	10.24426	11.7098985
5	11.27647	10.7982687
6	11.19835	11.6908673
7	11.73313	7.53292582
8	7.816412	11.7329178
9	9.765819	9.34160156
10	11.09502	12.3131595
11	8.913299	13.0060467
12	9.309796	14.6341695
13	8.309568	10.7614092
14	8.153089	10.5040722
15	9.022371	12.29273
16	9.226493	11.53714
17	7.882069	11.5833787
18	9.432075	15.1544005
19	9.595952	12.0753698
20	10.13485	11.7080431

	A	B
21	9.634507	15.6606434
22	9.673009	10.7385308
23	9.629759	14.5422742
24	11.34264	11.9693227
25	9.914716	11.8711655
26	9.813842	15.2203116
27	9.486793	12.7252629
28	11.97221	12.8741176
29	10.86567	11.5297503
30	12.37565	13.3666545
31	9.345093	11.86273
32	11.66146	10.5278464
33	8.387602	9.80493454
34	10.53895	12.4074013
35	10.90219	10.0373241
36	11.91892	15.8791586
37	9.915483	11.7455689
38	9.476205	8.82473572
39	10.67514	11.3293704
40	9.618676	13.9144636
41	10.75761	11.2340599
42	8.555813	10.6922717

	A	B
43	9.152762	9.26723217
44	8.478429	12.6322307
45	9.637123	11.6725819
46	9.967521	13.1425072
47	10.02812	10.7252522
48	9.677284	11.3076449
49	12.1945	12.5718766
50	8.257517	11.3379424
51	9.263523	12.424443
52	7.422419	7.05234882
53	11.44767	11.8622707
54	8.720236	12.4937192
55	9.34642	16.2329884
56	10.75771	8.94953658
57	10.46671	8.88273419
58	10.87461	7.39046257
59	10.59574	14.3445045
60	8.62815	16.7487265
61	8.884261	11.2200492
62	10.69399	9.9983204
63	10.32264	13.0959866
64	9.060162	13.3179761

	A	B
65	9.759052	10.2958661
66	10.13154	13.6185822
67	10.5578	13.3204499
68	10.13871	11.5850976
69	9.089039	8.90369805
70	11.88485	14.0255538
71	10.4872	13.5268688
72	10.07224	11.2990297
73	10.82984	10.6184275
74	10.86201	13.7253433
75	9.363469	12.6936557
76	9.076808	13.1125576
77	11.11119	16.1717794
78	8.798821	12.5467382
79	8.441108	9.78668098
80	10.71132	12.9592645
81	10.63841	9.54292276
82	12.20569	13.1311795
83	11.44375	11.6869951
84	11.3039	12.5977427
85	10.11296	12.7141648
86	10.00195	12.2626075

	A	B
87	10.4537	11.4561222
88	9.974485	9.30526724
89	8.945325	16.2416468
90	8.225194	15.1953914
91	10.82833	14.0976449
92	10.44422	9.0440058
93	10.61791	9.76538516
94	10.21347	13.0653548
95	8.973069	12.1470858
96	11.2382	11.9820238
97	9.688787	12.3224568
98	9.160078	8.23660187
99	9.178872	11.4865402
100	9.571007	10.1241263
101	9.546638	10.0048733

图 5-11 任务 4 计算步骤 4-2

(5)确定经济订货周期和订货提前期之和(T+TK)，根据销售速率和订货周期、提前期，求得 T+TK 内的需求量。将 T+TK 内的需求量进行四舍五入，得到 T+TK 内的需求量(整数)，根据得到的整数，求得不重复的需求量序列。

(6)将得到的不重复的需求量从小到大进行排序,分别获得每一个不同的需求量的个数。具体操作如下:在 G2 中输入"=COUNTIF($F$2:$F$101,E2)",G3 中输入"=COUNTIF($F$2:$F$101,E3)",按照此规律依次输入,一直到在 G101 中输入"=COUNTIF($F$2:$F$101,E101)"。也可以通过利用填充柄的填充功能复制公式得到。

(7)分别求出不同需求量的概率。具体操作如下:在 H2 中输入"=G2/100",H3 中输入"=G3/100",按照此规律依次输入,同样可通过填充柄的填充功能复制公式得到。

(8)分别求出不同需求量的概率累计值。具体操作如下:在 I2 中输入"=H2",I3 中输入"=H3+I2",按照此规律依次输入或利用填充柄的填充功能复制公式,图 5-12 所示。

(9)根据不同需求量的累计概率,可以得到不同需求量的库存满足率(服务水平),进而得到最高库存量的大小为 282。如表 5-8 所示。

表 5-8　任务 4 计算步骤 9

销售速率	订货提前期	T+TK	需求量	从小到大排序后需求量	四舍五入后需求量	不同需求量个数	不同需求量概率	不同需求量概率累计
9.69	12.32	22.32	216.28	282	216	1	0.01	0.96

(10)计算第一次订货时的订货量。具体操作如下:在工作表中进行相应的初始化设置,在 E105 中输入"=A105-(B)105+C105-D105",如图 5-13 所示。

输入相应的值,得到第一次订货量为 277,见图 5-14。

3. 仿真结果分析

通过蒙特卡罗法仿真可以发现:考虑到库存服务水平达到 96%,在实施定期订货策略时,经济订货周期为 10 天,订货后的最高库存量为 282 件,第一次订货量为 277 件,同时在其他条件不变的情况下,设定的库存服务水平不同,最高库存量也会发生变化。当企业调高库存服务水平时,相应的最高库存量也要增加;当降低库存服务水平时,相应的最高库存量要减少。通过仿真计算可以快速有效地确定最高库存量,制定相应的订货策略。

	A	B	C	D	E	F	G	H	I
1	销售速率	订货提前期	T+TK	需求量	从小到大排序后需求量	四舍五入后需求量	不同需求量个数	不同需求量概率	不同需求量概率累计
2	9.699768	13.3124691	23.31246907	226.13	127	226	1	0.01	0.01
3	8.722317	11.3288861	21.32888613	186.04	166	186	1	0.01	0.02
4	10.24426	11.7098985	21.70989847	222.40	167	222	3	0.03	0.05
5	11.27647	10.7982687	20.79826873	234.53	167	235	3	0.03	
6	11.19835	11.6908673	21.6908673	242.90	167	243	3	0.03	
7	11.73313	7.53292582	17.53292582	205.72	170	206	2	0.02	0.07
8	7.816412	11.7329178	21.73291779	169.87	170	170	2	0.02	
9	9.765819	9.34160156	19.34160156	188.89	172	189	1	0.01	0.08
10	11.09502	12.3131595	22.31315949	247.57	173	248	1	0.01	0.09
11	8.913299	13.0060467	23.00604666	205.06	176	205	2	0.02	0.11
12	9.309796	14.6341695	24.6341695	229.34	176	229	2	0.02	
13	8.309568	10.7614092	20.76140919	172.52	177	173	1	0.01	0.12
14	8.153089	10.5040722	20.50407221	167.17	178	167	1	0.01	0.13
15	9.022371	12.29273	22.29272996	201.13	186	201	1	0.01	0.14
16	9.226493	11.53714	21.53713996	198.71	189	199	3	0.03	0.17
17	7.882069	11.5833787	21.58337867	170.12	189	170	3	0.03	
18	9.432075	15.1544005	25.15440047	237.26	189	237	3	0.03	
19	9.595952	12.0753698	22.07536983	211.83	191	212	1	0.01	0.18
20	10.13485	11.7080431	21.70804311	220.01	192	220	1	0.01	0.19
21	9.634507	15.6606434	25.66064342	247.23	193	247	2	0.02	0.21
22	9.673009	10.7385308	20.73853085	200.60	193	201	2	0.02	
23	9.629759	14.5422742	24.54227416	236.34	196	236	1	0.01	0.22
24	11.34264	11.9693227	21.96932274	249.19	197	249	1	0.01	0.23
25	9.914716	11.8711655	21.87116553	216.85	198	217	3	0.03	0.26
26	9.813842	15.2203116	25.22031156	247.51	198	248	3	0.03	
27	9.486793	12.7252629	22.72526291	215.59	198	216	3	0.03	
28	11.97221	12.8741176	22.87411763	273.85	199	274	3	0.03	0.29
29	10.86567	11.5297503	21.52975031	233.94	199	234	3	0.03	
30	12.37565	13.3666545	23.36665449	289.18	199	289	3	0.03	
31	9.345093	11.86273	21.86272996	204.31	201	204	2	0.02	0.31
32	11.66146	10.5278464	20.5278464	239.38	201	239	2	0.02	
33	8.387602	9.80493454	19.80493454	166.12	204	166	2	0.02	0.33
34	10.53895	12.4074013	22.40740133	236.15	204	236	2	0.02	
35	10.90219	10.0373241	20.03732408	218.45	205	218	1	0.01	0.34
36	11.91892	15.8791586	25.87915861	308.45	206	308	2	0.02	0.36
37	9.915483	11.7455689	21.74556886	215.62	206	216	2	0.02	
38	9.476205	8.82473572	18.82473572	178.39	207	178	1	0.01	0.37
39	10.67514	11.3293704	21.32937044	227.69	208	228	3	0.03	0.4
40	9.618676	13.9144636	23.91446361	230.03	208	230	3	0.03	
41	10.75761	11.2340599	21.23405994	228.43	208	228	3	0.03	
42	8.555813	10.6922717	20.69227167	177.04	209	177	1	0.01	0.41
43	9.152762	9.26723217	19.26723217	176.35	210	176	2	0.02	0.43
44	8.478429	12.6322307	22.63223069	191.89	210	192	2	0.02	
45	9.637123	11.6725819	21.67258191	208.86	211	209	1	0.01	0.44
46	9.967521	13.1425072	23.14250724	230.67	212	231	2	0.02	0.46
47	10.02812	10.7252522	20.72525223	207.84	212	208	2	0.02	
48	9.677284	11.3076449	21.30764488	206.20	214	206	1	0.01	0.47
49	12.1945	12.5718766	22.57187663	275.25	215	275	1	0.01	0.48
50	8.257517	11.3379424	21.33794243	176.20	216	176	3	0.03	0.51
51	9.263523	12.424443	22.42444299	207.73	216	208	3	0.03	
52	7.422419	7.05234882	17.05234882	126.57	216	127	3	0.03	
53	11.44767	11.8622707	21.86227067	250.27	217	250	1	0.01	0.52
54	8.720236	12.4937192	22.4937192	196.15	218	196	1	0.01	0.53
55	9.34642	16.2329884	26.23298843	245.18	219	245	1	0.01	0.54
56	10.75771	8.94953658	18.94953658	203.85	220	204	1	0.01	0.55
57	10.46671	8.88273419	18.88273419	197.64	222	198	1	0.01	0.56
58	10.87461	7.39046257	17.39046257	189.11	223	189	2	0.02	0.58
59	10.59574	14.3445045	24.34450454	257.95	223	258	2	0.02	
60	8.62815	16.7487265	26.7487265	230.79	224	231	1	0.01	0.59
61	8.884261	11.2200492	21.22004918	188.52	226	189	1	0.01	0.6
62	10.69399	9.9983204	19.9983204	213.86	228	214	2	0.02	0.62
63	10.32264	13.0959866	23.09598659	238.41	228	238	2	0.02	
64	9.060162	13.3179761	23.31797606	211.26	229	211	1	0.01	0.63
65	9.759052	10.2958661	20.29586613	198.07	230	198	2	0.02	0.65

66	10.13154	13.6185822	23.61858225	239.29	230	239	2	0.02	
67	10.5578	13.3204499	23.32044988	246.21	231	246	2	0.02	0.67
68	10.13871	11.5850976	21.58509761	218.85	231	219	2	0.02	
69	9.089039	8.90369805	18.90369805	171.82	234	172	1	0.01	0.68
70	11.88485	14.0255538	24.02555384	285.54	235	286	2	0.02	0.7
71	10.4872	13.5268688	23.5268688	246.73	235	247	2	0.02	
72	10.07224	11.2990297	21.2990297	214.53	236	215	3	0.03	0.73
73	10.82984	10.6184275	20.61842753	223.29	236	223	3	0.03	
74	10.86201	13.7253433	23.72534328	257.70	236	258	3	0.03	
75	9.363469	12.6936557	22.69365569	212.49	237	212	1	0.01	0.74
76	9.076808	13.1125576	23.11255758	209.79	238	210	1	0.01	0.75
77	11.11119	16.1717794	26.17177944	290.80	239	291	2	0.02	0.77
78	8.798821	12.5467382	22.54673819	198.38	239	198	2	0.02	
79	8.441108	9.78668098	19.78668098	167.02	243	167	1	0.01	0.78
80	10.71132	12.9592645	22.95926453	245.92	245	246	1	0.01	0.79
81	10.63841	9.54292276	19.54292276	207.91	246	208	2	0.02	0.81
82	12.20569	13.1311795	23.13117949	282.33	246	282	2	0.02	
83	11.44375	11.6869951	21.68699512	248.18	247	248	3	0.03	0.84
84	11.3039	12.5977427	22.59774266	255.44	247	255	3	0.03	
85	10.11296	12.7141648	22.7141648	229.71	247	230	3	0.03	
86	10.00195	12.2626075	22.2626075	222.67	248	223	3	0.03	0.87
87	10.4537	11.4561222	21.45612217	224.30	248	224	3	0.03	
88	9.974485	9.30526724	19.30526724	192.56	248	193	3	0.03	
89	8.945325	16.2416468	26.24164682	234.74	249	235	1	0.01	0.88
90	8.225194	15.1953914	25.1953914	207.24	250	207	1	0.01	0.89
91	10.82833	14.0976449	24.09764494	260.94	255	261	1	0.01	0.9
92	10.44422	9.0440058	19.0440058	198.90	258	199	2	0.02	0.92
93	10.61791	9.76538516	19.76538516	209.87	258	210	2	0.02	
94	10.21347	13.0653548	23.06535481	235.58	261	236	1	0.01	0.93
95	8.973069	12.1470858	22.14708576	198.73	274	199	1	0.01	0.94
96	11.2382	11.9820238	21.98202384	247.04	275	247	1	0.01	0.95
97	9.688787	12.3224568	22.3224568	216.28	282	216	1	0.01	0.96
98	9.160078	8.23660187	18.23660187	167.05	286	167	1	0.01	0.97
99	9.178872	11.4865402	21.48654022	197.22	289	197	1	0.01	0.98
100	9.571007	10.1241263	20.12412625	192.61	291	193	1	0.01	0.99
101	9.546638	10.0048733	20.00487331	190.98	308	191	1	0.01	1

图 5-12　任务 4 计算步骤 8

	A	B	C	D	E	F	G
104	最高库存量Qmax	Q_{ki}	I_i	B_i	Q_i		
105					=A105-(B105+C105-D105)		

图 5-13　任务 4 计算步骤 10-1

	A	B	C	D	E
104	最高库存量Qmax	Q_{ki}	I_i	B_i	Q_i
105	282	30	50	75	277

图 5-14　任务 4 计算步骤 10-2

任务 5　认识定量订货模型

任务 5a　阅读下面资料，回答有关问题

在库存决策中，服装企业管理者最关心的库存指标主要有经济订购批量、安全库存量、订购点、库存周转率、库存维持成本等。在此以海螺公司南京西路上的一家专卖店为例，运用定量订货模型进行实例分析。为使计算中所用的数据成系列且具有可比性，选择海螺专卖店经典品种作为目标产品。A 产品是 45 支、45/55 涤棉混纺男式长袖衬衫，售价为 168 元。

经济订购批量的公式：EOQ=(2DC/H)1/2

EOQ—经济订购批量

D—月需求量

C—每次订购成本

H—每件服装的月储存成本

根据店铺调查,数据如表 5-9 所示,则月需求量为 D=(∑Di)/n=27(件)

表 5-9 店铺调查数据

月份	1	2	3	4	5	6	7	8	9
销量/件	19	36	58	38	22	15	16	12	30

海螺品牌专卖店平均月进货量约 600 件,订购费用 1500 元,每周进货一次,则 A 产品每次订购成本公式为:C=(F * D)/(J * K)=(1500 * 27)/(600 * 4)=16.875(元/次)

式中:F—月订购费用

J—平均月订购件数

K—月订购次数

已知,该专卖店平均月库存量约 1500 件,储存费用 28000 元(含场地租金),则每件服装的月储存成本为:H=28000/1500=18.667(元)

由式(1)可求经济订购批量为:EOQ=(2 * 27 * 16.875/18.67)1/2=7 件。由此可知,当 A 产品库存量降至订购点即订购 7 件时是最优方案。

求经济订购批量以"假设需求是固定且已知"为基础,但实际上服装商品由于受季节、流行趋势等因素的影响,需求并不固定,而是经常波动的。因此,必须建立安全库存以便在需求变化的情况下也能保持适当的库存水平。采用顾客服务水平方法计算安全库存量。顾客服务水平是指现有库存对顾客需求情况的满足程度。顾客服务水平越高,说明缺货的情况越少,但由于增加了安全库存量将导致库存维持成本上升,因此需要综合考虑顾客服务水平和库存成本之间的平衡,确定合适的安全库存量。考虑最常见的情况需求发生变化,提前期为固定常数。假设需求量服从正态分布,在既定服务水平下,根据罗伯特·布朗阁总结出的期望值表,可以查出该水平下标准差的个数,再利用公式计算。

$$SS=z \cdot \sigma_L$$

SS—安全库存量

z—既定服务水平的标准差个数

σ_L—提前期内需求的标准差

如表 5-10 所示为 A 产品 2002 年 9 月的日销售量报表。

表 5-10 日销售量报表 (单位:件)

日期	销售量	日期	销售量	日期	销售量
1	0	11	0	21	1
2	0	12	0	22	0
3	1	13	1	23	4
4	0	14	2	24	1
5	0	15	1	25	0

续表

日期	销售量	日期	销售量	日期	销售量
6	2	16	0	26	4
7	1	17	4	27	2
8	0	18	1	28	1
9	2	19	1	29	0
10	0	20	0	30	1

由表可知，平均日需求量为：$\overline{d}=\dfrac{\sum_{i=1}^{n}d_i}{n}=\dfrac{\sum_{i=1}^{30}d_i}{30}=1$(件)

日需求量的标准差为：$\sigma_d=\sqrt{\dfrac{\sum(d_i-\overline{i})^2}{n}}=\sqrt{\dfrac{\sum_{i=1}^{30}(d_i-1)^2}{30}}=1.211$

已知提前期为 3 天，故提前期的标准差为：

$$\sigma_L=\sqrt{\sigma_d^2\cdot L}=\sigma_d\sqrt{L}=1.211\times\sqrt{3}\approx2.089$$

由于罗伯特·布朗总结出的期望值表是建立在 $\sigma_L=1$ 基础上的，因此从表中读出的每个 $E(z)$ 值均应乘上 σ_L，即短缺期望为 $E(z)\sigma_L$。该专卖店希望服务水平 P 保持 97%的较高水准，即短缺概率×月需求量＝每次缺货量×月订购次数，则有等式

$$(1-P)D=E(z)\sigma_L\cdot\frac{D}{EOQ}$$

简化得

$$E(z)=\frac{(1-P)\cdot EOQ}{\sigma_L}$$

式中：$E(z)$—缺货量；P—顾客服务水平

将数据代入公式得，$E(z)=0.100$。

从期望值表中，用差值法可求得，当 $E(z)=0.100$ 时，$z=0.9$。

根据公式求得安全库存量为：$SS=z\cdot\sigma_L=0.9*2.098\approx2$(件)

即为了使服务水平达到 97%，该专卖店应保证 A 产品的安全库存为 2 件。

当生产企业或零售店的服装库存降至订购点 R'时，应立即发出订购请求，以保证在订货提前期 L 内，库存量不低于安全库存。根据上述情况，当需求不确定、提前期固定时，确定订购点库存量的公式如下：

$$R=\overline{d}\times L+SS$$

式中：R—订购点的库存量。由前述计算可知，$\overline{d}=1$，$L=3$，$SS=2$，代入公式得到：$R=1\times3+2=5$(件)

由此表明，当 A 产品的库存降至 5 件时，应立即发出订购单，以保证专卖店的正常运作。

【思考与实践】

什么是定量订货法？在定量订货法下，如何确定订货量？

任务 5b　阅读下面资料，回答有关问题

永恒公司是一家制造工业产品的企业，每年需采购零件 10000 只，购买价格为 16 元，每次订购成本为 100 元，每只零件保管成本为 8 元，求该零件经济订购批量，并求订购次数和订货间隔期。

解：经济订购批量 EOQ＝(2DC/H)1/2

＝(2＊10000＊100/8)1/2

＝500 只

年订购货物次数 N＝D/EOQ＝10000/500＝20 次

每次订货间隔期 T＝365/N

＝365/20

＝18.25(天)

供应商为了吸引客户，一次采购更多的货物则给出数量上的价格优惠政策。其核心是确立数量标准或折扣点，在折扣点前提下，采购价格表现为折扣点前后不同。这时供应商开展促销策略，一次购买 500 只以上则货物价格按原价的 90％计：依次地，购买 800 只以上，货物价格按原价的 80％计，再假定单位零件保管仓储成本是购买价格的一半，见表 5-11。求该企业最佳订购批量。

表 5-11　折扣价格目表

	0	1	2
折扣点	0	500	800
折扣价格	16	14.40	12.80

(1)计算第二折扣区间的经济订购批量

EOQ2＝(2D＊C/H)1/2＝[(2＊10000＊100)/(12.802)]12＝559(只)

因为 EOQ2(559 只)＜Q2(800 只)，所以要进行第二步骤计算。

(2)计算第一折扣区间的经济订购批量 EOQ1

EOQ1＝(2D＊C/H)1/2＝[(2＊10000＊100)/(14.402)]12＝527(只)

因为 Q1(500 只)＜EOQ1(527 只)＜Q2(800 只)，所以计算 TCEOQ 和 TC2。

TCEOQ＝D＊P1＋(D/ EOQ1)＊C＋(EOQ1/2)＊H1

＝10000＊14.40＋(10000/527)＊100＋(527/2)＊(14.40/2)＝147794.73(元)

TC2＝D＊P2＋(D/ Q2)＊C＋(Q2/2)＊H2

＝10000＊12.80＋(10000/800)＊100＋(800/2)＊(12.8/2)＝131810(元)

因为 TCEOQ＞TC2，所以企业最佳订购批量为 800 只。

任务 5c　阅读下面资料，回答有关问题

位于宾夕法尼亚州刘易斯镇的华坦风扇公司是一家经销工厂、仓库和其他工业设施的工业风扇经销商。它的市场区域包括宾夕法尼亚州及附近的大多数地区，如东部俄亥俄州和新泽西州。风扇是在威斯康星的尼纳制造的，目前通过铁路运输到刘易斯镇。路安·杰瑞达副总统已经要求员工对使用汽车运输服务这个方案进行评估。配送服务的总监罗兹

·格莱尔已经收集了下列信息：每年需求 36000 台风扇，风扇价格为 4000 元，保管费率 25%，订货成本 200 元/次，使用铁路的订货周期为 4 元，使用汽车的订货周期为 2 天，铁路运费为 0.2 元/千克，汽车运费为 0.25 元/千克，每台风扇重 250 千克。

【思考与实践】

(1)华坦风扇公司的经济订货批量是多少？以千克为单位是多少？

(2)EOQ 的总成本(不考虑相关运输成本)是多少？

(3)使用铁路运输的总成本是多少？

(4)使用汽车运输的总成本是多少？

(5)华坦公司应采用什么方案？

任务 6　基于 Excel 软件的定量订货仿真

定量订货是库存策略中的一种，在考虑服务水平的前提下对定量订货策略采用蒙特卡罗模拟法，就是要预先设定一个订货点 Q1 和一个订货批量 Q2 ，随时检查库存，当库存下降到订货点 Q1 时，就发出订货，订货批量取 Q2 。而 Q 的取值与销售速率 R 和 T 有关，R 和 T 且为随机变量，因此，我们需要对 R 和 T 进行模拟，从而确定 Q1 和 Q2 。

1. 蒙特卡罗模拟的步骤主要分为以下几步：

(1)确定决策变量和随机变量。在已知服务水平的定量订货策略中，主要随机变量有：①需求速率 R ：单位时间的需求量。②订货前置期 T：从发出订货到所订货物入库为止的时间间隔。决策变量主要有订货点 Q 和安全库存量 Q 。

(2)确定随机变量所服从概率分布的类型或累积概率分布函数。一般库存控制中的随机变量属于离散性变量，它的分布主要有均匀分布和泊松分布。

(3)根据随机变量产生的概率分布类型或者累积概率分布函数产生相应的第一个伪随机数。产生伪随机数的方法有多种，常见的主要有乘同余法和线性同余法等。另外，可以利用计算机语言中产生伪随机数的命令直接产生。由于计算机语言产生的伪随机数具有较强的相对独立性，因此一般采用此方法。

(4)确定模拟次数 N 的取值。模拟次数 N 的确定对模拟结果的精确性有很大影响。一般来说，N 的取值偏大点较好。

(5)对随机变量进行 N 次模拟。

(6)对 N 次模拟的结果进行统计处理。N 次模拟结束后需要对具体数据进行适当的统计和处理，并利用公式得出其他相应的参数。

2. 基于 Excel 软件仿真实例

某种物资的销售速率和订货提前期均服从正态分布，R～N(10,1)件/天，TK～N(12,2)天，要求库存服务水平达到 90%，其一次订货费用为 10 000 元，每件物资每天的保管费用为 20 元，用定量订货法制定其订货策略。

第一步，通过运用 Excel 软件，确定经济订货周期。具体操作如下：按照图 5-15 所示，进行相应的设置，其中在 M2 中输入“=SQRT(2 * L2 * J2/K2))”，J2 为订货费，K2 为单位物资单位时间保管费，L2 为销售速率均值。

将 R=10 件/天，订货费 C0=10 000 元，保管费 C1=20 元代入，可得图 5-16。

第二步，确定模拟次数 N，考虑到计算结果的准确性和计算过程篇幅的大小，取 N 为

图 5-15　任务 6 计算步骤 1-1

J	K	L	M
订货费C0	保管费C1	销售速率R	经济订货量
10000	20	10	100

图 5-16　任务 6 计算步骤 1-2

100 次。利用 Excel 软件中的随机数发生器产生满足要求的对于销售速率和订货提前期的随机数,各为 100 个。具体操作如下图 5-17 所示。

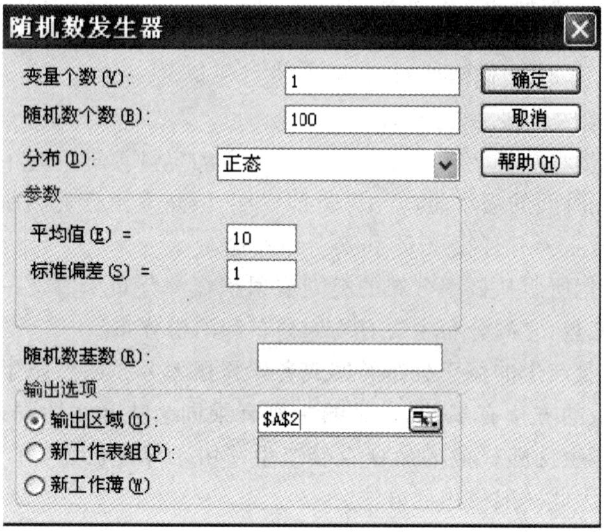

随机数发生器

变量个数(V): 1　确定

随机数个数(B): 100　取消

分布(D): 正态　帮助(H)

参数

平均值(E) = 10

标准偏差(S) = 1

随机数基数(R):

输出选项

◉ 输出区域(O): $A$2

○ 新工作表组(P):

○ 新工作薄(W)

图 5-17　任务 6 计算步骤 2

第三步,根据销售速率和订货提前期,求得提前期内的需求量。将提前期内的需求量进行四舍五入,得到需求量(整数)。根据得到的整数,求得不重复的需求量序列。将得到的不重复的需求量从小到大进行排序。分别获得每一个不同的需求量的个数,具体操作如下:在 F2 中输入“=COUNTIF($E$2:$E$101,D2)”,G3 中输入“=COUNTIF($E$2:$E$101,D2)”,按照此规律依次输入,一直到在 G101 中输入“COUNTIF($E$2:$E$101,D2)”。也可以通过利用填充柄的填充功能复制公式得到。

第四步,分别求出不同需求量的概率。具体操作如下:在 G2 中输入“=F2/100”,G3 中输入“=F3/100”,按照此规律依次输入,同样可通过填充柄的填充功能复制公式得到。

第五步,分别求出不同需求量的概率累计值。具体操作如下:在 H2 中输入“=G2”,H3 中输入“=G3+H2”,按照此规律依次输入或利用填充柄的填充功能复制公式。

第六步,根据不同需求量的累计概率,可以得到不同需求量的库存满足率(服务水平),根据实例中要求库存率达到 90% ,从图 5-18 中可得出相应的订货提前期需求量为 151 件。

由于在定量订货方法中订货点合适的大小应当取为刚好等于订货提前期需求量。R、T 取平均值，R＊T=120 件，安全库存量为 31 件。经济订货批量为 100 件。

	B	C	D	E	F	G	H
1	订货提前期	需求量	从小到大排序后需求量	四舍五入后需求量	不同需求量个数	不同需求量概率	不同需求量概率累计
2	13.31247	129.1279	52	129	1	0.01	0.01
3	11.32889	98.81413	75	99	1	0.01	0.02
4	11.7099	119.9592	80	120	1	0.01	0.03
5	10.79827	121.7664	81	122	1	0.01	0.04
6	11.69087	130.9184	82	131	1	0.01	0.05
7	7.532926	88.38482	83	88	1	0.01	0.06
8	11.73292	91.70932	84	92	1	0.01	0.07
9	9.341602	91.22839	85	91	1	0.01	0.08
10	12.31316	136.6148	86	137	1	0.01	0.09
11	13.00605	115.9268	88	116	1	0.01	0.1
12	14.63417	136.2411	89	136	1	0.01	0.11
13	10.76141	89.42266	91	89	3	0.03	0.14
14	10.50407	85.64064	91	86	3		0.14
15	12.29273	110.9096	91	111	3		0.14
16	11.53714	106.4473	92	106	1	0.01	0.15
17	11.58338	91.30099	93	91	2	0.02	0.17
18	15.1544	142.9374	93	143	2		0.17
19	12.07537	115.8747	94	116	2	0.02	0.19
20	11.70804	118.6593	94	119	2		0.19
21	15.66064	150.8826	96	151	2	0.02	0.21
22	10.73853	103.8739	96	104	2		0.21
23	14.54227	140.0386	97	140	1	0.01	0.22
24	11.96932	135.7637	99	136	1	0.01	0.23
25	11.87117	117.6992	100	118	2	0.02	0.25
26	15.22031	149.3697	100	149	2		0.25
27	12.72526	120.7219	102	121	1	0.01	0.26
28	12.87412	154.1317	104	154	2	0.02	0.28
29	11.52975	125.2785	104	125	2		0.28
30	13.36665	165.4211	105	165	1	0.01	0.29
31	11.86273	110.8583	106	111	1	0.01	0.3
32	10.52785	122.77	107	123	2	0.02	0.32
33	9.804935	82.23989	107	82	2		0.32
34	12.4074	130.761	108	131	1	0.01	0.33
35	10.03732	109.4288	109	109	4	0.04	0.37
36	15.87916	189.2624	109	189	4		0.37
37	11.74557	116.463	109	116	4		0.37
38	8.824736	83.625	109	84	4		0.37
39	11.32937	120.9426	110	121	1	0.01	0.38
40	13.91446	133.8387	111	134	2	0.02	0.4
41	11.23406	120.8517	111	121	2		0.4
42	10.69227	91.48108	112	91	1	0.01	0.41
43	9.267232	84.82077	114	85	1	0.01	0.42
44	12.63223	107.1015	115	107	2	0.02	0.44
45	11.67258	112.4901	115	112	2		0.44
46	13.14251	130.9982	116	131	3	0.03	0.47
47	10.72525	107.5541	116	108	3		0.47
48	11.30764	109.4273	116	109	3		0.47
49	12.57188	153.3078	117	153	1	0.01	0.48
50	11.33794	93.62326	118	94	1	0.01	0.49

51	12.42444	115.0941	119	115	4	0.04	0.53
52	7.052349	52.34549	119	52	4		0.53
53	11.86227	135.7954	119	136	4		0.53
54	12.49372	108.9482	119	109	4		0.53
55	16.23299	151.7203	120	152	2	0.02	0.55
56	8.949537	96.27655	120	96	2		0.55
57	8.882734	92.97302	121	93	4	0.04	0.59
58	7.390463	80.36839	121	80	4		0.59
59	14.3445	151.9907	121	152	4		0.59
60	16.74873	144.5105	121	145	4		0.59
61	11.22005	99.68185	122	100	1	0.01	0.6
62	9.99832	106.922	123	107	2	0.02	0.62
63	13.09599	135.1851	123	135	2		0.62
64	13.31798	120.663	125	121	2	0.02	0.64
65	10.29587	100.4779	125	100	2		0.64
66	13.61858	137.9772	129	138	2	0.02	0.66
67	13.32045	140.6346	129	141	2		0.66
68	11.5851	117.458	131	117	3	0.03	0.69
69	8.903698	80.92606	131	81	3		0.69
70	14.02555	166.6915	131	167	3		0.69
71	13.52687	141.859	133	142	1	0.01	0.7
72	11.29903	113.8065	134	114	2	0.02	0.72
73	10.61843	114.9959	134	115	2		0.72
74	13.72534	149.0848	135	149	2	0.02	0.74
75	12.69366	118.8566	135	119	2		0.74
76	13.11256	119.0202	136	119	3	0.03	0.77
77	16.17178	179.6877	136	180	3		0.77
78	12.54674	110.3965	136	110	3		0.77
79	9.786681	82.61043	137	83	1	0.01	0.78
80	12.95926	138.8109	138	139	1	0.01	0.79
81	9.542923	101.5215	139	102	1	0.01	0.8
82	13.13118	160.2751	140	160	1	0.01	0.81
83	11.687	133.7431	141	134	1	0.01	0.82
84	12.59774	142.4037	142	142	2	0.02	0.84
85	12.71416	128.5778	142	129	2		0.84
86	12.26261	122.65	143	123	1	0.01	0.85
87	11.45612	119.7589	145	120	2	0.02	0.87
88	9.305267	92.81525	145	93	2		0.87
89	16.24165	145.2868	149	145	2	0.02	0.89
90	15.19539	124.985	149	125	2		0.89
91	14.09764	152.654	151	153	1	0.01	0.9
92	9.044006	94.45763	152	94	2	0.02	0.92
93	9.765385	103.6879	152	104	2		0.92
94	13.06535	133.4427	153	133	2	0.02	0.94
95	12.14709	108.9966	153	109	2		0.94
96	11.98202	134.6563	154	135	1	0.01	0.95
97	12.32246	119.3897	160	119	1	0.01	0.96
98	8.236602	75.44792	165	75	1	0.01	0.97
99	11.48654	105.4335	167	105	1	0.01	0.98
100	10.12413	96.89809	180	97	1	0.01	0.99
101	10.00487	95.51291	189	96	1	0.01	1

图 5-18　任务 6 计算步骤 6

任务7　啤酒游戏

一、角色设置

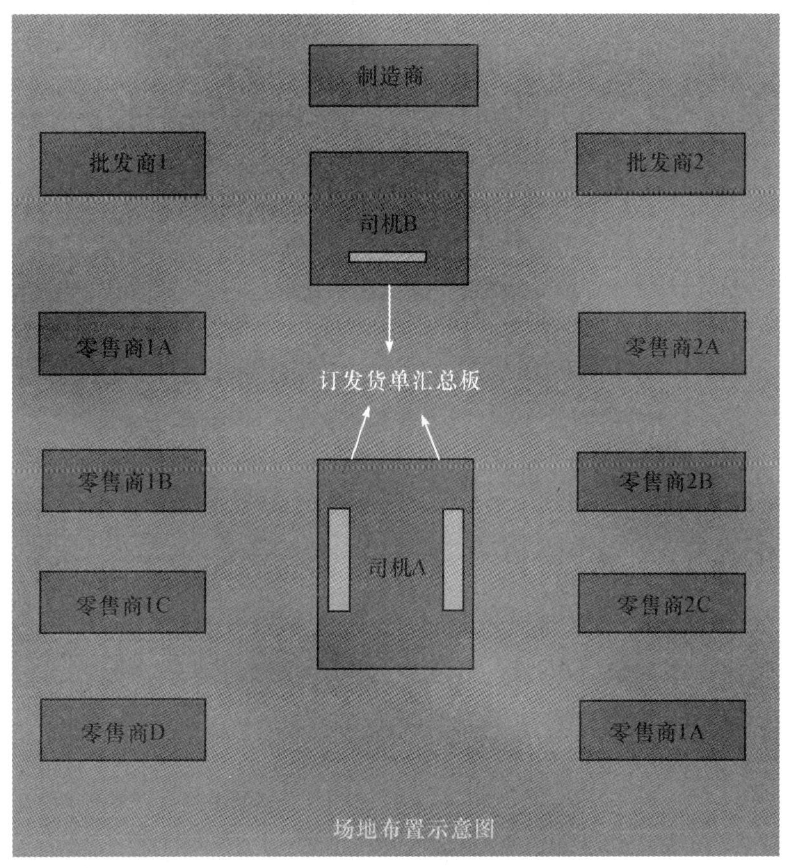

场地布置示意图

生产商:学员担任,2—3 人

批发商 1:学员担任,2—3 人　　批发商 2:学员担任,2—3 人

零售商 1A:学员担任,2—3 人　　零售商 2A:学员担任,2—3 人

零售商 1B:学员担任,2—3 人　　零售商 2B:学员担任,2—3 人

零售商 1C:学员担任,2—3 人　　零售商 2C:学员担任,2—3 人

零售商 1D:学员担任,2—3 人　　零售商 2D:学员担任,2—3 人

司机 A、司机 B:两名同学扮演

消费者:教师兼任

二、道具

(一)零售商

1. 零售商角色资料卡(打印 6 份)

角色资料卡—零售商

1. 情人啤酒是你的主营项目，以箱数为单位。游戏从第 3 周开始。

2. 周一：消费者(教师)给你一个纸条，说明买几箱啤酒。只要库存有货，你就会卖给他。然后，你在“零售商情况表”的第 3 行记录市场需求量和实际销量，并计算本周的销量损失：

第 t 周的销量损失 ＝ 第 t 周的市场需求量－第 t 周的实际销量　C(t) ＝ A(t) － B(t)

3. 周末：司机 A 来到你的门店。先把你第 1 周填写的订单所要求的数量交给你。如果批发商库存不足，也可能少给你，但以后会补上。你要在“零售商情况表”的第 3 行记录批发商的本周送货数量、本周欠货量和累计欠货数量。

第 t 周欠货数量＝第(t－2)周订货量－第 t 周送货数量　F(t) ＝I(t－2) －E(t)

第 t 周累计欠货量＝ 第 t－1 周的累计欠货量＋ 第 t 周欠货量　G(t)＝ G(t－1) ＋ F(t)

然后，你给司机 A 一个订单，标明是第 3 周签发的。但你知道，这个订单所标明的数量要到第 5 周才到货。你的订货数量记录在“零售商情况表”第 3 行的“本周订货量”一栏。

4. 送走司机后，你开始核算本周的期末库存，并填写在第 3 行的“期末库存”栏中：

第 t 周期末库存 ＝ 第 t 周期初库存量 ＋ 第 t 周批发商送货量－第 t 周实际销量 H(t) ＝D(t) ＋ E(t) － B(t)

再填写第 4 周的期初库存：第 t＋1 周的期初库存＝第 t 周的期末库存

5. 核算本周利润，填写在第 3 行的“本期利润”栏中：

第 t 周的利润＝第 t 周销量×10－ 第 t 周欠货量×6－第 t 周期末库存量×1

6. 以下每周的游戏过程都从第 1 步开始。

2. 零售商情况表(打印 6 份)

零售商情况表

单位：箱

周次	本周市场需求量	本周实际销量	本周销量损失	本周初库存量	本周批发商送货量	本周批发商欠货量	批发商累计欠货量	期末库存量	本周订货量	本期利润
	A	B	C	D	E	F	G	H	I	J
1	4	4	0	8	4	0	0	8	4	32
2	4	4	0	8	4	0	0	8	4	32
3				8						
4										
5										
6										
7										
8										
9										
10										
11										
12										
13										
14										
15										
16										
17										

续表

周次	本周市场需求量	本周实际销量	本周销量损失	本周初库存量	本周批发商送货量	本周批发商欠货量	批发商累计欠货量	期末库存量	本周订货量	本期利润
18										
19										
20										
21										
22										
23										
24										
25										
26										
27										
28										
29										
30										

演练成绩：零售商________，总利润额__________

3. 零售商订单(打印 9 份:108 张)

From批发商:
To 批发商:
发出周次:
订货数量

From批发商:
To 批发商:
发出周次:
订货数量

From批发商:
To 批发商:
发出周次:
订货数量

From批发商:
To 批发商:
发出周次:
订货数量

From批发商:
To 批发商:
发出周次:
订货数量

From批发商:
To 批发商:
发出周次:
订货数量

From批发商:
To 批发商:
发出周次:
订货数量

From批发商:
To 批发商:
发出周次:
订货数量

From批发商：
To　批发商：
发出周次：
订货数量

From批发商：
To　批发商：
发出周次：
订货数量

From批发商：
To　批发商：
发出周次：
订货数量

From批发商：
To　批发商：
发出周次：
订货数量

From批发商：
To　批发商：
发出周次：
订货数量

From批发商：
To　批发商：
发出周次：
订货数量

（二）批发商

1. 批发商角色资料卡（打印 2 份）

角色资料卡—批发商

1. 情人啤酒是你的主营项目，以箱数为单位。游戏从第 3 周开始。

2. 周一：司机 A 给你送来了你所辖的 3 个零售商的一个订单（是他们第 2 周签发的）。你根据库存情况决定给每一家发多少货，但欠发的以后也要补上。你用一个"发货单"代表发出的货物交给司机，发货单上的日期写本周（第 3 周）。发货后，你在"批发商情况表"的第 3 行记录刚收到的零售商订单总量和实际发货量，并计算本周的欠（零售商）货总量和累计欠货总量：

第 t 周的欠货量 ＝ 第 t 周的零售商订单总量－第 t 周的实际发货量　$C(t) = A(t) - B(t)$

第 t 周累计欠货量＝ 第 t－1 周的累计欠货量＋ 第 t 周欠货量　$D(t) = D(t-1) + C(t)$

你还要在"零售商订货发货统计表"的第 3 行中记录对每个零售商的往来账目，以备补货：

本周订货量＝刚才司机 A 给你的订单数量

本周发货量＝刚才你签发的发货单数量

本周累计欠货量＝上周累计欠货量＋本周欠货量

3. 周末：司机 B 来到你的门店。先把你第 1 周填写的给制造商的订单所要求的啤酒交给你。如果制造商库存不足，也可能少给你，但以后会补上。你要在"批发商情况表"的第 3 行记录制造商的本周送货数量、本周欠货量和累计欠货数量

第 t 周欠货数量＝第（t－2）周订货量－第 t 周送货数量　$G(t) = J(t-2) - F(t)$

第 t 周累计欠货量＝ 第 t－1 周的累计欠货量＋ 第 t 周欠货量　$H(t) = H(t-1) + G(t)$

然后，你给司机 B 一个（向制造商的）订单，标明是第 3 周签发的。但你知道，这个订单所标明的数量要到第 5 周才能到货。你的订货数量记录在"批发商情况表"第 3 行的"本周向制造商订货"一栏。

4. 送走司机后，你开始核算本周的期末库存，并填写在第 3 行的"期末库存"栏中：

第 t 周期末库存 ＝ 第 t 周期初库存＋ 第 t 周制造商送货－第 t 周实际发货总量　$I(t) = E(t) + F(t) - B(t)$

再填写下一周（第 4 周）的期初库存：第 4 周的期初库存＝第 3 周的期末库存

5. 核算本周利润，填写在第 3 行的"本期利润"栏中：

第 t 周的利润＝第 t 周实际发货总量×5－第 t 周累计欠货量×2－ 第 t 周期末库存量×1

$$K(t) = B(t) \times 5 - D(t) \times 2 - I(t) \times 1$$

6. 以下每周的游戏过程都从第 1 步开始。

批发商情况表(2份) 单位:箱

周次	零售商订单总量	实际发货总量	本周欠货总量	累计欠货总量	期初库存量	本周制造商送货量	本周制造商欠货量	制造商累计欠货量	期末库存量	本周向制造商订货	本期利润
	A	B	C	D	E	F	G	H	I	J	K
1	12	12	0	0	24	12	0	0	12	12	36
2	12	12	0	0	24	12	0	0	12	12	36
3					24						
4											
5											
6											
7											
8											
9											
10											
11											
12											
13											
14											
15											
16											
17											
18											
19											
20											
21											
22											
23											
24											
25											
26											
27											
28											
29											
30											

演练成绩:批发商________,总利润额________.

3. 各零售商订货发货统计表(打印 2 份)

周次	零售商 A				零售商 B				零售商 C				零售商 D			
	本周订货	本周发货	本周欠货	累计欠货	本周订货	本周发货	本周欠货	累计欠货	本周订货	本周发货	本周欠货	累计欠货	本周订货	本周发货	本周欠货	累计欠货
1	4	4	0	0	4	4	0	0	4	4	0	0	4	4	0	0
2	4	4	0	0	4	4	0	0	4	4	0	0	4	4	0	0
3																
4																
5																
6																
7																
8																
9																
10																
11																
12																
13																
14																
15																
16																
17																
18																
19																
20																
21																
22																
23																
24																
25																
26																
27																
28																
29																
30																

4.批发商发货单(打印 9 张=108 份)

From批发商:
To 批发商:
发出周次:
订货数量

From批发商:
To 批发商:
发出周次:
订货数量

From批发商:
To 批发商:
发出周次:
订货数量

From批发商:
To 批发商:
发出周次:
订货数量

From批发商:
To 批发商:
发出周次:
订货数量

From批发商:
To 批发商:
发出周次:
订货数量

From批发商:
To 批发商:
发出周次:
订货数量

From批发商:
To 批发商:
发出周次:
订货数量

From批发商:
To 批发商:
发出周次:
订货数量

From批发商:
To 批发商:
发出周次:
订货数量

From批发商:
To 批发商:
发出周次:
订货数量

From批发商:
To 批发商:
发出周次:
订货数量

5.批发商订货单(打印 3 张=36 份)

批发商订货单
Trom批发商:
订货时间: 第 周
订货数量

批发商订货单
Trom批发商:
订货时间: 第 周
订货数量

批发商订货单
Trom批发商:
订货时间: 第 周
订货数量

批发商订货单
Trom批发商:
订货时间: 第 周
订货数量

批发商订货单
Trom批发商：
订货时间：第　　周
订货数量

批发商订货单
Trom批发商：
订货时间：第　　周
订货数量

批发商订货单
Trom批发商：
订货时间：第　　周
订货数量

批发商订货单
Trom批发商：
订货时间：第　　周
订货数量

批发商订货单
Trom批发商：
订货时间：第　　周
订货数量

批发商订货单
Trom批发商：
订货时间：第　　周
订货数量

批发商订货单
Trom批发商：
订货时间：第　　周
订货数量

批发商订货单
Trom批发商：
订货时间：第　　周
订货数量

（三）制造商

1. 制造商角色资料卡(打印 1 份)

角色资料卡—制造商

1. 情人啤酒是你的主营项目，以箱数为单位。游戏从第 3 周开始。

2. 周一：司机 B 给你送来了 2 个批发商的一个订单(是他们第 2 周签发的)。你根据库存情况决定给每一家发多少货，但欠发的以后也要补上。你用一个“发货单”代表发出的货物交给司机，发货单上的日期写本周(第 3 周)。发货后，你在“制造商情况表”的第 3 行记录刚收到的批发商订单总量和实际发货量，并计算本周欠(批发商的)货总量和累计欠货总量：

第 t 周的欠货量 ＝ 第 t 周的批发商订单总量－第 t 周的实际发货量　$C(t) = A(t) - B(t)$

第 t 周累计欠货量＝ 第 t－1 周的累计欠货量＋ 第 t 周欠货量　$D(t) = D(t-1) + C(t)$

你还要在“批发商订货发货统计表”的第 3 行中记录对每个批发商的往来账目，以备补货：

本周订货量＝刚才司机 B 给你的订单数量

本周发货量＝刚才你签发的发货单数量

本周累计欠货量＝上周累计欠货量＋本周欠货量

3. 周末：你有一批出产的啤酒入库。这是你第 1 周下达的计划量。你把它登记在“制造商情况表”的第 3 行“本周出产量”一栏。

然后，你开始核算本周的期末库存，并填写在第 3 行的“期末库存”栏中：

第 t 周期末库存 ＝ 第 t 周期初库存＋ 第 t 周的出产量－第 t 周实际发货总量　$G(t) = E(t) + F(t) - B(t)$

再填写下一周(第 4 周)的期初库存：第 4 周的期初库存＝第 3 周的期末库存

4. 你根据销售趋势和现有库存，决定本周(第 3 周)该下达多少生产任务。如果你下达的任务不超过 30，则第 5 周能准确出产。如果你下达的任务超过 30，则超过的部分要到第 7 周才能出产，因为这需要扩大产能(车间改造)。

5. 核算本周利润，填写在第 3 行的“本期利润”栏中：

第 t 周的利润＝第 t 周实际发货总量×5－第 t 周累计欠货量×2－ 第 t 周期末库存量×1

$$I(t) = B(t)\times 5 - D(t)\times 2 - G(t)\times 1$$

6. 以下每周的游戏过程都从第 1 步开始。

2. 制造商情况

制造商情况表（1份）　　单位：箱

周次	本周批发商订单总量	本周发货总量	本期欠货总量	累计欠货总量	期初库存量	本周出产量	期末库存量	本周下达计划量	本期利润
	A	B	C	D	E	F	G	H	I
1	24	24	0	0	48	24	48	24	96
2	24	24	0	0	48	24	48	24	96
3					48	24			
4						24			
5									
6									
7									
8									
9									
10									
11									
12									
13									
14									
15									
16									
17									
18									
19									
20									
21									
22									
23									
24									
25									
26									
27									
28									
29									
30									

演练成绩：第________组，零售商________，总利润额________

3. 各批发商订货发货统计情况表(打印1份)

周次	批发商1				批发商2											
	订货量	发货量	欠货量	累计欠货	订货量	发货量	欠货量	累计欠货								
1	12	12	0	0	12	12	0	0								
2	12	12	0	0	12	12	0	0								
3																
4																
5																
6																
7																
8																
9																
10																
11																
12																
13																
14																
15																
16																
17																
18																
19																
20																
21																
22																
23																
24																
25																
26																
27																
28																
29																
30																

4. 制造商发货单(打印 3 张=36 份)

制造商发货单 To批发商: 发货时间: 第　周 发货数量:	制造商发货单 To批发商: 发货时间: 第　周 发货数量:
制造商发货单 To批发商: 发货时间: 第　周 发货数量:	制造商发货单 To批发商: 发货时间: 第　周 发货数量:
制造商发货单 To批发商: 发货时间: 第　周 发货数量:	制造商发货单 To批发商: 发货时间: 第　周 发货数量:
制造商发货单 To批发商: 发货时间: 第　周 发货数量:	制造商发货单 To批发商: 发货时间: 第　周 发货数量:
制造商发货单 To批发商: 发货时间: 第　周 发货数量:	制造商发货单 To批发商: 发货时间: 第　周 发货数量:
制造商发货单 To批发商: 发货时间: 第　周 发货数量:	制造商发货单 To批发商: 发货时间: 第　周 发货数量:

(四)司机

1. 司机角色资料卡(打印 1 份)

角色资料卡—司机

1. 司机分为 A、B 2 人,其中 A 负责传递零售商与批发商间的订单与发货单,并扮作消费者提供啤酒市场需求量;B 负责传递批发商与制造商间的订货与发货单。

2. 司机需在一定的时间以信息条形式发布一定的信息:啤酒需求增加的原因。(某流行音乐录影带中以"我喝下最后一口情人啤酒,投向太阳"作为歌曲的结尾。)

信息条发布时间:制造商—第 7 周;零售商—第 8 周;批发商—第 10 周(参见附件)

3. 时滞的实现:

司机接到订单后,由于多家用户及一定的运输距离,在两周后送到批发商或制造商处,批发商或制造商立即发货,司机在 2 周后送到货。

时滞的实现是利用订发货单汇总板来实现的。事先在板上挂好前 2 周的订(发)货单(事先准备好的),然后根据操作流程示意图 2 的步骤完成第 1 周的 2 步。注意订发货单必须从上面插,从最底下取。所有订货、销货和发货均在期初进行。

司机 AB 确认第 1 周结束,开始第 2 周,游戏将在第 5 周时进入正轨。

司机 A 每一周以信息条形式向零售商发布啤酒市场需求量信息:第几周,你的顾客向你要货多少箱,具体箱数由司机 A 填写。

2. 信息条(打印 3 份)

第 3 周　顾客需求:4 箱　　第 3 周　顾客需求:4 箱

第 4 周　顾客需求:8 箱　　第 4 周　顾客需求:8 箱

第 5 周　顾客需求:8 箱　　第 5 周　顾客需求:8 箱

第 5 周　致零售商信息:第 3 周时,有一首流行歌曲"我喝下最后一口'情人啤酒',投向太阳"

第 5 周　致零售商信息:第 3 周时,有一首流行歌曲"我喝下最后一口'情人啤酒',投向太阳"

第 6 周　顾客需求:8 箱　　第 6 周　顾客需求:8 箱

第 6 周　致批发商信息:第 1 周时,有一首流行歌曲"我喝下最后一口'情人啤酒',投向太阳"

第 7 周　顾客需求:8 箱　　第 7 周　顾客需求:8 箱

第 8 周　顾客需求:6 箱　　第 8 周　顾客需求:6 箱

第 8 周　致制造商信息:第 1 周时,有一首流行歌曲"我喝下最后一口'情人啤酒',投向太阳"

第 9 周　顾客需求:4 箱　　第 9 周　顾客需求:4 箱

第 10 周　顾客需求:4 箱　　第 10 周　顾客需求:4 箱

第 11 周　顾客需求:4 箱　　第 11 周　顾客需求:4 箱

第 12 周　顾客需求:4 箱　　第 12 周　顾客需求:4 箱

第 13 周　顾客需求:4 箱　　第 13 周　顾客需求:4 箱

第 14 周　顾客需求:4 箱　　第 14 周　顾客需求:4 箱

第 15 周　顾客需求:4 箱　　第 15 周　顾客需求:4 箱

第 2 周零售商已发订单(批发商 1)	第 2 周零售商已发订单(批发商 2)
From零售商: 1A To　批发商: 1 发出周次: 2 订货数量: 4	From零售商: 2B To　批发商: 2 发出周次: 2 订货数量: 4
From零售商: 1B To　批发商: 1 发出周次: 2 订货数量: 4	From零售商: 2B To　批发商: 2 发出周次: 2 订货数量: 4
From零售商: 1C To　批发商: 1 发出周次: 2 订货数量: 4	From零售商: 2C To　批发商: 2 发出周次: 2 订货数量: 4

From批发商：1
To 零售商：1A
发货时间：第 2 周
发货数量：4

From批发商：2
To 零售商：2A
发货时间：第 2 周
发货数量：4

From批发商：1
To 零售商：1B
发货时间：第 2 周
发货数量：4

From批发商：2
To 零售商：2B
发货时间：第 2 周
发货数量：4

From批发商：1
To 零售商：1C
发货时间：第 2 周
发货数量：4

From批发商：2
To 零售商：2C
发货时间：第 2 周
发货数量：4

批发商订货单
From批发商：1
订货时间：第 2 周
订货数量：12

批发商订货单
From批发商：2
订货时间：第 2 周
订货数量：12

制造商发货单
To批发商：1
发货时间：第 2 周
发货数量：12

制造商发货单
To批发商：2
发货时间：第 2 周
发货数量：12

项目六

生产职能管理

教学目标

(一)总目标:掌握生产职能管理的技术和方法

(二)具体目标:

1. 学会设备的选择和评价,掌握设备合理使用和维护保养
2. 掌握现场管理的基本内容
3. 掌握质量管理的手段和方法

工作任务

(一)设备的经济评价;5S 的实施;质量方法和工具的使用

(二)到企业实践,全面了解企业生产职能管理

单元一　设备管理

教学目标

(一)总目标:掌握设备管理的目标和基本方法

(二)具体目标:

1. 理解设备管理的概念
2. 设备的选择与评价
3. 设备合理使用和维护保养
4. 设备的检查与预防维修
5. 设备更新与改造

理论精要

设备是现代生产工具,是社会生产力的重要因素。生产工具是人类改造自然能力的物质标志。生产工具越先进,标志着人们对客观自然的认识支配能力越强,也就意味着生产力水平越高。加强设备管理,对于保证企业生产的正常秩序,提高经济效益,有着十分重要的意义。

机器设备就其范围来说包括：生产工艺设备，辅助生产设备，科学研究设备，管理设备以及公用设备。

设备综合管理的内容就是对设备运动全过程的管理。它一般表现为两种状态：一是物质运动形态；二是价值运动形态。

设备的物质运动形态是指计划、设计、制造、购置、验收、安装、调试、运行、点检、维修、更新、改造，直至报废处理；设备的价值运动形态，表现为设备的资金筹集、最初投资、维修保养、费用支出、折旧费计提、更新改造资金的筹集与使用、设备的经营或有偿转让等。对设备物质形态的管理，通常叫设备的技术管理；对设备价值形态的管理，通常叫设备的经济管理。设备综合管理的内容归纳起来如下：实行设备的全过程管理；对设备从工程技术、经济和组织管理三个方面进行综合管理；实行设备的全员管理；开展设备的经营工作。

一、设备的选择与评价

（一）设备选择考虑的因素

设备选择问题，对于新建企业选择设备，老企业购置新设备和自行设计、制造专用设备，以及从国外引进技术装备，都是十分重要的。设备选择应满足生产实际需要，结合企业长远生产经营发展战略全面考虑。选择设备的目的是使企业有限的设备投资，用在生产必须的设备上，以发挥投资的最大经济效益。一般来说，技术上先进、经济上合理、安全节能、满足生产需要是企业在选择、制造、引进设备时必须共同遵守的原则。因此，在选择设备时应考虑的因素有：①生产性；②可靠性；③安全性；④节能性；⑤环保性；⑥维修性；⑦成套性；⑧灵活性；⑨耐用性。

（二）设备的经济评价

1. 设备经济寿命的一般算法

设备的经济寿命是指设备从开始使用（或闲置）时起，至由于遭受有形磨损和无形磨损（贬值）再继续使用在经济上已不合理为止的全部时间。我们称设备从开始使用到其年度使用费最小的使用年限为设备的经济寿命。

（1）不考虑残值

静态　$\min AC_t = \dfrac{I_0}{n} + \dfrac{1}{n}\sum_{t=1}^{n} C_t$

动态　$\min AC_t = \left[I_0 + \sum_{t=1}^{n} C_t(P/F,i,t)\right](A/P,i,n)$

式中：AC—平均年总费用

I_0—设备投资

C_t—第 t 年设备的使用费用

t—设备使用时间，$t=1,2,\cdots n$

（2）考虑设备使用 n 年后的残值 Ln

静态　$\min AC_t = \dfrac{I_0 - L_n}{n} + \dfrac{1}{n}\sum_{t=1}^{n} C_t$

动态　$\min AC_t = \left[I_0 - L_n(P/F,i,n) + \sum_{t=1}^{n} C_t(P/F,i,t)\right](A/P,i,n)$

式中：AC—平均年总费用

I_0—设备投资

C_t—第 t 年设备的使用费用

t—设备使用时间，$t=1,2,\cdots n$

Ln—设备残值

2. 投资回收期法

投资回收期是指用设备的盈利收入来补偿设备投资支出所需要的时间。

$$I\times(1+i)^T=(R\times(1+i)^{T-1}+\cdots+R\times(1+i))+R$$

$$I\times(1+i)^T=R\times\frac{(1+i)^T-1}{i}\quad T=\frac{\lg R-\lg(R-i\times I)}{\lg(1+i)}$$

式中：T— 设备投资回收期；I—设备投资额；i—年利率；R—设备年平均盈利收入。

例：已知条件如下表 6-1，求该厂最佳决策。

表 6-1 设备投资盈利表

设备名称	投资额(万元)	盈利收入(万元)		
		合计	折旧	利润
Ⅰ	1000	350	125	225
Ⅱ	1200	450	120	330
Ⅲ	1800	650	150	500

设 $i=10\%$

解：$T_1=\dfrac{\lg350-\lg(350-10\%\times1000)}{\lg(1+10\%)}=3.53$(年)

同理可求得：$T_2=3.25$(年)　$T_3=3.4$(年)

所以，本例Ⅱ方案投资回收期最短。

3. 费用换算法

(1)年费法

年费法是将设备的购置依据设备的寿命周期，按复利计算，换算成相当于每年的费用支出后，加上年维持费，得出不用设备的年总费用，据此进行比较分析，选择最优设备的方法。

每年折算总费用=年投资费+每年维持费

其中，年投资费=一次投资费×资金回收系数

$$资金回收系数=\frac{i\times(1+i)^n}{(1+i)^n-1}$$

利用资金回收系数可求出一项投资 P，打算在 n 年内回收，每年所需等额年金。

(2)现值法

现值法是将设备寿命周期内的每年维持费，通过现值系数换算成相当于一次的维持费用。

寿命周期总费用=设备购置费+每年维持费×现值系数

$$现值系数=\frac{(1+i)^n-1}{i(1+i)^n}$$

假设每年维持费是等值的，现值系数、资金回收系数均可查表得出。为说明上述公式举例如下：

例：已知条件如表 6-2 所示，试用年费法计算费用并选择设备。

表 6-2　设备 A、B 数据表

项目	设备 A	设备 B
设备投资费	7000 元	10000 元
设备寿命周期	10 年	10 年
年利率	6%	6%
每年维持费	2500 元	2000 元

解：用年费法计算：设备 A 的年总费用 $=7000\times\dfrac{0.06\times(1+0.06)^{10}}{(1+0.06)^{10}-1}+2500$

$=7000\times 0.13587+2500=3451$（元）

同理可计算出设备 B 的年总费用为 3359 元，比较可知设备 B 的年总费用小，选 B 设备。

用现值法计算：设备 A 总费用 $=7000+2500\times\dfrac{(1+0.06)^{10}-1}{0.06\times(1+0.06)^{10}}$

$=7000+(2500\times 7.36)=25400$（元）

同理可计算出设备 B 寿命周期总费用为 24720 元，比较可知设备 B 的总费用小，选择 B 设备。

二、设备合理使用和维护保养

(一)设备合理使用

设备合理使用要做好以下三方面工作：

1. 必须根据企业的生产技术特点和工艺过程的要求，合理配备各种类型的设备，同时根据各种设备的性能、结构和技术经济特点合理安排加工任务，注意设备的负荷情况。

2. 提高设备的利用程度。一是提高设备的时间利用率，即充分利用设备可能工作的时间，不让设备闲置；二是提高设备的负荷的利用率，就是要使设备在单位时间内生产出尽可能多的合格产品。

3. 建立健全各种规章制度，确保设备的合理使用。有关的制度如安全操作规程、岗位责任制、润滑管理制度及操作合格证等。

(二)设备的维护保养

设备的维护保养，是指设备使用人员和专业维护人员在规定的时间内及维护保养范围内，分别对设备进行预防性的技术护理。

设备维护保养一般分为三级，称三级保养制度，有的是推行四级保养制度。四级保养制度的内容有：

1. 日常维护保养

日常维护保养亦称例行保养或“日保”，这是操作人员每天在班前后进行的通常保养。机械企业设备保养的四项要求是：“整齐、整洁、润滑、安全”。

2. 一级保养

一级保养是以操作人员为主，维修人员为辅对设备进行局部检查、清洗，一般 500～700 小时进行一次。

3. 二级保养

二级保养是以维修人员为主，操作人员参加，对设备进行部分解体、检查、修理、更换或修复磨损件，局部恢复精度、润滑和调整。设备一般运行 2500～3500 小时进行一次二级保养。

4. 三级保养

三级保养是对设备的主体部分进行分解检查与调整工作，及时更换磨损限度已到的零件。设备维护保养制度因设备的性能、工作条件不同而各企业有具体规定。

三、设备的检查与预防维修

(一)设备的磨损与故障规律

1. 设备的磨损规律

设备在使用过程中会逐渐发生磨损，一般分为两种形式：有形磨损、无形磨损。

有形磨损指设备在工作中，由于其零件受磨擦、振动而磨损或损坏，以致设备的技术状态劣化或设备在闲置中由于自然力的作用，而使设备失去精度和工作能力，以上两种情况都称有形磨损。

设备有形磨损过程，大致分三个阶段，如图 6-1：

Ⅰ：初期磨损阶段。在此阶段中，机器零件表面的高低不平处，以及氧化脱炭层，由于零件的运转，互相磨擦作用，很快被磨损。这一磨损速度快，但时间短。

Ⅱ：正常磨损阶段。零件磨损趋于缓慢，基本上是匀速增加。

Ⅲ：剧烈磨损阶段。零件磨损由量变到质变，超过一定限度，正常磨损关系被破坏，接触情况恶化，磨损加快，设备的工作性能也迅速降低，如不停止使用，进行维修，设备可能被损坏。

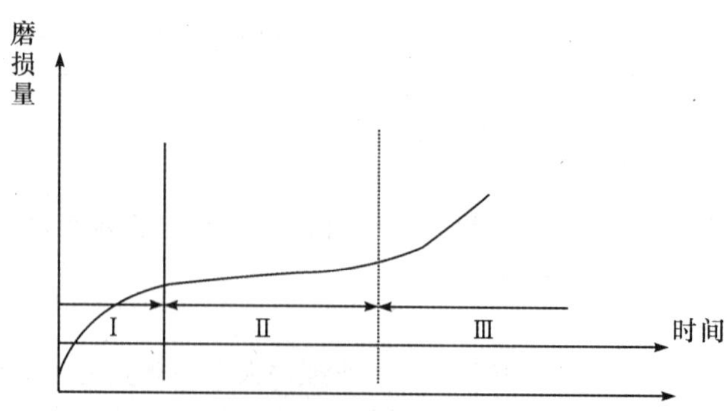

图 6-1 设备有形磨损曲线

度量设备的有形磨损程度，借用的是经济指标。在综合单个零件磨损程度的基础上，来确定整个设备的平均磨损程度 α_p。

$$\alpha_p = \frac{\sum_{i=1}^{n} x_i k_i}{\sum_{i=1}^{n} k_i}$$

式中：α_p—设备有形磨损程度

n—磨损零件总数

x_i—设备中 i 零件的磨损程度

k_i—i 零件的价值

也可以用维修费用估计设备的有形磨损，其公式为：

$$\alpha_p = \frac{R}{K_1}$$

式中：α_p—设备有形磨损程度

R—修复全部磨损零件所需要的修理费用

K_1—计算 α_p 时的设备重置价值

无形磨损是指两种设备使用价值相同或类似，由于科学技术进步产生的技术水平差距，使得一种与另一种在制造成本、使用成本、生产成果上的比较价值差，称无形磨损。或者这样解释：设备的技术结构，性能没有变化，但由于劳动生产率的提高，使这种设备的再生产费用下降，而使原有同种设备发生贬值或是由于新的性能更完善的效率更高的设备出现和推广，使原有的设备的经济效能相对降低而形成的一种消耗。

衡量设备的无形磨损常采用价值指标，利用设备价值降低系数来表示无形磨损程度。

$$\alpha_1 = \frac{k_0 - k_1}{k_0} = 1 - \frac{k_1}{k_0}$$

式中：α_1—设备无形磨损程度

k_0—设备的原始价值

k_1—计算 α_1 时设备的重置价值

有了设备的有形磨损和无形磨损的衡量指标以后，就可以得出两种磨损同时发生的综合衡量方法。综合磨损程度的公式为：

$$\begin{aligned}\alpha &= 1-(1-\alpha_p)(1-\alpha_1) = 1-(1-R/k_1)(1-1+k_1/k_0) \\ &= 1-(k_1/k_0-R/k_0) = 1-(k_1-R)/k_0\end{aligned}$$

式中：α—设备综合磨损程度

任何时候设备在两种磨损作用下的残余价值 K，可用下式表示：

$$K = (1-\alpha)k_0 = k_1 - R$$

可以看出，任何时候设备在两种磨损作用下的残余价值 K，等于设备再生产的价值减去修理费用。

2. 设备故障规律

设备故障一般分为突发故障和劣化故障。突发故障是突然发生的故障，其特点是发生时间是随机的；劣化故障是由于设备性能逐渐劣化所造成的故障，其特点是发生故障有一定的规律，故障发生速度是缓慢的，程度多是局部功能损坏。劣化故障规律呈盆浴曲线，见图 6-2 所示。

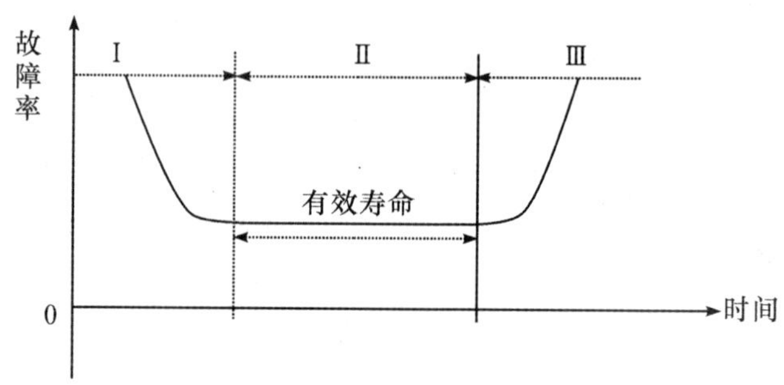

图 6-2　设备故障曲线

Ⅰ:初期故障期。这一阶段的故障主要是由于设计上的缺陷,制造质量欠佳和操作不良习惯引起的,开始故障较高,随后逐渐减少;

Ⅱ:偶发故障期。在这一阶段,设备已进入正常运转阶段,故障很少,一般都是由于维护不好和操作失误引起的偶发故障;

Ⅲ:磨损故障期(劣化故障期)。在这阶段,构成设备的零件已磨损、老化,因而故障率急剧上升。

针对不同故障,应采取相应措施。如:在初期,找出设备可靠性低的原因,进行调整,保持稳定性。

在偶发期,应注意加强员工的技术教育,提高操作人员与维修人员的技术水平。在磨损期,应加强对设备的检查、监测和计划修理工作。

(二)设备的检查与修理

1. 设备检查

设备检查是对设备的运行状况、工作精度、磨损或腐蚀情况进行检查和校验,及时消除隐患。设备检查分类:按间隔时间不同可分为日常检查和定期检查;按技术功能分为机能检查和精度检查。

2. 设备修理

(1)设备修理的种类

设备修理种类按修理程度分为大修、中修、小修。

大修理是工作量很大的一种修理,它需要把设备全部拆卸,更换和修复全部磨损件,恢复其精度、性能和效率。其特点:修理次数少,修理间隔长,工作量大,修理时间长,费用多。大修理费用由专提的大修理基金支付。

中修理则是对设备进行部分解体,修理更换部分主要零件和数量较多的其他磨损件,并校正设备的基准,以恢复和达到规定的精度和其他技术要求。其特点:发生次数较多,时间较短,工作量不是很大,修理时间较短,支付费用少,且由生产费用开支。

小修理是对设备的局部修理,它主要是更换和修复少量的磨损零件,并调整设备的局部机构。其特点:修理次数多,工作量小,一般在生产现场由车间专职维修工执行,修理费用计入生产费用。

(2)设备修理方法

设备修理方法主要有以下几种:标准修理法、定期修理法和检查后修理法。

标准修理法是根据设备零件的寿命,预先编制具体的修理计划,明确修理日期、类别和内容。设备运转了一定时间后，不管其技术状态如何，必须按计划进行修理。这种方法便于做好修理前准备工作，设备停歇时间短，能有效地保证设备正常运转。但容易脱离实际，产生过度修理，增加修理费用。

定期修理法是根据设备的使用寿命，生产类型、工作条件和有关定额资料，事先规定各类计划修理的固定顺序，计划修理间隔及其修理工作量。修理内容事先不作规定，而在修理前根据设备状态来确定。

检查后修理法是根据设备零部件的磨损资料，事先只规定设备检查总次数和时间，而每次修理的具体期限、类别和内容均由检查后的结果来决定。这种方法简便易行、节约费用，但修理期限和内容要等检查后决定，修理计划性差，而且检查时有可能对设备状况的主观判断差误引起零件的过度磨损或故障。

(三)设备的预防维修制度

1. 计划预防修理制度

这是我国20世纪50年代开始普遍推行的一种设备维修制度。它是进行有计划地维护、检查和修理，以保证设备经常处于完好状态的一种组织技术措施。其内容包括日常维护，定期检查，计划修理(大、中、小)。其特点是通过计划来实现修理的预防性。其编制修理计划的依据之一是修理的各种定额标准。

2. 修理定额

(1)修理周期

修理周期指相邻两次大修理之间设备工作时间间隔。修理周期长短取决于主要零部件的使用期限，不同设备在不同生产类型、生产条件下其主要零件使用期限不同，修理周期也不相同。

(2)修理间隔期

修理间隔期指两次相邻修理之间的时间间隔。

(3)修理周期结构

修理周期结构指在一个修理周期内，大、中、小修的次数和排列顺序。如图6-3所示。

|←——— 修理周期 ———→|

大—检—小—检—中—检—小—检—小—检—中—检—小—检—小—检—大

图6-3 修理周期结构

其中，大：大修理，中：中修理，小：小修理，检：检查

(4)修理复杂系数

修理复杂系数是表示设备修理复杂程度的一个基本单位，也是表示修理复杂程度和修理工作量的假定单位，它由设备的结构特点、工艺性、零部件尺寸等因素决定。设备越复杂，加工精度越高，零部件尺寸越大，修理工作量越大，则修理复杂系数也越大。机械工业中通常是选择中心高为200mm，顶尖距为1000mm的C620车床为标准机床，将其修理复杂系数定为10，其他设备都与该标准机床比较确定。比标准机床复杂的设备，其复杂系数大于10，反之小于10。不同型号的设备，复杂系数计算也不一样。

(5)修理劳动定额

修理劳动定额是企业为完成机器设备的工作所需要的劳动时间标准。它通常用一个

修理复杂系数所需要的劳动时间来表示。如表 6-3 为机械加工企业一个修理复杂系数的劳动量。

表 6-3 一个修理复杂系数的劳动量

修理类别	钳工工时	机工工时	电工工时
修前检查	3—4		
小修	7—10		
中修	32—42	15	7—9
大修	50—60	30	15—20

(四)全员生产维修制

全员生产维修制度(或译作全员参加的生产维修制、全面生产维修制,简称 TPM),是日本设备工程协会倡导的一种设备管理与维修制度。它以美国的预防维修为维修的主体,也反映出英国设备综合工程学的主要观点,总结了日本某些企业推行全面质量管理的实践经验,继承了日本管理的传统而逐步形成发展起来的。

1. 推行全效率、全系统、全员参加的“三全”设备管理

全效率是指设备的综合,包括产量(P)、质量(Q)、成本(C)、交货期(D)、安全(S)和劳动情绪(M)等六方面。其公式如下:

设备的综合效率=设备的输出/设备的输入

从上式可以看出,设备输出量越大,而设备的输入量越小,则设备的效率就越高。

全系统是指对设备的生产进行系统的管理,包括从设备研究、设计、制造、安装、使用、维修、改造和更新等全系统进行管理,并建立信息情报的反馈系统。

全员参加是指从企业领导,管理人员一直到第一线生产的主要工人都参加设备管理工作,组织 PM 小组。PM 小组活动的主要内容是减少设备故障和提高生产效率。小组成员分别承担相应的职责,上一级的 PM 小组负责检查下一级 PM 小组的成果,成绩显著者可命名为“高水平 PM 小组”。

2. 推行“5S”活动,搞好管理工作的基础

“5S”活动的内容是:

整理:指把不同的紊乱的东西全部收拾好和整理好;

整顿:指把所需的东西备齐,按工作次序整整齐齐地排好;

整洁:指设备和场地做到没有污染;

清扫:指随时地做好打扫工作,保证设备和场地一直能保持干净;

教养:指员工的举止、态度和作风,培养良好的工作习惯和生活习惯。

3. 设备的检查工作

设备的检查工作要求以明确和严密的制度保证做好设备检查,实行明确项目、内容及检查顺序的点检制度,每次检查后都要有明确的记录标志,如良好(O)、可以(S)、差(X),以作为设备维修的依据。设备的检查分为日常检查、定期检查和专题检查。日常检查,由操作人员负责;定期检查和专题检查由维修部门负责,主要是针对重点设备。

4. 重点设备的预防修理、大修理和改善修理

将设备按照"设备的输出"的要求划分为重点设备、一般设备。对重点设备实行预防修理,对一般设备采用事后修理和故障预防的办法。这样可以节约修理费用,每年根据生产的发展变化情况,按设备输出总的要求,对重点设备进行一次调整。

5. 加强设备维修人员的培养工作

这是推行 TPM 体系十分重要的环节之一,每年要制定对维修人员的教育计划,包括技术人员、工长和组长、老员工和新员工工作的培训,针对不同人员提出不同的教育内容和要求。对于维修人员要注意多面手的培养,包括机械工和电工等操作技能,定期进行考核。

6. 重视维修记录及其分析研究

完整地记录收集设备维修实施情况的原始资料,对原始资料进行分析研究,包括各种故障原因分析,平均故障间隔时间的分析等;绘制各种比较醒目的图表、编写维修月报;制定各种标准化资料,包括检查标准、维修作业标准等。并制订各种 TPM 评价指标作为考核标准。

四、设备更新与改造

(一)设备的更新

设备更新是以比较经济和比较完善的设备代替物质上不能继续使用或经济上不宜继续使用的设备,使企业能够在科学技术发展的动态中,获得先进适用的技术装备。

设备寿命是指设备从投入生产开始,经过有形磨损,直至在技术上或经济上不宜继续使用,需要进行更新所经历的时间。从不同角度可以将设备寿命划分为物质寿命、经济寿命、技术寿命和折旧寿命。

1. 物质寿命

物质寿命是根据设备的物质磨损而确定的使用寿命,即从设备投入使用到因物质磨损使设备老化损坏,直到报废拆除为止的年限。

2. 经济寿命

经济寿命是指设备的使用费处于合理界限之内的设备寿命。在设备物质寿命的后期,因设备故障频繁而引起的损失急剧增加。购置设备后,使用的年数越多,每年分摊的投资越少,设备的保养和操作费用却越多。在使用期最适宜的年份内设备总成本最低,这即经济寿命的含义。

3. 技术寿命

技术寿命是指由于科学技术的发展,不断出现技术上更先进、经济上更合理的替代设备,使现有设备在物质寿命或经济寿命尚未结束之前就提前报废。这种从设备投入使用到因技术进步而使其丧失使用价值所经历的时间称为设备的技术寿命。

4. 折旧寿命

折旧寿命是指按国家有关部门规定或企业自行规定的折旧率,把设备总值扣除残值后的余额,折旧到接近于零时所经历的时间。折旧寿命的长短取决于国家或企业所采取的方针和政策。

设备的寿命通常是设备进行更新和改造的重要决策依据。设备更新改造是为提高产品质量,促进产品升级换代,节约能源而进行的。其中,设备更新也可以是从设备经济寿命

来考虑，设备改造有时也是从延长设备的技术寿命、经济寿命的目的出发的。

设备更新的方式分为设备的原型更新和设备的技术更新。

设备的原型更新是指用结构相同的新设备，更换由于有形磨损严重，在技术上不宜继续使用的旧设备。设备的原型更新主要是解决设备的有形磨损的问题，它不具有技术进步的性质。对于设备的无形磨损，设备的原型更新是无法消除的。

技术更新是指用技术更先进的设备去更换技术上陈旧的设备。技术更新不仅能消除设备的有形磨损，恢复设备原有的性能，而且能消除设备的无形磨损，提高设备的技术水平和生产效率，降低消耗，提高产品质量，增强产品的竞争能力。

(二)设备改造

设备改造是指应用先进的科学技术成就，改变原有设备的结构，提高原有设备的性能、效率，使设备局部达到或全部达到现代新型设备的水平。由于设备改造比更新的费用省，见效快，适应性好，对促进企业技术进步有重要意义。因此，一些企业，在开发新产品或增产现有产品时，总是更新一部分设备，保留一部分可用的原设备，改造一定数量的现有设备。

设备改造的方式分局部的技术更新和增加新的技术结构。局部的技术更新是采用先进技术改变现有设备的局部结构。增加新的技术结构是指在原有设备基础上增添部件、新装置等。

设备改造的内容主要包括：

① 提高设备的自动化程度，实现数控化、联动化；

② 提高设备的功率、速度和刚度，改善设备的工艺性能；

③ 将通用设备改装成高效的专用设备；

④ 提高设备的可靠性、维修性；

⑤ 改进设备安全环保装置及安全系统；

⑥ 使零部件标准化、通用化和系列化，提高设备的“三化”水平；

⑦ 降低设备的能耗。

工作任务

任务 1　认识设备管理

阅读下列案例，回答有关问题：

设备管理的最高境界是“零故障”

小庞是一家丰田控股的生产汽车铸件班组的基层班组长。2003 年，班组刚刚完成合资，特意选派 10 名一线班组长到丰田日本明知的工厂学习两个月，小庞幸运地被选中。

两月后，小庞等人学完归来。周五，班组的全体成员特地为小庞接风，顺便请小庞讲讲日本的见闻收获。饭桌上，大家你言我语，纷纷询问小庞在日本工厂得到了什么真传。

听到这个问题，小庞从描述见闻的兴奋中平静下来说道：“咱都是老朋友，不来虚的，有些话还只能在这儿说。说真的，我没觉得在它哪儿学到什么，相反我在日本还露了一小手，帮他们解决了一个大问题！”

小庞脸上带着掩饰不住的得意，所有人却听得一头雾水：“他们还有问题需要你去解决?”

小庞说："就是呀，我也没想到！有一天在工位上干活，旁边一台专用铣床刀盘坏了，他们都不知道怎么处理，我上去三下五除二就修好了。当天晚上，他们的制造课长还专门请我们吃饭，表示感谢，碰了好几杯酒。"

大家更加崇拜小庞了："不可能吧，他们的设备你能修？"

小庞说："说了你们也许不信，那台设备我们厂也有，天天坏，我早就摸透了！"

【思考与实践】

1. 看完这个故事，我们能想到什么？
2. 小庞在日本的经历，说明了什么？

任务 2　用 Excel 计算设备经济寿命

阅读下列资料，学会用 Excel 计算设备经济寿命。

已知某机器设备初始投资为 60000 元，使用年限为 10 年，根据过去的记录，随着使用时间延长，其使用费会逐年增加而期末净残值会逐渐减少，其年使用费和估计残值见下表 6-4。求：

1. 该机器设备的经济寿命。
2. 如果按 10％的年利率计算，求该机器设备的经济寿命。

表 6-4　费用与残值数据

t(年限)	1	2	3	4	5	6	7	8	9	10
Ct(使用费用)	10000	12000	14000	16000	18000	22000	26000	30000	34000	38000
Lt(残值)	40000	30000	25000	20000	15000	11000	7000	5000	3000	1000

解：

1. 求机器设备的经济寿命

(1)打开 Excel 表格，输入已知数据。然后选定 E6 单元格，键入"＝＄E＄2－D6"。按回车确认，获得结果。

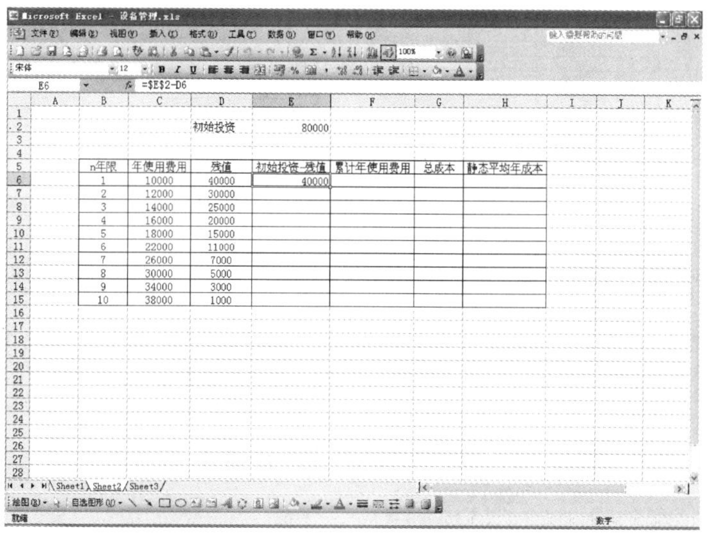

图 6-4　任务 2 计算步骤 1

(2)选定 E6 单元格,鼠标放在该单元格右下角,此时鼠标变成“+”,按住鼠标左键,向下拖动,获得结果。

E7 =$E$2-D7

初始投资 80000

n年限	年使用费用	残值	初始投资-残值	累计年使用费用	总成本	静态平均年成本
1	10000	40000	40000			
2	12000	30000	50000			
3	14000	25000	55000			
4	16000	20000	60000			
5	18000	15000	65000			
6	22000	11000	69000			
7	26000	7000	73000			
8	30000	5000	75000			
9	34000	3000	77000			
10	38000	1000	79000			

求和=603000

图 6-5 任务 2 计算步骤 2

(3)在 F6 到 F15 单元格内,分别使用自动求和函数,然后选定年使用费中累计加总的单元格区域,再按回车,可获得累计年使用费用。

SUM =sum(C6:C15)

初始投资 80000

n年限	年使用费用	残值	初始投资-残值	累计年使用费用	总成本	静态平均年成本
1	10000	40000	40000	10000		
2	12000	30000	50000	22000		
3	14000	25000	55000	36000		
4	16000	20000	60000	52000		
5	18000	15000	65000	70000		
6	22000	11000	69000	92000		
7	26000	7000	73000	118000		
8	30000	5000	75000	148000		
9	34000	3000	77000	182000		
10	38000	1000	79000	=sum(C6:C15)		

图 6-6 任务 2 计算步骤 3

(4)选定 G6 单元格,使用自动求和函数 $\sum$,然后选择 E6 至 F6 区域,按回车获得结果。再使用 Excel 的相对引用功能,鼠标放在 G6 单元格右下角,此时鼠标变成“+”,按住鼠标左键,向下拖动,获得结果。

G6　=SUM(E6:F6)

初始投资　80000

n年限	年使用费用	残值	初始投资-残值	累计年使用费用	总成本	静态平均年成本
1	10000	40000	40000	10000	50000	
2	12000	30000	50000	22000		
3	14000	25000	55000	36000		
4	16000	20000	60000	52000		
5	18000	15000	65000	70000		
6	22000	11000	69000	92000		
7	26000	7000	73000	118000		
8	30000	5000	75000	148000		
9	34000	3000	77000	182000		
10	38000	1000	79000	220000		

图 6-7　任务 2 计算步骤 4

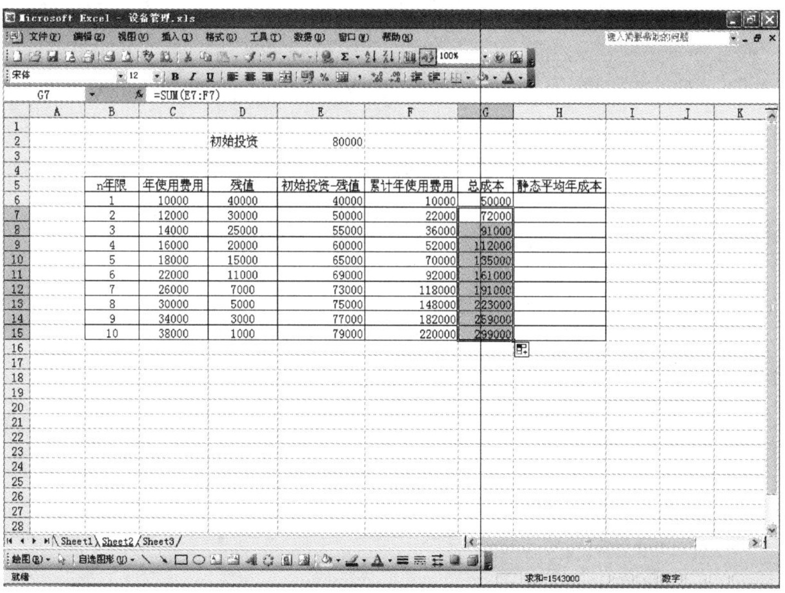

G7　=SUM(E7:F7)

初始投资　80000

n年限	年使用费用	残值	初始投资-残值	累计年使用费用	总成本	静态平均年成本
1	10000	40000	40000	10000	50000	
2	12000	30000	50000	22000	72000	
3	14000	25000	55000	36000	91000	
4	16000	20000	60000	52000	112000	
5	18000	15000	65000	70000	135000	
6	22000	11000	69000	92000	161000	
7	26000	7000	73000	118000	191000	
8	30000	5000	75000	148000	223000	
9	34000	3000	77000	182000	259000	
10	38000	1000	79000	220000	299000	

求和=1543000

图 6-8　任务 2 计算步骤 5

(5)选定 H6 单元格，输入“=G6/B6”，按回车获得结果。运用 Excel 的相对引用功能，复制 H6 单元格，粘贴于 H7 至 H15 区域，获得全部结果(小数部分利用 Excel 增减小数位数功能四舍五入)。

H6 =G6/B6

		初始投资	80000			
n年限	年使用费用	残值	初始投资-残值	累计年使用费用	总成本	静态平均年成本
1	10000	40000	40000	10000	50000	50000
2	12000	30000	50000	22000	72000	
3	14000	25000	55000	36000	91000	
4	16000	20000	60000	52000	112000	
5	18000	15000	65000	70000	135000	
6	22000	11000	69000	92000	161000	
7	26000	7000	73000	118000	191000	
8	30000	5000	75000	148000	223000	
9	34000	3000	77000	182000	259000	
10	38000	1000	79000	220000	299000	

图 6-9　任务 2 计算步骤 6

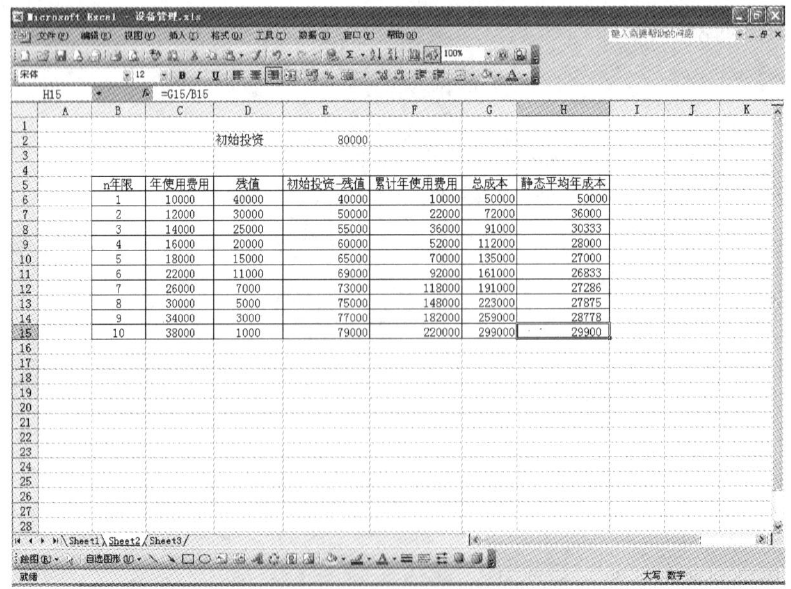

H15 =G15/B15

		初始投资	80000			
n年限	年使用费用	残值	初始投资-残值	累计年使用费用	总成本	静态平均年成本
1	10000	40000	40000	10000	50000	50000
2	12000	30000	50000	22000	72000	36000
3	14000	25000	55000	36000	91000	30333
4	16000	20000	60000	52000	112000	28000
5	18000	15000	65000	70000	135000	27000
6	22000	11000	69000	92000	161000	26833
7	26000	7000	73000	118000	191000	27286
8	30000	5000	75000	148000	223000	27875
9	34000	3000	77000	182000	259000	28778
10	38000	1000	79000	220000	299000	29900

图 6-10　任务 2 计算步骤 7

根据以上计算结果，设备使用到第 6 年末时，平均年总成本最低为 26833 元，经济寿命应该为 6 年。

2. 如果考虑 10%的年利率因素，则计算结果如下：

(1)打开 Excel 工作表，编制表格，输入已知数据。

初始投资= 80000　　利率= 10%

年限	残值	残值的现值	初始投资-残值现值	年使用费用	年使用费用现值	累计年使用费现值	总成本现值	动态平均年成本
1	40000			10000				
2	30000			12000				
3	25000			14000				
4	20000			16000				
5	15000			18000				
6	11000			22000				
7	7000			26000				
8	5000			30000				
9	3000			34000				
10	1000			38000				

图 6-11　任务 2 计算步骤 8

(2)选定 D6 单元格，选取 Excel 菜单命令“插入”→“函数”，在弹出的函数分类列表框中选择“财务”，在函数名字列表框中选择“NPV”净现值函数，然后按确定。在新弹出的 NPV 函数框内键入相关数据，RATE 栏内输入 H2(即引用 H2 单元格内的数据)，VALUEL 栏内输入 C6(即求第一年残值的现值)，最后按确定，D6 单元格内即显示第一年残值的净现值(对结果全部进行四舍五入)。

插入函数

选择类别(C)：财务

选择函数(N)：

IRR
ISPMT
MIRR
NPER
NPV
PMT
PPMT

NPV(rate,value1,value2,...)

基于一系列将来的收(正值)支(负值)现金流和一贴现率，返回一项投资的净现值

有关该函数的帮助　确定　取消

图 6-12　任务 2 计算步骤 9

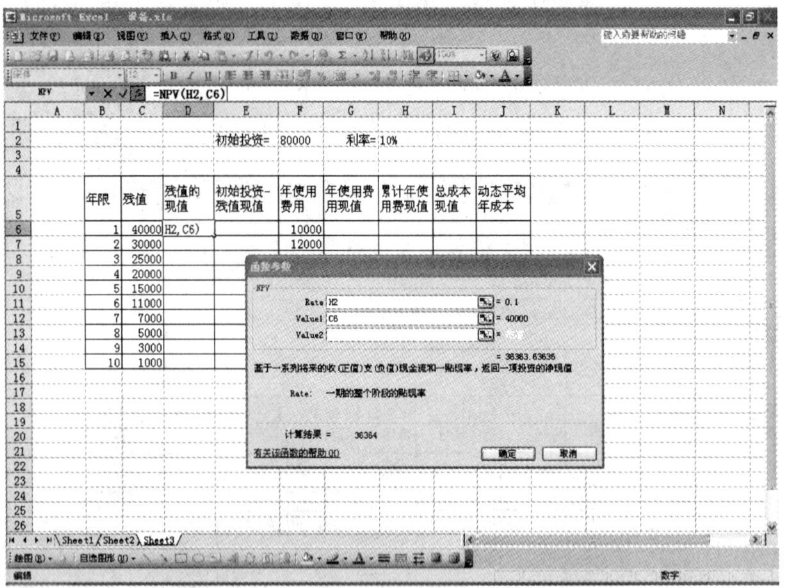

图 6-13　任务 2 计算步骤 10

Microsoft Excel - 设备.xls

D6　=NPV(H2, C6)

初始投资= 80000　利率= 10%

年限	残值	残值的现值	初始投资-残值现值	年使用费用	年使用费用现值	累计年使用费现值	总成本现值	动态平均年成本
1	40000	36364		10000				
2	30000			12000				
3	25000			14000				
4	20000			16000				
5	15000			18000				
6	11000			22000				
7	7000			26000				
8	5000			30000				
9	3000			34000				
10	1000			38000				

图 6-14　任务 2 计算步骤 11

(3)在 D7 单元格内采取同样函数，只是在 NPV 函数框内输入数据时，我们在 VALUEL 内留空，VALUEL2 内输入 C7，因为此时求的是第二年残值的净现值，按确定获得结果。依此类推，求得其余年份的残值的现值。

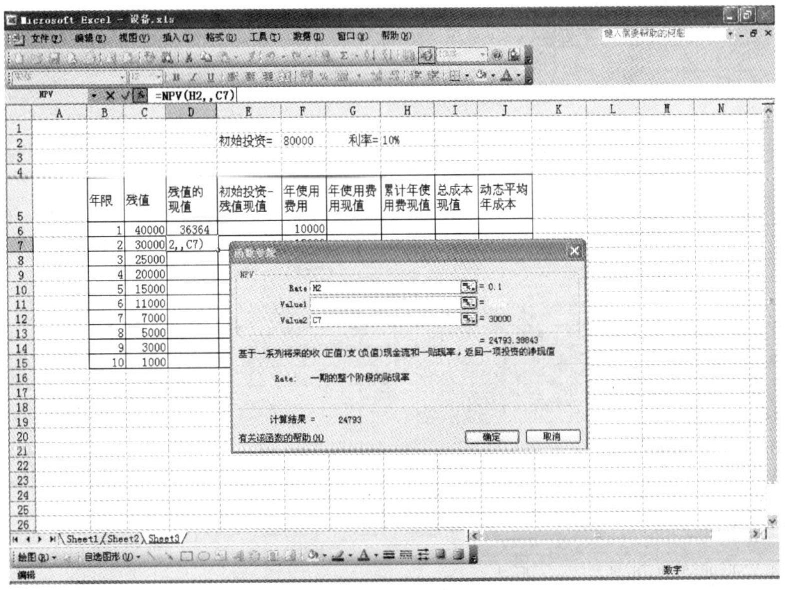

年限	残值	残值的现值	初始投资-残值现值	年使用费用	年使用费用现值	累计年使用费现值	总成本现值	动态平均年成本
1	40000	36364		10000				
2	30000	2,,C7)						
3	25000							
4	20000							
5	15000							
6	11000							
7	7000							
8	5000							
9	3000							
10	1000							

图 6-15 任务 2 计算步骤 12

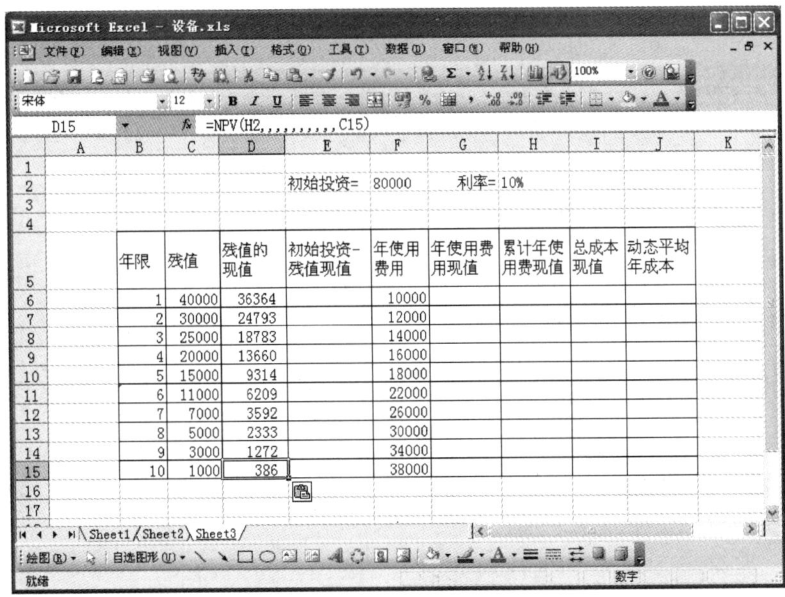

年限	残值	残值的现值	初始投资-残值现值	年使用费用	年使用费用现值	累计年使用费现值	总成本现值	动态平均年成本
1	40000	36364		10000				
2	30000	24793		12000				
3	25000	18783		14000				
4	20000	13660		16000				
5	15000	9314		18000				
6	11000	6209		22000				
7	7000	3592		26000				
8	5000	2333		30000				
9	3000	1272		34000				
10	1000	386		38000				

图 6-16 任务 2 计算步骤 13

(4)在 E6 单元格内输入"＝$F$2－D6",按回车获得结果。然后利用相对引用和绝对引用的功能,复制 E6,粘贴于 E7 至 E15 区域,获得全部结果。

Microsoft Excel - 设备.xls

E7 =$F$2-D7

初始投资= 80000 利率= 10%

年限	残值	残值的现值	初始投资-残值现值	年使用费用	年使用费用现值	累计年使用费现值	总成本现值	动态平均年成本
1	40000	36364	43636	10000				
2	30000	24793	55207	12000				
3	25000	18783	61217	14000				
4	20000	13660	66340	16000				
5	15000	9314	70686	18000				
6	11000	6209	73791	22000				
7	7000	3592	76408	26000				
8	5000	2333	77667	30000				
9	3000	1272	78728	34000				
10	1000	386	79614	38000				

求和=639658

图 6-17 任务 2 计算步骤 14

(5)在年使用费现值栏内,按照求残值现值的同样方法,利用财务中 NPV 函数可以求得全部年使用费现值。

Microsoft Excel - 设备.xls

G15 =NPV(H2,,,,,,,,,,F15)

初始投资= 80000 利率= 10%

年限	残值	残值的现值	初始投资-残值现值	年使用费用	年使用费用现值	累计年使用费现值	总成本现值	动态平均年成本
1	40000	36364	43636	10000	9091			
2	30000	24793	55207	12000	9917			
3	25000	18783	61217	14000	10518			
4	20000	13660	66340	16000	10928			
5	15000	9314	70686	18000	11177			
6	11000	6209	73791	22000	12418			
7	7000	3592	76408	26000	13342			
8	5000	2333	77667	30000	13995			
9	3000	1272	78728	34000	14419			
10	1000	386	79614	38000	14651			

图 6-18 任务 2 计算步骤 15

(6)在累计年使用费现值栏内，分别累加获得全部结果。

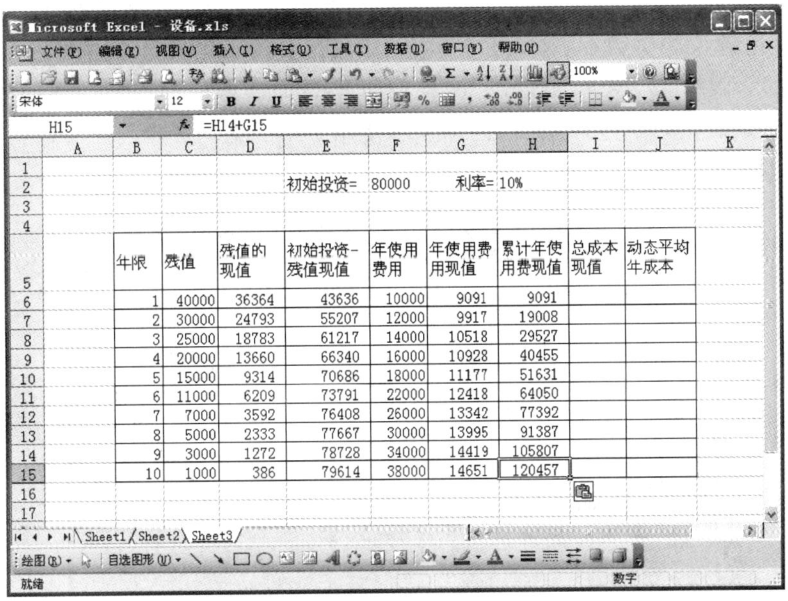

Microsoft Excel - 设备.xls

H15 =H14+G15

初始投资= 80000 利率= 10%

年限	残值	残值的现值	初始投资-残值现值	年使用费用	年使用费用现值	累计年使用费现值	总成本现值	动态平均年成本
1	40000	36364	43636	10000	9091	9091		
2	30000	24793	55207	12000	9917	19008		
3	25000	18783	61217	14000	10518	29527		
4	20000	13660	66340	16000	10928	40455		
5	15000	9314	70686	18000	11177	51631		
6	11000	6209	73791	22000	12418	64050		
7	7000	3592	76408	26000	13342	77392		
8	5000	2333	77667	30000	13995	91387		
9	3000	1272	78728	34000	14419	105807		
10	1000	386	79614	38000	14651	120457		

图 6-19 任务 2 计算步骤 16

(7)选定 I6 单元格，在 I6 单元格内输入“＝E6＋H6”，按回车获得结果。然后，利用相对引用功能或者直接输入相应加总数据，得到全部总成本现值。

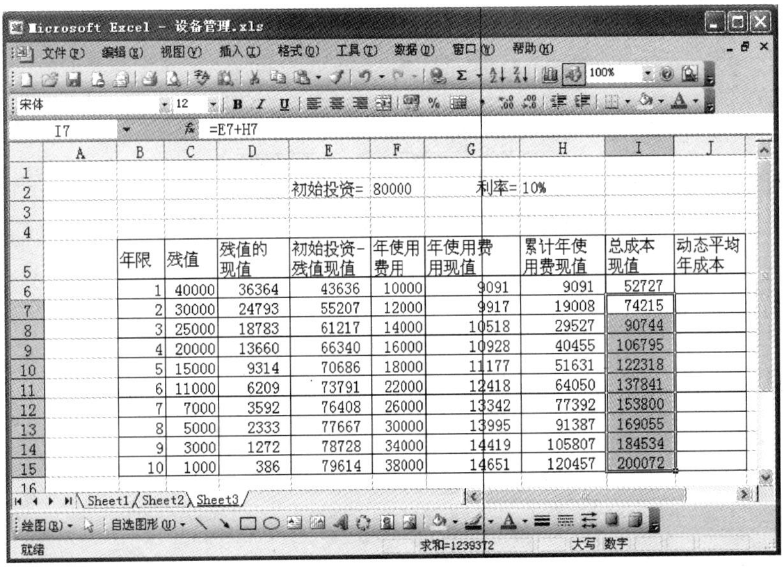

Microsoft Excel - 设备管理.xls

I7 =E7+H7

初始投资= 80000 利率= 10%

年限	残值	残值的现值	初始投资-残值现值	年使用费用	年使用费用现值	累计年使用费现值	总成本现值	动态平均年成本
1	40000	36364	43636	10000	9091	9091	52727	
2	30000	24793	55207	12000	9917	19008	74215	
3	25000	18783	61217	14000	10518	29527	90744	
4	20000	13660	66340	16000	10928	40455	106795	
5	15000	9314	70686	18000	11177	51631	122318	
6	11000	6209	73791	22000	12418	64050	137841	
7	7000	3592	76408	26000	13342	77392	153800	
8	5000	2333	77667	30000	13995	91387	169055	
9	3000	1272	78728	34000	14419	105807	184534	
10	1000	386	79614	38000	14651	120457	200072	

求和=1239372

图 6-20 任务 2 计算步骤 17

(8)选定 J6 单元格,选定 D6 单元格,选取插入菜单中的函数命令,在弹出的函数分类列表框中选择“财务”,在函数名字列表框中选择“PMT”函数,然后按确定。在新弹出的PMT 函数框内键入相关数据,RATE 栏内输入 H2(引用 H2 单元格内的数据),NPER 栏内输入 B6(即年限为 1),Pv 栏内输入 I6(使用 1 年的总成本现值),Type 栏内输入 1(假设在期初支出),最后按确定,J6 单元格内即显示使用 1 年的平均成本为－52727 元(对结果全部进行四舍五入)。

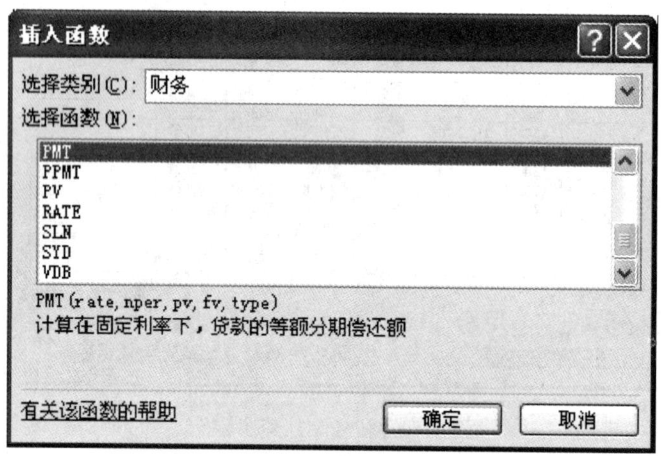

图 6-21　任务 2 计算步骤 18

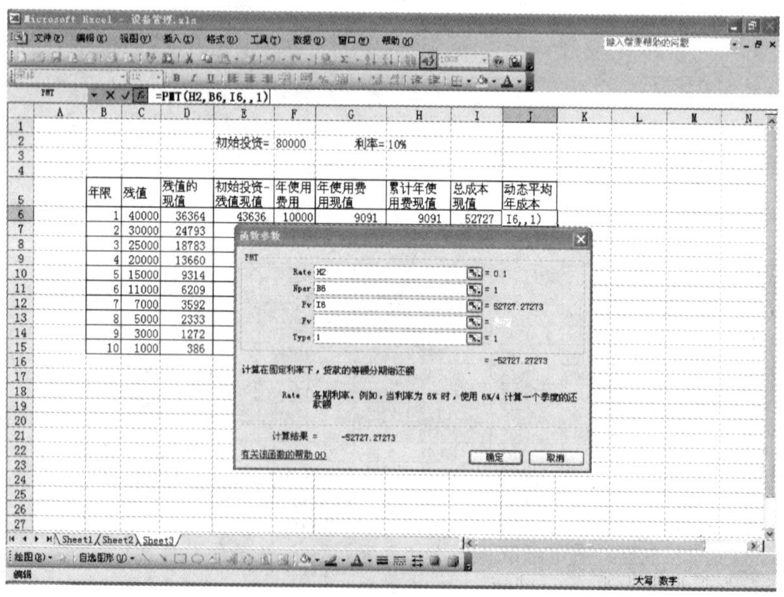

图 6-22　任务 2 计算步骤 17

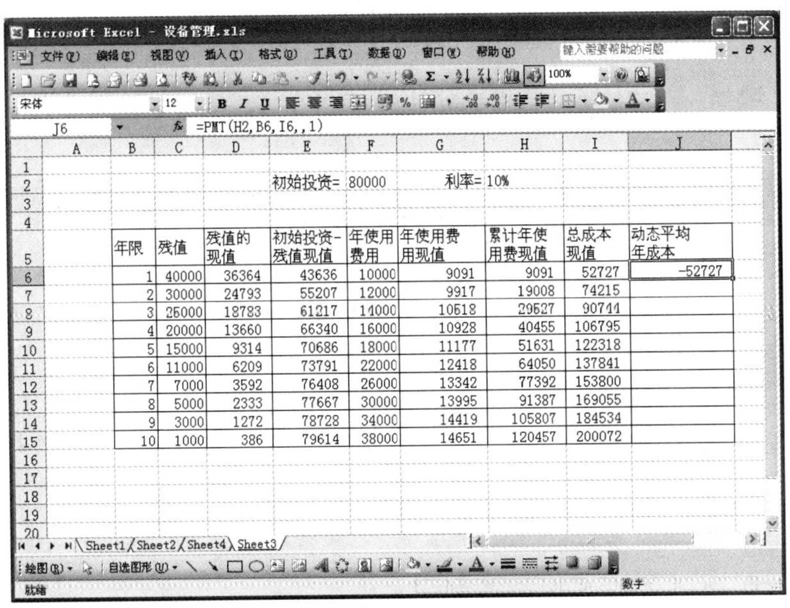
Microsoft Excel - 设备管理.xls

J6　=PMT(H2,B6,I6,,1)

初始投资= 80000　　利率= 10%

年限	残值	残值的现值	初始投资-残值现值	年使用费用	年使用费用现值	累计年使用费现值	总成本现值	动态平均年成本
1	40000	36364	43636	10000	9091	9091	52727	-52727
2	30000	24793	55207	12000	9917	19008	74215	
3	25000	18783	61217	14000	10518	29527	90744	
4	20000	13660	66340	16000	10928	40455	106795	
5	15000	9314	70686	18000	11177	51631	122318	
6	11000	6209	73791	22000	12418	64050	137841	
7	7000	3592	76408	26000	13342	77392	153800	
8	5000	2333	77667	30000	13995	91387	169055	
9	3000	1272	78728	34000	14419	105807	184534	
10	1000	386	79614	38000	14651	120457	200072	

图 6-23　任务 2 计算步骤 18

(9)同理，按照相同步骤选定 J7 单元格，在 J7 单元格内运用相同 PMT 函数，输入相应数据，获得结果，依次重复上述步骤获得全部动态平均年成本。

Microsoft Excel - 设备管理.xls

J15　=PMT(H2,B15,I15,,1)

初始投资= 80000　　利率= 10%

年限	残值	残值的现值	初始投资-残值现值	年使用费用	年使用费用现值	累计年使用费现值	总成本现值	动态平均年成本
1	40000	36364	43636	10000	9091	9091	52727	-52727
2	30000	24793	55207	12000	9917	19008	74215	-38874
3	25000	18783	61217	14000	10518	29527	90744	-33172
4	20000	13660	66340	16000	10928	40455	106795	-30628
5	15000	9314	70686	18000	11177	51631	122318	-29334
6	11000	6209	73791	22000	12418	64050	137841	-28772
7	7000	3592	76408	26000	13342	77392	153800	-28719
8	5000	2333	77667	30000	13995	91387	169055	-28808
9	3000	1272	78728	34000	14419	105807	184534	-29130
10	1000	386	79614	38000	14651	120457	200072	-29601

图 6-24　任务 2 计算步骤 19

从计算结果看到，第 7 年平均成本最低为 28719 元，所以经济寿命为 7 年。

任务 3　用 Excel 对设备磨损分析

阅读和操作下列相关资料，学会用 Excel 对设备磨损分析。

某设备原始价值为 $k_0=10000$ 元，目前需要修理，其费用为 $R=2000$ 元。若该种设备此时的重置价值 $k_1=8000$ 元，对其磨损进行分析。

(1)打开 Excel 工作表，输入已知数据如图。在 C4 单元格输入“＝E2/G2”，求得有形磨损度为 0.25。

C4 =E2/G2

	A	B	C	D	E	F	G
2		k0原始价值=	10000	R修理费=	2000	k1重置成本=	8000
4		α_p 有形磨损度	0.25				
5		α_I 无形磨损度					
6		α 综合磨损度					
7		设备残值K					

图 6-25 任务 3 计算步骤 1

(2)在 C5 单元格内输入“＝(C)2－G2/C2”，求得设备的无形磨损度为 0.2。

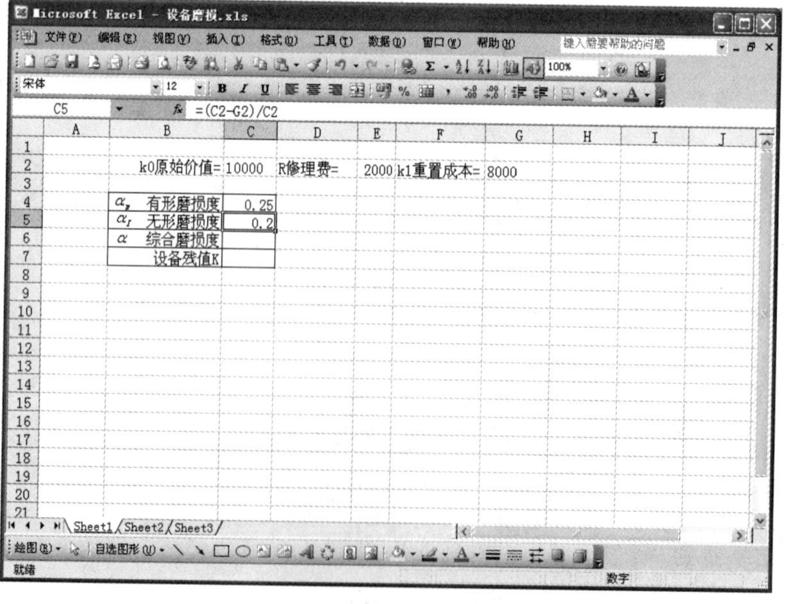

C5 =(C2-G2)/C2

	A	B	C	D	E	F	G
2		k0原始价值=	10000	R修理费=	2000	k1重置成本=	8000
4		α_p 有形磨损度	0.25				
5		α_I 无形磨损度	0.2				
6		α 综合磨损度					
7		设备残值K					

图 6-26 任务 3 计算步骤 2

(3)在 C6 单元格内输入“=1−(G2−E2)/C2”，求得设备的综合磨损度为 0.4。

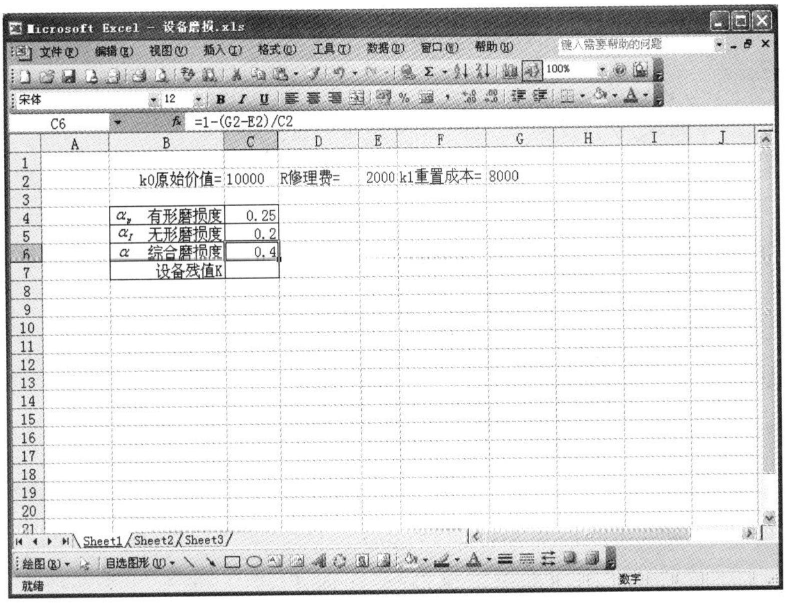

图 6-27　任务 3 计算步骤 3

(4)在 C7 单元格内输入“=G2−E2”，求得设备的残余价值为 6000 元。

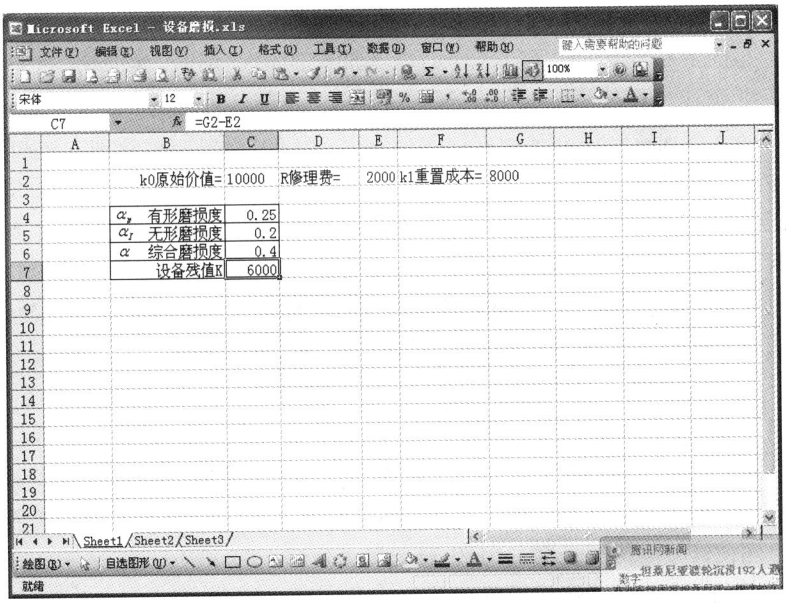

图 6-28　任务 3 计算步骤 4

通过以上分析可以看出，两种磨损都同时引起设备原始价值降低。不同之处是有形磨损的设备，在大修之前通常不能工作，而无形磨损的设备，却不影响它继续使用。

单元二 现场管理

教学目标

(一)总目标:掌握现场管理的基本概念和方法

(二)具体目标:

1. 理解现场和现场管理的概念
2. 搬运管理方式和方法
3. “5S”活动的推进
4. 定置管理
5. 生产现场诊断的方法

理论精要

现场管理是企业生产运作管理的有机组成部分。生产现场管理是生产运作系统中的一个区域,它直接影响产品质量和企业的经济效益。只有不断地优化生产现场管理,才能实现企业管理的整体优化。包括搬运管理,定置管理,“5S”活动,生产现场诊断等内容。

一、现场和现场管理的概念

现场一般指作业场所。生产现场就是从事产品生产、制造或提供生产服务的场所,即劳动者运用劳动手段,作用于劳动对象,完成一定生产作业任务的场所。它既包括生产一线各基本生产车间的作业场所,又包括辅助生产部门的作业场所,如库房、试验室和锅炉房等。在我国工业企业规模较小,习惯于把生产现场简称为车间、工场或生产第一线。

有现场就必然有现场管理。现场管理就是运用科学的管理思想、管理方法和管理手段,对现场的各种生产要素,如人(操作者、管理者)、机(设备)、料(原材料)、法(工艺、检测方法)、环(环境)、资(资金)、能(能源)、信(信息)等,进行合理配置和优化组合,通过计划、组织、控制、协调和激励等管理职能,保证现场按预定的目标,实现优质、高效、低耗、均衡、安全、文明的生产。现场管理是企业管理的重要环节,企业管理中的很多问题必然会在现场得到反映,各项专业管理工作也要在现场落实。可是作为基层环节的现场管理,其首要任务是保证现场的各项生产活动能高效率、有秩序地进行,实现预定的目标任务。现场出现的各种生产技术问题,有关人员在现场就能及时解决,不等、不拖、不“上交”。从这个意义上说,生产现场管理也就是现场的生产管理。具体内容包括:(1)作业管理;(2)物流管理;(3)文明生产与定量管理;(4)生产现场质量管理;(5)生产现场设备管理;(6)生产现场成本控制;(7)生产现场计划与控制;(8)优化劳动组织与班组建设;(9)岗位责任制;(10)生产现场管理诊断。

在不同行业的不同企业中,现场管理的内容及其重点不尽相同。上述10项内容是从当前大多数企业的实际情况出发提出来的,具有一定的普遍意义。随着生产技术的发展和管理水平的提高,现场管理的内容将更加丰富、充实,并不断出现新的内容。

二、搬运管理

(一)搬运方式

1. 从技术发展上分为人力搬运、简单工具搬运、机械化搬运和自动化搬运四种方式

(1)人力搬运。就是依靠员工体力,用手搬肩扛。这种方式比较简单,但效率低、人工费用高、员工容易疲劳。一般只适用于物体小、数量少、重量轻、搬运距离短的情况。

(2)简单工具搬运。即利用手推车、工位器具搬运。这种方法简便,搬运效率较前者高,员工不易疲劳。一般适用于件小量大、搬运距离短的情况。

(3)机械化搬运。即利用火车、轮船、汽车、叉车、电瓶车、起重机和吊车等设备进行搬运。这种搬运方式灵活、效率高、运输量大、节省人力、费用低和适用范围广,既可以运大件,也可以运小件;既可以长距离运输,也可以短距离搬运。

(4)自动化搬运。即利用机械手、传送带、悬挂链和滑道等进行搬运。一般不使用人力。这种搬运方式效率更高,费用更少,一般也只适用于物件小、数量大、重量轻、距离短的情况。

2. 从对在制品进行管理分为送货和取货两种方式

(1)送货方式。按工艺顺序,上道工序加工完后,要把在制品按时、按质、按量送往下道工序。这种方式,在制品顺流而下,容易了解加工进度,但占用在制品量多。

(2)取货方式。这是后道工序向前道工序提取必要的物料。这种方式可以严格控制在制品的数量,一般适用于产品质量比较稳定的大量大批生产类型。

除上述搬运方式以外,还可以从提高工时和设备利用率的角度,分为单向往返、单向连续、双向连续、双向双车连续和环形运输五种方式;也可按发运时间和发运量不同,分为定量定时搬运、定时搬运和定量搬运三种方式。至于企业具体选择何种运输方式,则应根据实际情况,选用合适的搬运方式。

(二)搬运分析

搬运分析是在收集现有物料运输路线、运量和运距等有关数据基础上,画出生产场所现有的平面图及布局,把现有的物流过程在图上标出,然后分析研究生产过程中物料流向、流程和效率,并研究采用什么手段、使用何种搬运设备更有利于提高搬运功效,从而达到减少搬运成本费用的目的。

1. 搬运方便系数分析

搬运方便系数分析亦称搬运活性系数分析。是以搬运工序为对象,对各道工序之间搬动方式的分析。物件在搬运前一般应集中存放,装入容器或车内,使之处于随时即可运走状态。搬运前后要有一段处理时间,处理时间的长短是由物件的放置状态决定的。

放置状态与搬运方式					
搬运方便系数	0	1	2	3	4
状态说明	散放地上,需经装箱,抬起、装车,才能运走	装入容器,需抬起,装车后,才能运走	容器放在垫板上,可用叉车直接运走	装入车内,一推就可以运走	利用滑道或传送带,放上即能运走
搬运难易	难←——→易				

图 6-29　搬运方便系数说明

搬运方便系数,是表示物品搬运的难易程度,用数字 0—4 表示。系数大,表示物品需要处理的时间短、搬运方便;系数小,表示物品需要处理的时间长,搬运不方便。利用搬运方便系数来分析物品的放置状态,从中发现问题,求得改善,这对提高搬运效率,减少搬运时间,节省人力,保证物品质量都很有好处。

2. 无效搬运分析

这是为了减少无效搬运,即空运所进行的一种分析,它利用无效搬运系数来表示。计算公式如下:

无效搬运系数=(总搬运距离—有效搬运距离)/有效搬运距离

无效搬运系数越小越好,一般应为1或1以下。分析方法见图6-30,表6-5。

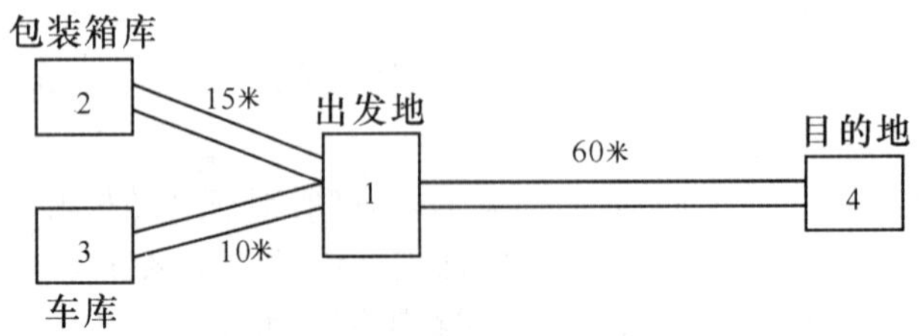

图6-30 无效搬运系数分析图

表6-5 无效搬运系数分析表

人和车的移动	说　明	移动距离(米)		
		无效	有效	合计
①-③-①	司机到车库取车,空车回到出发地	10×2=20		20
①-②-①	司机开车到仓库取包装箱,回到出发地装货	15×2=30		30
①-④	司机开车送货到目的地		60×1=60	60
④-①	司机开车回到出发地(空车)	60×1=60		60
①-③-①	司机开车入车库,人回到出发地	10×2=20		20
合计		130	60	190

这个案例表明,无效搬运系数太大,需要改善。可以把车库和包装箱库移到出发地,则无效搬运就合格了。

三、"5S"活动

(一)"5S"活动的含义

"5S"活动,是指对生产现场各生产要素,主要是物的要素所处状态不断地进行整理、整顿、清洁、清扫和提高素养的活动。由于整理、整顿、清洁、清扫和素养这五个词口语中罗马拼音的第一个字母都是"S",简称为"5S"。"5S"活动在日本企业中广泛实行,它相当于我国企业里开展的文明生产活动。

"5S"活动在西方和日本企业中的推行,有个逐步发展、总结和提高的过程。开始的提法是开展"3S"活动,以后内容逐步充实,改为"4S",最后增加为"5S"。这不仅内容增加和丰富了,而且按照文明生产各项活动的内在联系和逐步地由浅入深的要求,把各项活动系统化和程序化了,"5S"活动总结出在各项活动中,提高队伍素养这项活动是全部活动的核心和精髓。“5S”活动重视人的因素,没有员工队伍素养的相应提高,“5S”活动是难以开展和坚持下去的。最后,日本企业在如何推行坚持“5S”活动方面,也总结了一套方法,不少方面值得我们学习。从一定意义上说,日本企业实行的“5S”活动,也是文明生产活动的发展和提高。因此,近年来我国许多企业,为了提高文明生产活动的水平,学习和推行了“5S”活动。

(二)“5S”活动的内容和具体要求

1. 整理(Seiri)——把要与不要的人、事、物分开,再将不需的人、事、物加以处理

这是开始改善生产现场的第一步。其要点是首先对生产现场摆放和停滞的各种物品进行分类,区分什么是现场需要的,什么是现场不需要的;其次,对于现场不需要的物品,诸如用剩的材料、多余的半成品、切下的料头、切屑、垃圾、废品、多余的工料、多余的工具、报废的设备、员工个人生活用品(下班后脱下的衣帽鞋袜,化妆用品)等,要坚决清理出现场。这样做的目的是:

(1)改善和增大作业面积;

(2)现场无杂物,行道通畅,提高工作效率;

(3)减少磕碰的机会,保障安全,提高质量;

(4)消除管理上的混放、混料等差错事故;

(5)有利于减少库存量,节约资金;

(6)改变作风,提高工作情绪。

这项工作的重点在于坚决把现场不需要的东西清理掉。对于车间里各个工位或设备的前后、通道左右、厂房上下和工具箱内外等,包括车间的各个死角,都要彻底搜寻和清理,达到现场无不用之物。坚决做好这一步,是树立好作风的开始。日本有的企业提出口号:效率和安全始于整理!有的企业,为了保证做到这一条,而又照顾到员工摆放个人生活用品的实际需要,因地制宜,采取了相应措施。如在车间外专门为员工设置休息室和存放衣帽的专用橱柜;有的利用两个车间之间的空间,专门设置员工存放个人用品的地方等。

2. 整顿(Seiton)——把需要的人、事、物加以定量定位

通过上一步整理后.对生产现场需要留下的物品进行科学合理的布置和摆放,以便在最快速的情况下取得所要之物,在有效的规章制度和流程下完成事务。整顿活动的要点是:

(1)物品摆放要有固定的地点和区域,以便于寻找和消除因混放而造成的差错;

(2)物品摆放要科学合理,例如,根据物品使用的频率,经常使用的东西放得近些(如放在作业区内),偶尔使用或不常用的东西则应放得远些(如集中放在车间某处);

(3)物品摆放目视化,使定量装载的物品做到过目知数,不同物品摆放区域采用不同的色彩和标记。

生产现场物品的合理摆放有利于提高工作效率,提高产品质量,保障生产安全。

3. 清扫(Seiso)——把工作场所打扫干净,设备异常时马上修理,使之恢复正常

现场在生产过程中会产生灰尘、抽污、铁屑和垃圾等,从而使现场变脏。脏的现场会使设备精度降低,故障多发,影响产品的质量,使安全事故防不胜防;脏的现场更会影响人们的工作情绪,使人不愿久留。因此,必须通过清扫活动来清除那些脏物,创建一个明快、舒畅的工作环境,以保证安全、优质和高效率地工作。清扫活动的要点是:

(1)自己使用的物品，如设备、工具等，要自己清扫，而不是依赖他人，不增加专门的清扫工；

(2)对设备的清扫，着眼于对设备的维修保养。清扫设备同设备的日常检查结合起来。清扫设备要同时做好设备的润滑工作，清扫也是保养；

(3)清扫也是为了改善，所以当清扫地面发现有飞屑和油水泄漏时，查明原因并采取措施加以改进。

4. 清洁(Seikeetsu)——整理、整顿、清扫之后要认真维护，保持完美和最佳状态

清洁，不是单纯从字面上来理解，而是对前三项活动的坚持与深入，从而消除发生安全事故的根源，创造一个良好的工作环境，使员工能愉快地工作。清洁活动的要点是：

(1)车间环境不仅要整齐，而且要做到清洁卫生，保证员工身体健康，增强员工劳动热情；

(2)不仅物品要清洁，而且整个工作环境要清洁，进一步消除混浊的空气、粉尘、噪音和污染源；

(3)不仅物品、环境要清洁，而且员工本身也要做到清洁，如工作服要清洁，仪表要整洁，及时理发、刮须、修指甲和洗澡等；

(4)员工不仅做到形体上的清洁，而且要做到精神上的“清洁”，待人要讲礼貌，要尊重别人。

5. 素养(Shitsuke)——养成良好的工作习惯，遵守纪律

素养即教养。努力提高人员的素质，养成严格遵守规章制度的习惯和作风，这是“5S”活动的核心。没有人员素质的提高，各项活动也不能顺利开展，开展了也坚持不了。所以，抓“5S”活动，要始终着眼于提高人的素质。“5S”活动始于素质，也终于素质。

在开展“5S”活动中，要贯彻自我管理的原则。创造良好的工作环境，不能单靠添置设备来改善，也不要指望别人来代为办理，而让现场人员坐享其成。应当充分依靠现场人员，由现场的当事人员自己动手为自己创建一个整齐、清洁、方便和安全的工作环境。使他们在改造客观世界的同时，也改造自己的主观世界，产生“美”的意识，养成现代化大生产所要求的遵章守纪、严格要求的风气和习惯。因为是自己动手创造的成果，也就容易保持和坚持下去。

由上可见，“5S”活动是把企业的文明生产各项活动系统化，并进入了一个更高的阶段。

(三)“5S”活动的组织管理

实践表明，“5S”活动开展起来比较容易，可以搞得轰轰烈烈，在短时间内取得明显的效果，但要坚持下去，持之以恒，不断优化则就不太容易。不少企业发生过“一紧、二松、三垮、四重”现象。因此，开展“5S”活动，必须领导重视，加强组织和管理。

1. 将“5S”活动纳入岗位责任制

要使每一部门，每一人员都有明确的岗位责任和工作标准。以一个机械加工车间的清扫工作为例：

(1)每日清扫。①清扫时间：每班下班前30分钟；②清扫人员分工：操作者负责机床上下及班组管理区域的清扫，清扫工负责车间主、次干道的清扫及现场铁屑的清扫；③清扫内容：见表6-6所示。

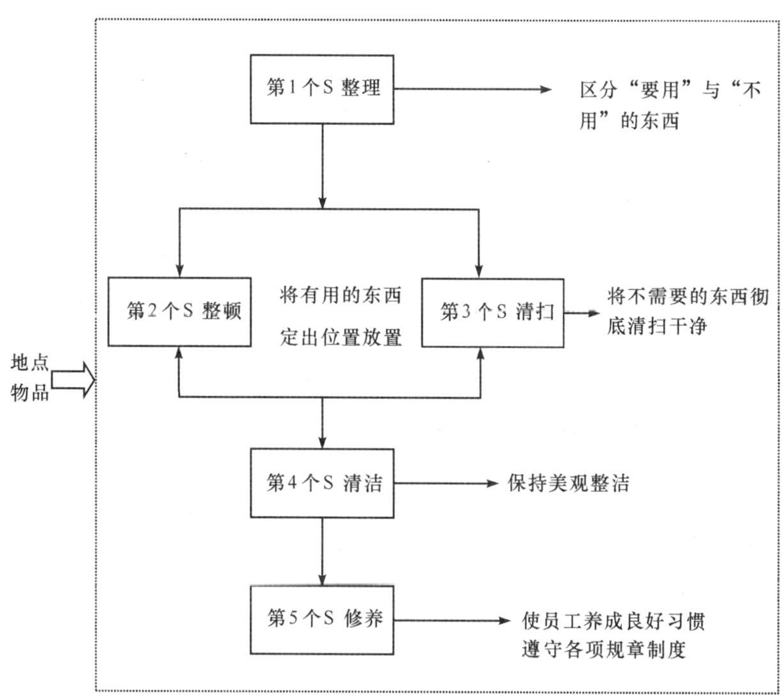

图 6-31 5S之间的关系

表 6-6 每日清扫内容

人员＼项目	地面	机床	刀检工具	工位工具	铁屑
操作人员	清扫自己活动区地面	按设备日清扫标准执行	处理无用刀具、定位放好使用的工、检、刀、夹具	小车按规定放好	将工作区的铁屑扫入铁屑箱
清扫人员	清扫各行走干道		把使用过的工具放在自己的工作室	运铁屑的车辆放置在固定的位置	将铁屑箱内的铁屑清除干净
辅助人员	保证车间地面清洁		使用过的工具不随意放在现场		

(2)周末清扫。①清扫时间：周末白班下班前一小时；②清扫人员分工：同每日清扫；③清扫内容：见表 6-7 所示。

表 6-7 周末清扫内容

人员＼项目	地面	机床	刀检工具	工位工具	铁屑
操作人员	清扫自己活动区地面	按设备日清扫标准执行	做日清扫事项，擦洗管理点架，整理工具箱内部	擦洗小车滑道等，包括踏脚板，并定置放好	彻底清除设备周围的铁屑
清扫人员	清扫各行走干道		同“日清扫”	同“日清扫”	同“日清扫”

续表

项目 人员	地面	机床	刀检工具	工位工具	铁屑
辅助人员	清查现场有无自己负责的无用品，如有则清除	配合操作者，帮助指导设备保养	同“日清扫”		

2. 严格执行检查、评比和考核的制度

认真、严格地搞好检查、评比和考核，是使“5S”活动坚持下去并得到不断改进的重要保证。检查和考评的方式方法可以多种多样，根据各单位的实际情况和条件来决定，不求一个模式。日常性的检查评比，通常是在车间内部进行，由班组的兼职员工管理员参加，而且同开展竞争结合起来，同岗位责任制检查结合起来。下面是某汽车制造厂一个车间的做法：

(1)检查方式：每日进行。由一名车间主任及车间工会主席，以及各组的“5S”委员或班长在下班前对车间各个班组进行“5S”检查。检查项目以“日清扫”为标准进行。由各班组“5S”委员集体评议，分出等级。

(2)评比等级：评比分为四个等级。4 分——良好——绿色；3 分——中等——蓝色；2 分——及格——黄色(黄牌警告)；1 分——差——红色(红牌需停工整顿)。

(3)评比公布方式：评比结果每日公布，由工会负责填写“5S 活动竞赛评比牌”，挂在车间现场。评比牌的格式如图 6-32 所示，牌上的●分为绿、蓝、黄、红四种颜色。

班组名 日期	1	2	……	30	31	备注
×××班	●	●		●	●	
×××班	●	●		●	●	
×××班	●	●		●	●	
……	……	……	……	……	……	

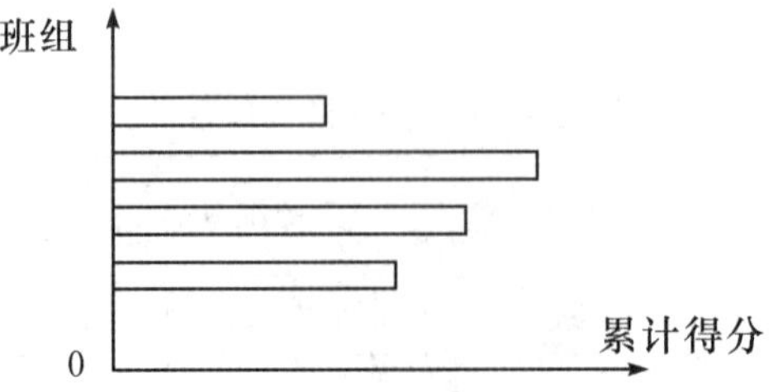

图 6-32 “5S”活动竞赛评比牌格式

除了车间内部的每日检查、评比外，还应有全厂的检查和考核，这种检查通常按月或季度进行。下面是某电器公司有关定置管理的检查考核办法。

①检查方式和时间：对车间、科室每月定期检查一次；此外，还实行不定期的突击性检查，每季度1—2次。

②检查内容及扣分标准：A. 没有制定定置管理总图的扣5分；B. 车间、班组，没有工具箱、工序、交检区、库房定置图的，一项扣2分；C. 各类定置不完整的，一项扣1—2分；D. 考核定置率要求达到100%。检查时为96%—99%，扣1—2分；90%～95%，扣3—5分；85%—89%，扣8—12分；E. 经常使用的工夹具、量具等，没有处在A类状态的，两项扣1分；F. 物品类别相混淆，扣1—5分；G. C类状态物品没有清除掉，一处扣2分；H. 各类库房没有信息标志，一处扣2分；I. 各类库房，对于将要超过储期的物品，月末盘点报表，没按标准信息符合标志，一项扣1—3分；J. 各类物品没按定置图的要求堆放，如堆放在通道、走廊等，一律扣2分；K. 垃圾类不按定置要求堆放，各种料屑相混，扣1—5分；L. 办公室、工位、机台的工作椅，不按规定要求放置，一律扣0.5分。

③奖罚标准：A. 扣分不超过20分的，按单位在册人数每人奖励10—50元；B. 扣分在20—30分之间，不奖不罚；C. 扣分超过30分的，按单位在册人数每人扣罚20—100元；D. "亮黄牌"——由值班主任每日定时巡视现场一周，发现缺点就贴一黄牌，说明缺点、原因并限期改正。

3. 坚持PDCA循环，不断提高现场的"5S"水平

"5S"活动的目的是不断地改善现场，而"5S"活动的坚持也不可能总在同一水平上徘徊，而是要通过检查，不断发现问题，不断去解决问题。要在不断提高中去坚持。因此，在检查考核后，还必须针对问题点，提出改进措施和计划。表6-8是一种"5S"问题的改进计划表格。

表6-8 "5S"问题改进计划表

序号	改进项目	部门车间	负责人	日期							
				1	2	3	4	5	……	30	31

厂部、科室、车间、班组等各级都应制订各自的"5S"改进计划，通过PDCA循环，使"5S"活动得到坚持并不断提高。

四、定置管理

(一)定置管理的含义

定置管理是我国工业企业20世纪80年代从日本学习引进的一种先进管理方法。作为生产现场管理的一个重要组成部分，定置管理的主要任务是研究作为生产过程主要要素的人、物、场所三者的相互关系。它通过运用调整生产现场的物品放置位置，处理好人与物、人与场所、物与场所的关系；通过整理，把与生产现场无关的物品消除掉；通过整顿，把生产场所需要的物品放在规定的位置。从某种意义上讲，定置管理是"5S"活动的基本内容之一，但它同时又是"5S"活动的深入和发展。

(二)定置管理的基本理论

1. 人与物的三种结合状态

在工厂生产活动中，构成生产工序的要素有材料、半成品、机械设备、工夹模具、操作人

员、工艺方法和生产环境等，归纳起来就是人、物、场所和信息等因素，其中最基本的是人与物的因素，只有人与物的合理结合，才能使生产有效地进行。

人与物的结合可归纳为三种基本状态：

(1)A 状态。即人与物处于能够立即结合并发挥效能的状态。例如，操作工作使用的各种工具，由于摆放地点合理而且固定，当操作者需要时能立即拿到或者做到得心应手。

(2)B 状态。即人与物处于寻找状态或尚不能很好发挥效能的状态。例如，一个操作者加工一个零件，需使用某种工具，但由于现场杂乱而忘记了这种工具放在何处，结果因寻找工具而浪费了时间；或者由于半成品堆放不合理，散放在地上，当加工时每次都需弯腰，一个个地捡起来，既影响了工时，又提高了劳动强度。

(3)C 状态。人与物失去联系的状态。这种物品与生产已无关系，不需要人去同该物结合。例如，生产现场中存在的已经报废的设备、工具、模具，生产中产生的垃圾、废品、切屑，以及同生产现场无关的人员生活用品等。这些物品放在生产现场，必将占用作业面积，而且影响操作者的工作效率及安全。

因此，定置管理就是要通过相应的设计、改进和控制，消除 C 状态，对 B 状态进行分析和改进，使之都成为 A 状态并长期保持下去。

2. 人与物的结合成本

在生产活动中，为实现人与物的结合，需要消耗劳动时间，支付劳动时间的工时费用，这种工时费用称之为人与物的结合成本。结合成本，亦即物的使用费用。

人与物的结合成本，和人与物的结合状态有直接关系。当人与物的结合处于 A 状态时，结合成本可以忽略不计。当人与物的结合处于 B 状态时，比如作业者因使用的工具未实现定置管理，工作时花费很多时间去寻找需要的工具，用于找工具的工时费用越多，结合成本就越高。结合成本高，也就是增加了物的使用费用。

人与物的结合成本，同物的原成本和物的现成本的关系如下：

物的现成本＝物的原成本＋结合成本

例：某作业者操作时需使用一套模具，模具的原成本为 500 元，当模具处于 A 状态时，结合成本很少，可以不考虑。这时，模具的现成本为它的原成本，即 500 元。如果模具处于 B 状态，假定寻找该模具费了 5 个小时，单位工时费用为 10 元，试确定模具的现成本。

解：模具的现成本＝模具的原成本＋结合成本＝500＋5×10＝550(元)

如果模具处于 C 状态，即模具已与生产活动无关，这时，模具就可作入库或报废处理了。

从上面分析可知，力求使人与物的结合保持 A 状态，是降低结合成本，使物的现成本不致增加的最佳途径。

3. 物与场所的关系

在生产活动中，人与物的结合状态，是决定生产有效程度的因素。但人与物的结合都是在一定场所进行的。因此，实现人与物的最佳结合，必须首先处理好物与场所的关系，实现物与场所的合理结合。因为，物与场所的有效结合是实现人与物合理结合的基础。研究物与场所的有效结合，就是对生产现场、人、物进行作业分析和动作研究，使对象物品按生产需要、工艺要求科学地固定在某场所的特定位置上，达到物与场所的有效结合，缩短人取物的时间，消除人的重复动作，以促进人与物的最佳结合。

(1)实现物与场所的合理结合,首先要使场所本身处于良好的状态。场所本身的布置可以有三种状态:A 状态:良好状态。即良好的工作环境,场所中的作业面积、通风设施、恒温设备、光照、噪声和粉尘等状态,必须符合人的生理、工作生产和安全的要求。B 状态:需要改善的状态。即需要不断改善的工作环境,这种状态的场所,布局不尽合理,或只满足人的生理要求,或只满足生产要求,或两者都不能满足。C 状态:需彻底改造的状态。即需消除或彻底改造的工作环境。这种场所对人的生理要求及工作生产、安全要求都不能满足。

定置管理的任务,就是把物与场所的 B、C 状态改变为 A 状态。

(2)实现物与场所的结合。要根据物流运动的规律性,科学地确定物品在场所内的位置,即定置。定置方法有两种基本形式。

①固定位置。即场所固定、物品存放位置固定、物品的信息媒介物固定。这种"三固定"的方法,适用于那些在物流系统中周期性地回归原地,在下一生产活动中重复使用的物品。主要是那些用作加工手段的物品,如工、检、量具、工艺装备、工位器具、运输机械和机床附件等物品。这些物品可以多次参加生产过程,周期性地往返运动。对这类物品适用"三固定"的方法,固定存放位置,使用后要回复到原来的固定地点。例如,模具平时存贮在指定的场所和地点,需用时取来安装在机床上,使用完毕后,从机床上拆卸下来,经过检测、验收后,仍搬回到原处存贮,以备下次再使用。

②自由位置。即相对地固定一个存放物品的区域,至于在此区域内的具体放置位置,则根据当时的生产情况及一定的规则来决定。这种方式同上一种相比,在规定区域内有一定的自由,故称自由位置。这种方法适用物流系统中那些不回归、不重复使用的物品。例如,原材料、毛坯、零部件、产成品。这些物品的特点是按照工艺流程不停地从上一工序向下一工序流动,一直到最后出厂。所以,对每一个物品(例如零件)来说,在某一工序加工后,除非回原地返修,一般就不再回归到原来的作业场所,对这类物品应采用规定一个较大范围区域的办法来定置。由于这类物品的种类、规格很多,每种物品的数量有时多,有时少,很难就每种物品规定具体位置。如在制品停放区、零部件检验区等。在这个区域内存放的各个品种的零部件,则根据充分利用空间、便于收发、便于点数等规则来确定具体的存放地点。

4. 信息媒介与定置的关系

信息媒介就是在人与物、物与场所合理结合过程中起着指导、控制、确认等作用的信息载体。由于生产中使用的物品品种多、规格杂,它们不可能都放置在操作者的手边。如何找到,需有一定的信息来指引;许多物品在流动中是不回归的,它们的流向和数量需有信息来指导和控制;为了便于寻找和避免混放,也需要有信息来确认。因此,在定置管理中,完善而准确的信息媒介是很重要的,它影响到人、物、场所的有效结合程度。

根据信息媒介在定置管理中所起的作用,信息媒介可分为两类:

(1)引导信息。有的引导信息告诉人们"该物在何处",便于人与物结合。例如,车间里各种物品的台账就是一种引导信息。在台账中,每类物品都有自己的编号,这种编号是按"四号定位"原理来编码的(库、区、架、位),有了台账就可知道某种物品放在何处。又如,定置的平面布置图,也是一种重要的引导信息,它形象地指示存放物的处所或区域的位置,人们凭借平面图中标记的信息,被引导到所需物品的场所去。

(2)确认信息。这是为了避免物品混放和场所误置所需的信息。例如,各种区域的标志线、标志牌和彩色标志,它告诉人们"这儿就是该场所"。有了废品存放区和合格品存放区的不同标志，就可避免混放导致的质量事故。这种指示地点的信息，又称场所标志。又如各种物品的卡牌，也是一种重要确认信息。在卡片上说明这种物品的名称、规格、数量和质量等，告诉人们“这就是该物”，是物品的核实信息。

由上可见，在定置管理中各种信息媒介物是很重要的。实行定置管理，必须重视和健全各种信息媒介物。良好的定置管理，要求信息媒介物达到五方面要求（五种理想状态）：①场所标志清楚；②场所设有定置图；③位置台账齐全；④存放物的序号、编号齐备；⑤信息标准化（物品流动时间标准、数量标准和摆放标准等）。

（三）如何推行定置管理

推行定置管理，一般开展程序如下：

1. 对现场进行调整，明确问题点

成立调查小组，以推行定置管理的主管人员为主（一般为车间主任），组织有经验的管理者和现场有关人员参加，对生产现场进行调查。调查内容一般包括：(1)生产现场中人—机联系情况；(2)物流情况；(3)员工操作情况；(4)生产作业面积和空间利用情况；(5)原材料、在制品管理情况；(6)半成品库和中间库的管理情况；(7)工位器具的配备和使用情况；(8)生产现场物品摆放情况；(9)生产现场物品搬运情况；(10)质量保证和安全生产情况；(11)设备运转和利用情况；(12)生产中的消耗情况等。

调查应有侧重点，在调查的基础上，找出现场存在的主要问题，明确定置管理的方向。

2. 分析问题，提出现场改善的方案

主要分析以下几个方面：(1)人物结合情况；(3)现场物流状况及搬运状况；(3)现场信息流状况；(4)工艺路线和工艺方法状况；(5)现场利用状况等。

3. 定置管理的设计

定置管理的设计的内容有：

(1)各种场地（厂区、车间和仓库等）及各种物品（机台、货架、箱柜和工位器具等）的定置设计。其表现形式就是各类定置图。定置设计，实质是工厂布置的细化、具体化，它必须符合工厂布置的基本要求。主要有：①单一的流向和看得见的搬运路线；②最大程度地利用空间；③最大的操作方便和最小的不愉快；④最短的运输距离和最少的装卸次数；⑤切实的安全防护保障；⑥最少的改进费用和统一标准；⑦最大的灵活性及协调性。

(2)信息媒介物的标准设计。如各种区域、通道和流动器具的位置信息符号的设计；各种料架、工具箱、生活柜和工位器具等物品的结构和编号的标准设计；位置台账、物品确认卡片的标准设计；结合各种物品的专业管理方法，制定出各种物品进出、收发的定置管理办法的设计等。

4. 定置管理方案的实施和考核

定置管理的实施，即按照设计要求，对生产现场的材料、机械、操作、方法进行科学的整理和整顿，将所有的物品定位。要做到：有物必有区，有区必有牌，按区存放，按图定置，图物相符。定置管理的实施，一定要把它看成是群众自己的事，要依靠群众。为此，定置管理的设计必须吸收操作者参加；要对操作人员进行定置管理的培训；定置方案的实施主要依靠本车间操作人员自己来完成。

为了巩固已取得的成果，进一步发现存在的问题，不断完善定置管理，必须坚持定期检查和考核工作。考核的基本指标就是定置率，其计算公式是：

$$定置率=\frac{实际定置的物品个数(种类)}{定置图规定的定置物品个数(种类)}\times 100\%$$

(四)定置管理图的绘制

1. 定置管理图的要求

定置管理图是将生产现场的定置管理用标准化的形式反映出来的一种方法。主要是利用各种符号代替设备、零部件、工位器具、工具箱等定置物品，运用形象的图示描述生产现场中人、物、场所之间的关系。如室外区域定置图、车间定置图、作业区定置图、仓库定置图、工具箱定置图和各种办公室定置图，特殊要求定置图等。在设计、绘制定置管理图时，应注意以下几点：

· 对场所中的工序、工位、机台等应先进行定置诊断。根据人机工程学确定是否符合人的心理、生理需要，是否满足产品生产的需要。然后，开始定置图的设计和绘制工作。

· 定置图的绘制应按统一标准。如各车间、仓库必须绘制统一图纸尺寸的定置管理图，并置于车间、仓库明显处。工具箱内的定置管理应按上放轻、下放重，中间放常用的工具的要求，用图纸绘制定置图，贴于门内侧，做到所有物品摆放整齐，与图、标记相符。

· 定置图的绘制应尽量按生产组织划分区域。定置图上的相应区域应与实际生产组织，如工段、班组等相互对应。

· 绘制定置图应先以设备作为整个定置图的参照物，然后依次画出加工零件等其余定置物的位置。

2. 常用定置管理的图形符号

需定置管理的物品在定置图上一律用图形符号代替。图形符号的取定原则可依据该物品名称拼音的第 1 个字母组合而成。下图是一些常用的符号，仅供参考。

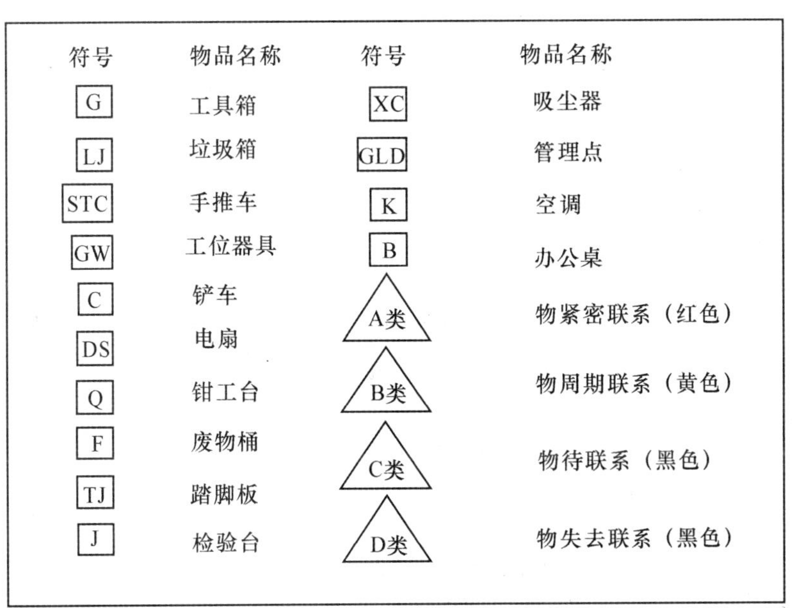

图 6-33　定置图常用符号

3. 定置图标注内容

一般来说，在定置管理图中还应对一些重要或特殊区域进行简要标注。主要的内容如下：

·按工艺流程设计的工段(班组)、工作地(机床、工位)的平面布置区域。

·有适应物流过程需要的原材料、半成品、在制品、工位器具、运输机械及检验场所等物品停放区域。

·生产作业场地、区域,机台(工位)之间的明显运输通道。

·消防、安全保护设施定置状态。

·各类残料、垃圾回收箱定点布置场地。

·必须定置物品的大致数目、职工生活必需用品等定置的物品规定。

五、生产现场诊断

优化生产现场管理,首先要发现问题,提出改进的目标,然后对症下药,提出相应的改进措施,为此需要进行生产现场管理的诊断。

深入进行调查研究,掌握生产现场管理的现状和问题,是确定现场管理优化方向和措施的前提。生产现场管理诊断的调查方法主要有现场观察,同企业各级领导人面谈,请员工填写意见调查表,运用 IE 技法,进行作业研究等。

(一)现场观察

现场观察就是到生产现场进行实地观察、询问,以调查了解生产现场管理的现状和存在的问题。主要包括以下方面：

1. 安全文明生产

安全文明生产包括企业环境卫生、厂容、车间和工作地的整洁,各种物品的定置情况,安全设施和安全规章的执行情况,有无“跑、冒、滴、漏”情况等。

2. 目视管理

生产现场目视管理主要指岗位责任制的公布,工作任务和完成情况的公布,作业规程和标准的公布,定置图的公布,各种物品的彩色标志,安全生产的标志,人员着装的情况等。

3. 劳动条件

生产现场劳动条件主要指照明、粉尘、温湿度、噪音、通风和劳动强度等。

4. 工艺和质量

生产工艺的机械化和自动化水平,产品或零部件的工艺技术精度和难度,产品或零部件的成品率和返修率,有无工艺文件、检验标准及其执行的严格程度和变动程度,操作人员的技术水平和熟练程度,工序质量控制点的管理状况等。

5. 物流管理

生产现场物流管理主要指采用何种生产的空间组织形式,设备布置的合理性,物流路线和运输路线是否合理等。

6. 作业计划和调度

作业计划和调度主要指有无分车间的月、旬、周短期进度计划,作业计划下达的及时性,生产均衡率、配套率,有哪些期量标准及执行的严格程度,计划变动的频繁程度,调度制度及调度的权威性等。

7. 设备管理

生产现场设备管理主要指设备的新度、精度以及对产品质量和任务的保证程度,通过现场设备的使用、停放、维修、润滑和擦洗等判断设备的使用、保养和抢修的状况与质量等。

8. 工艺装备

生产现场工艺装备主要指工具、量具、模具、夹具的装备数量和复杂程度，能否保证产品质量的需要，工位器具的装备和使用情况，工具箱的管理，模具库的管理，搬运活性系数的大小等。

9. 劳动组织

生产现场的劳动组织主要指作业班组的规模(平均人数)，作业组的形式，维修、电工和搬运等辅助作业组的组织方法，开工班次，轮班组织形式，各班人员配备的均衡程度及服务工作等。

10. 定额管理

生产现场的定额管理主要指有无明确的岗位定员、工时定额、材料消耗定额和资金占用定额等，定额水平的高低，定额的实际使用情况及超额的平均水平等。

11. 员工工作热情

员工工作热情指操作者的性别、年龄与生产技术要求是否一致，员工的精神状态、劳动热情、效率和工作紧张程度，生产现场劳动纪律的遵守状况，利用瞬时观察法概略估算现场人员的工时利用水平。

12. 设备开工率

利用瞬时观察法概略估算设备的大体开工率。

13. 搬运

观察了解生产中的搬运工具、方法、道路、批量和人员等合理程度。

14. 在制品管理

在制品管理主要指车间在制品的质量、数量及检验方法，合格品、次品的堆放与隔离，在制品的堆放位置、方法、数量和转移手续。

15. 仓库管理

生产现场的仓库管理主要指原材料、半成品和产成品在库房的存放数量、方法、位置和分处隔离状况，物品出入库手续和存放条件是否合适，物料和台账及卡是否齐全等。

16. 生活设施

了解车间的休息室、衣帽柜设施状况，企业食堂、澡堂和交通车等条件及其对员工生产生活的影响程度。

(二)同企业领导人面谈

个别谈话是一种重要的调查研究方法。它侧重于定性调查，有利于揭示事物现象深层次原因及各现象之间的内在联系。这种方法就是调查人员邀请企业厂部、车间以及同生产现场管理关系密切的各方面管理人员，围绕生产现场管理存在的问题和解决这些问题的措施，谈谈个人的看法。谈话一般都是个别进行。访谈前应拟定提纲，并通知谈话者，使之有所准备。提纲一般包括两个方面的内容：一是共同性的问题，它对各级管理人员都适用；二是同谈话人身份有关的专业性问题。

1. 共同性的问题

(1)根据本行业的特点和现状，你认为本企业(或本车间)生产现场管理现在达到何种水平？国内先进水平、中等水平，或较差水平？

(2)你认为本企业(或本车间)的生产现场管理在哪些方面还存在着差距?具体表现在哪里?优化现场管理上应当抓什么工作?

2. 专业性问题

应根据领导人分管专业的不同而分别拟定。例如:

(1)同车间主任谈话:

①你认为本车间在作业管理上存在的主要问题是什么?原因何在?如何改善?

②你认为本车间在文明生产和安全生产方面存在的主要问题是什么?应如何改进?

③你认为厂部各职能科室在为生产现场管理服务方面做得如何?存在什么问题?哪些亟待改进?

(2)同生产计划科长谈话:

①请介绍各车间生产作业计划的编制方法,存在什么问题?应如何改进?

②企业及各车间的生产均衡性和配套率水平如何?改进的目标及措施是什么?

③企业及各车间的生产调度工作如何?在作业统计、中间库管理、调度指挥等方面存在哪些问题?改进的措施是什么?

(3)同质量管理科长谈话:

①本企业在质量管理方面建立了哪些规章制度?贯彻执行情况如何?应如何改进?

②企业员工和领导层的质量意识如何?存在什么问题?如何改善?

③本企业产品检验系统的组织机构是否完善,人员素质如何?废品率、返修率等质量工作指标的现状如何?

(4)同设备动力科长谈话:

①请介绍本企业设备综合管理各项规章制度贯彻的情况,存在什么问题?应如何改善?

②本企业设备的技术状况、役龄状况以及适应生产的程度如何?

③本企业煤、电、油和水的消耗现状如何?与同行业企业相比有何差距?如何改善?

与其他方面管理人员的谈话提纲可依此拟定。

(三)员工意见调查

员工意见调查,是运用科学的方法,在较短的时间内,了解员工对企业管理的意见、问题、愿望和要求。在现场管理调查中,采用员工意见调查,并与上述同管理人员面谈的调查方法结合起来,有利于更好地弄清现场管理的现状和问题。

员工意见调查属于抽样调查,调查的人数视企业总人数而定,一般约占企业总人数的5%—20%之间,原则上每个车间、班组,以及同生产现场管理关系密切的各个科室的各类不同专业人员都要有1—2人参加,并填写调查表。调查表不记姓名,但要注明填表人所在单位、职务、性别、年龄和文化程度等,以便进行分析。

(四)生产现场管理的评价标准

有些行业(或部门、地区)为了比较客观地评价和确定生产现场的实际管理水平,制定了统一的评价标准。有了这个标准,不仅可以比较客观、准确地评价生产现场管理目前所处的水平,还可以明确与先进管理水平的差距,找到优化现场管理的方向。

1. 普及型

以整齐、清洁、安全和优美的目标水平为主,要求一般企业达到此型标准,作为提高现场管理水平的第一步。

2. 先进型

以现场要素的初步优化组合为主，要求先进企业达到此型标准，作为提高现场管理水平的第二步。

3. 优化型

以现场要素的最优组合，具有现代化水平为主，要求一流企业达到此型标准，作为提高现场管理水平的第三步。

这一标准的具体评价方法是：

(1)按每一项指标分别评定，符合标准的为合格项，不符合的为不合格项。每一指标必须"三型"都进行判定。如先进型判为合格项，则前一级的普及型也判为合格项；如优化型判为合格项，则前两个等级也要判为合格项。如前一个等级判为不合格项，后一个等级也必然判为不合格项(例如先进型判为不合格，则优化型当然也判为不合格)。

(2)每一型必须有85%以上的指标合格，才算此型合格。

应合格指标总数＝评价指标总数×85%

(3)取达到合格型中较高的一型，作为现场管理的定型。如普及型、先进型都合格，则定为先进型。

(4)为了突出重点，每型中确定单项否决项目，此项不合格者不能定型。

(五)系统分析

通过调查研究，了解和掌握生产现场管理的各个方面及其总体水平，找到同先进管理水平的差距。那么如何进行改善、优化？这就需要运用系统分析方法，对各个问题点及其相互之间的内在联系，进行深入的分析，找出主要矛盾和解决矛盾的关键性措施。

工作任务

任务1　找到适合自己企业的做法——5S推行的不同做法

阅读下列材料，回答问题：

5S推行，基本可以分点式及面式两种不同做法——

表6-9　点式做法推动步骤

NO.	推动步骤	执行事项	责任者
一	计划	1. 有关资料搜集、观摩他厂案例。 2. 整理整顿方式及行动目标规划。 3. 教育训练及文宣活动计划。 4. 部门区域或个人责任区之规划。 5. 整理整顿推动办法之设计。 6. 整理整顿推动计划表排定。 7. 权责划分(员工、班长、领班、主管、经理……) 8. 整理整顿看板及缺点公告表之制作。 9."整理"活动之规划。 10."整理"之画线、定位、标示之规划。	行政人事部门

续表

NO.	推动步骤	执行事项	责任者
二	宣导	1. 全员及干部训练(N次)。 2. 整理整顿标语、征文、有奖征答活动。 3. 绩优工厂观摩及心得照片发表。 4. 整顿推动办法讲座及宣达。 5. 标语及海报制作,塑造气氛。	管理者
三	整理作战	1. 选一适当日期,实施“红牌作战”,全厂大清理,区分要与不要的东西。	各部门主管
四	整顿作战	1. 选一适当日期,全厂执行定位、画线、标示,建立地、物之标准。	
五	推动办法实施	正式公告、下达决心。	总经理 行政人事部
六	缺陷摄影	1. 违犯整理整顿条文事实、摄影。 2. 记住摄影位置(可做标记)。	行政人事部
七	照片公布改善	1. 及时公告。 2. 表示事实、日期、地点及要求改正。 3. 在公告栏公告,限时改正。 4. 改正后,在同一地再拍,作前后比较。	行政人事部
八	奖惩对策	1. 定期检讨(周、月、年度检讨)。 2. 屡次劝告不改善者惩罚,表现绩效者表扬。 3. 推动软体与硬体障碍对策、克服。	总经理

表 6-10　面式做法推动步骤

NO.	推动步骤	执行事项	责任者
一	计划	1. 资料搜集与他厂观摩 2. 引进外部顾问协助 3. 行动目标规划 4. 训练与宣导活动设计 5. 方案与推动日程设计 6. 责任区域划分 7. 整理整顿施行规划 8. 5S周边设施(如看板)之设计	管理部或准5S管理代表
二	组织	1. 推动委员会的成立 2. 权责划分 3. 部门主管全身心投入 4. 执行评述作业 5. 行动事务支援 6. 协助改善工作	经营者
三	宣导	1. 教育训练 2. 标语、征文……比赛 3. 参观工厂 4. 海报、推行手册制作 5. 照片展 6. 经营者下达决心	5S管理代表

续表

NO.	推动步骤	执行事项	责任者
四	整理作战	1. 找出不要的东西 2. 红牌作战……大扫除 3. 废弃物登记、分类、整理 4. 成果统计	各部门主管
五	整顿作战	1. 定位 2. 标示 3. 画线 4. 建立全面目视管理	各部门主管
六	推动办法实施	1. 全员说明会、经营者公布 2. 公告试行，要求严守	5S 活动主任委员
七	办法讨论修正	1. 问题点搜集与记录 2. 每周开会检讨，修正条文	5S 管理代表
八	推动办法正式施行	1. 全员集合宣布 2. 部门集合宣布	5S 管理代表
九	考核评分	1. 日评核 2. 月评核 3. 纠正、申诉、统计、评价	各评审委员
十	上级巡回诊断	1. 最高主管或顾问师亲自巡查(每月、每季) 2. 巡查诊断结果记录与说明(优、缺点指出)	经营者/顾问师
十一	检讨与奖惩	1. 定期检讨、记录对策(周、月、年度检讨) 2. 全员集合宣布成绩 3. 锦旗与黑旗之运用 4. 精神与实物之奖励	5S 管理代表
十二	推动后续新方案	1. 人员 5S 活动　纪律作战 2. 设备 5S 活动　TPM 作战	5S 活动主任 5S 管理代表

表 6-11 点式与面式推动比较

项目＼做法	点式做法	面式做法
	定点摄影法	评分改善法
适用企业	小型	中小型
适用组织形态	1. 部门人数比例悬殊 2. 有些部门人数过少(3 人以下)	1. 各部门人数均匀 2. 单部门人数较多者
执行难易度	简单易行	慎重、细琐
成效	较小，止于 4S	较大，达到 5S 全面之改善
推动期间	短(随时可导入)	长(要选择时机导入)
推动组织	行政人事部门	5S 委员值勤小组
执行人员	行政人事部门经理/主管	5S 主任委员、5S 管理代表、各级委员
推动工具	照片	评分表

续表

项目 \ 做法	点式做法	面式做法
执行技巧	照片前后比较	稽核、沟通、协调
推动步骤	1. 计划 2. 宣导(训练) 3. 整理作战 4. 整顿作战 5. 方案施行 6. 缺点摄影 7. 公布改善 8. 奖惩对策	1. 计划　2. 组织 3. 宣导　4. 整理作战 5. 整顿作战　6. 办法试行 7. 讨论修正　8. 正式施行 9. 考评 10. 组织巡回评价 11. 检讨与奖惩 12. 推动后续新方案

【思考与实践】应该如何选择适合自己企业的5S推广方式?

任务2　5S推行步骤

阅读下列资料,回答有关问题:

5S活动的导入与推行,每个工厂应依自己的实际状况,制定可行的具体计划,分阶段进行推展。一般来说,如果企业是初次推动5S活动,应按后述步骤进行。下面是××电子有限公司导入和实施5S的过程说明及5S推行的步骤。

第一步,建立5S活动推行顺序(图6-34)

第二步,建立5S推行组织

在5S推行过程中,除了要建立公司的5S推行委员会外,还应按部门、区域设置推进工作组。公司最高管理者是当然的全体活动负责人,各职能部门主管即本部门推动负责人。以下为××电子有限公司5S推行组织(如图6-35、图6-36)

- ××电子有限公司5S推行流程图。
- ××电子有限公司5S推行委员会。
- ××电子有限公司生产部5S组织结构图。

第三步,明确5S推行组织职责

(一)5S推行委员会

1. 组织制定公司推行5S的目标、方针及可行的计划;
2. 组织人员培训,制定可行的奖惩措施;
3. 主导全公司5S活动的展开。

(二)主任委员

1. 确定5S实施方针;
2. 5S活动计划的审批;
3. 批准推行委员会决议事项。

(三)改善小组

1. 设定改善的主题,组织改善活动的进行,必要时要求技术工程人员参与;
2. 督导改善活动在期限内完成。

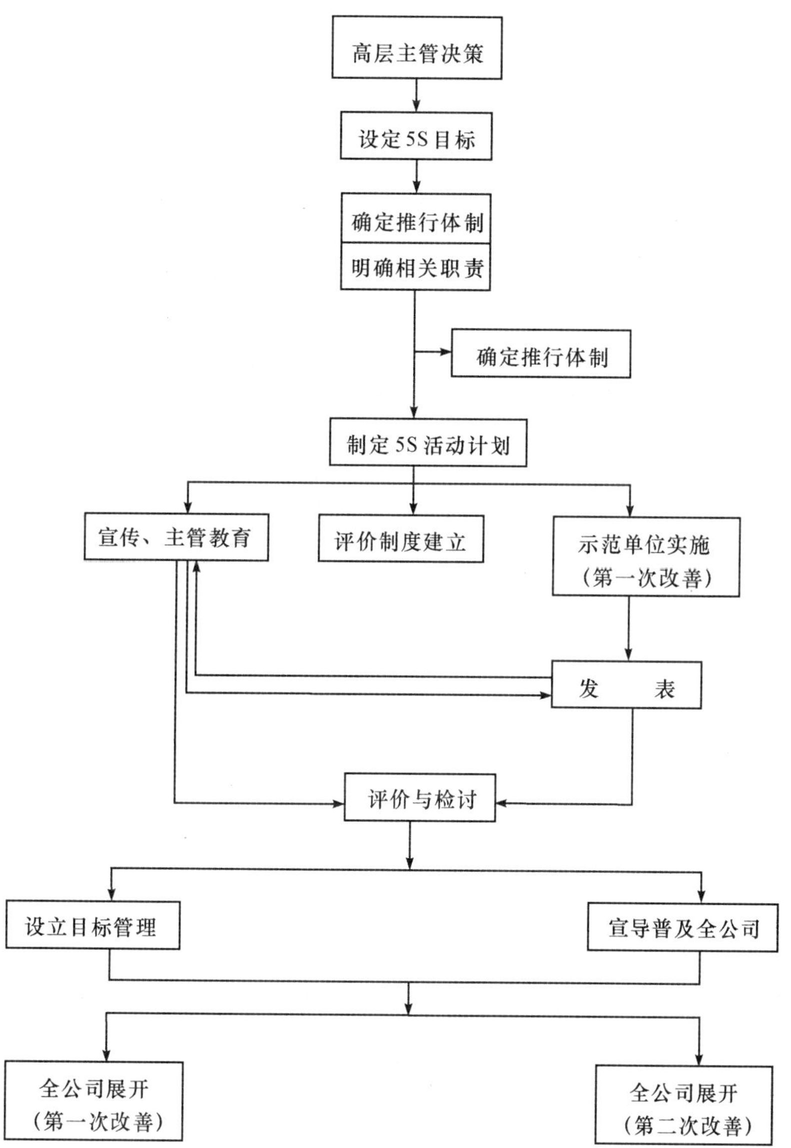

图6-34　整理整顿活动导入流程图

(四)推行委员

1. 参与公司5S活动计划的制订并确实执行;

2. 制订本部门5S活动规范;

3. 组织部门培训及推动5S活动的进行;

4. 完成诊断表、评分表并参与5S活动的评比,是评审小组的当然人选;

5. 定期检讨及推动本部门5S活动的改善与维持。

第四步,规划5S责任区域

公司5S推行委员会成立后,首先应明确划分各部门5S责任区域,确定5S责任人员,并以地图张贴公布。

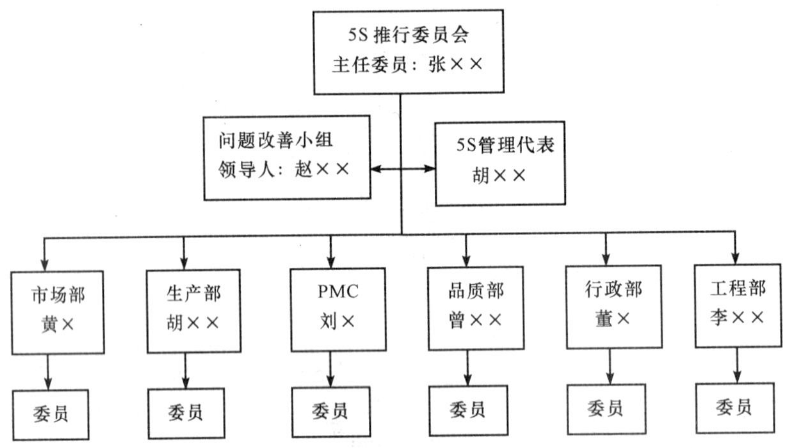

图 6-35 公司 5S 推行委员会

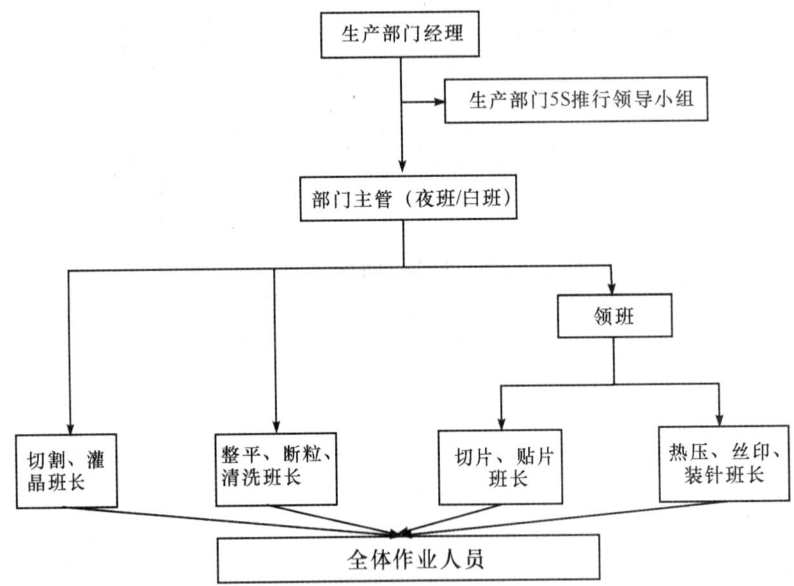

图 6-36 生产部门 5S 活动推进组织图

第五步，制定 5S 推行方针及目标

推行 5S 活动，要依企业特色，制定具体可行的推行方针，作为 5S 活动展开的准则及推行工作的方向。如：

- 彻底执行 5S，品质生产掌握中。
- 人人做好 5S，企业品质一级优。
- 塑造明朗、清爽、整洁的工作现场，从 5S 开始。

对 5S 活动推行也应预先设定目标，作为 5S 推行的努力方向及推行成果的参照，但目标设定要明确，要用具体的数字量化，设定的目标要经过一定时间的努力能达到，既不能太高，以免挫伤员工士气，也不能太低，轻而易举就能做到。目标可在活动中依实际进行调整。如：

- 现场管理 100％实现三定：定项目、定位置、定数量；

- 物料误取、误用次数为零；
- 工业伤害事故降低 50%。

第六步，5S 活动推行计划

编制 5S 日常活动推行计划表，保证活动按计划推进，设定执行期间的具体主题，既要有长计划，又要有短安排，并在公司 5S 顾问的指导下，阶段化、有系统地推动 5S 活动。5S 推行计划经 5S 推行委员会讨论定案，由主任委员审阅、核准，并公布予以执行。

【思考与实践】结合上述案例，拟对学校实习车间推行 5S，请你制定推行方案。

任务 3　实施 5S

任务 3a：按照下面检查表内容，对校内实训车间进行检查。

表 6-12　整理和整顿活动检查表

序号	检查内容	检查标准	检查方法	检查结果	纠正跟踪
1	物品分类及存弃规则	• 未建立物品分类及存弃规则（1 分） • 物品分类及存弃规则不太完善（2 分） • 物品分类及存弃规则基本完善（3 分） • 物品分类及存弃规则较完善（4 分） • 物品分类及存弃规则完善（5 分）	• 审阅文件 • 核对现场		
2	整理	• 尚未对身边物品进行整理（1 分） • 已整理、但不太彻底（2 分） • 整理基本彻底（3 分） • 整理较彻底（4 分） • 整理彻底（5 分）	• 查看现场 • 询问		
3	整顿	• 物品尚未分类放置和标识（1 分） • 部分物品尚未分类放置和标识（2 分） • 物品已基本分类放置并标识，但取用不便（3 分） • 物品已分类放置和标识，取用较方便（4 分） • 物品已分类放置和标识，取用方便（5 分）	• 查看现场 • 观察取用方法和时间		

表 6-13　清扫、清洁活动检查表

序号	检查内容	检查标准	检查方法	检查结果	纠正跟踪
1	计划和职责	• 无计划、也未落实职责（1 分） • 计划和职责规定不明确、不完善（2 分） • 计划和职责规定基本完善（3 分） • 计划和职责规定较完善（4 分） • 计划和职责规定完善（5 分）	• 查阅文件		

续表

序号	检查内容	检查标准	检查方法	检查结果	纠正跟踪
2	清扫	● 未按计划和职责规定实施清扫(1分) ● 未严格按计划和职责规定实施清扫(2分) ● 基本按计划和职责规定实施了清扫(3分) ● 偶尔未按计划和职责规定实施清扫(4分) ● 已按计划和职责规定实施了清扫(5分)	● 查阅记录 ● 观察跟踪 ● 询问		
3	清洁	● 未养成清洁习惯,环境脏乱(1分) ● 清洁坚持不好,效果差(2分) ● 基本养成了清洁习惯,环境尚整洁(3分) ● 已养成清洁习惯,环境比较整洁(4分) ● 已养成清洁习惯,环境总结(5分)	● 观察现场 ● 检查记录 ● 询问		

表 6-14　保养活动检查表

序号	检查内容	检查标准	检查方法	检查结果	纠正跟踪
1	行为规范和培训计划	● 无行为规范和培训计划(1分) ● 有行为规范和培训计划,但不易理解和贯彻(2分) ● 行为规范和培训计划尚可(3分) ● 行为规范和培训计划较好(4分) ● 行为规范和培训计划符合要求(5分)	● 查阅文件		
2	培训	● 尚未很好开展培训(1分) ● 培训计划性差,效果差(2分) ● 培训基本按计划进行,效果尚可(3分) ● 培训已按计划执行,效果较好(4分) ● 培训已按计划执行,效果好(5分)	● 查阅记录 ● 抽查培训效果(抽检考核与员工交谈等) ● 观察实际效果		
3	沟通与自律	● 员工间沟通和自律尚未形成习惯(1分) ● 沟通和自律较差(2分) ● 沟通和自律一般(3分) ● 沟通和自律较好(4分) ● 沟通和自律好(5分)	● 座谈 ● 观察		
4	激励和奖惩	● 未进行必要的激励和奖惩活动(1分) ● 激励和奖惩活动偶尔进行(2分) ● 激励和奖惩活动已进行,但效果一般(3分) ● 激励和奖惩活动已进行,效果较好(4分) ● 激励和奖惩活动已进行,效果好(5分)	● 座谈 ● 抽查案例 ● 观察效果		

表 6-15 整理和整顿效果检查表

序号	检查内容	检查标准	检查方法	检查结果	纠正跟踪
1	办公室	● 物品未分类,杂乱放置(1 分) ● 尚有较多物品杂乱放置(2 分) ● 物品已分类,且已基本整理(3 分) ● 物品已分类,整理较好(4 分) ● 物品已分类,整理好(5 分)	● 现场观察 ● 抽查		
2	办公台	● 有较多不使用的物品在桌上或抽屉内杂乱存放(1 分) ● 有 15 天以上才使用一次的物品(2 分) ● 有较多 7 天以上才使用的物品(3 分) ● 基本为 7 天内使用的物品,且较整齐(4 分) ● 基本为 7 天内使用的物品,且整齐(5 分)	● 现场观察 ● 抽查		
3	生产现场	● 产品堆放杂乱,设备、工具零乱,尚未标识(1 分) ● 仅有部分产品、设备、工具标识,现场仍很乱,有较多不用物品(2 分) ● 产品、设备、工具已标识,产品堆放、设备和工具放置基本整齐,尚有少量不用物品在现场(3 分) ● 产品已标识,产品堆放、设备和工具放置较整齐,基本无不用物品在现场(4 分) ● 符合要求(5 分)	● 现场观察 ● 抽查		

表 6-16 清扫、清洁效果检查表

序号	检查内容	检查标准	检查方法	检查结果	纠正跟踪
1	公共场所	● 垃圾多,无人管(1 分) ● 有人管,但不整洁(2 分) ● 基本整洁,有少量脏物(3 分) ● 比较整洁(4 分) ● 整洁,无脏物(5 分)	● 现场观察等		
2	办公台(作业台)	● 物品、文件、工具、台面脏乱(1 分) ● 物品、文件、工具、台面比较脏乱(2 分) ● 基本整洁(3 分) ● 比较整洁(4 分) ● 整洁(5 分)	● 观察现场		
3	设备工具	● 脏乱(1 分) ● 较脏乱(2 分) ● 基本整洁(3 分) ● 较整洁(4 分) ● 整洁(5 分)	● 观察现场		

续表

序号	检查内容	检查标准	检查方法	检查结果	纠正跟踪
4	窗、天花板、墙面	● 长久失修,也未打扫、清洁(1 分) ● 修理不及时,不常打扫、清洁(2 分) ● 基本整洁(3 分) ● 比较干净(4 分) ● 干净、明亮(5 分)	● 观察现场		
5	洗手间	● 严重失修、脏乱,臭味熏天(1 分) ● 失修、较脏乱,有臭味(2 分) ● 基本干净(3 分) ● 比较干净(4 分) ● 干净、明亮无异味(5 分)	● 观察现场		
6	仓库	● 垃圾长久未清,脏乱(1 分) ● 较脏乱(2 分) ● 基本干净(3 分) ● 比较干净(4 分) ● 干净、整洁(5 分)	● 观察现场		

表 6-17 修养效果检查表

序号	检查内容	检查标准	检查方法	检查结果	纠正跟踪
1	日常“5S”活动	● 无日常“5S”活动(1 分) ● 偶尔活动(2 分) ● 基本按计划活动(3 分) ● 按计划活动,效果较好(4 分) ● 按计划活动,参与积极,效果好(5 分)	● 查阅记录 ● 观察 ● 座谈		
2	观念	● 较多员工对“5S”无认识(1 分) ● 认识肤浅(2 分) ● 有基本认识(3 分) ● 认识较好(4 分) ● 观念正确,行动积极(5 分)	● 交谈 ● 考察		
3	行为规范	● 举止粗鲁,语言不美,不讲礼貌(1 分) ● 部分员工不讲卫生,不懂礼貌(2 分) ● 个人表现较好,团队精神较差(3 分) ● 个人表现、团队精神较好(4 分) ● 团队精神好,个人表现好(5 分)	● 观察 ● 抽查 ● 座谈		
4	服装	● 不按规定着装,衣冠不整(1 分) ● 常不按规定着装、乱戴标卡(2 分) ● 基本按规定着装、配戴标卡(3 分) ● 执行着装、戴卡规定较好(4 分) ● 坚持按规定着装、戴卡(5 分)	● 观察		
5	仪容	● 不修边幅、又脏又乱(1 分) ● 部分员工不修边幅、脏乱,但无纠正(2 分) ● 基本整洁、精神(3 分) ● 比较注重仪容,观念较好(4 分) ● 重视仪容,观念良好(5 分)	● 观察		

任务3b：按照下面检查表内容，对校内办公室进行5S检查。

表6-18　整理区分“要”与“不要”的物品，并将不要的物品清除

检查对象	检查项目(“要”与“不要”的区分)	检查区域	责任人	得分
地面	①有无灰尘。 ②有无水渍和油污。 ③有无碎纸屑和废纸张扔在地上。 ④有无垃圾和其他的废弃物扔在上。			
办公桌椅	①办公室的桌椅有无破损而无维修。 ②办公室的桌椅有无废弃无用而仍放置在位。			
电脑、打印机	①显示器和主机有无灰尘附着，并有无经常用抹布擦试。 ②电脑内是否装有和工作不相干的软件或其他不健康的东西。 ③是否在电脑上下载或在公司的内部网络内传递与工作没有关系的文字和内容。 ④电脑上是否贴有娱乐图片或其他的纸片。 ⑤电脑的机箱上是否放否工具文件等物品。			
文件柜、办公家具	①文件柜有无统一的标识清楚。 ②清除无用的破损之文件柜。 ③清除不适用的影响办公室美观和公司形象的文件和办公家具。			
文件	①不用和作废文件有无及时的清除并另外放置。 ②有无清除掉每天过期的报表和各种作废的单据。			
墙面	①墙面是否干净。 ②墙面是否有过期或不必要的宣传和文件悬挂。			

表6-19　整顿将必要物品定位、定量放置好，便于拿取和放回，排除“寻找”的浪费

检查对象	检查项目	检查/区域	责任者	得分
办公桌椅、文件柜	①办公台的摆放是否整齐有序。 ②办公桌面是否干净整洁。 ③办公桌台面摆放的办公用品和文件是否整齐有序。 ④办公椅是否摆放整齐。 ⑤办公椅在人员离开时是否统一摆放整齐有序。 ⑥抽屉内的办公文具和资料是否摆放得整整齐齐。 ⑦抽屉内是否有和工作不相干的物品或储存有食物。 ⑧文件柜内是否有放置和文件不相干的其他物品。 ⑨文件柜有无统一的放置并易于拿取文件。			
电脑、打印机	①电脑的主机和显示器是否统一摆放在办公桌或放置的某个位置。 ②电脑和显示器联接的电缆线是否有序摆放和整齐捆扎。			

续表

检查对象	检查项目	检查/区域	责任者	得分
文件	①文件有无分类整理。 ②文件有无分类摆放。 ③文件夹外面的标签有无统一制作且采用相同的字体。 ④文件是否放置在文件夹内和统一的文件柜内。 ⑤文件夹和文件柜有无标识清楚并整齐地摆放。 ⑥文件的使用和传递有无统一的格式。 ⑦文件的发放是否统一用电脑打印的字体。			
地面	①有无油漆的破损、脱落。 ②对于放置有无界定区域。			

表 6-20　清扫彻底清理场所的垃圾、污垢、异物，使其干净及容易显现问题点，清扫即点检

检查对象	检查项目(打扫干净)	检查/地点	责任者	得分
地面	①地面有无经常打扫。 ②有无打扫的清洁值日表。			
桌面、文件柜	①是否保持桌面干净整齐。 ②有无定时地把桌子擦拭干净。 ③桌面、抽屉内有无经常把那些无用物品清除出去。 ④保持文件柜的内外干干净净和整整齐齐。 ⑤编制定期的打扫清洁值日表和规定相关的责任人。 ⑥定期擦拭文件柜体、清除里面的垃圾文件，保持干净。			
电脑、打印机	①定期擦拭、清扫电脑，保持表面的干净。 ②定期清除电脑内的垃圾文件和进行更新处理。			
墙面	①墙面有无灰尘，有无经常打扫。 ②墙面要经常清除掉不必要的指引和宣传图片。			
空调、办公设备	①保持空调进风的栅栏干净，定时进行清洗和保养。 ②定期打扫复印机和传真机以及其他办公设备上的灰尘和清除上面的纸张垃圾。			

表 6—21　清洁重复做好整理、整顿、清扫，形成制度化、规范化，包含伤害防止对策及成果的维持

检查对象	检查项目	检查/区域	责任人	得分
维持 3S	①整顿工作是否持续地进行，有无计划和安排。 ②整理工作是否每天都有进行。 ③把清扫过程中的问题点加以分类，逐一罗列和解决。 ④问题点应该有详细的改善对策书。			

表 6-22　素养遵守规定的事项，并养成习惯

检查对象	检查的项目	检查/区域	责任人	得分
穿戴	①衣服有无异味，有无经常换洗，是否干净整齐。 ②服装是否合适得体，女士服装不可太简单。 ③头发是否干净和梳理舒畅。 ④身体保持干净，无异味。 ⑤女士上班不可涂脂抹粉和有哗众取宠的打扮。 ⑥女士上班不可穿高跟鞋。 ⑦男士上班不可穿短裤。 ⑧上班时间遵守公司的统一规定穿拖鞋。			
办公室交流的用语、态度	①办公室提倡文明用语，不可有粗俗、肮脏甚至骂人的言语出现。 ②办公室同事之间的交流应该客气礼貌。 ③同事之间交流和讨论问题时应该轻言细语，不可大声喧哗而影响其他同事的工作。 ④不可在办公场所唱歌、打闹。 ⑤不可在办公场所相互谩骂。 ⑥不可在办公场所打架。			
电话礼仪	①打电话、接听时应该文明礼貌，客客气气。 ②电话应该轻拿轻放，不可摔电话。 ③不可占用电话太长大时间，影响别人的使用。			
坐立姿势	①坐立的姿势应该端正、协调并养成习惯。 ②不可在上班时间跷起二郎腿，或把脚放在办公台上。			

任务 4　车间的定置要求

任务 4a　计算定置率

检查某车间三个定置区域，其中合格区（绿色标牌区）摆放 15 种零件，其中有 1 种没有定置；待检区（蓝色标牌区）摆放 20 种零件，其中有 2 种没有定置；返修区（红色标牌区）摆放 3 种零件，其中有 1 种没有定置。试确定该场所的定置率。

（提示：定置率$=\dfrac{(15+20+3)-(1+2+1)}{15+20+3}\times 100\%=89.47\%$）

任务 4b　车间的定置要求

阅读下列资料，完成有关问题：

1. 车间场地的定置要求

(1)要有按标准设计的车间定置图；

(2)生产场地、通道、工具箱、交检区、物品存放区，都要有标准的信息显示，如标牌、不同色彩的标志线等；

(3)对易燃易爆物品、消防设施、有污染的物品，要符合工厂有关特别定置的规定；

(4)要有车间、工段、班组卫生责任区的定置，并设置责任区信息牌；

(5)临时停滞物品区域的定置规定，包括积压的半成品停滞、待安装设备、建筑维修材料等的规定；

(6)垃圾、废品回收点的定置，包括回收箱的分类标志：料头箱（红色）、铝屑箱（黄色）、铁屑箱（黄色）、铜屑箱（黄色）、垃圾箱（白色）、大杂物箱（蓝色），以上各类箱子有明显的相应标牌信息显示；

(7)按定置图的要求，清除与区域无关的物品。

2. 车间各工序、工位、机台的定置要求

(1)必须有各工序、工位、机台的定置要求；

(2)要有图纸架、工艺文件等资料的定置规定；

(3)有工具、卡具、量具、仪表、小型工具、工作器具在工序、工位、机台停放的定置要求；

(4)有材料、半成品及工位器具等在工序、工位摆放的数量、方式的定置要求；

(5)附件箱、零件货架的编号必须同零件账、卡、目录相一致，账卡等信息要有流水号目录。

3. 工具箱的定置要求

(1)必须按标准设计定置图；

(2)工具摆放要严格遵守定置图，不准随便堆放；

(3)定置图及工具卡片，一律贴在工具箱内门壁上；

(4)工具箱的摆放地点要标准化；

(5)同工种、工序的工具摆放要标准化。

4. 库房的定置要求

(1)要设计库房定置总图，按指定的地点定置；

(2)易燃、易爆、易污染、有储存期要求的物品，要按工厂安全定置要求，实行特别定置；

(3)有储存期物品的定置，要求超期物品有单独区域放置；接近超期1—3个月的物品要设置期限标志；在库存报表上对超期物品也要用特定符号表示；

(4)账本前面应有序号及物品目录；

(5)特别定置区域，要用标准的信号符号显示；

(6)物品存放的区域、架号、库号，必须同账本的物品目录相一致。

5. 检查现场的定置要求

(1)要有检查现场定置图；

(2)要划分不同区域并用不同颜色标志。①半成品的待检区及合格区；②成品的待检区及合格区；③废品区；④返修区；⑤待处理区。

待检区（蓝色）、合格区（绿色）、返修区（红色）、待处理区（黄色）、废品区（白色）。即“绿色通、红色停、黄色红道行、蓝色没检查、白色不能用”。

(3)小件物品可装在不同颜色的大容器内，以示区别。

【思考与实践】仔细阅读上述资料，以班级为单位，到相关企业实践，考察并记录企业定置管理的具体做法，并形成调研报告。

任务5　现场诊断

阅读下列资料，完成相关实践：

现场管理的调查，应把定性分析和定量分析结合起来。通过上述各个方面的调查，可以对各个方面的工作做出定性的判断。在此基础上采用简便实用的定量计算方法，将各个分项调查的判断综合起来，做出对生产现场管理的综合评价。有了综合评价，就可以对各车间、各单位进行横向的比较。下面介绍一种填写现场调查记录卡的方法(见表)，它是一种简便的定量调查方法。在表中，列出了现场管理 16 个方面的内容。调查人员在调查过程中就每一个方面分别打分。打分的方法一般采用五分制，即最差为 1 分，一般为 2 分，较好为 3 分，很好为 4 分，最优为 5 分。然后根据这 16 个方面在生产现场管理中的重要程度，分别规定其加权系数(比重系数)，在表中用 z 表示。表中的 N 表示企业中生产现场单位数，X 表示每项的评分得数。利用此表，可以对各生产现场管理综合水平做出定量比较，即用各生产现场(车间)得分小计进行比较；还可以就现场管理和各项工作在各车间进行比较，即各车间水平同全厂综合水平(各车间的平均值)进行比较，从而可以看出各车间水平是处在平均水平之下，还是在平均水平之上。

当有多人参加调查时，该表可以由每个调查人员分别填写一张，然后将各人的记录卡汇总起来，求出平均值，即为所有参加调查人员的总评价。这样做可以在一定程度上克服个人主观因素差异的影响。

表 6-23 现场调查记录卡

序号	项　目	比重系数(Z)	得分值(X)				得分小计($\sum X$)	加权得分($Z\sum X$)	平均总分$\frac{z\sum X}{N}$
			一车间	二车间	三车间	…			
1	安全文明生产								
2	目视管理								
3	劳动条件								
4	工艺和质量								
5	物料管理								
6	作业计划和调度								
7	设备管理								
8	工艺装备								
9	劳动组织								
10	定额管理								
11	员工工作热情								
12	设备开工率								
13	搬运								
14	在制品管理								
15	仓库管理								
16	生活设施								
	小计								

【思考与实践】根据上述资料，到相关企业进行调查，写出该企业诊断报告。

单元三　质量管理

教学目标

（一）总目标：掌握质量管理的目标和基本方法

（二）具体目标：1. 理解质量与全面质量管理的概念；2. 掌握工厂质量管理的基本术语及原理；3. 掌握质量管理的7大工具；4. 掌握ISO9000的有关内容和方法；5. 掌握抽样检验等质量控制方法。

理论精要

一、质量与全面质量管理

质量是一组固有特性满足要求的程度。全面质量管理（Total Quality Management，TQM）是指企业中所有部门，所有组织，所有人员都以产品质量为核心，把专业技术、管理技术、数理统计技术集合在一起，建立起一套科学严密高效的质量保证体系，控制生产过程中影响质量的因素，以优质的工作最经济的办法提供满足用户需要的产品的全部活动。

（一）明确全面质量管理的特点

1. 全面的质量管理

全面质量管理中的“质量”含义非常广泛。它不仅包括一般的质量特性，而且包括了成本质量和服务质量；它不仅包括产品质量，而且还包括企业的工程质量。

2. 全员参加的质量管理

产品质量是企业素质的综合反映，涉及所有的部门和员工，提高产品质量需要靠企业全体员工共同努力。全面质量管理要求从企业领导人员到每个员工，都来学习、运用科学质量管理的理论和方法，提高本职工作质量。

3. 全过程的质量管理

全过程包括产品的设计过程、制造过程、辅助过程和使用过程。全过程的质量管理，就是指对上述各个过程的有关质量进行管理。

4. 动态的质量管理

传统质量管理思想的核心是“质量控制”，是一种静态的管理。全面质量管理强调有组织、有计划、持续地进行质量改进，不断地满足变化着的市场和用户的需求，是一种动态性的管理。

（二）确定全面质量管理的内容

1. 产品设计过程的质量管理

设计试制过程是指产品（包括未开发的新产品和改进后的老产品）正式投产前的全部开发研制过程，包括调查研究、方案论证、产品设计、工艺设计、产品试制、试验、鉴定以及标准化工作等内容。

2. 生产制造过程的质量管理

当产品经过设计、试制的阶段后正式投入生产，生产制造过程的质量水平直接影响着产品最后的质量。因此，在这一阶段的质量管理应做好以下工作：

(1)加强工艺管理

企业应该严格工艺纪律，全面提高生产制造过程的质量保证能力，使生产制造过程经常处于稳定的控制状态，并不断进行技术革新，改进工艺。

(2)加强技术检验

为了保证产品质量，必须根据技术标准，对原材料、在制品、半成品、成品以至工艺过程的质量都要进行检验，保证做到不合格的原材料不投产，不合格的制品不转序，不合格的半成品不使用，不合格的零件不装配，不合格的成品不出厂。

(3)加强不合格品管理

①制定不合格品处理的标准，建立健全原始记录制度。

②定期召开不合格品分析会议。通过分析研究，找出造成不合格品的原因，并采取措施。

③做好不合格品的统计分析工作，根据有关质量的原始记录，对于不合格品中的废品、返修品等进行分类统计。

④建立不合格品技术档案，以便发现和掌握废品产生和变化的规律性，从而为有计划地采取防范措施提供依据。

⑤加强工序质量控制。全面质量管理，要求在不合格品发生之前，及时发现并处理问题，防止不合格品发生，为此必须加强工序质量控制。

3. 辅助生产过程的质量管理

除了进行基本生产过程的质量管理以外，为保证基本生产过程实现预定的质量目标，保证基本生产过程正常进行，还必须加强对辅助生产过程的质量管理。

辅助生产过程的质量管理，一般包括：物料供应的质量管理、工具供应的质量管理和设备维修的质量管理等。

4. 产品使用过程的质量管理

产品的使用过程是考验产品真实质量的过程，它既是企业质量管理的归宿点，又是企业质量管理的出发点。产品的质量特性是根据客户使用的要求而设计的，产品真实质量的好坏，还要靠客户进行评价。因此，企业的质量管理工作必须从生产过程延伸到使用过程。

产品使用过程的质量管理，主要应做好以下几项工作：

(1)加强技术支持、服务工作，及时有效地解决客户的技术困难。

(2)注意调查客户使用效果和使用要求，及时收集信息，为提高质量提供依据。

(3)妥善处理产品质量纠纷，及时了解客户反映的意见，如果确实存在制造问题，应及时修理、更换，保护客户权益，创造良好的信誉。

总之，全面质量管理是一种科学的管理方法，是全员参与、全程控制的现代管理技术，企业应结合自身的条件和要求，认真地开展全面质量管理活动，把企业的质量管理水平提升到一个更高的层次。

二、工厂质量管理的基本术语及原理

(一)缺点与不良品的分类

1. 缺点：指产品单位上任何不符合特定要求条件者。

2. 不良品：指一个产品单位上含有一个或一个以上的缺点。

3. 不良率：任何已知数量产品单位不良率为100%乘以其中所含的不良品的单位数，再除以产品单位的总数即得。

$$不良率=\frac{不良品个数}{检验之产品单位数}\times 100\%$$

4. 严重缺点：指根据判断及经验显示，对使用、维修或依赖该产品的个人，有发生危险或不安全结果的缺点，有可能会造成严重的后果及影响。

5. 严重不良品：指一个产品单位上含有一个或一个以上的严重缺点，同时亦可含有主要/或次要缺点。

6. 主要缺点：指严重缺点以外的缺点，其结果或许会导致故障，或实质上减低产品单位的使用性能，以致不能达到期望的目标。

7. 主要不良品：指一个产品单位上含有一个或以上的主要缺点，同时亦可含有次要缺点，但并无严重缺点。

8. 次要缺点：指产品单位在使用性上不至于减低其期望目的的缺点，或虽与已设定之标准有所差异但在产品单位的使用与操作上，并无多大影响。

9. 次要不良品：指一个产品单位含有一个或一个以上的次要缺点，但无严重缺点或主要缺点。

(二)质量管理中常用的统计指标

表 6-24 质量管理中常用的统计指标

项　　目	定　　义
客户投诉次数	重大品质案件发生的次数
相同客户投诉再次发生次数	类似产品同一客户投诉原因再度发生之次数
未准交货%	100%准时交货率
销售退回金额%(品质原因)	$\frac{销售退回金额}{总销售金额}\times 100\%$
AOQ(PPM)平均检出质量	$\frac{总不良数}{总抽样数}\times(1-批退货率)\times 10^6$
OBA(PPM)开箱检查	$\frac{总不良数}{总抽样数}\times 10^6$
准时交货率	$\frac{准时交货批数}{应交货总批数}(1-批退货率)\times 100\%$
第一次良品率	$\frac{第一批产出量(良品)}{批投入量}\times 100\%$
返工率	$\frac{全部返工量}{全部批投入量}\times 100\%$
总良品率	$\frac{批总产出量(含返工)}{批总投入量}\times 100\%$
个别零件使用率	$\frac{个别零件或原料使用量}{正常成品(零件标准使用量)}$
空运出货率(非客户)	$\frac{总空运货柜数}{总出货货柜数}$

(三)工厂的产品需要检验的原因

检验是工厂实施品质管理的基础。通过检验工作,可以了解工厂的产品质量现状,以采取及时的纠正措施来满足客户的需求,检验的主要目的就是"不允许不合格的零部件进入下一道工序"。虽然质量控制的重点在现阶段已转向设计、采购、工艺流程等预防活动,但是,绝大多数制造企业中仍然存在相当数量的检验工作。在人们心目中,检验仍然是最古老的最实在的质量保证方法之一。

(四)导致不合格的原因

1. 设计和规范方面包括:含糊或不充分;不符合实际的设计或零部件装配公差设计不合理;图纸或资料已经失效。

2. 机器和设备方面包括:加工能力不足;使用了已损坏的工具、工夹具或模具;缺乏测量设备/测量器具(量具);机器保养不当;环境条件(如温度和湿度)不符合要求等。

3. 材料方面包括:使用了未经试验的材料;用错了材料;让步接收了低于标准要求的材料。

4. 操作和监督方面包括:操作者不具备足够的技能;对制造图纸或指导书不理解或误解;机器调整不当;监督不充分。

(五)采取纠正/预防措施的意义

1. 体现:预防为主、"持续提高质量"的管理思想;

2. 针对不合格品的严重性,风险程度以及经济因素进行处理,力求以最小投入取得最大效果;

3. 采取措施的效果主要体现在能有效制止不良趋势的进一步发展,将不合格的隐患消灭在萌芽状态。

(六)采取纠正/预防措施的时机

1. 不合格项目被确定为重大不合格项时;
2. 发生大量相同类型的一般不合格多次发生,使体系的某一要素未能有效实施时;
3. 过程或活动中反复发生的问题;
4. 需方(第二方)或认证机构(第三方)审核中发现的不符合项;
5. 顾客屡次提出的抱怨或投诉;
6. 服务部门报告的重大缺陷或现场发生的质量事故 ;
7. 供货商或分承包方交付的不合格品;
8. 发生大批量的返工、修理或报废。

(七)采取预防措施的信息来源

1. 检验和试验报告;
2. 统计技术分析;
3. 客户重大投诉;
4. 用户服务报告;
5. 产品让步放行的记录;
6. 内审结果;
7. 管理评审的结论;
8. 设计评审/验证/确认的结论;

9. 采购时客户提出的评价；

10. 质量成本的分析报告。

(八)建立预防措施的总体步骤

1. 首先进行信息的收集、整理和分析，这是取得质量体系成效的先决条件；

2. 明确存在的主要潜在问题，提出可行的改进目标；

3. 决定采取预防措施的实施计划；

4. 应用 PDCA(计划、执行、检查、改善)循环的科学方法，保证措施的具体落实和有效执行；

5. 实施预防措施，并加以验证，确保活动的有效性；

6. 将采取措施的有关信息提交管理评审，以评定措施的适宜性。

(九)处理客户的退货要求及意见

1. 规定销售人员应密切关注顾客以各种方式反映的意见；

2. 对顾客的意见进行登记和分类，使顾客知道公司已经注意到他们所提的意见；

3. 应以表格的形式详细记录顾客反映的意见，内容包括顾客姓名、地址、所购产品名称、数量、金额以及反映的质量问题和要求等；

4. 明确规定如何调查和追究造成顾客意见者的责任，以及进行跟踪调查活动的要求；

5. 规定不良品的修理、调换、退货或其他补偿办法；

6. 监督顾客意见的处理过程，直至问题解决；

7. 记录及调查顾客意见，不仅有利于及时采取纠正和预防措施，而且也是证实企业执行 ISO9000 标准的客观证据。

(十)工厂里的检验通常包括哪些内容

1. 来料检验(IQC，Incoming Quality Control)；

2. 过程检验(IPQC，Inprocess Quality Control)；

3. 最终检验(FQC，Final Quality Control)；

4. 出货检验(OQC，Outgoing Quality Control)；

在有的工厂里，FQA 专指拉线上的检验；也有的工厂，FQC 与 OQC 是混合进行的。

由于使用习惯和翻译的原因，Quality 有的工厂称之为“质量”，有的称之为“品质”；IPQC 有的称之为“过程检验”。本篇幅不做详细的区分，只要能揭示其核心内容即可，具体叫法视场景不同而定。

(十一)质量管理 7 大手法(QC7 大手法)

1. 排列图

排列图是指将问题的原因或是状况进行分类，然后把所得的数据由大到小排列后，所绘出的累计柱状图。意大利经济学家巴雷特(Pereto)在分析社会财富分配状况时发现，大部分财富集中在少数人手里，为此他设计出能够反映这种规律的图，所以也有人称为“巴雷特图”或“柏拉图”。后来由美国管理大师朱兰博士(Juran)加以推广使用。

例：某公司 2011 年度之行政事务费用，经统计后如附表，请将之作成柏拉图，以了解何项支出占第一位，以及那些项目占较大比例，并试着提出改善方案。

表 6-25 行政事务费用统计表

项目	交通费	文具事务	电话费	交际费	招募训练	其他	合计
支出金额	2457.68	283.5—	873.50	936.50	243.00	135.43	4929.61

(1)作统计表

表 6-26 统计表

序号	项目	支出金额	累计金额	影响度%	累计影响度%
1	交 通 费	2457.68	2457.68	49.86	49.86
2	交 际 费	936.50	3394.18	19	68.86
3	电 话 费	873.50	4267.68	17.72	86.58
4	文具事务	283.50	4551.18	5.75	92.33
5	招募训练	243.00	4794.18	4.93	97.26
6	其 他	135.43	4929.61	2.74	100.00
7	合 计	4929.61	4929.61	100.00	

(2)绘制柏拉图

步骤一:打开装有 6SQ 插件的 Excel 表格,根据统计表输入相关数据。

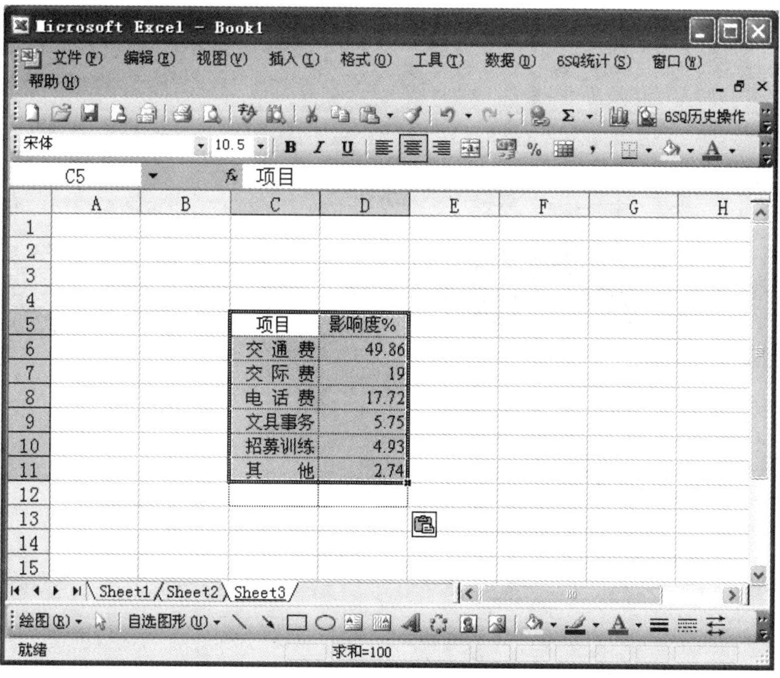

图 6-37

步骤二:点击工具栏“6SQ”——“质量工具”—— “柏拉图”。

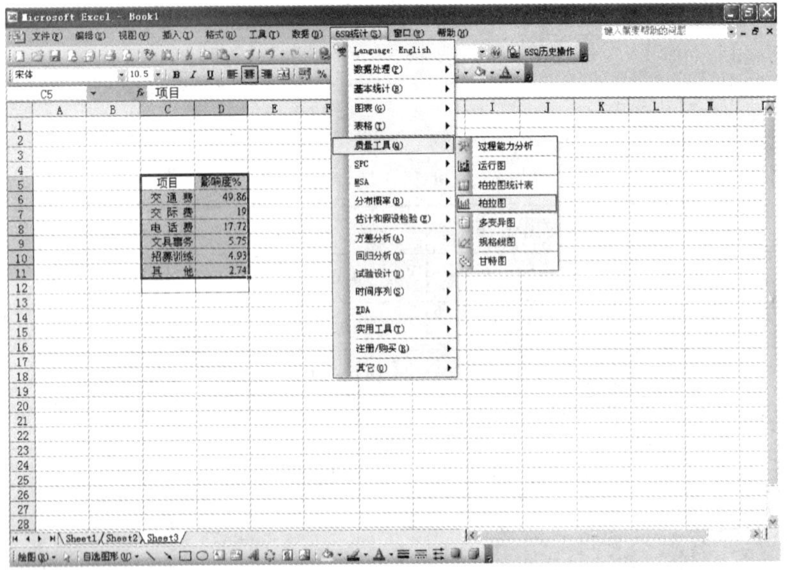

图 6-38

步骤三:“缺陷数据范围”输入“$C$5:$C$11”,“频数数据范围”输入“$D$5:$D$11”,选中“标志位于第一行”和“柏拉图”,按“确定”。

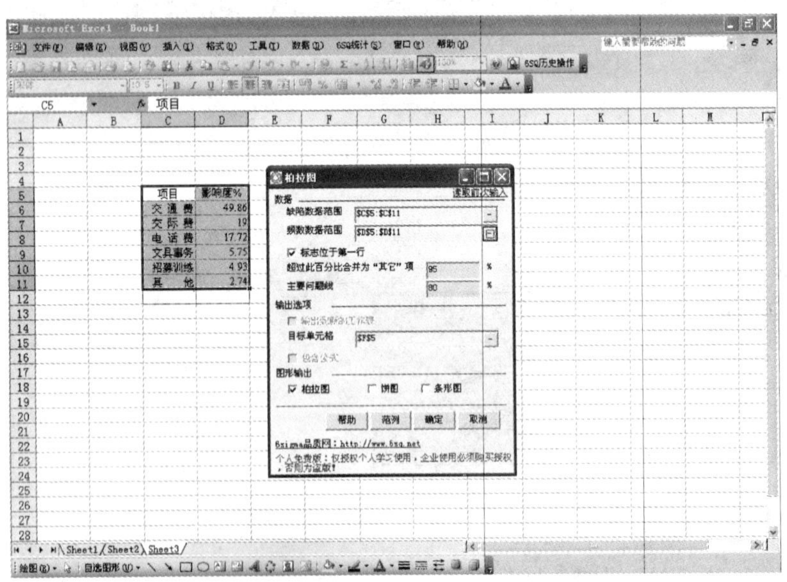

图 6-39

步骤四：输出结果。

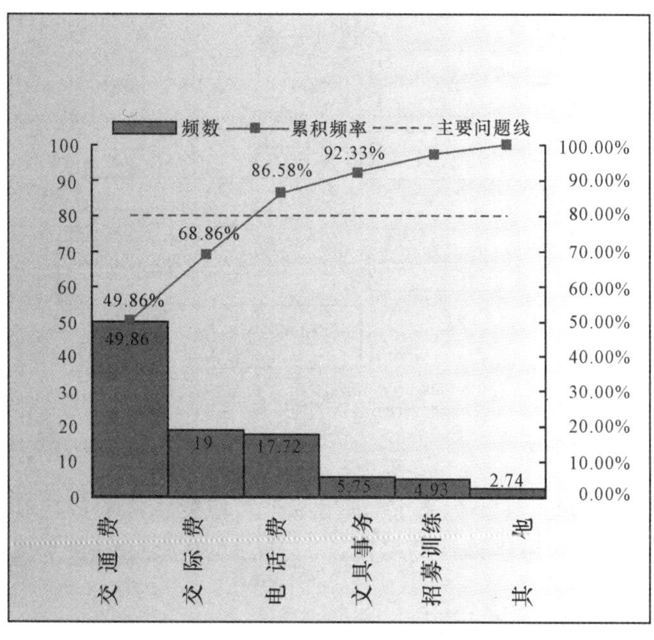

图 6-40　柏拉图

(3)讨论

由柏拉图可看出：

①交通费用占第一位，占所有费用之 49.86%，几乎是全部费用的一半。

②第二位为交际费，第三位为电话费用。

③前三项费用，总计 4267.68 元，占全部费用之 86.58%。

④改善方案：A. 重新评估交通事之承载量，重新规划交通路线或停开；

B. 交际费用之核准权限重新评估；

C. 电话长话短说方案及员工教育，必要时电话作时间限制。

2. 因果图

因果图是指用枝状结构画出因果关系的图，它是由日本人石川馨首先提出的，所以有人称之为“石川图”，又由于它的形状像鱼的骨头，也有人称之为“鱼骨图”、“鱼刺图”。它将影响品质的诸多原因一一找出，形成因果对应关系，使人一目了然，对于确定正确的对策方案有帮助。该图由多种绘图软件实现，这里不再赘述。绘图时要注意下列问题：

例 1　不正确的绘制方式

1. 原因应标于箭头尾端，不应于箭头上方或下方。

(正确)←—×××　　错误←—

2. 未将重大要因圈出。

例 2　正确的绘制方式

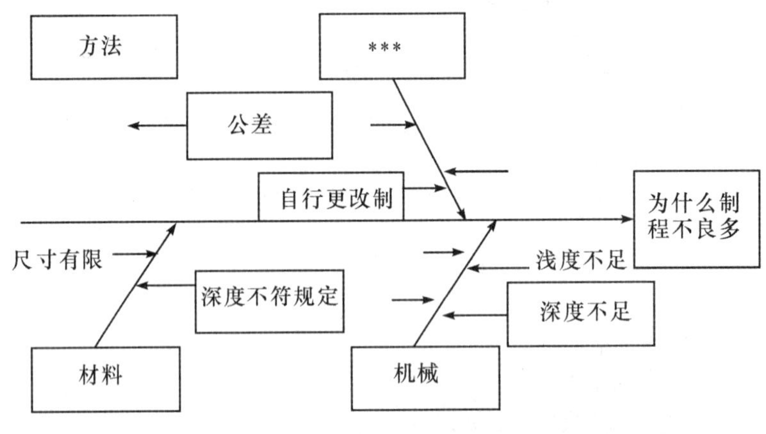

图 6-41 因果图

3. 散布图

散布图是指以点的形式在坐标系上，画出两个对应变量之间的内在关系的图，也有人称之为散点图、相关图。它用于确认两变量之间是否存在某种内在系统，有助于判明原因的真假。

依散布图的方向、形状，有以下数种相关情形：

(1)完全正(负)相关：点散布在一直线上。

图 6-42a 完全正相关　　图 6-42b 完全负相关

(2)高度正(负)相关：原因(X)与结果(Y)的变化近于等比例。

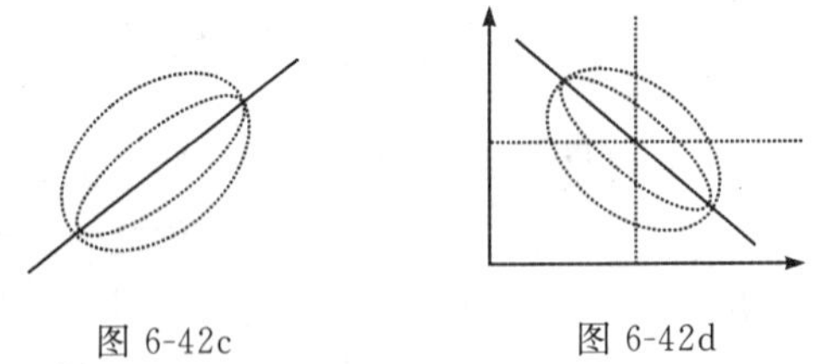

图 6-42c　　图 6-42d

(3)中度正(负)相关：原因(X)与结果(Y)的变化仍然近于等比例。

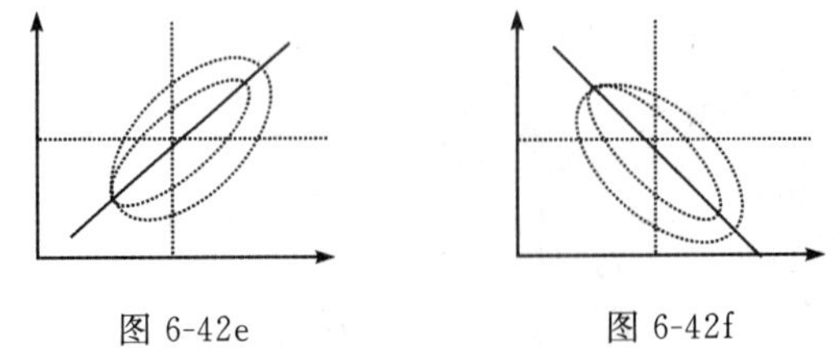

图 6-42e　　图 6-42f

(4)低度正(负)相关:原因(X)与结果(Y)的变化几乎已不成比例。

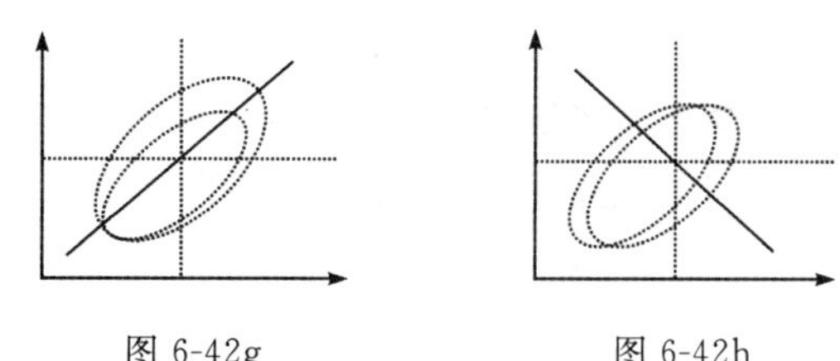

图 6-42g　　图 6-42h

(5)无相关:原因(X)与结果(Y)的变化完全不成比例。

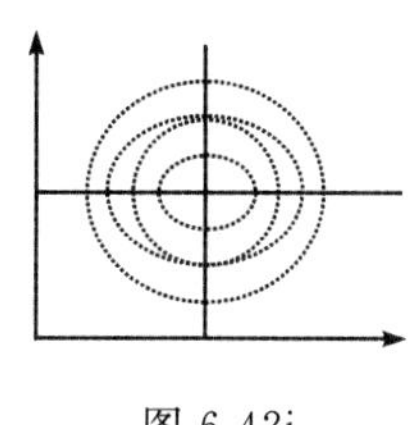

图 6-42i

(6)曲线相关:原因(X)与结果(Y)的变化呈曲线变化。

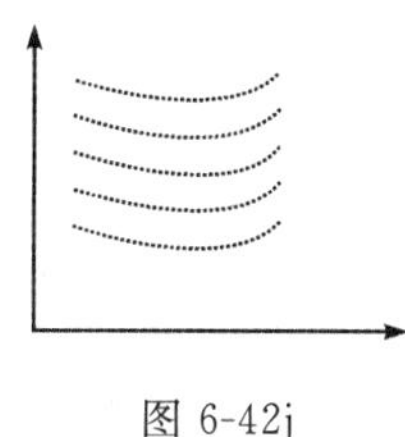

图 6-42j

例:真空蒸镀作业过程中,电子束的强度(powcr)影响蒸镀产品的膜厚(thickness),希望找出二者间的相互关系。

(1)收集数据

表 6-27　原始数据

NO.	1	2	3	4	5	6	7	8	9	10
X(强度,KV)	50	70	100	80	60	50	90	90	70	70
Y(膜厚,μm)	3.2	4.7	5.4	4.9	3.8	3.4	5.1	5.0	4.5	4.3

(2)绘图

步骤一:把相关数据输入 Excel 表格

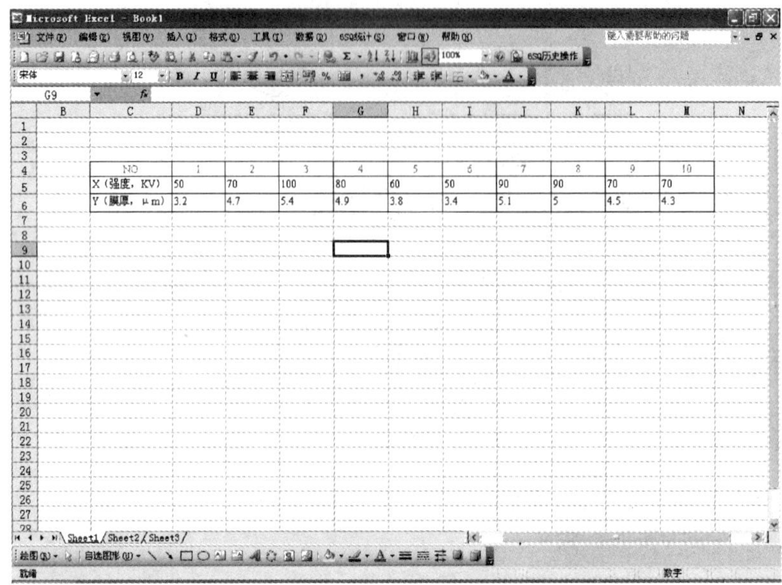

NO	1	2	3	4	5	6	7	8	9	10
X(强度, KV)	50	70	100	80	60	50	90	90	70	70
Y(膜厚, μm)	3.2	4.7	5.4	4.9	3.8	3.4	5.1	5	4.5	4.3

图 6-43

步骤二:工具栏“插入”——“图表”,找到“XY 散点图”

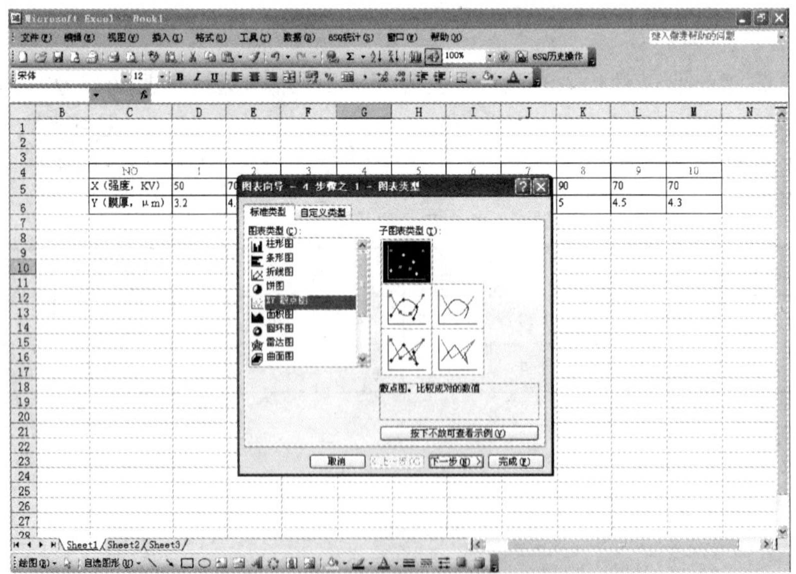

图 6-44

步骤三:输出结果

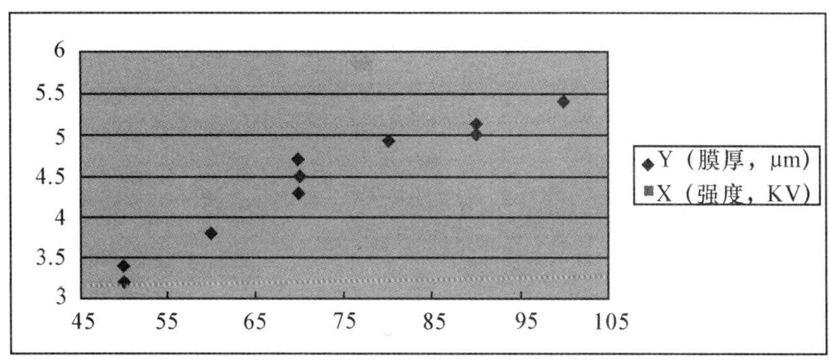

图 6-45

4. 直方图

直方图是指对同一类型的数据进行分组、统计,并根据每一组所分布的数据量画出柱子状的图,也称"柱状图"。它方便弄清众多数据的分布状态,并能以此推测事物总体的发展趋势。

用 Excel 做直方图需要使用 Excel 扩展功能,如果您的 Excel 尚未安装数据分析,请依次选择"工具"——"加载宏",在安装光盘中加载"分析数据库"。加载成功后,可以在"工具"下拉菜单中看到"数据分析"选项。

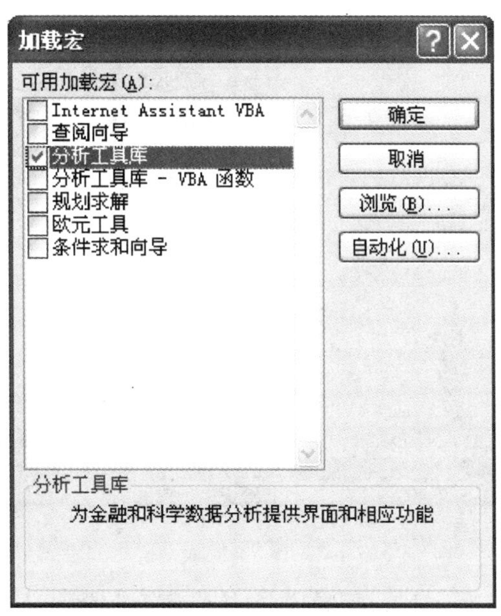

图 6-46

步骤 1:搜集数据并记录

搜集数据时,对于抽样分布必须特别注意,不可取部分样品,应就全部均匀地加以随机抽样。所搜集的数据应大于 50 以上。

例:某厂成品尺寸规格为 130 毫米至 160 毫米,今按随机抽样方式抽取 60 个当样本,其测定值如附表，试制作直方图。

表 6-28　原始数据

138	142	148	145	140	141
139	140	141	138	138	139
144	138	139	134	137	137
131	128	138	137	137	133
140	130	134	128	138	132
145	141	135	131	139	131
134	136	137	133	134	132
135	134	132	137	121	129
137	132	130	135	135	134
136	131	131	139	134	135

1. 打开原始数据表格，将样本数据排成一列，最好对数据进行排序，本例中已利用排序操作排好序，制作本实例的原始数据要求单列，确认数据的范围。本实例为成品尺寸规格，故数据范围可确定为 115－160。

图 6-47

2. 在右侧输入数据接收序列。所谓“数据接受序列”，就是分段统计的数据间隔，该区域包含一组可选的用来定义接收区域的边界值，这些值应当按升序排列。在本实例中，就是以多少尺寸段作为统计的单元。可采用拖动的方法生成，也可以按照需要自行设置。本实例采用 5 为一个分数统计单元。

3. 选择“工具”—“数据分析”—“直方图”后，出现属性设置框，依次选择：

输入区域：原始数据区域；“输入区域”输入待分析数据区域的单元格引用，若输入区域有标志项，则选中“标志”复选框；否则，系统自动生成数据标志。

接受区域：数据接受序列；“接收区域”输入接收区域的单元格引用，该框可为空，则系统自动利用输入区域中的最小值和最大值建立平均分布的区间间隔的分组。

选择“柏拉图”可以在输出表中同时按降序排列频数数据；选择“累积百分率”可在输出表中增加一列累积百分比数值，并绘制一条百分比曲线；选择“图表输出”可生成一个嵌入式直方图。

数据分析
分析工具(A)
描述统计
指数平滑
F-检验 双样本方差
傅利叶分析
直方图
移动平均
随机数发生器
排位与百分比排位
回归
抽样
确定
取消
帮助(H)

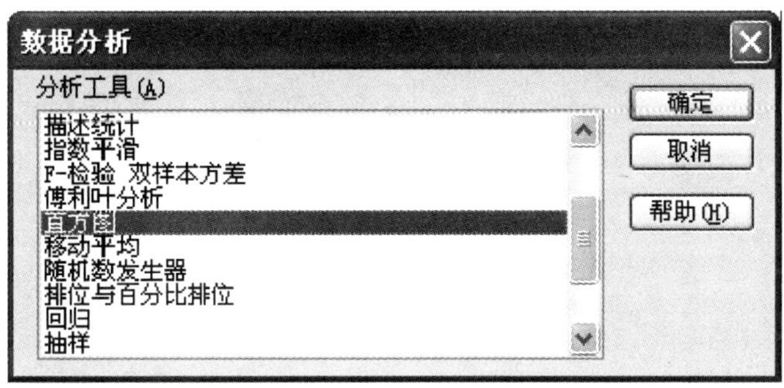

图 6-48

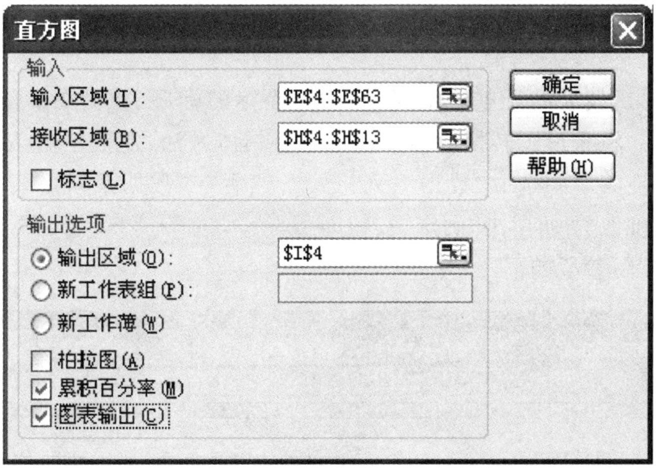

直方图
输入
输入区域(I):
$E$4:$E$63
接收区域(B):
$H$4:$H$13
标志(L)
输出选项
输出区域(O):
$I$4
新工作表组(P):
新工作薄(W)
柏拉图(A)
累积百分率(M)
图表输出(C)
确定
取消
帮助(H)

图 6-49

4. 输入完毕后，则可立即生成相应的直方图。

行	E	F	G	H	I
2	某厂成品尺寸规格				
3	尺寸	分组（接受区域）			
4	121	115	接收	频率	累积 %
5	128	120	115	0	0.00%
6	128	125	120	0	0.00%
7	129	130	125	1	1.67%
8	130	135	130	5	10.00%
9	130	140	135	23	48.33%
10	131	145	140	23	86.67%
11	131	150	145	7	98.33%
12	131	155	150	1	100.00%
13	131	160	155	0	100.00%
14	131		160	0	100.00%
15	132		其他	0	100.00%
16	132				
17	132				
18	132				
19	133				
20	133				
21	134				
22	134				
23	134				
24	134				
25	134				
26	134				
27	134				
28	135				

图 6-50

这张图还需要比较大的调整。主要是：横纵坐标的标题、柱型图的间隔以及各种数据的字体、字号等等。将条形图转换成标准直方图。具体做法：左键单击条形图的任一直条，再单击右键，在快捷菜单中选取“数据系列格式”，然后在“数据系列格式”对话框中选择选项标签，将间距宽度改为0，单击“确定”按钮即可。

调整后的直方图参考如下：

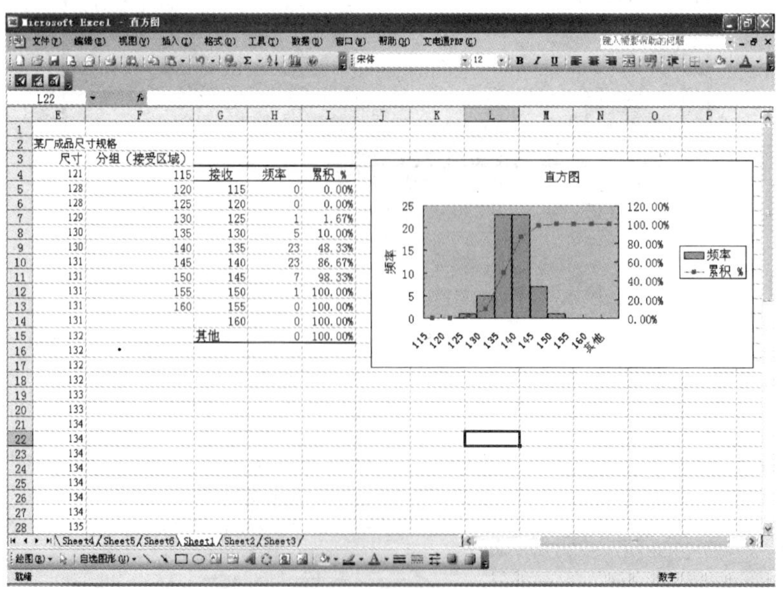

行	E	F	G	H	I
2	某厂成品尺寸规格				
3	尺寸	分组（接受区域）			
4	121	115	接收	频率	累积 %
5	128	120	115	0	0.00%
6	128	125	120	0	0.00%
7	129	130	125	1	1.67%
8	130	135	130	5	10.00%
9	130	140	135	23	48.33%
10	131	145	140	23	86.67%
11	131	150	145	7	98.33%
12	131	155	150	1	100.00%
13	131	160	155	0	100.00%
14	131		160	0	100.00%
15	132		其他	0	100.00%
16	132				
17	132				
18	132				
19	133				
20	133				
21	134				
22	134				
23	134				
24	134				
25	134				
26	134				
27	134				
28	135				

图 6-51

5. 检查表

检查表是指以表格的形式，对数据进行简单整理和分析的一种方法，也有人称之为“调查表”、“统计分析表”、“查核表”，它简便、直观地反映数据的分布情况。一般而言，检查表可依其工作的目的或种类分为下述两种。

(1)点检表用查检表

在设计即已定义使用时，只做是非或选择的注记，其主要功用在于确认作业执行、设备仪器保养维护的实施状况或为预防事故发生，以确保使用时安全用。此类检查表主要是确认检核作业过程中的状况，以防止作业疏忽或遗漏，例如教育训练检查表、设备保养检查表、内部稽核检查表、行车前车况检查表等等均属之。

例：产品品质检验判定用查检表例

表 6-29　生产成品外观品质判定基准表

项目	项 目 说 明	良品	轻微缺点	次要缺点	主要缺点	严重缺点
主机配件及外观	①配件（电源线、说明书及指定配件）正确，性					
	能良好	√				
	A. 配件与指定规格不符					
	B. 配件破损或变形				√	
	C. 配件欠缺				√	
	D. 配件不动作，无法使用				√	
	②外观				√	
	涂装在距离 60 厘米与标准样品比较很正常	√				
	A. 涂装与标准品比较有微小差异；		√			
	B. 污渍在 1 毫米以上（使用清洁剂无法清			√		
	除）				√	
	C. 底色暴露					
	D. 外表有对人体产生伤害的锐利边缘或突					√
	起物			√		
	E. 色泽度前后差				√	
	F. 流水纹产生					

(2)记录用点检表

此类查检表是用来搜集计划资料，应用于不良原因和不良项目的记录。作法是将数据分为数个项目别，以符号、划记或数字记录的表格或图形。由于常用于作业缺失、品质良莠等记录，故亦称为改善用查检表。

例：

表 6-30　5S 现场诊断表

现场区分（　号栋　　楼　　区）　　　诊断日：　　年　　月　　日

诊断者：

<table>
<tr><th rowspan="2"></th><th rowspan="2">诊 断 内 容</th><th colspan="3">计　点</th></tr>
<tr><th>0</th><th>－1</th><th>－2</th></tr>
<tr><td rowspan="7">地板</td><td>1. 无污染且干净</td><td></td><td></td><td></td></tr>
<tr><td>2. 物品放置有否占用通道</td><td></td><td></td><td></td></tr>
<tr><td>3. 物品堆放有否整齐</td><td></td><td></td><td></td></tr>
<tr><td>4. 有无垃圾灰尘</td><td></td><td></td><td></td></tr>
<tr><td>5. 零件、制品有无掉落</td><td></td><td></td><td></td></tr>
<tr><td>6. 有否放置不需要东西</td><td></td><td></td><td></td></tr>
<tr><td>7.</td><td></td><td></td><td></td></tr>
<tr><td rowspan="5">壁面</td><td>1. 门窗下面有否灰尘污染</td><td></td><td></td><td></td></tr>
<tr><td>2. 门窗框架有无灰尘</td><td></td><td></td><td></td></tr>
<tr><td>3. 告示书板视觉观感是否良好</td><td></td><td></td><td></td></tr>
<tr><td>4. 壁面有无挂贴不需要的东西</td><td></td><td></td><td></td></tr>
<tr><td>5.</td><td></td><td></td><td></td></tr>
<tr><td rowspan="4">天花板</td><td>1. 有无污染或蜘蛛丝</td><td></td><td></td><td></td></tr>
<tr><td>2. 日光灯有无油类污染</td><td></td><td></td><td></td></tr>
<tr><td>3. 吊式告示书板视觉观感是否良好</td><td></td><td></td><td></td></tr>
<tr><td>4.</td><td></td><td></td><td></td></tr>
<tr><td rowspan="10">输送机</td><td>1. 配线配管是否良好</td><td></td><td></td><td></td></tr>
<tr><td>2. 日光灯有无污染灰尘</td><td></td><td></td><td></td></tr>
<tr><td>3. 工作台面有无垃圾灰尘污垢</td><td></td><td></td><td></td></tr>
<tr><td>4. 工作台面有无放置多余东西</td><td></td><td></td><td></td></tr>
<tr><td>5. 作业指导书有否挂示</td><td></td><td></td><td></td></tr>
<tr><td>6. 作业指导书挂示视觉是否良好</td><td></td><td></td><td></td></tr>
<tr><td>7. 输送带内侧有无灰尘进入</td><td></td><td></td><td></td></tr>
<tr><td>8. 滚输有无垃圾沾着</td><td></td><td></td><td></td></tr>
<tr><td>9. 脚架部分有无灰尘</td><td></td><td></td><td></td></tr>
<tr><td>10.</td><td></td><td></td><td></td></tr>
</table>

续表

	诊断内容	计点		
		0	−1	−2
机械	1.配线配管是否良好			
	2.有无灰尘污染			
	3.有否挂示作业指导书			
	4.作业指导书挂示视觉是否良好			
	5.			

表 6-31 缺点记录查检表例

设备	作业者	周一		周二		周三		周四		周五		周六	
		AM	PM	AM	PM	AM	PM	AM	PM	AM	PM	AM	PM
A01	A	△ △	△	△			△				△ △ △	△	
	B	△ ～ ～	～					○			△ ～	～ × ○ ○	○ ～ △
A02	C	△ ～ ○		△		×		△			△		×
	D	△ ～	～	△			△				△ ～	～ ○ ×	○
B01	E	～	△	△		×						△	
	F	～ ×	△ ○ ○	△ × ×	○ × ×	～ ○		○	× ○ ～	× ×	×○ ○ ～	△ ×	
B02	G	△ ～		～			△				×		
	H	○ ～							～				△ △
总计		17	7	8	3	4	3	3	4	2	13	12	7

～刮痕 △凸点 ○砂孔 ×黑点

6. 分层法

分层法是指按某一线索，对数据进行分门别类统计的方法，也有人称之为“层别法”。它寻找出数据的某项特性或共同点，对现场中的即时判定有帮助。

例：某造纸厂之纸厚，制程线规定日班人员须每 2 个小时抽测一次，每次取 6 段，并测量中央及两侧之厚度加以管制。最近业务经理反应客户对纸张之厚度不均造成纸管卷制困扰屡有抱怨，总经理要求品保经理追查原因。品保经理逐将近五天之现场抽测数据加以整理(附表一)并作成次数分配表及直方图如下，并求出其平均值与标准差。该公司之纸张厚度规格值为 6.5±0.3mm，依据直方图可看出整理之平均值偏低、变异非常大，品保经理找不出真正原因所在，请你帮忙找找看。

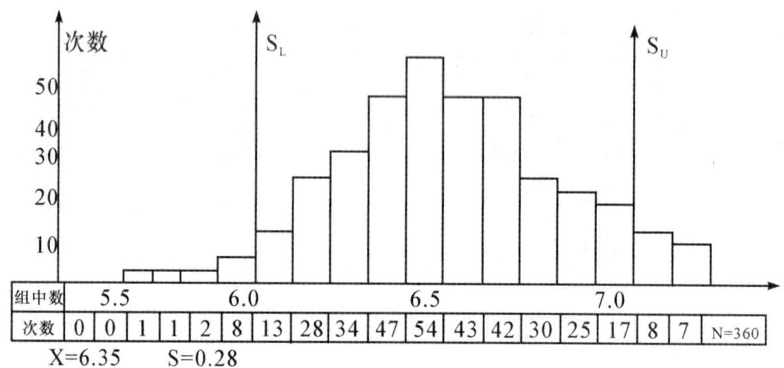

图 6-52

表 6-32

样本数	08:30			10:30			13:30			15:30			时间
	左	中	右	左	中	右	左	中	右	左	中	右	位置
1	6.0	6.0	6.1	6.1	6.1	6.2	6.3	6.2	6.4	6.1	6.4	6.2	周一
2	6.2	6.1	6.1	6.5	6.9	6.7	7.0	6.5	6.9	6.3	6.5	6.3	
3	5.8	5.8	5.8	6.3	6.3	6.3	6.3	6.4	6.7	6.5	5.5	6.6	
4	6.0	6.2	6.2	6.2	6.7	6.5	6.7	5.7	6.9	6.6	6.7	6.7	
5	6.0	6.3	6.3	6.4	6.4	6.5	6.6	6.5	5.6	6.7	5.5	6.5	
6	6.3	5.9	5.9	6.5	6.4	6.3	6.3	5.4	5.6	6.9	5.7	6.8	
1	6.1	6.0	6.3	6.0	5.9	5.9	6.3	6.4	5.1	5.7	6.6	6.8	周二
2	6.2	6.2	6.4	6.9	6.0	6.0	6.2	6.7	6.5	5.3	6.1	5.4	
3	6.1	6.4	6.5	6.3	6.3	6.3	6.9	6.8	6.6	6.8	5.7	6.9	
4	6.3	6.0	5.9	5.1	6.1	6.1	6.4	6.6	6.6	6.5	6.2	6.4	
5	6.2	6.3	5.9	6.4	6.4	6.6	6.3	6.6	6.2	7.0	6.8	6.9	
6	5.9	5.5	5.8	5.9	5.8	5.9	6.4	6.8	6.3	6.6	6.5	6.6	
1	6.3	6.3	6.2	6.2	6.0	5.2	6.5	6.2	5.3	6.4	6.4	6.6	周三
2	5.6	5.7	6.2	6.3	6.2	6.3	6.5	6.1	6.4	5.7	6.3	6.5	
3	6.4	6.4	6.3	6.2	6.2	6.2	6.7	7.0	5.6	6.5	5.5	6.6	
4	6.0	5.8	6.1	6.0	5.9	6.0	6.5	6.4	6.3	6.6	5.8	6.7	
5	6.2	6.2	6.1	6.3	6.0	6.1	6.7	6.6	5.5	6.2	6.3	6.6	
6	6.2	6.0	6.1	6.2	6.2	6.2	6.8	6.7	6.8	6.9	6.8	6.8	

续表

样本数	08:30			10:30			13:30			15:30			时间
	左	中	右	左	中	右	左	中	右	左	中	右	位置
1	6.3	6.1	6.1	6.4	6.3	6.2	6.5	6.6	5.6	6.7	7.0	6.6	周四
2	6.1	6.1	6.0	6.4	6.4	6.5	6.1	6.2	5.2	6.2	6.1	6.0	
3	6.0	6.0	6.3	6.3	6.2	6.2	6.2	6.1	6.5	6.5	6.5	5.5	
4	5.3	6.3	6.3	6.1	6.2	5.9	6.7	6.5	6.7	5.2	6.2	6.1	
5	5.9	5.9	6.1	6.3	6.3	6.1	6.2	6.4	6.3	6.4	6.5	6.5	
6	6.0	5.8	6.0	6.3	6.2	6.0	6.4	6.5	6.5	6.7	6.4	5.8	
1	6.0	6.1	6.2	6.0—	6.1	6.0	6.3	6.4	6.2	6.4	6.3	6.4	周五
2	6.1	6.1	6.3	6.0	6.3	6.2	6.6	5.5	6.4	6.5	6.5	6.5	
3	6.3	61	6.3	6.4	6.4	6.5	6.6	5.6	6.8	6.5	6.8	6.6	
4	5.8	6.0	5.7	6.8	6.6	6.8	6.3	6.4	6.3	6.4	6.4	6.4	
5	5.0	6.0	5.9	6.5	6.6	6.4	6.6	6.5	6.5	6.6	7.0	6.9	
6	6.4	6.2	6.3	6.3	6.2	6.2	6.7	6.8	7.0	6.7	7.0	6.7	

解：(1)先以纸张厚度之测量位置层别之，即以左、中、右层别之再绘制直方图，得下：

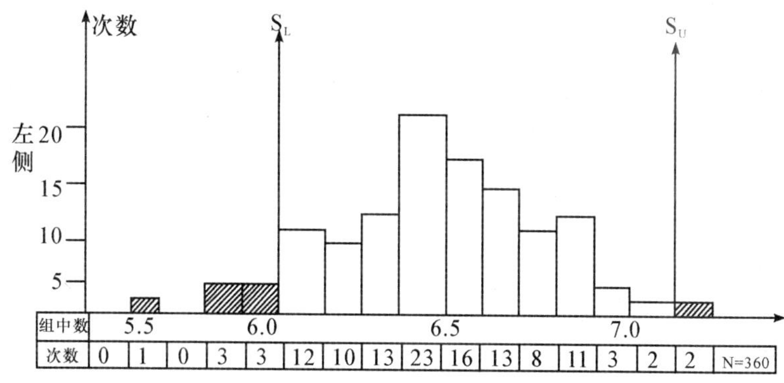

图 6-53

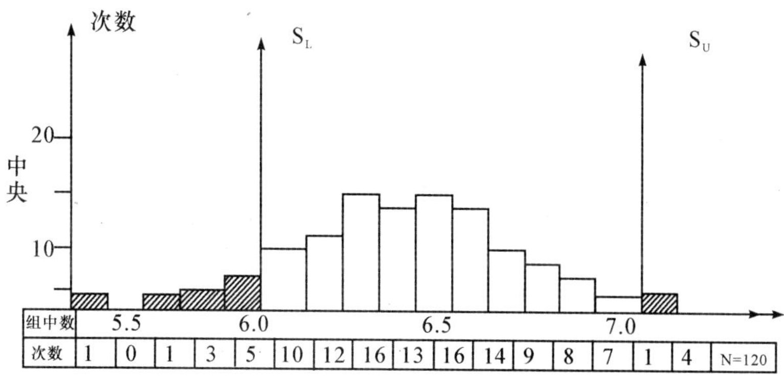

图 6-54

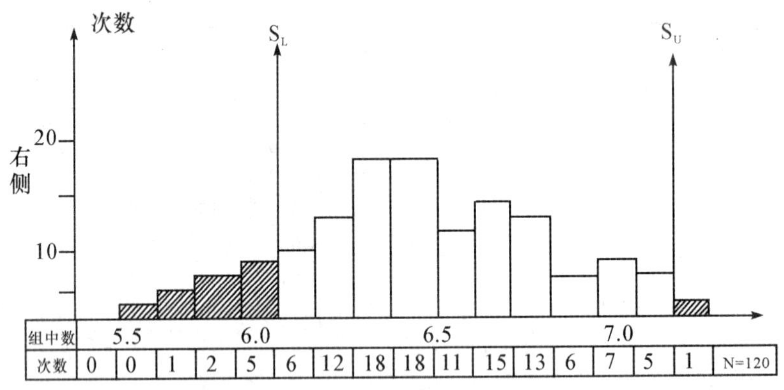

图 6-55

结论分析:以位置别予以层别后,我们发现从直方图之散布情形,仍均有超出规格值之现象,且各位置之离散程度与平均极中情形,并无明显之差异。

再以测量抽取之时间别予以层别,即绘制早上 08:30、10:30,与下午 13:30、15:30 之层别后直方图,再予观测之。得下:

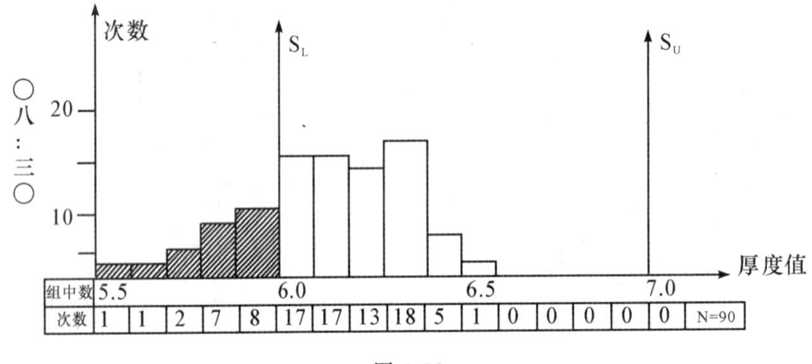

图 6-56

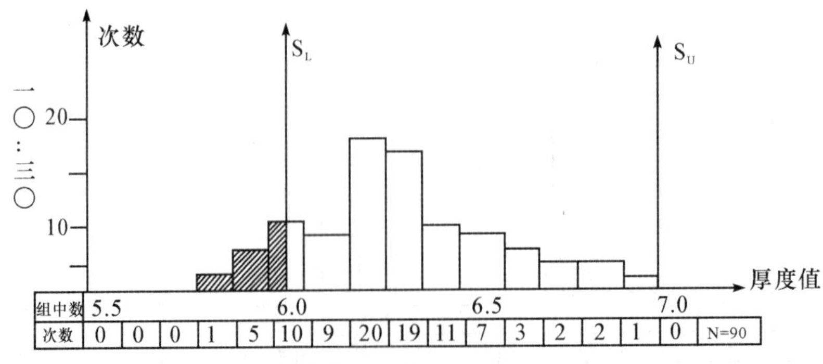

图 6-57

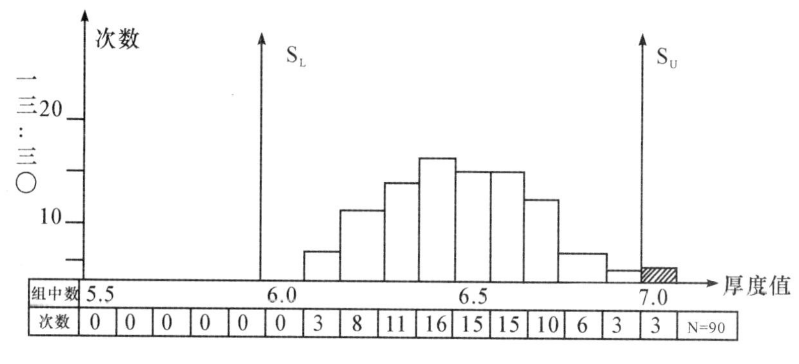

图 6-58

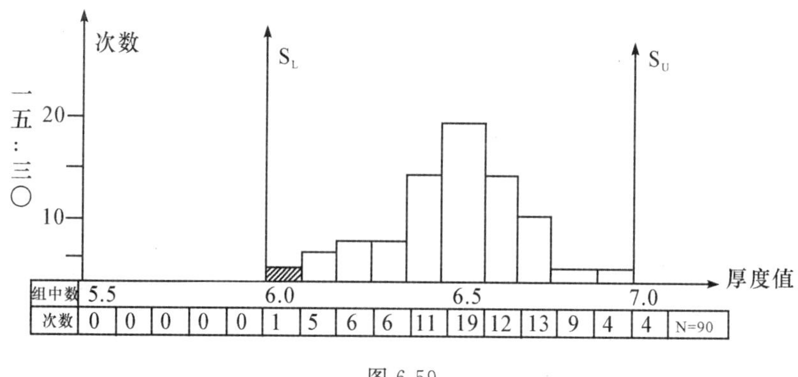

图 6-59

结论分析：

由生产时之量测时刻别可看出早班上午时段之厚度平均分布偏规格下限甚多，又以08:30时之不足厚度最多；故我们可判定纸张厚度不足乃因生产时刻别差异所引起，并应从早上之作业情况予以调查分析，以寻出改善对策。

7. 控制图

控制图是指用统计方法分析品质数据的特性，并设置合理的控制界线，对引起品质变化的原因进行判定和管理，使生产处于稳定状态的一种时间序列图，有人称为“管制图”、“管理图”。由于它是由美国人休哈特(Shewart)于 1924 年创立的，所以也有人称之为“休哈特图”。

例：某公司为管制最终产品之灌装重量，每小时自制程中，随机取 52 个样本来测定其重量，共得 25 组数据，试根据这些数据绘制平均值和级差控制图($\overline{X}-R$)管制图。

规格值为 60±kg

表 6-33

样组	测定值					$\bar{x}$	R	样组	测定值					$\bar{x}$	R
	X1	X2	X3	X4	X5				X1	X2	X3	X4	X5		
1	56	61	64	64	58	60.2	8	14	58	60	57	59	61	59.0	4
2	59	61	62	62	60	30.4	3	15	61	61	61	62	61	61.2	1
3	58	62	62	62	64	61.6	6	16	63	59	63	56	58	59.8	7
4	64	60	60	60	60	60.8	8	17	59	58	60	60	62	59.8	4
5	63	59	59	59	59	60.6	4	18	57	59	59	60	62	59.4	5
6	57	64	61	61	61	60.8	7	19	62	60	62	57	59	60.0	5
7	59	62	62	62	60	60.8	3	20	58	58	62	58	62	59.6	4
8	57	55	63	63	61	59.5	8	21	61	62	60	59	64	61.2	5
9	57	56	63	63	61	59.4	7	22	56	63	61	61	60	60.2	7
10	58	62	60	60	61	59.8	4	23	60	58	60	60	60	59.6	2
11	58	61	60	60	56	59.0	5	24	61	59	60	61	60	60.8	5
12	58	61	63	63	60	60.4	5	25	64	61	60	56	61	59.8	5
13	62	62	61	61	63	61.2	5								

解：

(1)计算 X,R：

$X=(60.2+60.4+\cdots+60.8+59.8)/25=60.15$

$R=(8+3+6+\cdots+2+5+5)/25=5.08$

(2)计算管制界限：

查系数表当 $n=5\rightarrow A_2=0.577, D_3=0, D_4=2.115$

X 管制图：

$CL=X=60.15$

$UCL=X+A_2R=60.15+0.577\times5.08=63.08$

$LCL=X-A_2R=60.15-0.577\times5.08=57.22$

R 管制图：

$CL=R=5.08$

$UCL=D_4R=2.115\times5.08=10.74$

$LCL=D_3R=0\times5.08=0$

(3)将数据之表依顺序填入并绘图。

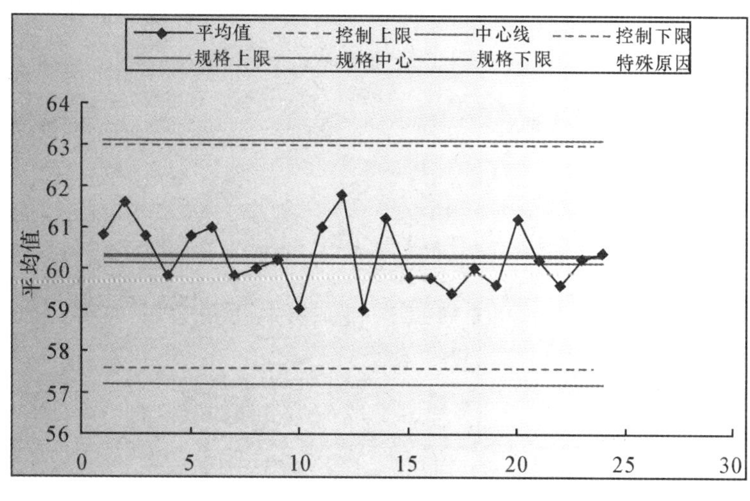

图 6-60

(4)试以$\overline{X}-R$ 管制图绘制之。

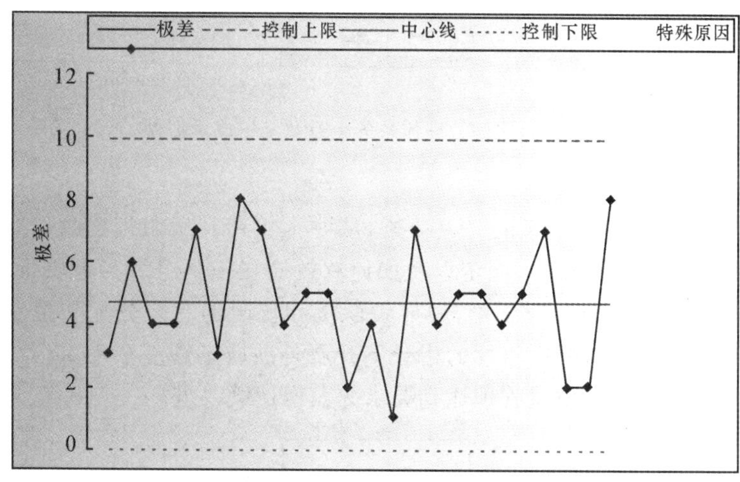

图 6-61

三、ISO9000

建立质量管理体系是全面质量管理的基本要求。推行全面质量管理,必须建立一个完善的、高效的质量管理体系。为指导企业搞好质量管理、建立健全质量管理体系,ISO 发布了一系列与质量管理体系有关的国际化标准,即 ISO9000 系列标准。

ISO9000 将质量管理体系(quality system)定义为:"建立质量方针和质量目标并实现这些目标的体系"。

(一)质量管理体系概述

组织的质量管理,通过建立健全质量管理体系并使之有效运作实现。质量管理体系是组织管理体系的一部分,它致力于使组织的产品质量满足要求。为达到保证产品质量并在此基础上持续改进产品质量的目的，在组织内部，必须从质量管理的角度出发，对组织存在的三要素即组织机构及管理工作、资源、产品形成的过程进行有效的运作，使它们都处于受控状态。下图展示了质量管理体系的四个整体要素的相互间关系。

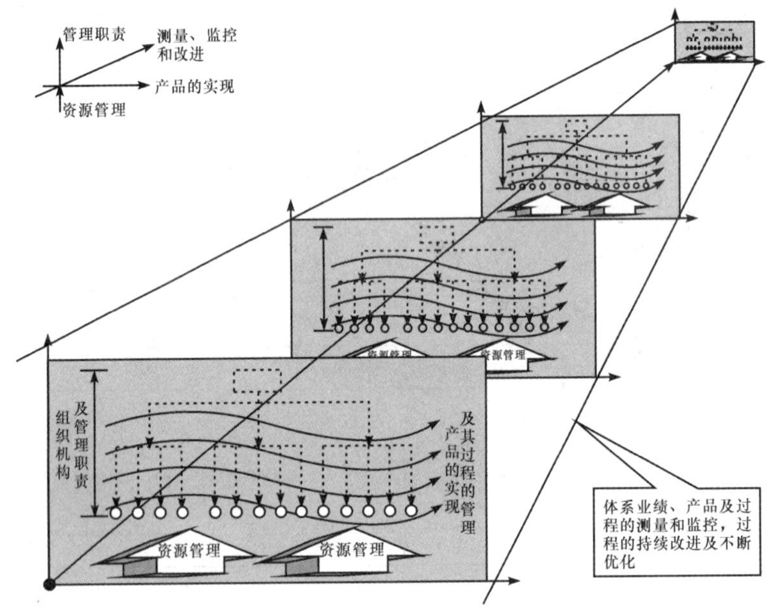

图 6-62　质量管理体系的运行及其组成示意图

1. 管理职责

管理职责作为质量管理体系的一大要素，从一个组织其组织机构的设置、领导者的职责和权限、质量方针和质量目标的制定以及如何有效地在一个组织实施质量管理进行了规定。目的是通过组织机构的合理设置、领导者职责和权限的有效分配和控制、制定切实可行的质量方针和目标并在方针和目标的指导下开展各项质量管理活动，以及通过使质量管理科学化、规范化，使组织的质量管理达到要求并获得持续改进。

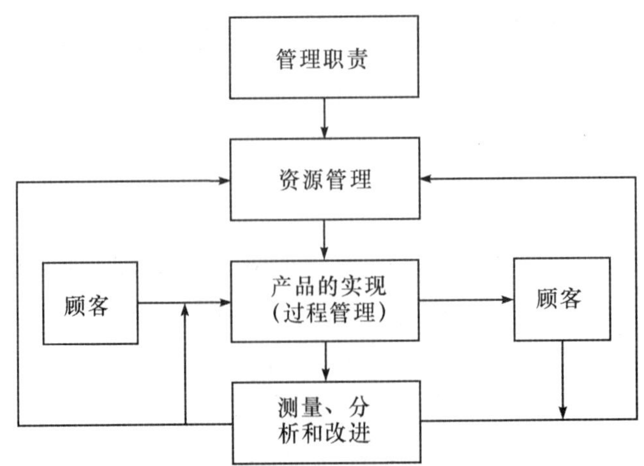

图 6-63　质量管理体系要素及相互间的关系示意图

制定质量方针，确定质量目标，并积极进行质量的策划，是管理职责的基本内容。管理职责还涉及文件和质量记录的有效控制。对质量管理体系进行评审，以确保质量管理体系的适宜性、充分性和有效性是管理职责的另一项必不可少的内容。通常，管理职责的实施和运作通过组织机构的设置和运作来实现。

组织机构的设置，应根据产品的特点、生产规模、工艺性质等方面的因素，并考虑质量职能的实施和监督两个方面。建立强有力的质量管理和质量检验部门，以负责质量活动的计划、组织、协调、指导、监督和检查，是质量管理体系组织机构中的重要方面，应予以足够的重视，并使其能独立、客观地行使职权。

职责和权限是质量管理体系结构中的重要组成部分，是以落实各级职能部门和各类人员的质量职能为中心任务。显然，组织的最高管理者要对产品质量全面负责。各职能部门和各类人员的质量责任也要落实。在落实质量责任时，首先确定组织所有与质量有关的活动，然后，通过协调把这些质量活动的责任落实到各职能部门，并明确规定领导和各职能部门的质量责任。各职能部门再通过制订岗位责任制和各项质量活动的控制程序(标准、制度、规程)，明确规定从事各项质量活动人员的责任和权限，以及各项活动之间的关系。

2. 资源管理

产品的形成过程是利用资源实施增值转换的过程。离开资源，形不成产品。资源是产品形成的必要条件。对于一个组织，资源通常指明以下一些方面的内容：

① 一定素质的人员；

② 基础设施，如制造型企业中那些具有特定能力的加工和检测设备等；

③ 工作环境；

④ 信息资源；

⑤ 一个组织长期建立起来的合作伙伴，包括供方和合作者；

⑥ 财力和其他自然资源。

资源的优劣程度以及资源管理水平的高低，对产品质量的形成有着十分密切的关系。为了实施质量方针并达到质量目标，组织的领导应保证必需的各类资源，并实施积极、高效的资源管理。资源管理是质量管理体系的主要内容。

3. 产品的实现

“产品是过程的结果”(ISO9000：2000-2.4.2)。没有过程，就没有产品。产品实现过程的任何一个阶段和环节，都对产品的质量产生着直接的和至关重要的影响，必须对直接影响产品质量的产品实现过程进行策划和控制。

过程通常用活动流程来表示，并分解为一系列子过程或活动。这些子过程或活动间的相互影响是错综和复杂的，它们形成了一个过程网络。为了确保所有的子过程或活动都为着一个共同的目标，即组织的质量目标，作为一个有效的整体运行，组织应分析各子过程的相互联系，对形成产品的这一过程网络进行策划、优化、控制和管理。

过程的基本概念包含三个要素：输入、活动和输出。这种概念对实施产品实现过程的管理提供了有效的帮助，也为实施产品实现过程的管理指明了方向。产品实现过程的管理应从确定输入、明确资源和活动并实现预期的输出出发，通过对产品实现所需过程的识别，对产品实现过程的期望输出、过程的步骤、活动、流程、控制方法、培训需求、设备、方法、信息、材料和其他资源等进行策划、运作、控制和优化改进。也就是，为实施质量的持续改进和追求卓越，应对过程识别、确认、测量和审核，并在此基础上，实施过程的分析与改进，达到过程持续改进的目的。

产品整个实现过程，从市场调研开始到售后技术服务止，整体上分为以下四大类子过程：

①与顾客或其他相关方有关的过程，如市场调查和客户的参与过程等；

②设计和/或开发；

③采购；

④生产和服务的运作，如产品的搬运、包装、贮存、防护和交付过程等。

不同类别的子过程，过程管理方法和策略也不尽相同，应针对不同的子过程、子子过程，实施有的放矢的过程管理。

4. 测量、分析和改进

质量改进是全面质量管理的精髓。为了做好质量改进工作，组织首先应对产品质量、过程能力、质量管理体系以及顾客的满意度等进行测量和评价，并依据测量结果分析产品质量、过程能力、组织的质量管理水平等的演变趋势和变化情况，同时，对演变趋势和变化的原因进行识别和确定。在分析和识别演变趋势和变化时，要用到数据分析统计技术。组织应对统计技术的应用进行监控。

寻找和发现演变趋势和变化原因不是最终目的，最终目的是优化和改进。也就是，发现问题是为了纠正问题和实施改进。为了对过程进行改进，组织应鼓励使用具有创造性的革新方法。组织也应对改进措施的实施进行策划并提供充分的资源。

测量、分析和改进不单是产品的测量、分析和改进，也包括产品实现过程的测量、分析和改进，质量管理体系业绩的测量、分析和改进，以及顾客或其他相关方满意度的测量、分析和改进。内部审核、自我评价、不合格控制、纠正和预防措施等内容都是测量、分析和改进这一大类质量管理体系要素的主要内容和方面。

质量管理体系文件是组织进行质量管理，衡量和考察组织质量保证能力的重要依据之一。质量管理体系文件是描述组织质量管理体系的文件，它使组织的各项质量活动有法可依，有章可循。

质量管理体系应具备足够的文件，以满足产品质量目标及质量管理体系有效运行的需要，其中也包括必要的分承包方（分供方）文件。质量管理体系文件是质量管理体系的软件部分，是质量管理体系的文字描述。质量管理体系的各个方面，诸如组织机构、质量责任、体系要素的控制程序、技术规程、工艺规程和检验规程等，都要形成文件，作为人们活动的依据。因此，制订体系文件就是质量立法。健全质量管理体系文件，可使组织各项质量活动有法可依、有章可循，把行之有效的质量管理手段和方法给予制度化、法规化。

企业的质量管理体系文件要能够覆盖一个企业生产各种产品所进行的大量质量活动，因此，质量管理体系文件在数量上和内容上是十分庞杂的。要对这些质量管理体系的文件进行科学、合理的组织和规划，使其能成为有机的整体。并尽可能做到把文件压缩到最低限度，避免一切不必要的重复。为了能够做到这一点，质量管理体系应对所有的质量管理体系文件的标识、分发、收集和保存做出适当的规定，并按其内容进行层次划分，以便于对其进行管理。图 6-65 是 1994 年版 ISO10013《质量手册编制指南》标准的附录中所提供的典型质量管理体系文件的层次划分，它对于 2000 年版 ISO9000 系列标准仍适用。其中层

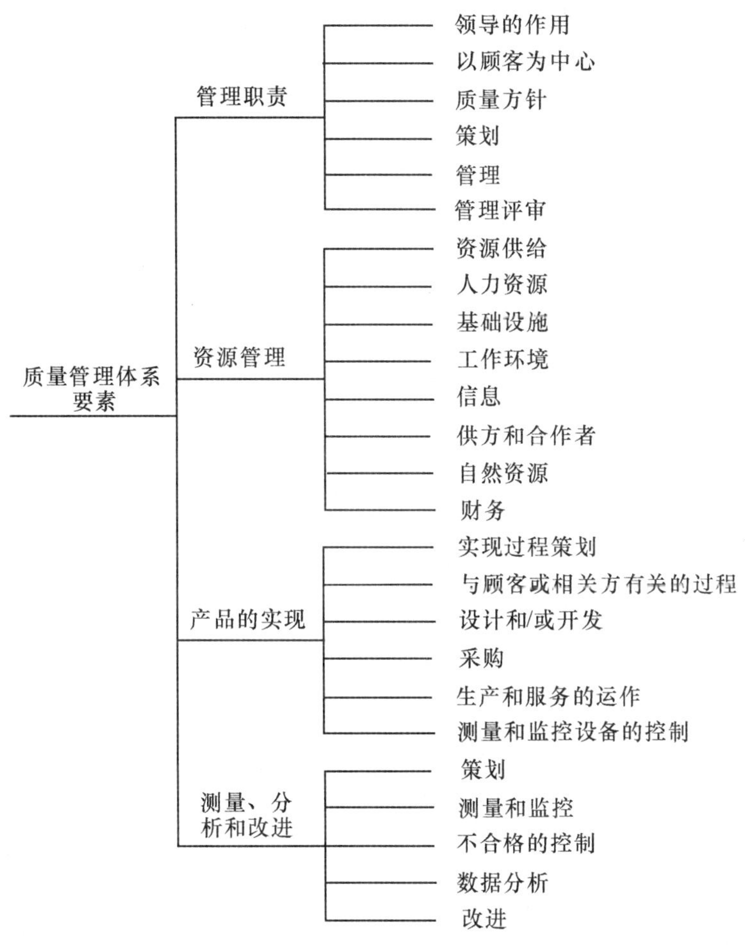

图 6-64 质量管理体系要素的分类

次 A、B 是通用文件，层次 C 是专用文件。

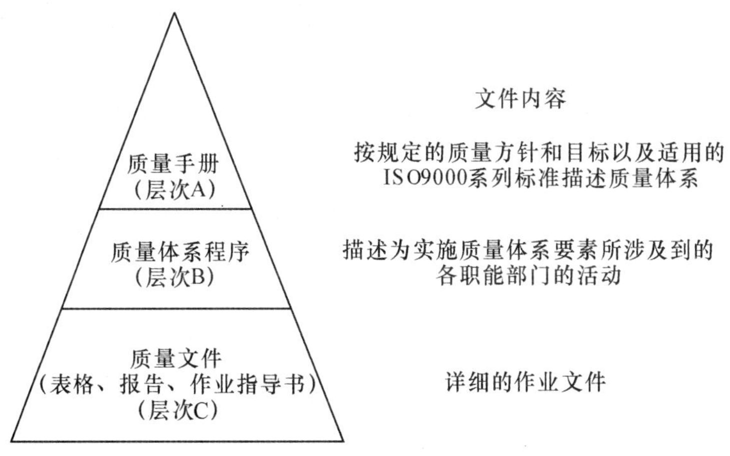

图 6-65 典型的质量管理体系文件层次

表 6-34 质量管理手册与质量保证手册的主要区别比较表

项　目	质量管理手册	质量保证手册
目　的	使质量管理体系有效运行	对外介绍并证明本组织质量管理体系符合质量保证标准要求
使用范围	内部使用	对外提供
受控方式	受控文件	非受控文件
专用信息	可能包含	不包含
必要性	必须编制	需要时编制
内容和构成	包含质量管理体系程序文件	涉及质量管理体系程序文件

表 6-35 质量手册的一般构成结构和内容

款　项	构成结构和主体内容	说　　明
封面、前言和目次等	封面	手册的名称、版本号、发布日期和单位名称。
	批准页	组织的最高领导者对手册发布的简短声明及签名。
	目次	手册所含各章节的题目及页码。
	修订页	记录对手册所做的修改，描述修改内容。
	发放控制页	说明手册的发放流程与分布状况。
	前言	对企业的概况及手册的版本标识、修订程序等信息作简要的说明。
	术语和简写	定义组织使用的有特殊含义的术语和缩略语。通用标准中已有的定义不必列出。
	质量手册的管理	明确说明质量手册的管理部门、发放对象、发放手续和日常管理原则；说明质量手册的修改、变更和换版控制程序；说明质量手册持有者的责任；说明质量手册的宣传贯彻及实施的要求等。
质量方针组织结构	质量方针和目标	用简练的语言，明确组织对质量的承诺并概述组织质量目标。
	组织机构与职责	描述组织的高层结构及职责、权限和相互之间的关系。
质量管理体系要素	一、管理职责 二、资源管理 二、产品的实现 四、测量、分析和改进	质量手册应分章节描述所有的质量管理体系要素。章节的划分应体现出质量管理体系要素的良好协调性。在描述质量管理体系要素时，应与所采用的质量保证标准中的顺序保持对应的关系。对某一具体要素的描述，要紧密结合企业的实际，按统一的格式和条款，有针对性地做出明确的规定。对各具体要素的描述要能反映出企业通过什么质量活动使该体系要素受控，使体系要素的质量职能落到实处。为此，在描述诸体系要素时，要按照体系要素实施时的工作流程逐一列出应开展的主要质量活动，并把活动的责任落实到具体的部门，明确各部门相互间的关系，提出对活动的要求。至于活动具体实施时要执行得更详细的管理性标准、制度和程序文件，可在手册中引用这些标准或制度的编号，而不展开描述。此外，因质量手册是在有关质量管理体系程序文件的基础上摘要形成的，质量手册对体系要素的描述不应与程序文件相矛盾，其详细程序也应覆盖所选定的质量保证标准中对该要素的全部要求。一般地，要素的表述应包含下面内容：(1)目的和适用范围；(2)负责部门和配合部门的质量职责；(3)应开展的主要质量活动，明确各质量活动的职责、相互间的关系等；(4)详细的实施方法(根据有关程序文件摘要缩写)和可引用的程序文件。

续表

款　项	构成结构和主体内容	说　　明
支持性文件	质量手册阅读指南	质量手册的阅读和使用指南，其目的是便于查阅质量手册。
	支持性文件附录	列入质量手册的支持性文件，如质量管理体系程序文件、作业程序、技术标准和管理标准等。

表 6-36　质量管理体系程序的内容和说明

内　　容		说　　明
分　类	款　项	
文件编号和标题	封面	通常包含下列一些信息： ·组织的标志、名称　·修改状态/版本号 ·体系程序文件的名称和编号　·受控状态/保密等级 ·制定人、审核人、批准人及日期等信息　·修改单号及修改内容简述 ·生效日期　·其他说明性文字等
	刊头	
	刊尾	
	修订控制	
适用范围和目的	目的	说明体系程序所控制的活动及控制目的，即为什么要开展该项活动。
	适用范围	说明所涉及的有关部门和活动以及所涉及的相关人员和产品。
相关文件和术语定义	引用文件	说明涉及的相关的程序文件； 说明引用的作业指导书、操作规程以及其他技术和管理性文件。
	术语定义	开展此项活动需使用的术语和缩写。
职　责		明确由哪些人实施此项程序以及他们的责权和相互关系。
实施程序		按活动的工作流程，列出开展此项活动的各个细节。具体包括： ·规定应做的事情； ·规定具体的实施办法； ·说明如何进行控制； ·明确活动的实施者应具备的条件； ·明确所采用的材料、设备、信息和环境等； ·应保留的记录、相应的各种手续； ·例外特殊情况的处理方式等。
记　录		说明该程序所使用的记录表格和报告格式。

(二)质量管理体系的审核与认证

1. 质量审核

审核(audit)是“为了确保主题事项的适宜性、充分性、有效性和效率，以达到规定的目标所进行的活动”(ISO9000：2000-2.9.1)。质量审核是确定质量活动和有关结果是否符合计划的安排，以及这些安排是否有效地实施并适合于达到预定目标的、有系统的、独立的检查。

对质量审核的定义说明如下：

(1)质量审核一般用于(但不限于)对质量管理体系或其要素、过程、产品或服务的审核。当用于对上述这些对象的审核时，常称之为“质量管理体系审核”、“过程质量审核”、“产品质量审核”和“服务质量审核”。

(2)质量审核是有系统的审查活动。“有系统的”是指审核不仅包括事先要制订详细的审核计划、有明确的审核大纲，而且包括审核计划和大纲是否得到了有效贯彻并达到了规定的目标。

(3)质量审核是独立的审查活动。审核工作应由与被审范围无直接责任的人员进行，它们只对其委托机构负责，不受其他方面的干扰，独立地开展质量审核工作。但为了审核工作的顺利进行，最好能得到有关人员的配合。

(4)质量审核的一个目的是评价是否需要采取改进或纠正措施。质量审核不能和旨在解决过程控制或产品验收的“质量监督”或“检验”相混淆。质量监督是为确保满足特定的质量要求，对程序、方法、条件、过程、产品、服务或有关记录与分析所进行的连续的监视和核实。其目的只是为了生产过程控制或接收产品。

(5)质量审核可以是为内部或外部的目的而进行。

2. 质量管理体系审核的基本概念

质量管理体系审核是质量审核的一种形式，是由具备一定资格且与被审核部门的工作无直接责任的人员，为确认质量管理体系各要素的实施效果，是否达到了规定的质量目标所做的系统而独立的检查和评定。质量管理体系审核的目的是向企业的领导者提供各体系要素是否有效实施的证据，以便根据审核结果找出存在的问题，采取纠正措施，进一步完善质量管理体系。它也是促进各职能部门更有效地开展质量工作的重要手段。

当审核质量管理体系时，应对每一个被审核的过程，提出以下四个基本问题：

过程是否予以识别和适当表述？

职责是否予以分配？

程序是否被实施和保持？

在提供所要求的结果方面，过程是否有效？

为搞好质量管理体系的审核工作，应制定严格的审核大纲并贯彻实施；应明确审核范围确定重点审核范围和区域；应制定审核计划并按计划实施审核。审核完成后，还应按规定的格式撰写审核报告并跟踪受审方的纠正和预防措施。

(1) 审核大纲

审核大纲是对审核活动的总体规划，是明确审核活动如何开展和如何进行有效控制的文件。在编制审核大纲时，要根据每一项质量活动的实际情况及重要性，对审核内容、顺序、时间、进度和频次等作出合理的统筹安排，对薄弱环节重点审核。审核大纲应规定：

①具体受审核活动和范围的策划和进度安排；

②指定具有适当资格的人员实施审核，以确保审核的工作质量；

③实施审核时应执行书面程序，包括应作的记录和报告审核结果，以及对审核中发现的不合格或缺陷采取及时的纠正措施的有关规定。

(2)审核范围

质量管理体系的审核范围覆盖质量管理体系的全部要素。通常，体系的某些要素会比另一些要素更经常地受到审核。例如，下面的一些具体的范围和区域在审核中常得到更多的重视：

①组织机构；

②管理、运作和质量管理体系程序；

③人员素质、设备和材料资源；

④工作区域、作业和过程；

⑤在制品和成品（确定其符合标准和规范的程度）；

⑥文件、报告和记录。

(3)审核计划

审核计划是指导审核工作有效进行的关键文件，一切审核活动均应按事先安排好的计划进行。审核计划应对审核的目的和范围、依据、审核组成员、适用文件、计划安排、审核程序等作出详细说明。

(4)审核报告

审核报告是将审核结果正式通知受审方和委托方的文件。审核报告应如实反映审核内容和实际情况。在编制审核报告时，应注意审核报告的准确性和完整性。

(5)跟踪措施

针对审核报告中提出的不合格或缺陷项，受审方应及时提出纠正和预防措施。质量管理体系审核的跟踪措施是指对受审方的纠正和预防措施进行评审、验证和判断，并对验证情况进行记录的有关规定。通过跟踪可促使受审方针对实际或潜在的不合格或缺陷采取有效的纠正和预防措施。同时，通过对受审方的纠正和预防措施的评审，可验证纠正和预防措施的有效性，使受审方建立起防止不合格再发生的有效机制。

(6)纠正措施

任何企业所生产的任何产品，在质量形成过程中，难免会出现不合格问题，这是正常的。一个比较健全的质量管理体系应能从审核过程不合格报告、管理评审、市场反馈和顾客投诉中发现质量问题，找出原因，采取纠正措施。纠正措施始于质量问题的识别，并包括为了排除问题再发生的可能性，或把问题再发生的可能性减少到最低限度，消除产生不合格的原因而采取的措施。

3. 质量管理体系认证

质量管理体系认证，亦称质量管理体系注册，是指由公正的第三方体系认证机构，依据正式发布的质量管理体系标准，对企业的质量管理体系实施评定，并颁发体系认证证书和发布注册名录，向公众证明企业的质量管理体系符合某一质量管理体系标准，有能力按规定的质量要求提供产品，可以相信企业在产品质量方面能够说到做到。

质量管理体系认证的目的是要让公众（消费者、用户、政府管理部门等）相信企业具有一定的质量保证能力，其表现形式是由体系认证机构出具体系认证证书的注册名录，依据的条件是正式发布的质量管理体系标准，取信的关键是体系认证机构本身具有的权威性和信誉。

体系认证中使用的基本标准不是产品技术标准，因为体系认证中并不对认证企业的产品实物进行检测，颁发的证书也不证明产品实物符合某一特定产品标准，而仅是证明企业有能力按政府法规、用户合同、企业内部规定等技术要求生产和提供产品。

企业的组织管理结构、人员和技术能力、各项规章制度和技术文件、内部监督机制等是体现其质量保证能力的内容，它们既是体系认证机构要评定的内容，也是质量管理体系标准规定的内容。目前，世界上体系认证已有通用的质量管理体系标准，即 ISO9000 系列国际标准。

当然，各国在采用 ISO9000 系列标准时都需要翻译为本国文字，并作为本国标准发布实施。目前，包括全部工业发达国家在内，已有近 70 个国家的国家标准化机构，按 ISO 指南47的规定，将ISO9000系列国际标准等同转化为本国国家标准。我国等同ISO9000系列的国家标准是GB/T19000-ISO9000系列标准，是ISO承认的ISO9000系列的中文标准，列入ISO发布的名录。

体系认证过程总体上可分为四个阶段：认证申请、体系审核、审批与注册发证、监督。

(1)认证申请

企业向其自愿选择的某个体系认证机构提出申请，按机构要求提交申请文件，包括企业质量手册等。体系认证机构根据企业提交的申请文件，决定是否受理申请，并通知企业。按惯例，体系认证机构不能无故拒绝企业的申请。

(2)体系审核

体系认证机构指派数名国家注册审核人员实施审核工作，包括审查企业的质量手册，到企业现场查证实际执行情况，提交审核报告。

(3)审批与注册发证

体系认证机构根据审核报告，经审查决定是否批准认证。对批准认证的企业颁发体系认证证书，并将企业的有关情况注册公布，准予企业以一定方式使用体系认证标志。证书有效期通常为三年。

(4)监督

在证书有效期内，体系认证机构每年对企业至少进行一次监督检查，查证企业有关质量管理体系的保持情况，一旦发现企业有违反有关规定的事实证据，即对相应企业采取措施，暂停或撤销企业的体系认证。

质量管理体系认证之所以在全世界各国能得到广泛的推行，是因为：从用户和消费者角度看，能帮助用户和消费者鉴别企业的质量保证能力，确保购买到优质满意的产品；从企业角度看，能帮助企业提高市场的质量竞争能力，加强内部质量管理，提高产品质量保证能力，避免外部对企业的重复检查与评定；从政府角度看，能促进市场的质量竞争，引导企业加强内部质量管理，稳定和提高产品质量，帮助企业提高质量竞争能力，维护用户和消费者的权益，避免因重复检查与评定而给社会造成浪费。组织应依照国际标准建立质量管理体系，将其形成文件并予以实施、保持和持续改进。

为了实施质量管理体系，组织应：标识质量管理体系所需的过程；确定这些过程的顺序和它们之间的相互作用；确定所需的准则和方法，以确保这些过程有效运作和控制；确保可获得必需的信息以支持这些过程的运作和监控；测量、监控和分析这些过程并采取必要的措施以达到预期的结果和持续的改进。组织应按本国标准要求管理这些过程。

四、抽样检验

(一)抽样

1. 样本：从总体中抽取的，用以测试、判断总体质量的一部分基本单位。

2. 抽样：从总体取出一部分个体的过程称为抽样。

3. 批量：一批产品包含的基本单位数量称批量，以N表示。

4. 样本大小：样本中包含的基本单位数量称为样本大小，以n表示。

5. 抽样计划：一个抽样计划是指每一批中所需检验的产品单位数(样本大小或一连串的样本大小)，以及决定该批允收率的准则(允收数及拒收数)。

6. 抽样时机：样本可在批内所有各单位全部组装完成后抽取，或在批组装时抽取。在这种情况下，批的大小须在任何样本单位抽取前决定。如果样本单位是在批组装时抽取，在该批完成前即已达到拒收数，则已完成的此部分产品应予拒收，不良产品的原因须先查明，并采取矫正措施，在此之后才可开始新的抽取。

当使用双次或多次抽样时，每一样本应从整个批中抽取。

（二）怎样使用抽样计划

1. 单次抽样计划：检验的样本单位数，应等于抽样计划中所定的样本大小，如样本中发现的不良品个数小于或等于允收数时，则认为可以允收该批。如不良品的个数大丁或等于拒收数时，则拒收该批。

2. 双次抽样计划：检验的样本单位数，应等于抽样计划中所确定的第一次样本大小。如第一次样本中发现的不良品个数小于或等于第一次的允收数时，则认为可以允收该批，如第一次样本中发现的不良品个数大于或等于第一次的拒收数时，则拒收该批。如第一次样本中发现的不良品个数是介于第一次允收数与拒收数之间，则应检验同样大小的第二次样本。第一次及第二次样本中发现的不良品个数，应加以累计。如累计的不良品个数等于或小于第二次允收数时，则认为可以允收该批。如累计的不良品个数等于或大于第二次允收数时，则应拒收该批。

3. 多次抽样计划：多次抽样计划的程序与双次抽样计划所规定的相类似，最多可以七次抽样。

（三）抽样检验与全数检验区别

表 6-37　抽样检验与全数检验区别

全数检验	抽样检验
(1)对全部产品逐件进行检验，实际上是判定单位产品是否合格	(1)随机抽取部分产品进行检验，由样本推断产品批是否合格
(2)检验工作量大，费时、费力，费用高，经济性差	(2)检验工作量小，可能节省大量人力、物力和时间，有利于降低检验成本
(3)当检验本身不出错时，合格批中只有合格品	(3)合格批中可能含有不合格品，不合格批中也可能含有合格品
(4)检验工处于长期紧张的工作状态中，易于疲劳，造成检验的无意差错，有可能使不合格品混入合格产品中	(4)检验时间比较宽裕，有利于减少或避免检验差错，弥补抽样检验固有的缺陷
(5)有可能把不合格品判为合格品，或把合格品判为不合格品，错判的是单位产品	(5)有可能把不合格批判定为合格批，或把合格批判定为不合格批，错判的是整批产品。
(6)当产品不合格时，拒收的仅是单位产品，生产方损失不大	(6)当批不合格时，拒收的是整个产品批，生产方损失严重，迫使生产方不得不重视提高产品质量，强化质量管理
(7)检验工无须抽样技术的特别专门训练	(7)检验工需要合理的抽样方案和采样技术，掌握数理统计推断知识和方法
(8)适用于费用低，易于判定合格与否的产品检验。对于需要保证每件产品的质量，不允许有不合格品的产品以及涉及人身安全和社会环境安全的产品必须采用全数检验	(8)适用于大批量生产的产品及广大面积(如资源及社会调查)调查。对于破坏性检验只能采取抽样检验

(四)计量值与计数值

1. 计量值:在数轴上连续分布的数值体系,由数轴上有限或无限范围内的所有点构成(如长度公差10mm±0.1)。

2. 计数值:由数轴上有限个点可指明的无限个点组成的数值体系,在数轴上呈离散分布,是不连续的数值。计数值可分为:计件值(如不合格品数)和计点值(如疵点、污点、气泡等)。

计量值在一定的情况下可转为计数值,计数值导出的质量指标仍属计数值。

(五)抽样检验分类

1. 按选定的质量指标属性分类

计数抽样检验:用计数值作为批的判定标准,适用于不合格品数或缺陷数,表示单位产品质量的检验。

计量抽样检验:用计量值作为批的判断标准,适用于检验单位产品质量特性呈正态分布的情况。

计数抽样检验与计量抽样检验的比较见下表6-38:

表6-38 计数抽样检验与计量抽样检验的比较

	计数抽样检验		计量抽样检验
	计件值	计点值	
质量表示方法	合格品、不合格品	缺点数	
检验	不需要熟练工进行检验 检验设备简单 计算简单 对多个检验项目可以进行综合判定		需要熟练工进行检验 检验设备复杂 计算复杂 需要对各个检验项目分别判定 检验项目多时,批的综合不合格品率不能保证检验所需时间长 检验记录复杂
	检验所需时间少 检验记录简单	检验所需时间较少 检验记录较简单	
应用时在理论上的限制	除随机抽样外,对进行式无限制		除随机抽样外,限于使用于特性值呈正态分布的情况
优质批和劣质批的判别力和检验个数	要得到相同的判别力,样本容量要大。若检验个数相同,则判断力下降		欲获得相同的判别力,样本容量较小。检验个数相同时,判别力提高
检验记录的应用	检验记录用于其他目的的程度		检验记录在其他方面的应用程度高
	低	较低	
适用场合	检验费用比产品价格低时,检验时不太花时间,设备和人力检验项目多,欲对批质量综合保证		检验费用比产品价格高时,检验时花费较多时间。
	不合格品全部替换成合格品	缺陷修理或修补不合格品	

2. 按抽取样本的次数分类

一次抽样检验:只根据抽取一次样本的检验结果判定合格与否。

二次抽样检验:根据第一次抽样检验结果可作出接收、拒收或再一次抽样检验判断。

多次抽样检验:可能超过二次抽样的检验。

序列抽样检验:事先不规定样本抽样次数,每检一个或一组产品,将累积结果与依此判定基准比较,作出接收、拒收或继续检验的判断,直到作出最终判断。

不同次数的抽样方案对比,见表 6-39。

表 6-39　不同次数的抽样方案对比

项　目	一次抽样方案	二次抽样方案	多次抽样方案	序列抽样方案
检验费用	大	中	小	小
检验量的变化	无	稍有	有	有
操作繁简的程度	简单	中等	复杂	复杂
心理效果	差	中	良	良
平均抽验件数	大	中	小	最小
适用场合	单位产品检验费用低的场合	单位产品检验费用稍高,力图减少抽验件数的场合	单位产品检验费用高,抽样方便,检验简单,强烈要求减少检验件数的场合	单位产品检验费用高,抽样方便,检验简单,及迫切要求减少检验件数的场合

(六)计数抽样方案的确定

1. 抽样方案

实施抽样检验时,规定从一批产品中抽取样本的次数、样本大小、产品批接收或拒收的判定规则,以及抽样检验程序的技术规范称抽样方案。

2. 计数抽样方案的参数

某一批交验产品批量为 N;

随机抽取 N 件产品构成样本;

接收批量最大允许不合格品数 Ac(Acceptance);

拒收批量最小允许不合格品数 Re(Rejection)。

3. 计数抽样方案的判定

当样本中不合格品数 d≤Ac,判交验批合格;

当 Ac<c<Rc,判不定,继续抽检;

当 d≥Re,判交验批不合格。

4. 计数抽样的表示

用 N、n、Ac、Re 表示一个抽样方案记作(N、n、Ac、Re);

当批量比样本足够大(N≥10n)时,记作(n、Ac、Re);

对一次抽样 Re=Ac+1,在厂中最为常用;

对多次抽样,每次 N、AC、RE 在方案中都已明确规定。

(七)AQL(合格质量水平)

1. 合格质量水平

抽样检验中认为可以接收的连续提交检查批的过程平均上限值,称为合格质量水平,也可称可接收质量水平(AQL)。AQL 一般用每百单位产品不合格品数或不合格品率表示。

2. 合格质量水平的确定方法

根据过程平均确定;由供需双方协商确定;根据用户要求确定;根据损益平衡点确定;根据消费者长期希望得到的平均质量确定。

3. AQL 确定的参考数据(见下表 6-40)

表 6-40　选定 AQL 的参考数据

<table>
<tr><th colspan="3">分　类</th><th colspan="4">AQL(%)</th></tr>
<tr><td rowspan="4" colspan="2">按产品最终使用要求</td><td>很高</td><td colspan="4">≤0.1</td></tr>
<tr><td>高</td><td colspan="4">≤0.65</td></tr>
<tr><td>一般</td><td colspan="4">≤2.5</td></tr>
<tr><td>低</td><td colspan="4">≥4.0</td></tr>
<tr><td rowspan="4">按不合格品类别</td><td rowspan="2">进厂验收</td><td>重不合格品</td><td colspan="4">0.65　1.5　2.5</td></tr>
<tr><td>轻不合格品</td><td colspan="4">4.0　6.5</td></tr>
<tr><td rowspan="2">出厂验收</td><td>重不合格品</td><td colspan="4">1.5　2.5</td></tr>
<tr><td>轻不合格品</td><td colspan="4">4.0　6.5</td></tr>
<tr><td rowspan="3">按缺陷类别</td><td rowspan="3">进厂验收</td><td>致命缺陷</td><td colspan="4">0.25</td></tr>
<tr><td>重缺陷</td><td colspan="4">1.0</td></tr>
<tr><td>轻缺陷</td><td colspan="4">2.5</td></tr>
<tr><td rowspan="3" colspan="2">按产品质量性能</td><td>电器性能</td><td colspan="4">0.4～0.65</td></tr>
<tr><td>机械性能</td><td colspan="4">1.0～1.5</td></tr>
<tr><td>外观</td><td colspan="4">2.5～4.0</td></tr>
<tr><td rowspan="9" colspan="3">按产品检验项目数</td><td colspan="2">重不合格数</td><td colspan="2">轻不合格数</td></tr>
<tr><td>项目数</td><td>AQL(%)</td><td>项目数</td><td>AQL(%)</td></tr>
<tr><td>1～2</td><td>0.25</td><td>1</td><td>0.65</td></tr>
<tr><td>3～4</td><td>0.40</td><td>2</td><td>1.0</td></tr>
<tr><td>5～7</td><td>0.65</td><td>3～4</td><td>1.5</td></tr>
<tr><td>8～11</td><td>1.0</td><td>5～7</td><td>2.5</td></tr>
<tr><td>12～19</td><td>1.5</td><td>8～18</td><td>4.0</td></tr>
<tr><td>20～48</td><td>2.5</td><td>> 18</td><td>6.5</td></tr>
<tr><td>> 48</td><td>4.0</td><td></td><td></td></tr>
</table>

4. 抽检步骤(见图 6-67)

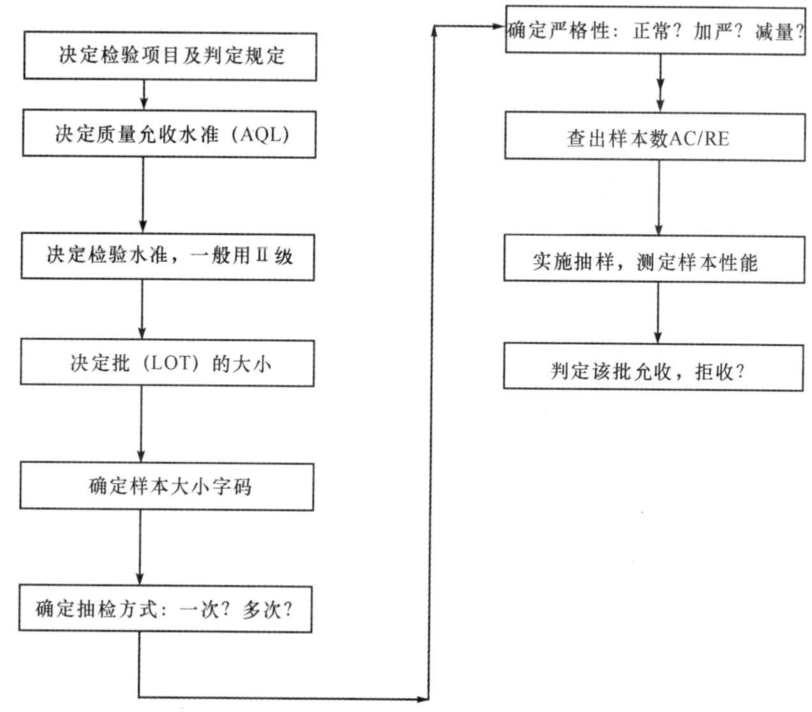

图 6-67　抽检步骤

5. 样本大小字码

调整型抽样检验中用以代表一定检查水平和批量范围内样本大小的字母；

批量越小，样本字码越大，样本也越大；

检查水平超高时，样本字码越大，样本也越大；

批量太小时，不同检查水平用相同的样本字码。

(八)样本大小字码

表 6-41　样本大小字码

批量范围	特殊检查水平				一般检查水平		
	S－1	S－2	S－3	S－4	Ⅰ	Ⅱ	Ⅲ
1～8	A	A	A	A	A	A	B
9～15	A	A	A	A	A	A	C
16～25	A	A	V	B	B	C	C
26～50	A	B	V	C	C	D	E
51～90	B	B	C	C	C	E	F
91～150	B	B	C	D	D	F	G
151～280	B	C	D	E	E	G	H

续表

批量范围	特殊检查水平				一般检查水平		
	S—1	S—2	S—3	S—4	Ⅰ	Ⅱ	Ⅲ
281～500	B	C	D	E	F	H	J
501～1200	C	C	E	F	G	J	K
1201～3200	C	D	E	G	H	K	
3201～10000	C	D	F	G	J	L	M
10001～35000	C	D	F	H	K	M	N
35001～150000	D	E	G	J	L	N	P
150001～500000	D	E	G	J	M	P	Q
≥500001	D	E	H	K	N	Q	R

(九)工厂常用的抽样标准 MIL—STD—105E 如何使用

1. 决定品质水准

定下良品、不良品的判定基准,对于无法用文字表述的部分,必须设定实物样品。

2. 设定 AQL

不良率从 0.01 到 10,共有 16 级,每 100 单位内缺点数从 0.01 到 1000,共有 26 级,选定其中合适的一级。具体级别为:0.010,0.015,0.025,0.040,0.065,0.10,0.15,0.25,0.40,0.65,1.0,1.5,2.5,4.0,6.5,10,15,25,40,65,100,150,250,400,650,1000。

3. 设定检查水准

从检查水准Ⅰ、Ⅱ、Ⅲ中选定一种。如果没有特别指定时,采用水准Ⅱ。一些简单的物品,即使批次误判的比率大于Ⅱ,也不会有太大影响时,为了缩小采样数量,可用水准Ⅰ。

对一些重要的物品,为了减少误判的比率,可以用水准Ⅲ。特别水准为 S—1、S—2、S—3、S—4 四级,像一些破坏性检查,由于费用高昂,为了通过又少又准的采样来判定批次时,可以用特别水准来判定。

4. 设定抽检方式

确定采用一次采样、多次采样等其中的一种。

5. 确定检查的松紧度

确定采用正常检查、严加检查、放宽检查等其中的一种,最初一般都是从正常检查开始的,取得实绩之后,再调整松紧度。

五、质量控制方法

有三位学生参加三次考试,历史资料表明:学生甲的成绩为 90 分、95 分、93 分;学生乙的成绩为 95 分、100 分、58 分;学生丙的成绩为 59 分、61 分、57 分。那么,如果有下一次考试,我们会预计谁能拿高分呢?

毫无悬念,我们会倾向于认为学生甲会拿下一次考试的高分。理由是我们都从学生成绩的稳定性与其能否拿高分的能力两个方面去预计的:学生甲既有能力,又是稳定的;学生乙虽有能力,但缺乏稳定性;学生丙虽是稳定的,但缺乏能力。总之,能力与稳定都不缺的时候，我们才作出高分判断。

同样，我们对质量的控制也可以从能力性与稳定性两个方面去着手。

(一)工序能力测评

1. 工序能力指数公式

工序能力指数是衡量工序能力对产品质量指标满足程度的数量值。质量标准是指工序加工产品必须达到的质量要求，通常指用标准、公差(容差)、允许范围等来衡量，一般用符号 T 表示。质量标准(T)与工序能力(B)的比值称为工序能力指数，记为 Cp。

$$Cp-\frac{T}{B}-\frac{T}{6s}$$

其中，T＝规格上限 Tu－规格下限 Tl，s 标准方差

2. 工序能力指数的计算

(1)计算双侧工公差，而且数据分布中心(u)和标准中心(M)重合。

$$Cp=\frac{T}{B}=\frac{T}{6s}=\frac{1}{6s}(Tu-Tl)$$

(2)分布中心(u)和标准中心(M)不重合的情况，工序能力指数常用 Cpk 表示。

偏心度 $\varepsilon=|M-u|$，$Cpk=\frac{1}{6s}(T-2\varepsilon)=Cp(1-K)$，其中，相对偏移量 $K=\frac{2}{T}\varepsilon$

表 6-42　工序能力指数的判定标准与对应措施

Cp 值或 Cpk 值范围	对工序能力的判定	措施
Cp 或 Cpk≥1.67	工序能力过高，说明加工精度高，但对设备和操作人员的要求也高，加工成本较大，应视具体情况进行判定。	1. 合理降低工序能力 2. 放宽检验或管理 3. 在保证产品质量和提高经济效益的前提下更改设计 4. 合并或减少工序
1.33 ≤ Cp 或 Cpk <1.67	对精度加工而言，工序能力适宜；对一般加工来说，工序能力仍比较充裕，有一定贮备。	1. 允许小的外来波动 2. 非关键工序可放宽检验 3. 工序抽样的间隔可适当放宽
1.00 ≤ Cp 或 Cpk <1.33	对一般加工而言，工序能力适宜，但接近 1.00 时应注意。	1. 对工序进行严格控制，使生产过程处于稳定、正常状态，保证不降低工序的质量水平 2. 一旦发现工序有异常状态出现，应立即采取相应措施调整工艺过程 3. 检查不能放宽
0.67 ≤ Cp 或 Cpk <1.00	工序能力不足，不合格品率较高，需要采取措施。	1. 通过提高设备精度、改进工艺方法、提高操作技术水平、改善原材料质量等措施提高工序能力 2. 加强检验，必要时实施全检
Cp 或 Cpk<0.67	工序能力严重不足，产品质量水平很低，不合格率高。	1. 立即分析原因，采取措施提高工序能力 2. 为了保证产品出厂质量，产品应通过全数检查 3. 从经济性方面考虑，若合理，可更改设计

(二)控制图

1. 控制图法的基本模式

控制图又称管理图,是在直角坐标内画有控制界限,描述生产过程中质量波动状态的一种图形。控制图法可以利用控制图区分质量波动原因,判别生产过程是否处于稳定状态。

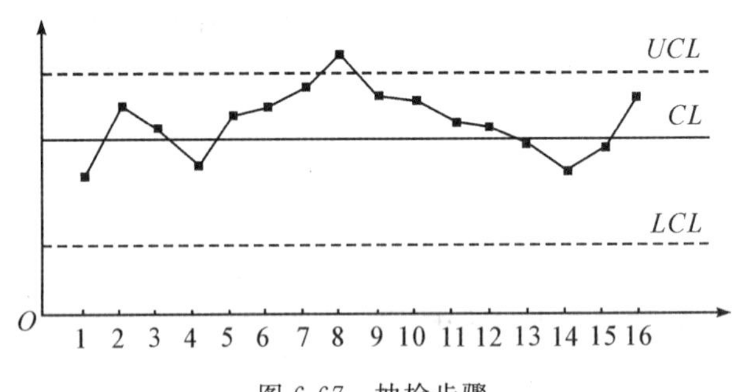

图 6-67 抽检步骤

2. 控制图法绘制步骤

(1)选定质量特性。选定影响产品质量的关键特性;这些特性要能够计量或计数,并在计数上可以控制。

(2)搜集近期数据。在工序充足的条件下,连续采集供给和需求的近期数据;数据按时间顺序分组,且每组样本容量相同,数据不少于 100 条。

(3)确定控制界限。计算每组样本质量特性值,并统计量的观测值;计算所有样本观测值的平均数,确定控制中心线、上限和下限。

(4)绘制控制图。绘制控制图,按一定时间间隔进行整群随机抽样;测定子样的质量特性值,然后将数据逐个描绘在图中。

(5)修正控制界限。把所得各样本统计量观测值标在控制图上,找出异常点,分析原因;剔除因系统原因而造成的异常数据,对剩下的样本进行统计。

3. 控制图法的判断准则

(1)判稳准则。判稳准则用来判断生产过程是否处于稳定状态。

判稳准则 1:连续 25 个点子都在控制界限内。

判稳准则 2:连续 35 个点子至多 1 个点子落在控制界限外。

判稳准则 3:连续 100 个点子至多 2 个点子落在控制界限外。

(2)判异准则。判异准则用来判断质量活动过程是否存在异常因素。

判异准则 1:有点子超出控制线或在控制线上,视为不异常。

判异准则 2:连续 7 点向上或向下,视为异常。

判异准则 3:正常情况下,大约有 2/3 的点位于上下控制线之间的中央 1/3 区域内,若不符合则视为异常。

判异准则 4:连续 7 点在 CL 以上或以下,视为异常。

例:利用 6SQ 统计实现能力与稳定性测评

步骤一、6SQ 统计插件的安装

在 6SQ 统计插件包中点击打开 6SQStatAddin1. 3. msi 文件,进入安装向导。

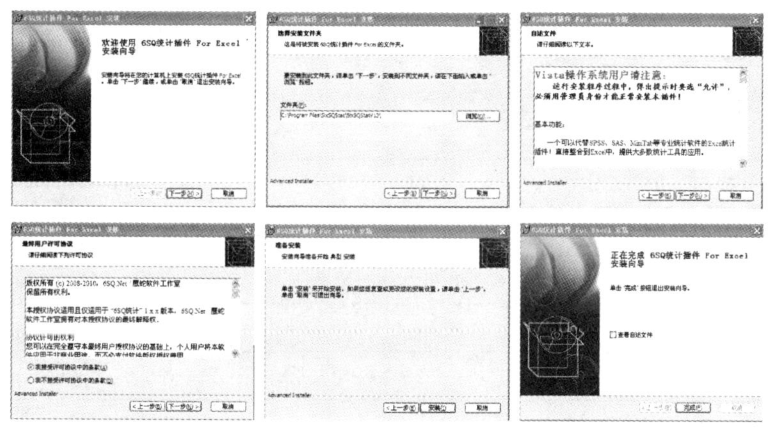

图 6-68　抽检步骤

步骤二、安装完成后，打开 Excel 表格，将会在工具栏上看到一项“6SQ 统计”。下拉框中的(SPC——均值和极差图)可以用来进行能力与稳定性测评。

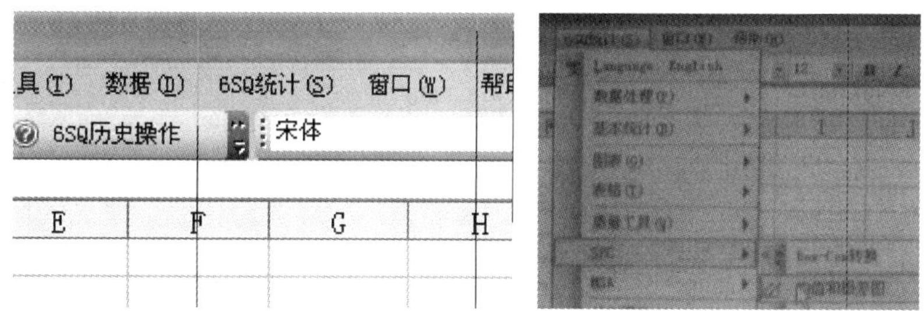

图 6-69　抽检步骤

步骤三、利用 6SQ 实现能力与稳定性测评

将收集到的数据分组输入 Excel 表格中，选中所有数据，并从 6SQ 统计下拉框中选择“SPC——均值和极差图”，出现下列对话框：

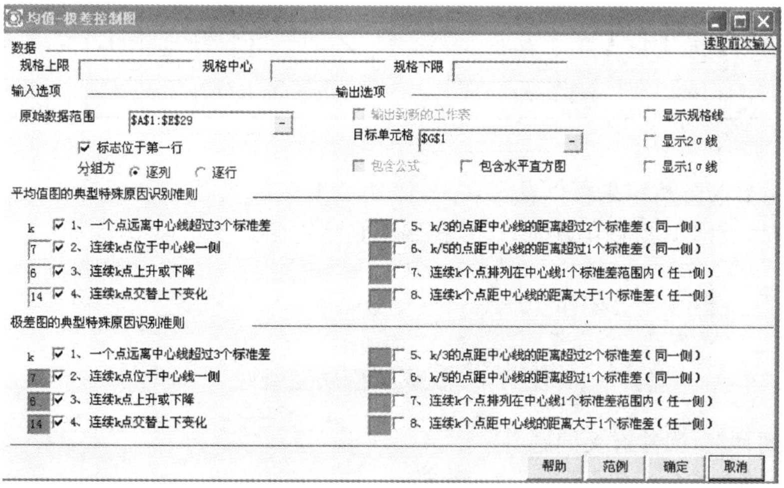

均值-极差控制图
数据　读取前次输入
规格上限　规格中心　规格下限
输入选项　输出选项
原始数据范围 $A$1:$E$29　输出到新的工作表　显示规格线
标志位于第一行　目标单元格 $G$1　显示2σ线
分组方 逐列 逐行　包含公式　包含水平直方图　显示1σ线
平均值图的典型特殊原因识别准则
k　1、一个点远离中心线超过3个标准差　5、k/3的点距中心线的距离超过2个标准差(同一侧)
7　2、连续k点位于中心线一侧　6、k/5的点距中心线的距离超过1个标准差(同一侧)
6　3、连续k点上升或下降　7、连续k个点排列在中心线1个标准差范围内(任一侧)
14　4、连续k点交替上下变化　8、连续k个点距中心线的距离大于1个标准差(任一侧)
极差图的典型特殊原因识别准则
k　1、一个点远离中心线超过3个标准差　5、k/3的点距中心线的距离超过2个标准差(同一侧)
7　2、连续k点位于中心线一侧　6、k/5的点距中心线的距离超过1个标准差(同一侧)
6　3、连续k点上升或下降　7、连续k个点排列在中心线1个标准差范围内(任一侧)
14　4、连续k点交替上下变化　8、连续k个点距中心线的距离大于1个标准差(任一侧)
帮助　范例　确定　取消

图 6-70　抽检步骤

步骤四、输入规格(公差)上限、规格中心、规格下限,点击确定,等待数秒,运算与分析的结果就可以出现。

平均值图		
控制下限(LCL)	3.718867857	3.718867857
中心线(CL)	4.998571429	4.998571429
控制上限(UCL)	6.278275	6.278275
极差图		
控制下限(LCL)	0	0
中心线(CL)	2.217857143	2.217857143
控制上限(UCL)	4.68855	4.68855
Cp	1.048760064	
CPU	1.049259474	
CPL	1.048260655	
Cpk	1.048260655	

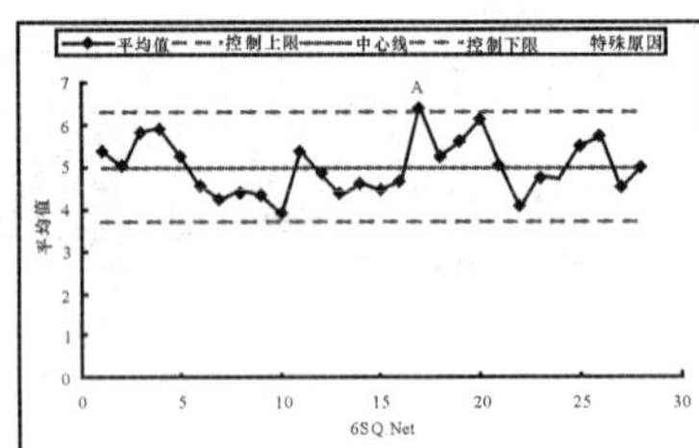

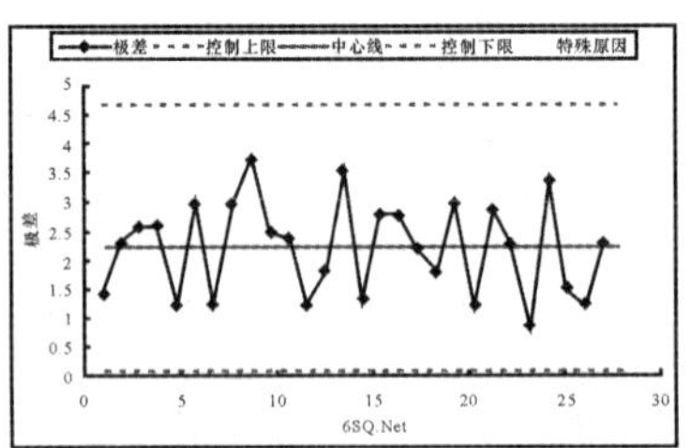

平均值图准则	A	B	C	D	E	F	G	H	极差图准则	A	B	C	D	E	F	G	H
已选择	√	√	√	√	×	×	×	×	已选择	√	√	√	√	×	×	×	×
k		7	6	14	2	4	15	8	k		7	6	14	2	4	15	8
异常数	1	0	0	0					异常数	0	0	0	0				

图 6-71

由上述运算与分析结果可以发现,Cpk 值处是 1.048;均值控制图第 17 点子越出控制界限,违反判稳准则 1,所以不稳定;极差控制图是稳定的。

工作任务

任务 1 认识全面质量管理

阅读下列材料,回答有关问题:

任务 1a 海光船厂:全面贯彻质量观念

为了迎接持续改善质量的挑战,海光船厂推行了一项名为 P.A.C.E 计划。所谓 P.A.

C. E 就是人人达成消费者的期望(People Achieving Customer Expectation)。

就实际意义而言,质量是一个封闭的回路,开始与结束的点都是消费者。提升质量的程序,是从了解如何满足顾客的需求开始。

改善质量的整个程序是这样的:先确定能够满足顾客需求的特点,并把这些特点加以实际应用,使所生产出来的产品都能满足这些特点。之后,我们必须再加到消费者身上,从他们身上得到反馈,以了解"我们做得如何? 是否满足您的需求? 我们要如何才能提供您更优质的产品? 您希望了解我们在哪些方面有所改进或创新?"

所以,对于实施 PACE 制度的公司而言,质量绝对不只是产品本身的特性,而更是一种"以客为尊"的态度与信念,这种观念在整个公司深入人心,引导每一个决策者与所有员工努力的方向。当质量改善的观念成为公司的文化之后,瑕疵与错误的几率急剧下降,生产力与消费者的满意程度也会大增。

PACE 计划的终极目标,是要持续加强公司的产品质量,及增进公司满足消费者需求的能力。

▲质量的成本

质量的成本(cost of quality ,COQ)常被描述为不能替产品或服务增加价值的活动,是营业收入的减项。质量的成本可以广泛地定义为,做错事或做过头的所有成本。这些成本都是实际的花费。在质量改善行动中,质量的成本是一项非常重要的衡量指标,它非常实际,同时也具有不抗辩性,因为质量的成本是每个人的责任,没有任何特定的团体或个人必须加以辩解。每个人都可以在不成为箭靶的情形下,自由讨论如何增进营运的效率。利用质量成本的概念,我们可以算出事情做过头的花费成本,并且这么做时不会有"替罪羊"的问题。

对现代企业而言,忽略质量的成本将会付出极高的代价。你可以想象管理人员在检讨刚完成的计划时,报告其中的监控,测试与修理费用就占了收入 20%吗? 但这正是现代许多企业典型的成本写照!

▲降低"质量的成本"

当你把重心放在取悦客户时,你必须同时考虑那些无法为客户增加价值的所有程序与活动。无须抱怨或责备,只要找出那些浪费时间的"内部争议"。诸如不必要的文书流程、等待核准、签章的时间或打电话时的客套话等等都很浪费时间,这些对程序所能增加的价值非常有限。经过几年的累积,这些"内部争议"会让员工觉得无力去改变。

我们知道,我们必须控制住质量的成本恶性上涨。首先,我们必须找出哪些是浪费时间的事情,并将这些事件计算出实际的时间与资源。之后,以不牺牲产品质量为前提,我们必须降低或消除这些活动。借由精简或消除系统,以及控制哪些无用的制度,可以达成目的。如果无法决定哪些系统应该要精简,去请教员工,他们会知道。

【思考与实践】

1. 全面质量管理的内容包括 (　　)

A. 产品设计过程的质量管理　　B. 生产制造过程的质量管理

C. 辅助生产过程的质量管理　　D. 产品使用过程的质量管理

2. 全面质量管理的特点有 (　　)

A. 全员参与的质量管理　　B. 全过程的质量管理

C. 动态的质量管理

任务 1b 巴斯夫:全面质量策略

我们的目标是要超越客户的期望,并以专人服务的方式来取悦消费者。我们称此作法为“开心客户”(Customer Care)。如果说“开心客户”是最重要的成功因素,那么其他的因素还包括持续改善,让每个员工在产品、服务与质量改善等方面都能有所贡献。我们已经建立了一套全新的持续改善程序,这套程序称为 DELTA,其目标是将 1000 件工作各改善 1%。不管如何,要求高质量将会是公司的根本原则;在 1993 年,公司的管理委员会决定将产品的递运绩效与依赖度列为最高优先,以加快特定领域的营运效率。

质量改进方案的四个阶段

我们的方案共分为四个阶段,各事业在各阶段的特征与 TQ 的能力如下所述:

▲顺应性的质量(Conformance Quality)

1. 在获得 ISO 9000 认证之后,整个单位执行预防性措施。产品必须满足客户的要求,制程必须经过精密的设计,而不是任由自然演变。

2. 独立的市场研究应能证明,产品与服务一致地达到客户的要求。1993 年,公司的管理委员会决定将产品的递运绩效与信赖度列为最高优先,以加快特定领域的营运效率。

3. 在策略性质量模式(Stragegic Qualite Model)中,全面质管的评比分数至少要达到 450 分。

▲客户导向的质量(Customer-Driven Quality)

1. 所有的员工都必须持续地参与“开心客户”活动,管理人员谈论到客户的话题必须多过其他事物。

2. 独立的调查(至少已经使用过两年以上)显示,本公司的客户满意度较其他两个最好的竞争对手高。在 1994 年底之前,本公司在每个选定的市场的客户满意度都必须较其他两个最佳的竞争者高,这个目标不容有任何改变。

3. 全面质管的分数至少须达到 600 分。

▲市场导向的质量(Market-Driven Qualtity)

1. 持续改善变成一种生活方式,我们将继续由供应商合作伙伴及客户身上继续找出能够改善之处。Delta 持续改善程序方案将会在公司内广为宣传,立即性的目标是 1993 年必须产生 150000 个 Delta 意见,其中须有 50%的采用率。

2. 采行“最佳实务标杆设定”(Best Practice Benchmarking),全面质管的分数至少必须达到 750 分。

▲策略性的质量(Strategic Quality)

1. 把“最佳实务标杆设定”视为生活的方式。

2. 消费者持续受到最高价值的产品与服务。

3. 在质量与开心客户方面获得国际性的声誉。

4. 全面质管的分数至少必须达到 900 分。1993 年的目标为:在英国的策略质量模式(Strategic Quality Model)分数应达到 600 分,在欧洲与国际上应达到 450 分。

【思考与实践】

1. 巴斯夫的全面质量策略中的策略性质量包括(   )等内容。

A. 把“最佳实务标竿设定”视为生活的方式

B. 消费者持续受到最高价值的产品与服务

C. 在质量与开心客户方面获得国际性的声誉

D. 全面质管的分数至少必须达到 900 分

2. 巴斯夫的全面质量策略包括(　　)等阶段。

A. 顺应性的质量　　B. 客户导向的质量

C. 市场导向的质量　　D. 策略性的质量

任务 1c　摩托罗拉:“六个西格玛”管理训练

保罗·嘉尔文(Paul Galvin)在 1928 年创办了摩托罗拉,逝于 1959 年。他在世期间,一直领导着摩托罗拉的发展。他的儿子罗伯·嘉尔文(Roberl Galvin)从 1959～1986 年担任公司的总执行长,并在董事局里担任职务到 1990 年为止。罗伯的儿子克理斯多夫·嘉尔文(Chrislopher Galvin)于 1993 年被指定为总裁,在此之前,他一直担任副营运长一职。

1993 年,摩托罗拉已经有 120000 名员工,年营业额为 170 亿美元,其中海外营业收入占 52%。摩托罗拉所有的产品与服务都属于电子事业领域,包括无线电话与传呼器、半导体系统、集成电路、移动电话系统、太空通讯与电脑等。在这个产业中,新产品的开发与适应技术快速变迁的能力是重要的生存关键,像摩托罗拉这么大的公司,要如何做到不断地创新呢?

1980 年初期,摩托罗拉强调质量改善,目标定为在五年内将质量提升十倍。1987 年,摩托罗拉公司推动全面质管策略,将策略命名为“六个西格玛”(Six Sigma);“六个西格玛”的意义指,在每一百万个产品中,有瑕疵产品不能高于 3.4 个。凭借全面质管策略,摩托罗拉在 1988 年赢得了第一个巴氏国家质量奖。摩托罗拉“六个西格玛”的六大步骤如下:

第一,找出你的工作。(你的“产品”是什么?)

第二,找出你为谁工作。(你的“客户”是谁?)

第三,你需要什么来完成工作,从谁那里可以得到?(谁是“供应商”?)

第四,找出程序。

第五,防止程序出现错误,并使延迟的情形降到最低。

第六,建立质量与循环时间的衡量指标,找出改善目标。

“六个西格玛”程序成为摩托罗拉的企业文化。摩托罗拉将根本目标、关键信念、标的、采取措施翻译成 11 种语言,印制成小卡片,让摩托罗拉遍布全球的员工都能随身携带。卡片的内容如下:

正面:我们的根本目标(每个人无可旁贷的责任)是客户完全满意。

反面:关键信念 ——1. 我们随时坚持的行动方针。

2. 坚持对人的持续尊重。

3. 坚持绝不妥协的诚实。

4. 我们要达到的境地。

5. 在同业中保持领先状态。

6. 提高全球市场占有率。

7. 为获取优异成就所采取的关键措施:我们做事的方法。

8. 六个西格玛的质量管理。

9. 降低总循环时间。

10. 在产品、制造及环保等方面成为领导者。

11. 提高利润。

12. 在充满参与感、合作与创意的工作环境里，对所有的员工充分赋权。

在摩托罗拉那里，质量变成一种生活方式。质量是个关键的方向盘，不仅由管理层主导，同时也由公司每一个基层员工所操控；在 1960 年，摩托罗拉就开始建立团队。1990 年，摩托罗拉的团队制度被正式化为客户全面满意行动方案，形成的组织气氛是团队为解决问题而竞争。当年，有超过 2000 个团队纷纷成立。公司也提供分析技术方面的训练，并公布评鉴的准则。1992 年，团队数目增加为 3700 个。在竞赛中会挑出 24 支团队，让他们争夺最后的金牌。决赛的评选裁判是公司的资深管理人员，标准是：

团队工作	成果
选择的专业	制度化
分析技术	简报

所有的团队都必须执行一个质量专案，并以这个专案作为发挥功能的对象。如果未能发挥功能，就会影响到质量的结果。

当摩托罗拉迈入 20 世纪 90 年代后，质量也显得更加重要，因为消费者不断提高质量的标准。摩托罗拉提出的质量改善计划简述如下：

1. 由上而下的承诺与参与了解消费者的需求。

2. 评估要满足客户需求所需的程序，并不断改善程序。

3. 建立评价考量制度，以追踪改善情形。

4. 教育、奖励与沟通。

5. 建立要达成的目标。

摩托罗拉不断设定目标，零件瑕疵数从以百万个为单位改为以十亿个为计算单位；每两年，公司都会将瑕疵率的目标提高十倍。

如今，就像在摩托罗拉的企业史中不断发生的一样，仍然存在着要做得更好的动力。现在的目标是“更新”，这不但作为资深管理层强烈支持，更是普遍存在于整个组织的信念。在 20 世纪 90 年代中期，“六个西格玛”的策略与摩托罗拉的“更新文化”十分成功，摩托罗拉每年的收入与营业额成长率都接近 20%。从它在 1988 年得到巴氏国家质量奖后算起，五年间公司的股价涨幅超过五倍以上。

【思考与实践】

摩托罗拉推行“六个西格玛”的步骤包括　　　　（　　）

A. 找出你的工作

B. 找出你为谁工作

C. 找出程序

D. 防止程序出现错误，并使延迟的情形降到最低

E. 建立质量与循环时间的衡量指标，找出改善目标

任务 1d　俄亥俄印刷公司：强化质量改善技术

如果你身处竞争激烈的产业，那么你应该非常了解，你很难有机会在产业中脱颖而出，

很难比对手掌握更多的优势，并将优势转化为利润。当然，这也并非不可能，其中最好的方法之一，就是提供顾客更高质量的产品、更优质的服务，使顾客在其他地方都无法找到更好的产品与服务。要做到这一点，可以利用统计程序控制(Slalical process conlrol，SPC)与跨功能团队，其中 SPC 是应用统计的概念与工具来分析资料，进而控制与改善程序。

俄亥俄印刷公司(Ohio Prinling Company，OPC)的技术主任科札特(Jerry Cozarl)曾经指出，目前商业印刷业普遍面临以下几个营运问题：

1. 印刷业竞争激烈，利润一向较其他产业低。

2. 印刷业的风险很高，就像科札特所说的："印刷业的工作必须经过 10 个不同的阶段，其中只要有任何一个阶段出问题，整个工作都会作废。"

3. 一般而言，与特殊用途的印刷业相比，商业印刷业无法规格化。经过设计，特殊印刷业可以只处理一条单一的工作线(如报纸印刷)，借此可提高效率，并降低生产成本。商业印刷无法做到这一点，必须承接各种不同的印刷案件(如标签、海报、广告册子、年报等)。因此就必须处理更多的变异性。

4. 近年来，彩色印刷已成趋势，商业印刷业必须能提供这一项服务，以符合顾客需求。然而，要提供彩色印刷就必须处理更多的变异性与难题。

因为面对这些挑战，俄亥俄印刷公司采取了"危机管理策略"。例如，彩色印刷工作就像该公司董事长富兰克林(Bill Franklin)所说的："彩色印刷工作就像在地雷区漫步，每个人都知道一定会出事，唯一的问题是何时。"

面对新的技术与设备，即使是最有经验的业者也会不安。另外，营业员也会担心何时出问题及如何跟顾客交代。因为无不损坏的情形严重。重新印制的成本也因此大增，使利润大受影响。富兰克林补充说："即使我们找到了最先进的设备，用来协助将产品标准化，但我们发现情形并未改善，损坏与重新印制的问题仍然很严重。"

俄亥俄印刷公司了解必须采取更积极的行动，于是提出了下列三项目标：

目标 1：执行适当的控制程序，使日常营运状况稳定，同时也可以减少损坏情形与重新印制(这两项是企业内部的瑕疵)，并降低因质量不佳造成顾客退货的机会(这一项是企业外部的失败)。

目标 2：寻找最先进的科技，并配合公司里技术最好的员工，以确保生产过程一致、零问题。

目标 3：将控制质量的重心放在实际执行工作的员工上，而不要放在稽核员身上。

如何才能达成这三项目标？对于有丰富经验的专业人士而言，最快能想到的方法就是透过统计程序控制(SPC)。"质量大师戴明认为，如果将提升质量的职责托付给员工，员工会找出达成任务的方法。管理人员的职责只在于，设计出一种程序，让员工想出来的方法能真正落实在生产上。"富兰克林说。

在承认问题与提出解决方法之后，俄亥俄印刷公司开始执行统计程序控制。在俄亥俄的案例中，如何鼓励员工投入有关要执行的工作；在推动必要的改革上，俄亥俄印刷公司新增了机器设备，并寻求供应商与员工的参与，共同调整工作站与现场布置。

技术主任科札特说："过去，本公司的管理方式是依循传统的层级管理，由上到下，但现在我们已体会到员工参与的重要性。统计程序控制与员工参与合在一起，也就是大家在最适当的时间一起配合工作。"因此，俄亥俄印刷公司的管理当局召集了全体 80 多位员工，向大家介绍统计程序控制的概念，并说明公司的规划，同时，也表明这项计划需要全体员工的支持。“我们知道新方法会给员工带来困扰，但我们也告诉他们，我们会倾听大家的想法，因为全体员工的努力，才是统计程序控制成功的关键。”富兰克林说。

在一个传统结构下的公司中，到底要如何引进新颖的员工程序呢？

公司与当地两位精于统计控制程序的教授签订了合同，请他们为俄亥俄印刷公司建立相关的训练课程。第一个训练小组有 23 位成员，他们主要学习下列三项：学习预防问题，而不是事后找出问题并弥补；学习与上、下的工作伙伴分享资料；学习将各种统计控制程序应用到印刷工作的运作上。

在训练期间，这来自不同部门的 23 位员工被分为 4 个专案小组。举例来说，其中的一个小组就包括了 4 位压模员工、一位前置压模技师与一位预估员。

管理人员选了四项问题，交由各专案小组选择其中之一。在训练期间专案小组就开始解决问题，这项工作一直持续到训练完成之后仍在进行。专案小组设计出解决问题的程序，包括定义问题，从有限的测试中收集资料、分析结果，以及在执行新程序后持续监控动作情形。

其中一个小组处理油墨干燥时间不一致的问题：有些油墨可以在预定的时间内干燥；有些需时较久；有些因一直无法干燥而必须丢弃。一开始，有小组成员假设是压模室的湿度和温度引起问题，因此他们先建立假说，记录压模室的温度、湿度以及油墨干燥的时间，但他们并未发现这些因素之间有相关性。

接下来，他们发现干得慢的产品都来自同一个工作站，因此，他们将这个工作站做了一些调整，但问题并未完全解决。之后，他们开始检查油墨，这才发现引起问题的真正原因。在找出问题根源之后，小组建立了一套新程序，并时时监控程序的运作，使错误的发生率达到最小。

【思考与实践】

1. 商业印刷业普遍面临的营运问题包括 （ ）

A. 印刷业竞争激烈，利润一向较其他产业低

B. 印刷业的风险很高

C. 商业印刷业无法规格化

2. 俄亥俄印刷公司的培训目标有 （ ）

A. 学习预防问题，而不是事后找出问题并弥补

B. 学习与上、下的工作伙伴分享资料

C. 学习将各种统计控制程序应用到印刷工作的运作上

任务 2 用 Excel 搜集与整理数据

搜集数据的方法有多种，可以采用统计报表、典型调查、重点调查或抽样调查。以后我国的统计调查将以抽样为主。针对抽样调查，Excel 的数据分析工具中提供了一个专门的“抽样”工具，可以帮助使用者快速完成抽样工作。

使用 Excel 进行抽样，首先要对各个总体单位进行编号，编号可以按随机原则，也可以按有关标志或无关标志。

例：假定有 100 个零件，从中选取 15 个零件进行检验。

首先，将100个零件编号为1～100号，输入编号，形成总体单位编号表如图所示。

	A	B	C	D	E	F	G	H	I	J
1	1	11	21	31	41	51	61	71	81	91
2	2	12	22	32	42	52	62	72	82	92
3	3	13	23	33	43	53	63	73	83	93
4	4	14	24	34	44	54	64	74	84	94
5	5	15	25	35	45	55	65	75	85	95
6	6	16	26	36	46	56	66	76	86	96
7	7	17	27	37	47	57	67	77	87	97
8	8	18	28	38	48	58	68	78	88	98
9	9	19	29	39	49	59	69	79	89	99
10	10	20	30	40	50	60	70	80	90	100

图6-72 总体各单位编号表

完成总体单位编号清单后，利用"抽样"工具进行抽样的具体操作如下：

第一步：单击"工具"菜单，选择"数据分析"选项（若无数据分析选项，可在工具菜单下选择加载宏，在弹出的对话框中选择分析工具库，便可出现数据分析选项）。

第二步：打开"数据分析"对话框，从其对话框的"分析工具"列表中选择"抽样"选项，如图所示。

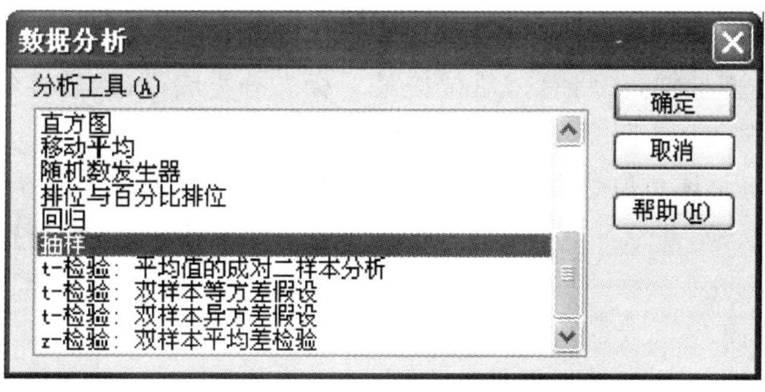

图6-73 "数据分析"对话框

第三步：单击"确定"按钮，打开"抽样"对话框，确定输入区域、抽样方法和输出区域，如图6-74所示。

1. 确定输入区域

在"抽样"对话框的"输入区域"框中输入总体单位编号所在的单元格区域。在本例中，输入区域为\$A\$1：\$J\$10。输入区域有两种方法：一是用手工逐字录入；二是用鼠标左键单击图中的\$A\$1位置，出现虚线框，然后拖拉虚线框，选中表中全部数字，自动在图中的"输入区域"显示出\$A\$1：\$J\$10。系统将从A列开始抽取样本，然后按顺序抽取B列至J列。如果输入区域的第一行或第一列为标志项（横行标题或纵列标题），可单击"标志"选框。

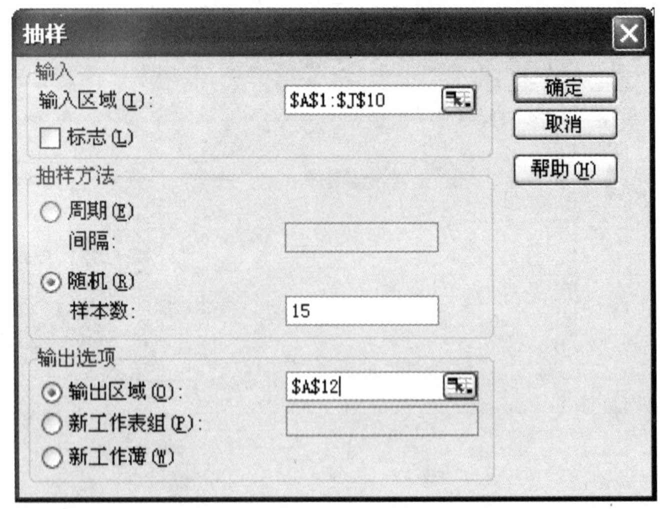

图 6-74 “抽样”对话框

2. 选定抽样方法

在“抽样方法”框中，有“周期”和“随机”两种抽样模式。

(1)“周期”模式即所谓的等距抽样、机械抽样或系统抽样。此种抽样方法，需要确定周期间隔，周期间隔由总体单位数除以要抽取的样本数而求得。本例中，要在100个总体单位中抽取15个，则在“间隔”框中输入6。

(2)“随机”模式适用于简单随机抽样、分层抽样、整群抽样和阶段抽样。

简单随机抽样即纯随机抽样，只需在“样本数”框中输入要抽取的样本单位数即可，本例为15。

分类抽样即类型抽样，先将总体单位按某一标志分类编号，然后在每一类中随机抽取若干单位，这种抽样方法实际是分组法与随机抽样的结合。

整群抽样，先将总体单位分类编号，然后按随机原则抽取若干类作为样本，对抽中的类的所有单位全部进行调查。可以看出，本例所使用的编号输入方法，只适用于等距抽样和简单随机抽样。

3. 指定输出方向

在“输出选项”框中有三种输出去向。在“输出区域”框中输入总体单位编号所在的单元格区域。在本例中，输入区域为$A$12。也可以通过选择“新工作表”或“新工作簿”将抽样结果放在新工作表或新工作簿中。

第四步：单击“确定”按钮后，在指定的位置给出抽样的结果。如图所示。

思考与实践：到相关企业，获得有关数据，按照上述方法进行抽样。

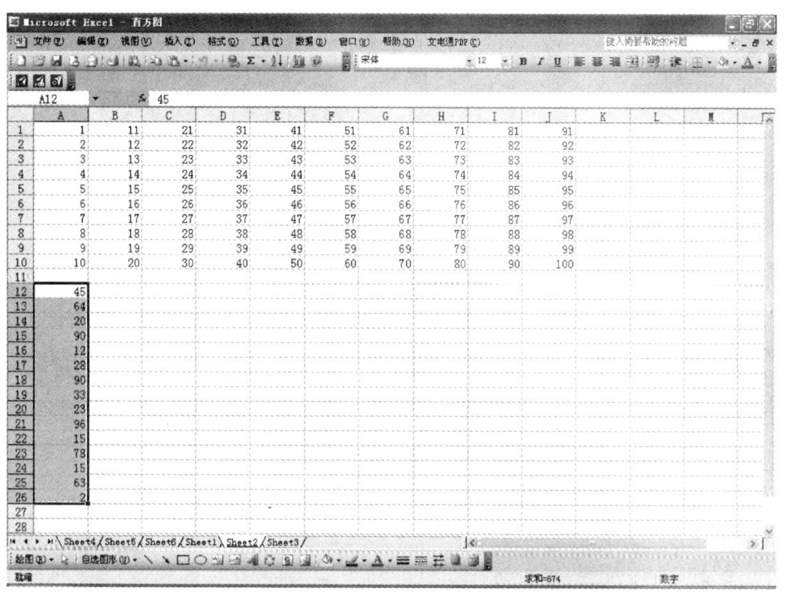

图 6-75 等距抽样结果

任务 4 利用 6SQ 统计插件制作柏拉图

表 6-43 线路版不良品

缺陷	频数
Bad	8
Bridge	1
Damage	6
Excess	3
Extra	1
Insult	9
Lifted Lead	5
Missing	6
Open	2
Orient	2
Poor Wetting	1
Solder ball	2
TH Void	16

第一步，打开安装了 6SQ 插件的 Excel，输入已知数据，在工具栏点击“6SQ 统计”——“质量工具”——“柏拉图”

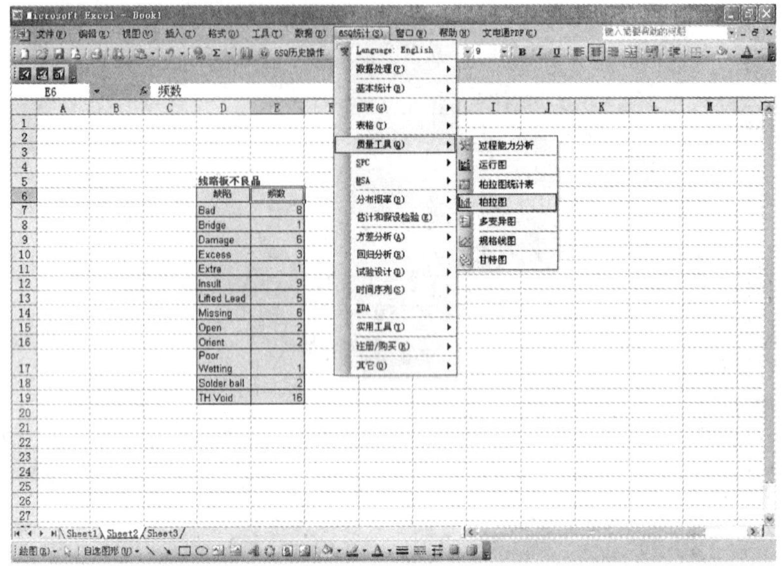

图 6-76 步骤 1

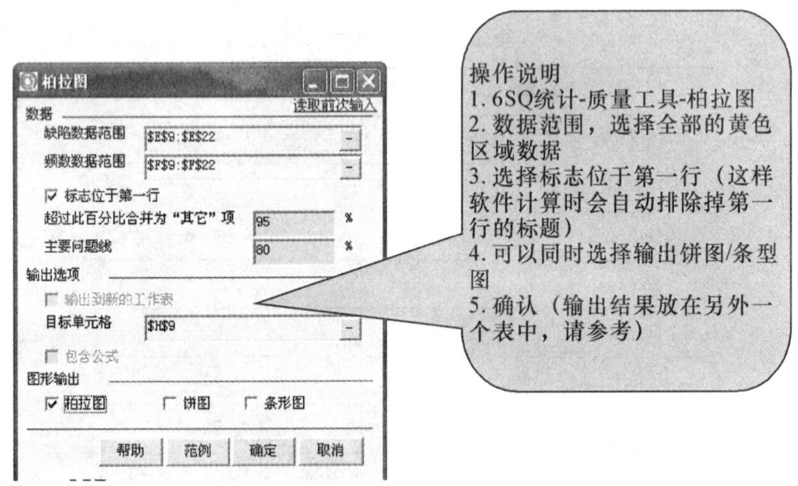

图 6-77 步骤 2

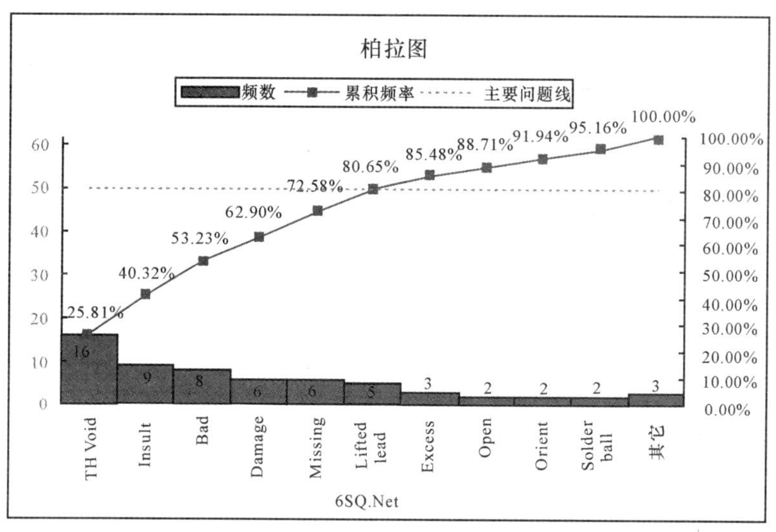

图 6-78　步骤 3

任务 5　能力与稳定性测评实训

表 6-44　零件尺寸原始数据

X1	X2	X3	X4	X5
5.4	6.2	5.5	5.1	4.8
4.8	6.3	4	6	4.1
7.2	4.6	5.6	5.1	6.6
4.7	4.3	6.9	6.8	6.8
4.5	5.7	5.3	5.4	5.4
5.7	4.2	2.7	5.1	5.1
4.9	3.7	4.3	4.1	4.1
6	3	5.3	3.9	3.9
5.9	3.9	6.5	2.7	2.7
3.5	5.7	3.2	3.6	3.6
3.9	4.2	6.2	6.3	6.3
5.6	4.5	5.4	4.4	4.4
3.8	3.2	4.9	5	5
5.3	6.3	2.7	4.4	4.4
3.9	4.7	5.2	4.3	4.3
6.5	4.7	3.7	4.2	4.2
7.5	6.4	4.7	6.7	6.7

续表

X1	X2	X3	X4	X5
6.4	4.2	4.6	5.5	5.5
5.6	6.7	4.9	5.4	5.4
6.3	8.1	5.1	5.5	5.5
4.6	5.8	4.7	5.1	5.1
3.5	5	5.9	3	3
5.2	6.1	3.8	4.3	4.3
4.2	4.4	5	5	5
5.2	5.1	3.5	6.9	6.9
6.4	6.4	5.9	4.9	4.9
4.5	5.2	4.9	4	4
5.4	5.6	3.3	5.4	5.4

【思考与实践】请在你的电脑上安装 6SQ 统计插件，将上述数据输入 Excel 表格。结合本单元所学的知识，利用 6SQ 统计插件进行该工序的能力与稳定测评。

项目七

项目管理

教学目标

（一）总目标：掌握网络计划技术

（二）具体目标：

1. 了解项目管理基础知识；
2. 掌握网络计划技术；
3. 掌握网络计划的调整与优化。

工作任务

（一）网络计划图的绘制和优化

（二）到企业实践，全面了解企业项目管理情况

单元一　项目管理概论

教学目标

（一）总目标：掌握项目管理的基础知识

（二）具体目标：

1. 理解项目、项目管理的概念和内容
2. 了解项目管理技术和组织形式

理论精要

一、项目

项目(Project)就是为了完成一个具体的目的而设计的一系列行动步骤。项目是要求在指定时间内、限定预算内和规定的质量标准内完成的一次性工作、任务或活动。它既可以是一项科学试验、一种产品的研究开发、一个工厂或设施的建设或维修、一项社会活动的组织和实施，也可以是编辑出版一本期刊、安装一套设备或拍摄一部电视剧，等等。项目应具有如下特性。

(一)项目的短暂性

项目都有明确的时间框架,时间的长短由项目的复杂性而定,短则几天或几小时,长则可几十年,如何安排时间是关系到项目成败的一个关键因素。

(二)项目的目标性

项目要有明确的可度量的目标,而不能是不确定的模糊的目的。每个项目所追求的目标必须服从总体运作体系的要求,项目完成的结果应该是可以依据目标说明书进行判断的。实现了项目的目标,也就意味着项目的结束。

(三)项目的可预测性

项目的所有任务都可以由项目管理者根据时间、资源等参数进行管理,同时还可以根据项目执行情况预测项目是成功还是失败。

(四)项目的可限制性,项目是受时间限制的

项目的开始日期和结束日期必须符合时间要求,总的时间和单个任务的时间应该与项目的目标说明相符合。项目还受到资源和成本的限制,例如完成项目的人员和资金都是有限的。

(五)项目的动态性

项目时间可以持续几个月甚至几年,同时项目是动态发展的,可能发生不能预期的变化。此时,作为一名项目管理人员应该做出及时反应,根据变化对项目进行调整,否则将不能实现预期的目标。

无论是什么样的项目,都包括如下三个基本要素:

- 时间:指的是反映在项目日程中的完成项目所需要的时间。
- 费用:指的是项目的预算。这取决于项目资源的成本,而项目资源包括人力资源和物力资源。
- 范围:指的是项目的目标和任务,以及完成它们所需要的工时。

根据项目的不同,对这三个要素的要求也不同。如果项目强调最大利润,最少成本,那么就应将费用放在第一位,将时间和范围放在第二位;如果项目强调最快完成,那么就应将时间放在第一位,将费用和范围放在第二位。这个放在第一位的要素,称之为"关键要素",在制定项目计划时首先将它固定下来,然后再固定其他要素。但是,对其中某个要素的调整会影响到其他要素。

二、项目管理

项目管理(Project Management)是指为了完成一个特定的目标,应用一定的规范或规章制度对项目的资源进行全面的规划、组织、协调、控制并使之系统化的过程。通过对项目的管理,从而使其在运行过程中避免或尽量少地出现问题。

在项目实施中,项目管理者要注意下面几个关键要素:

- 时间要素,即进度计划和控制;
- 成本要素,即成本测算和控制;
- 资源要素,即资源调配和安排;
- 质量要素,即质量监督和控制。

项目管理的任务就是寻找并实现这些项目要素间的最佳组合。作为管理对象的整体

性，项目的计划、组织、控制以及效果的评价都应以项目的整体优化为标准。作为项目管理的全过程，通常包括下面的几项工作。

(1)对项目作总的构思，确定项目的性质、特点、要求和目标。

(2)考虑如何去做，即选择适当的方案，制订计划，并作好必要的准备。

(3)组织实施，即对项目的进度、成本、资源和质量等根据实际情况进行动态控制。

(4)对完成的项目进行检查、分析、评价和总结。

由于项目内部各项工作之间相互依赖和制约关系的复杂性，项目外部环境对项目各要素的影响，以及项目实施过程中多部门参与所引起的分工和协作关系，与其他类型生产/运作的管理相比，项目管理更加需要有一个统一的指挥和协调。项目管理即是为使项目取得成功所进行的全过程的计划、组织、控制与协调。项目管理包括的内容如图 7-1 所示。

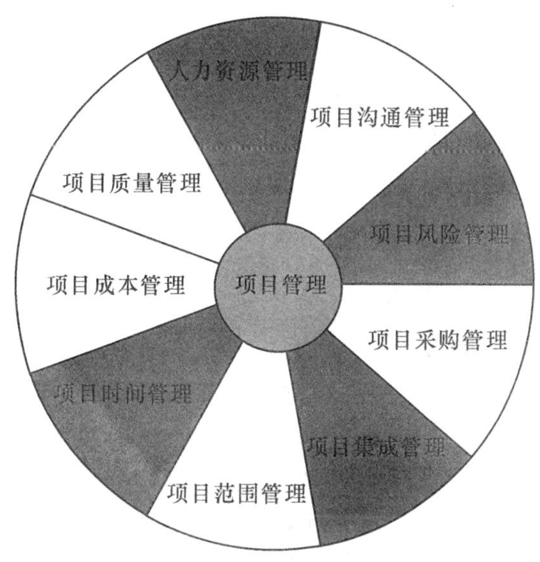

图 7-1 项目管理的内容

三、项目管理技术

项目管理作为一门应用学科，经过几十年的发展，已经具有了一套比较完整的理论和方法体系，这些技术和工具能够帮助项目管理工作者有效地实现项目管理的目标。本节就一些常用的项目管理技术做简短介绍。

(一)任务分解结构技术(Work Breakdown Structure)

任务分解结构法通常简称为 WBS，它用来将一个整体的项目按照一定的原则进行分解，这样能够对项目进行灵活和有效的控制。

(二)甘特图(Gantt Chart)

"甘特图"是在国内外最广泛应用的项目进度计划管理方法之一，它是 19 世纪一个叫 Henry Gantt 的人发明的，因此为了纪念这位创始人将这种方法命名为"甘特图"，在我国也称之为"横道图"。它以一些条形图表示基本的任务信息，便于查看任务的日程，检查和计算资源的需求情况，简洁明了，所以在 Microsoft Project 2003 中将其作为默认视图，并使用此视图来创建初始计划，查看日程和调整计划。

(三)项目评审技术(PERT)

项目评审技术 PERT,即“Program Evaluation and Review Technique”是由美国海军特别项目办公室提出的一种项目管理技术,由于海军的某些项目时间长,投资很大,很难为每一个活动制定一个确定的计划。因此,他们采用了概率统计计算工期期望的方法,这是一种非肯定网络分析方法。

(四)关键路径法(CPW)

项目管理中最基本的调度分配方法是关键路径法 CPW(Critical Path Wethod)。这是1957 年在美国路易斯维化工厂建设当中发明的。它的思想是先把项目需要进行的活动列出来,然后根据单个任务的工期和依赖关系计算整个项目的工期。关键任务指那些对保证整个项目按期完成影响最大的任务,由这些任务组成的序列就是关键路径。

关键路径也就是在为每个活动估计了时间以后,根据活动的路基关系和持续时间计算每条路径上总持续时间,其中持续时间最长的路径就是“关键路径”。假设用户要缩短整个项目的工期,就必须将注意力集中到那些关键任务上,而不是非关键任务。压缩非关键任务的时间对缩短整个项目的工期没有任何作用。

关键路径法是项目时间管理中最重要的方法。

四、项目计划管理

一般来说,项目的生产/运作计划包括进度计划与控制、成本测算与控制和资源安排与优化三部分工作。由于组成项目的各工作(或活动、任务等)之间往往具有逻辑关系,某些工作的完成可能是另一些工作开始的前提,或某些工作可以被安排在同一个时间范围内各自独立地去完成。作为项目计划,需要指出项目中每一件工作可以或必须在何时开始,可以或必须在何时结束,有时甚至还要指出每件工作在时间安排上究竟有多大的机动余地。所以,进度计划是项目型生产计划的基础和中心。

网络计划技术是编制项目计划和进行项目控制的最主要工具。应用网络计划技术于项目进度计划,主要包括以下三个阶段:

(一)计划阶段

将整个项目分解成若干工作,确定各项工作所需的时间、人力、物力,明确各项工作之间的逻辑关系,列出活动表或作业表,建立起整个项目的网络图以表示各项工作之间的相互关系。

(二)进度安排阶段

这一阶段的目的是编制一张表明每项工作开始和完成的时间进度表,进度表上应明确为了保证整个项目按时完成必须重点管理的关键活动。对于非关键活动,应提出其时差(富余时间),以便在资源限定的条件下进行资源的处理分配和平衡。为有效利用资源,可适当调整一些工作的开始和完成日期。

(三)控制阶段

应用网络图和时间进度表,定期对实际进展情况做出分析,提出报告。必要时可修改和更新网络图,决定新的措施和行动方案。

五、项目管理组织

(一)项目干系人

项目干系人是积极参与项目或其利益可能受项目实施或完成的积极或消极影响的个人或组织(如客户、发起人、执行组织或公众)。干系人也可能对项目及其可交付成果和项目团队成员施加影响。为了明确项目的要求和所有相关方的期望,项目管理团队必须识别所有的内部和外部干系人。

(二)项目的组织形式

项目管理组织是为了完成特定项目任务而由不同部门、不同专业人员所组成的一个特别工作组织。它的机构可以很小,也可以很庞大。对一般的中小型项目来说,团队应是首选的工作方式,而对较大或很复杂的项目,则需要采取矩阵结构的组织形式。

团队工作方式(team work)的基本思想是全员参与,调动每个人的积极性和创造性,使工作效果尽可能好。它通常是为了完成某项特定任务,由来自不同部门或班组的人员组成一个小组。在小组内部,每个成员的工作任务、方法和进度等都可以自行决定。一般来说,小组成员的素质、技能都较高,工作内容智能性也较强。由于摆脱了传统管理模式中的众多从属关系,管理层次大大减少,小组的自主性得到增强,所以,团队的工作效率一般都很高。

矩阵组织是一种项目——职能混合结构。相当于一个具有水平关系、垂直关系和对角线关系的网络。典型的矩阵组织结构见图 7-2 所示:

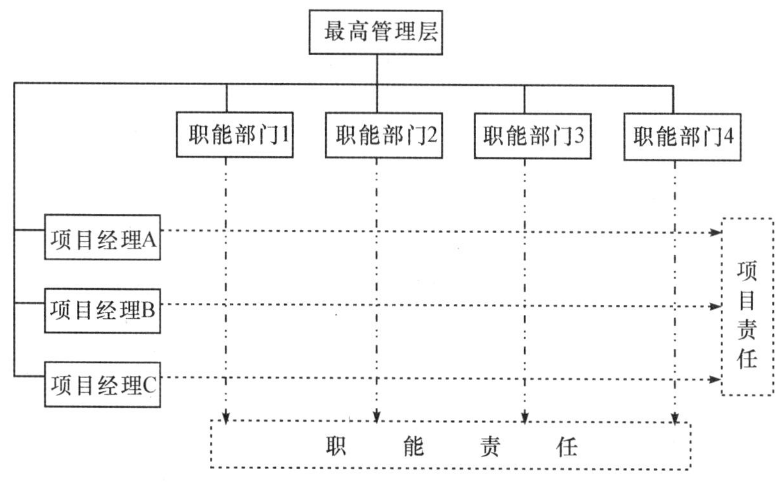

图 7-2　矩阵组织结构

在矩阵组织中,每个项目经理要直接向最高管理层负责,并由最高管理层授权。而职能部门则对各种资源做出合理分配和有效的控制调度。项目经理在项目活动的内容和时间方面对职能部门行使权力,而各职能部门负责人则需决定“如何”支持,他们既要对其直线上司负责,也要对项目经理负责。由于矩阵组织中的职权以纵向、横向和斜向在一个公司里流动,因此在任何一个项目的管理中,都需要有项目经理与职能部门负责人的共同协作。这是项目管理效率高低的关键。

矩阵组织的基本原则是:

(1)必须有一个人花费全部的时间和精力用于项目，有明确的责任制，这个人通常即为项目经理。

(2)必须允许项目作为一个独立的实体来运行。

(3)必须同时存在纵向和横向两条通讯渠道。无论是项目经理之间，还是项目经理与职能部门负责人之间，都要有确切的通讯渠道和自由交流的机会。

(4)要从组织上保证有迅速有效的办法来解决矛盾。

(5)各个经理都必须服从统一的计划。

(6)无论是纵向或横向的经理(或负责人)，都要为合理利用资源而进行谈判和磋商。

一般来说，与传统的管理组织模式相比，矩阵组织有如下一些优点：

(1)强调项目组织是所有有关项目活动的焦点。

(2)项目经理拥有对人力、资金等资源的最大控制权，每个项目都可独立地制订自己的策略和方法。

(3)职能组织中专家的储备提供了人力利用的灵活性，对所有计划可按需要的相对重要性使用专门人才。

(4)由于交流渠道的建立和决策点的集中，对环境变化和项目需要能迅速做出反应。

(5)当项目不再需要时，项目人员大都返回原来职能部门。由于关键技术人员能够为各个项目所共用，充分利用了人才资源，使项目费用降低，又有利于项目人员的成长和提高。

(6)矛盾最少，并能通过组织体系容易地解决。

(7)通过内部检查和平衡，以及项目组织与职能组织间的经常性协调，可以得到时间、费用和运行的较好平衡。

虽然团队和矩阵方式有很多优点，但在实际工作中也不能一概套用。除了项目本身以外，对参与员工的素质和组织者要求较高是它的实施要点，而建立起健康有效的企业文化则是其深层次的主要问题。

工作任务

任务1　初步熟悉工程项目管理软件

1. 熟悉 Microsoft Project 软件的基本用途、功能

2. 熟悉 Microsoft Project 软件的基本操作，包括：

(1)Project 的安装

(2)Project 的卸载

(3)Project 软件开启

①打开软件。打开时将甘特图作为默认的视图，首先应展现出甘特图。

②整理界面。关闭 Project 界面的向导框，则展现了 Project 甘特图的基本操作界面。了解应用鼠标操作工作表边框的方法。

③甘特图。甘特图由两部分组成。视图的左边是“工作表”，根据表中所列的建筑施工工序名称、施工天数、开工日期、完工日期等项目进行编排。视图的右边是“条形图”，以条形横道线的形式在时间刻度上的位置和长度，来显示左边“工作表”内编排的内容。

3. 输入计划

(1)输入工序

(2)输入工期

(3)连续输入

(4)工序修改

(5)工期修改

(6)整理界面

(7)说明

①在输入第一项工序时,电脑将默认把当天的日期作为此项工程实际的开工日期。在实际工作中,进度计划时,实际的开工日期往往还不能确定。在本次任务的操作中,先不用首先设立“开工日期”。

②要对工序有广义的理解,要将编制“工序”的操作步骤进行如下广义的应用:

对细部施工,所编制的是分项工程施工进度计划;

对专业施工,所编制的是分部工程施工进度计划;

对项目施工,所编制的是项目工程施工进度计划;

对综合施工,所编制的是单位工程施工进度计划;

对组团施工,所编制的是群体工程施工进度计划。

4. 完成

某施工队计划人员根据施工图纸和预算的用工数,结合本单位的施工能力,按形象进度编制出某工程的“施工进度计划”如表 7-1。

表 7-1 施工进度

序号	工序名称	工期/日
1	施工队进场	1
2	施工临设	4
3	放线挖槽	9
4	基础垫层	8
5	基础墙体	6
6	回填土	10
7	砌墙体	8
8	屋面顶板、防水	12
9	外沿抹灰	14
10	室内装修	20
11	室内地面	8
12	室外道路、院墙	20
13	竣工验收	2
14	清场	3
小计		125

任务2 企业实践

实训目的

(1)加深对项目管理组织的认识。

(2)在实际调研中学习小组分工和团队合作。

实训内容

(1)在熟练掌握项目管理组织形式的基础上,调研东方造船厂或其他企业的项目管理组织。

(2)结合企业调研结果提出对策和建议。

实训要求

(1)能够画出企业项目组织结构图。

(2)结合企业调研结果,写出实训报告。

实训步骤

(1)分组,以小组为单位访问企业

(2)搜集数据后,回校整理并讨论

(3)提交实训报告

(4)教师总结

单元二 网络计划技术

教学目标

(一)总目标:掌握网络计划技术

(二)具体目标:

1. 了解网络计划技术原理;

2. 掌握网络图的绘制;

3. 掌握网络图中的时间参数计算

理论精要

网络计划技术是一种科学的计划管理方法。它是随着现代科学技术和工业生产的发展而产生的。20世纪50年代,为了适应科学研究和新的生产组织管理的需要,国外陆续出现了一些计划管理的新方法。

1956年,美国杜邦化学公司的工程技术人员和数学家共同开发了关键线路法(Critical Path Method,简称CPM)。它首次运用于化工厂的建造和设备维修,大大缩短了工作时间,节约了费用。1958年,美国海军军械局针对舰载洲际导弹项目研究,开发了计划评审技术

(Program Evaluation and Review Technique,简称 PERT)。该项目运用网络方法,将研制导弹过程中各种合同进行综合权衡,有效地协调了成百上千个承包商的关系,而且提前完成了任务,并在成本控制上取得了显著的效果。20 世纪 60 年代初期,网络计划技术在美国得到了推广,一切新建工程全面采用这种计划管理新方法,并开始将该方法引入日本和西欧其他国家。目前,它已广泛应用于世界各国的工业、国防、建筑、运输和科研等领域,成为发达国家盛行的一种现代生产管理的科学方法。

一、网络计划技术的分类

网络计划技术可以从不同的角度进行分类。

(一)按工作之间逻辑关系和持续时间的确定程度分类,如图 7-3

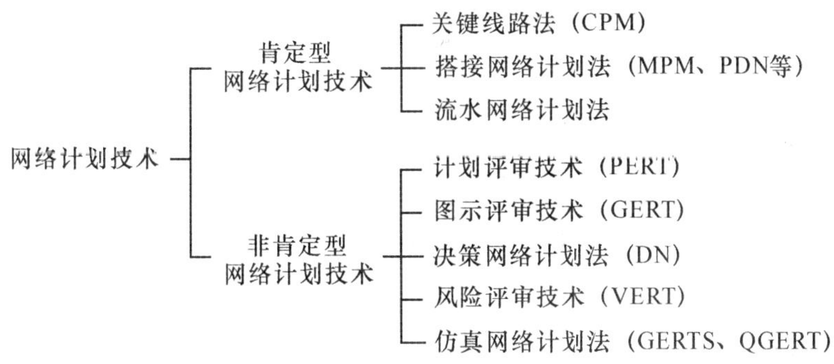

图 7-3 网络计划技术的分类

(二)按网络计划的基本元素——节点和箭线所表示的含义分类

1. 双代号网络计划(工作箭线网络计划)

2. 单代号搭接网络计划、单代号网络计划(工作节点网络计划)

3. 事件节点网络计划。事件节点网络是一种仅表示工程项目里程碑事件的很有效的网络计划方法。

(三)按目标分类

可以分为单目标网络计划和多目标网络计划。只有一个终点节点的网络计划是单目标网络计划。终点节点不只一个的网络计划是多目标网络计划。

(四)按层次分类

根据不同管理层次的需要而编制的范围大小不同、详略程度不同的网络计划,称为分级网络计划。以整个计划任务为对象编制的网络计划,称为总网络计划。以计划任务的某一部分为对象编制的网络计划,称为局部网络计划。

(五)按表达方式分类

以时间坐标为尺度绘制的网络计划,称为时标网络计划。不按时间坐标绘制的网络计划,称为非时标网络计划。

(六)按反映工程项目的详细程度分类

概要地描述项目进展的网络,称为概要网络。详细地描述项目进展的网络,称为详细网络。

二、常用网络计划技术

(一)传统的项目管理技术:甘特项目图

甘特项目图(Gantt Chart)是1916年由亨利·甘特开创的项目管理技术。它能形象而全面地确定项目中各项任务的工期,描绘各项活动的进度,并监督项目完成情况。在早期的项目管理中,甘特图大幅度提高了项目管理的效率(见图7-4)。

甘特图作为传统的项目管理技术具有突出的特点,即计划形象,运用简单,容易掌握(在作图、实施和监督中都比较直观)。更重要的是,甘特图极强的计划性有助于深化管理人员对项目的了解,细致分析,对资源和时间谨慎分配、认真安排(见图7-5)。

不过,甘特图在反映各层次任务之间的依存度和轻重缓急方面存在着重大缺陷,无法显示个别任务对周边任务完成进度的影响——这恰恰是分配资源和投入管理关注的问题。另外,甘特图也很难估计在不确定因素出现情况下,改变任务执行时间和顺序对整个项目造成的影响。这可能造成项目执行的过分死板和管理应变力下降。

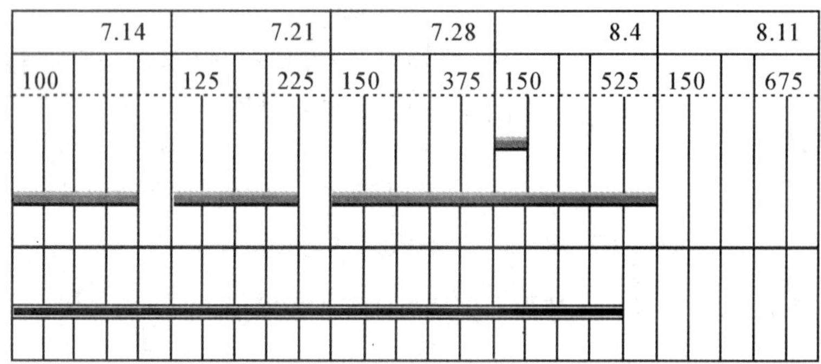

图7-4 Gantt chart:一种直观的管理控制手段

左上方数字是该周生产计划数,右上方数字是累计计划生产数。浅色线表示实际生产数(长度与该期计划进度百分率的实际完成数成正比),深色线表示累计生产数(长度与到公布之日计划进度百分率的实际完成数成正比)。

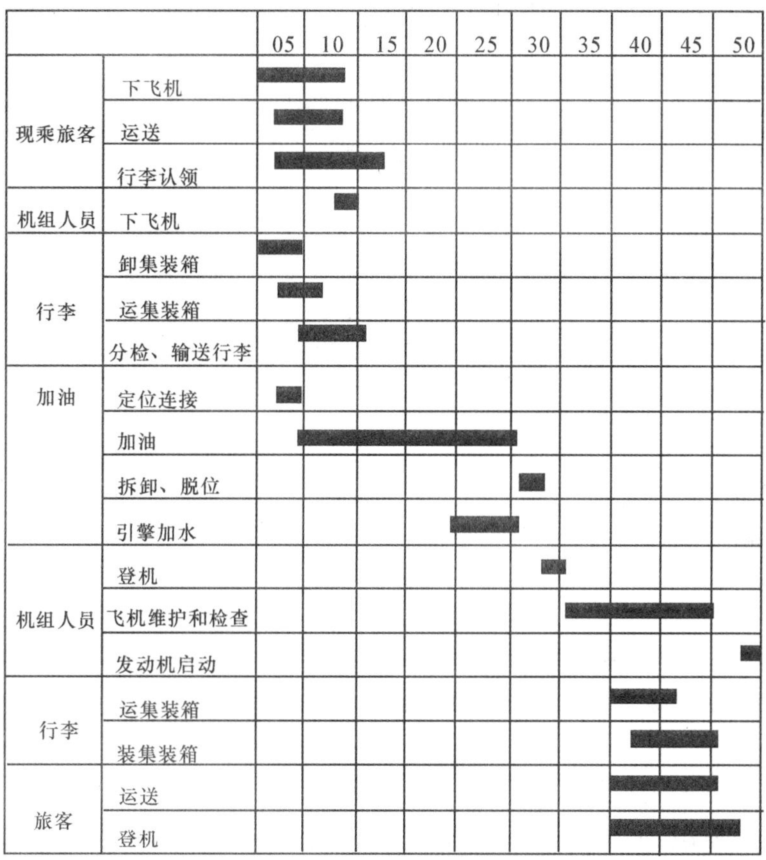

图 7-5　停机加油换乘项目的甘特项目图

(二)项目网络法和关键路线法

1. 项目网络法

项目网络法通过箭线和节点来描述整个项目的工序网络,并形象地表达任务的先后次序。

具体而言,项目网络分为两种形式:

节点表示法(AON),即用节点代表任务,用箭线表示任务活动的进展方向;

箭线表示法(AOA),即箭线表示项目任务,节点代表各任务的起点和终点。箭线长短与任务活动所需作业时间多少无关。进入节点的箭线表示该项任务活动结束的时点,而出自节点的箭线表示该项任务活动开始的时点。

无论哪种形式,都必须遵循如下原则:

> 小贴士
>
> 项目网络遵循的原则
>
> ——项目网络有唯一的节点表示项目开始,并有另唯一的节点表示项目结束;
>
> ——一项任务只有当所有直接的前项全部完成时才能开始。即表示后项任务的节点必须由前项节点发出的有向线与前项节点相连,表示后项任务的有向线必须由表示前项结束的节点发出;
>
> ——项目网络必须是连贯的和非循环的。

例：××杯国际足球邀请赛项目进度安排如表 7-2 所示，分别用节点表示法和箭线表示法绘制的网络图如下：

表 7-2 "××杯国际足球邀请赛"项目进度安排

任务	编号	紧前活动	完成期限(天)
赛事定位(经国际足联确定举办城市)	A	—	2
确定参赛队(邀请，反馈)	B	—	8
成立赛事组委会	C	A	3
赛事策划	D	C	2
联系赞助商(资金逐步到位)	E	C	10
参赛队签约	F	B、C	4
购置设备、器械	G	D	4
食宿交通安排	H	E、F	1
场馆布置	I	E、G	3
比赛	J	I、H	2

用节点表示法表示的足球赛项目网络如下：

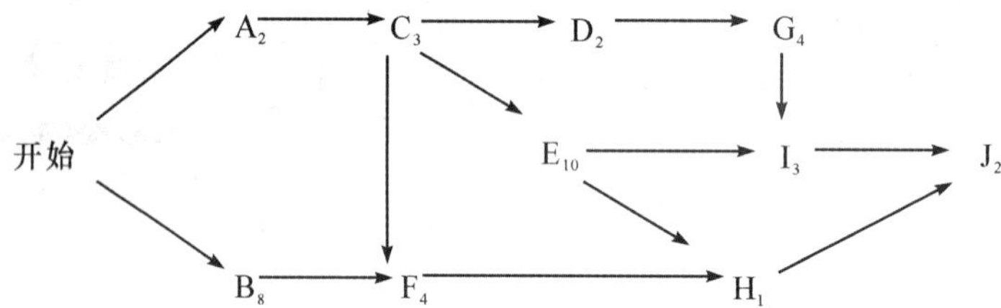

图 7-6 节点表示法表示的足球赛项目网络

用箭线法表示的足球赛项目网络如下：

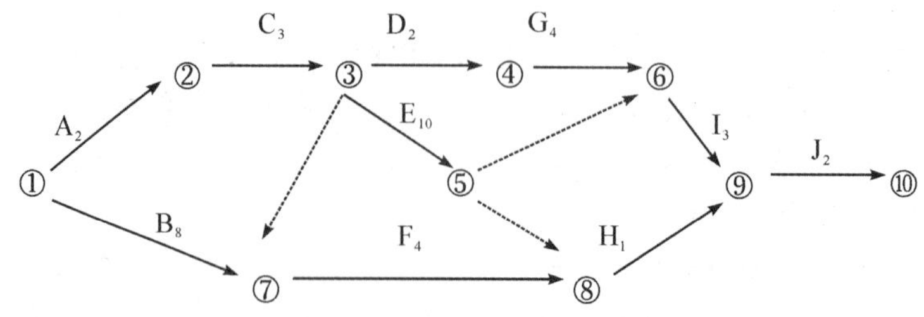

图 7-7 箭线表示法表示的足球赛项目网络

节点法的优点是无须假设一些非耗时的"虚任务"以反映各任务的先后次序，而且便于分析关键线路。在箭线表示法中，"虚任务"的箭线是用虚线表示的，表示时间为零的假想作业，只用于表示活动间的相互关系。

2. 关键线路法

关键线路是一条从项目开始直至项目结束的整个过程中，由若干不间断任务组成的任务链。关键线路上任何一项任务的延迟都会威胁整个项目的如期完工。因此,这些任务被称为关键任务。关键任务在资源分配和管理精力投入上享有优先权,是项目管理和监督的重点。

关键线路的一个基本假设是:各个项目任务的预期完成时间是既定的,而不是待定的。

> 小贴士
>
> 确定关键线路的主要参数
>
> (1)任务预期完成时间
>
> (2)最早开始时间,即当前面任务如期完成时,一项任务能开始进行的最早时间
>
> (3)最早完成时间,即当任务以最早时间开始进行,且无延迟情况下的完成时间
>
> (4)最迟开始时间,即在不影响项目如期完成情况下,任务最迟开始时间
>
> (5)最迟完成时间,即当任务以最迟时间开始且无延误情况下的完成时间
>
> (6)缓冲时间,即在不影响项目完成前提下,任务可以延迟的时间量

具体而言:

最早开始时间=前项无延迟时的最早完成时间

最早完成时间=最早开始时间+预期完成时间

最迟开始时间=最迟完成时间-预期完成时间

(无延迟情况下的)最迟完成时间=后项最迟开始时间

缓冲时间=最迟完成时间-最早完成时间

　　　　=最迟开始时间-最早开始时间

表 7-3　确定关键线路的主要参数

缓冲时间	
最早开始时间	最早完成时间
最迟开始时间	最迟完成时间

例:某项目各项工作安排如下:

表 7-4　某项目各项工作安排表

任务	紧前行动	完成时间
a		5
b		6
c	a	4
d	a	3
e	a	1
f	e	4
g	d,f	14
h	b,c	12
i	g,h	2

根据前面的方法可得到下面的关键路线：

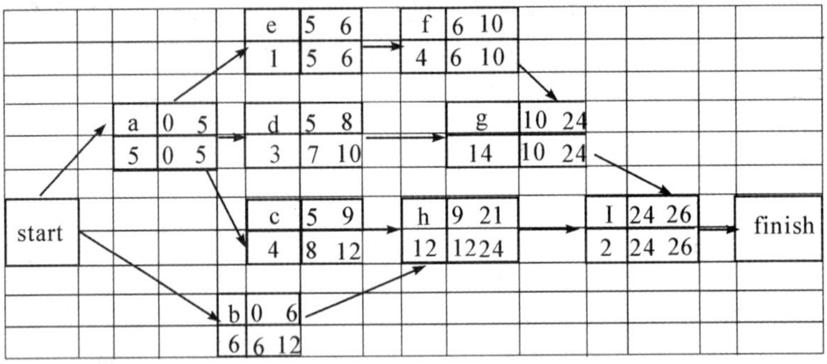

图 7-8 关键路线图

三、网络计划的调整与优化

通过绘制网络图、计算时间参数和确定关键路线，我们可以得到一个初始的计划方案。但由于企业各种内外部条件的变化，一般不可能在最初的方案中就得到最经济合理的指标。为此，在初始计划方案制订以后，通常都需要进行调整与改善，使方案不断优化。具体内容主要包括工期优化（时间分析）、成本优化（费用分析）和资源优化（资源分析）三个方面。

（一）网络计划的资源优化

这里所说的资源主要指企业的人力、物力和财力。它们常常是影响项目进度的主要因素。在一定条件下，增加投入的资源，可以加快项目进度，缩短工期；减少资源，则会延缓项目进度，拉长工期。所以，制定网络计划时必须把时间进度与资源情况很好地结合起来。

（二）网络计划的成本优化

项目费用可分为直接费用和间接费用两部分。直接费用是指人工、材料、能源等与各项活动直接有关的费用。间接费用是指管理费用、销售费用等其他费用。一般来说，缩短工期会引起直接费用增加和间接费用的减少，而延长工期则会引起直接费用的减少和间接费用的增加。所以，在网络计划调整过程中，需要综合考虑工期与费用的关系，设法找出一个缩短项目周期的方案，使完成项目所需的总费用最低。

按照以上思路，网络计划的成本优化（时间成本优化）主要包括寻求最低成本时的最佳工期安排和按要求工期寻求最低成本的计划安排两部分内容。对于前者，由于内容比较复杂，不太适合于手工计算。限于篇幅，本文从略。对于后者，其基本思路是在关键路线上选择成本斜率（每缩短单位时间需要增加的成本）最小的工作，缩短其工期，然后再选择成本斜率次小的工作缩短工期，直到满足工期缩短目标为止。由于这种情况在工作中会经常遇到，我们以一个具体例子来简要说明其优化过程。

例 某工程项目的逻辑关系和有关情况如下表（表 7-5）所示。现在由于工期变化，要求务必在 42 天内完成，若能实现，可获奖金 1000 元，试问如何压缩工期？为压缩工期使成本增加多少？

表 7-5 项目逻辑关系及有关参数表

节点编号	工作代号	紧前工作	作业时间(天)	成本斜率(元/天)	可能缩短最大天数(天)
1—2	A		1		0
1—3	B		8	50	1
2—4	C	A	10	75	1
3—5	D	B	8	150	2
4—5	E	C	6	25	3
5—6	F	D,E	5		0
4—6	G	C	2		0
6—7	H	G,F	8	150	1
6—8	I	G,F	20	50	6
7 8	J	H	10	150	2
8—9	K	I,J	6	150	2

首先,根据表 8—5 求出关键路线和计算工期(具体过程从略)。得到的关键路线为:A—C—E—F—I—K;计算工期:48 天。与要求工期 42 天相比,要缩短 6 天工期。

其次,在关键路线上,选择成本斜率最小的工作,逐步压缩工期。在 A—C—E—F—I—K 中,E 的成本斜率最小(A、F 不可压缩),应先进行压缩。由于 E 缩短 1 天之后,关键路线就已发生变化,故 E 的有效压缩时间只能是 1 天。这时关键路线变成两条:A—C—E—F—I—K 和 B—D—F—I—K。选择二者共同路线上成本斜率次小的 I,可以压缩 2 天。这时关键路线变为四条:A—C—E—F—I—K, A—C—E—F—H—J—K,B—D—F—I—K,B—D—F—H—J—K。选择其中斜率较小的 B 和 E,同时压缩 1 天,然后再选择共同关键路线上的 K,压缩 2 天。完成满足压缩 6 天的要求。

最后,计算、比较缩短工期发生的成本与获得的收益(奖金)大小,看看是否划算。见表 7-6 所示。

表 7-6 缩短工期的成本与收益

缩减时间的工作	缩减时间(天)	成本斜率(元/天)	赶工代价(元)	奖金(元)
E	1	25	25	1000
I	2	50	100	
B	1	50	50	
E	(1)	25	25	
K	2	150	300	
合计	6		500	1000

从表 7-6 中可以看出收益大于成本支出。方案可行。

如果进行进一步的研究,就会发现工期经过压缩后,网络图的结构形式未发生变化,但其性质已经不同。细心的读者自然可以找出其中的变化。

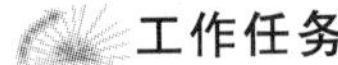工作任务

任务1 学会使用 Excel 绘制甘特图

Excel 并未提供甘特图类型，但还是可以绘制甘特图的。方法就是通过对堆积条形图类型进行自定义，使之显示任务、任务工期和层次结构。下面的过程可帮助创建甘特图(Gantt Chart)。

例：根据下表 7-7 所提供数据，绘制甘特图。

表 7-7 某项目施工表

任务	开始时间	工期
任务 1	0	2
任务 2	2	6
任务 3	8	9
任务 4	17	3
任务 5	20	5

1. 将数据复制到一个空白工作表中，或者打开包含要绘制到甘特图中的数据的工作表。

任务	开始时间	工期
任务1	0	2
任务2	2	6
任务3	8	9
任务4	17	3
任务5	20	5

图 7-9 原始数据表

注意 开始时间和工期的值分别代表与开始日期相差的天数和完成任务所需的天数。

2. 选择要在甘特图中绘制的数据(我们的示例工作表数据中为 C3：E8)。

3. 在“插入”选项卡上的“图表”组中单击“条形图”。

4. 在“二维条形图”下单击“堆积条形图”，见图 7-10。

图 7-10

5. 在图表中，单击第一个数据系列，按右键，点“数据系列格式”。
6. 单击“边框”中的“无”，然后单击“内部”中的无。

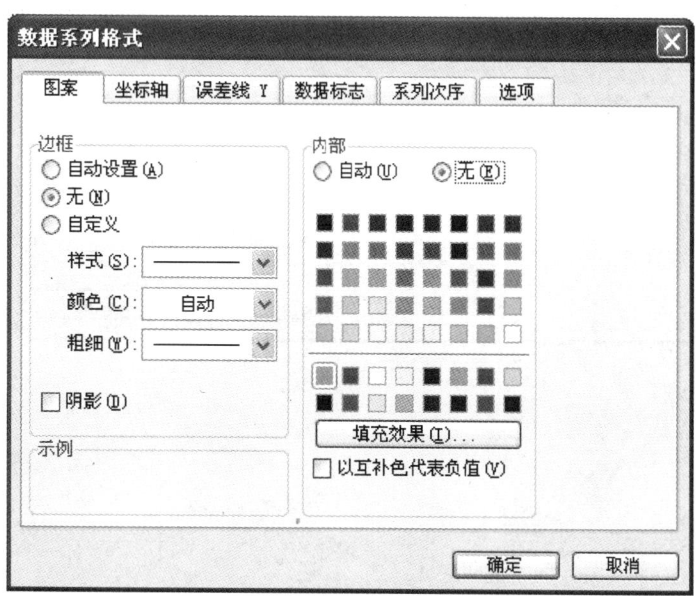

图 7-11

7. 单击“确定”。
8. 选择纵坐标轴(数值轴)，在“坐标轴选格式”下，选中“分类次序反转”复选框。

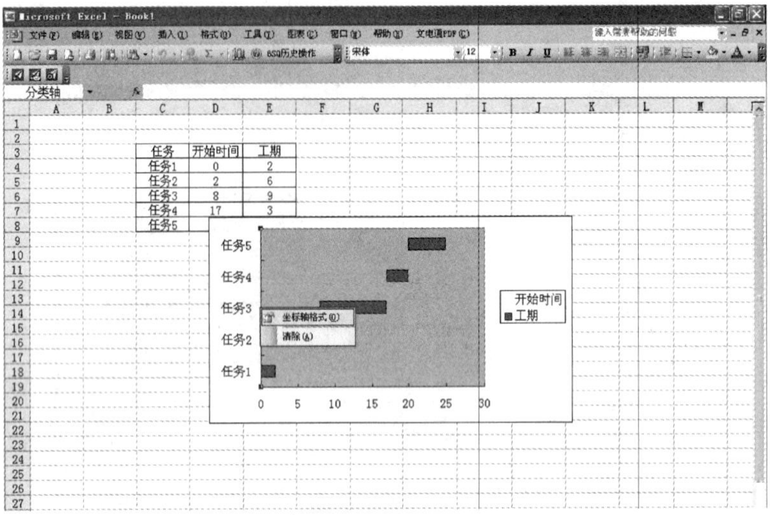
Microsoft Excel - Book1
分类轴
任务
开始时间
工期
任务1
0
2
任务2
2
6
任务3
8
9
任务4
17
3
任务5
坐标轴格式(O)
清除(A)
0 5 10 15 20 25 30
开始时间
工期

图 7-12

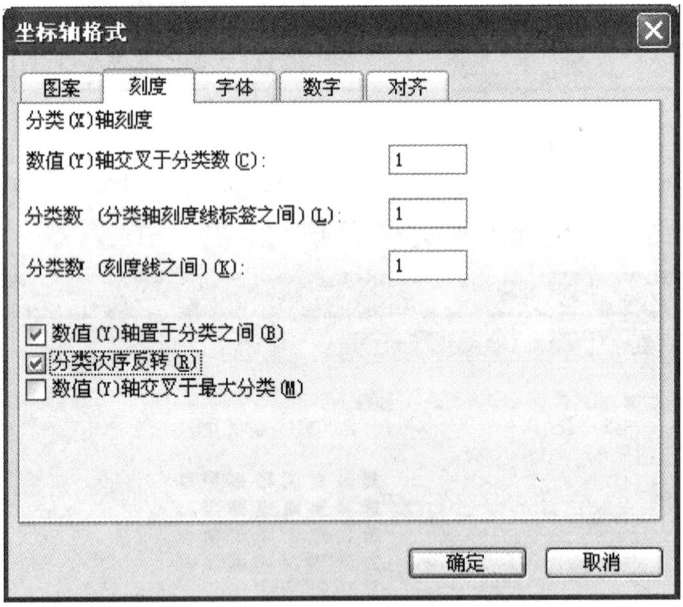
坐标轴格式
图案
刻度
字体
数字
对齐
分类(X)轴刻度
数值(Y)轴交叉于分类数(C):
1
分类数 (分类轴刻度线标签之间)(L):
1
分类数 (刻度线之间)(K):
1
数值(Y)轴置于分类之间(B)
分类次序反转(R)
数值(Y)轴交叉于最大分类(M)
确定
取消

图 7-13

9. 按“确定”,输出结果如下图 7-14。

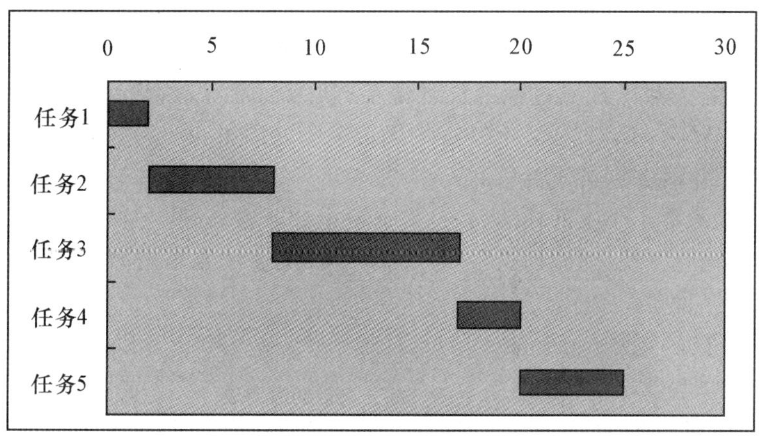

图 7-14

【思考与实践】请按照上述步骤,绘制下面项目的甘特图。

表 7-8 某项目任务表

任务	开始时间	工期
任务 1	0	2
任务 2	4	5
任务 3	10	9
任务 4	18	2
任务 5	21	6

任务 2 节点法绘制网络图

某产品开发项目由 14 项主要工作组成,有关信息见明细表 7-9:

表 7-9 产品开发项目的工作明细表(时间单位:周)

工作名称	代号	紧前工作	工作时间	工作名称	代号	紧前工作	工作时间
市场调查	A		6	设备计划	H	E,G	5
产品研制	B		12	器材筹备	I	C,E,G	12
资金筹备	C		13	设备筹备	J	C,H	10
需求分析	D	A	3	人事计划	K	C,H	9
产品设计	E	B	6	设备布置	L	J	8
成本计划	F	D	4	人员安排	M	K	4
生产计划	G	F	2	生产	N	I,L,M	11

【思考与实践】根据明细表,请分别按照箭线法和节点表示法绘制该项目网络图,并确定关键路线。

任务 3 案例分析——新产品投产计划

2011 年春节刚刚过去，黄海市电子玩具厂研究所的小王突然来了灵感，准备开发一种新的电动玩具娃娃。刘厂长看过他的设计之后，认为创意不错，估计市场前景非常乐观。并当即拍板决定投产。但对能否赶在“六一”儿童节之前推出，心里没有十分的把握。因此，刘厂长决定召集有关人员研究一下，看看是否可行。

在会议上，大家看了小王的样图后，也都觉得设计非常新颖。但对其复杂性提出异议，认为可以设计得简化一些。并且，这种新产品对生产工艺的要求较高，如果要投产的话，还需购进一台新检测设备。

生产副厂长张工计算了一下，估计生产周期至少需要 120 天。以下是他的计算依据：

表 7-10 新产品开发活动时间表

序号	活动名称	估计需要时间(天)
1	产品开发决策	2
2	市场调查	10
3	筹资	8
4	确定规模	3
5	修改设计	15
6	设备调查	4
7	物资采购	3
8	工艺准备	20
9	设备采购	10
10	设备安装	8
11	试生产	5
12	生产	20
13	销售准备工作	10
14	投入市场	2
合计		120

张工进一步解释说：“明天是 2 月 1 日，离‘六一’正好有 4 个月，如果一天也不休息的话，一共有 120 天。要是减去 39 天休息日，那么，实际工作日只有 81 天。缺口这么大，靠一般的加班是难以解决的。”

经张工一说，原本热烈的会场一下冷清下来。因为以前工厂的新产品开发一般都在半年左右，这回要想提前两个月完成，困难实在是大了些。

经营副厂长老陈一见这种情况，心里的气儿就不打一处来，接茬说：“现在顾客的要求越来越高，玩具市场的竞争也越来越激烈。按照我们的推测，今年北方‘六一’的玩具市场的‘火药’味肯定要比去年浓得多。年前我曾去南方考察了一圈。他们的新产品生产周期已经缩短到了 3 个月。如果我们的生产周期还是比他们长一倍的话，那咱们大家迟早都得下岗。”

刘厂长一听老陈的话音，知道他心里还在为未能完成去年的销售任务而有怨气。赶紧接过话题，说道：“老陈的话有道理，我们去年没有完成销售计划目标的主要原因是新产品开发周期太长。如果电动狗熊能够提前一个月上市的话，就不会让别人占了先。大家去年的年终奖也就至少可以增加1成。今天会议的主题是看大家有没有什么办法，缩短我们的生产周期。”

刘厂长的这一番话，又勾起了大家的记忆，大家七嘴八舌，会场一片嗡嗡声……

过了一会，只见企管科新毕业分配来的大学生小吴站起来，怯生生地说：“关于如何缩短生产周期的事情，我们老师专门讲过。一个方法是将平行作业改为交叉作业，用网络图的形式做计划。另外一个方法是采用并行工程的方法，就是将原来首尾相接顺序进行的活动变成并列进行，不必等前一个完成，再进行下一个。我们的新产品开发可以考虑采用这种办法。”

小吴的话又一次引发了大家的议论，只不过这次怀疑的成分更多了些。

刘厂长没想到是这么个结局。但他也意识到小吴的话不是一点道理都没有。看着涨得满脸通红的小吴，刘厂长心里不觉闪现出一丝欣慰之情。他清了清嗓子，宣布今天的会议先开到这里，大家回去想想小吴的话有没有道理，自己的工作能不能改进，应该怎样改进，明天大家继续讨论。最后，他又一次强调：这次的新产品开发工作一定要在“六一”前完成！谁要是砸了工厂的饭碗，我就先砸他的饭碗！

会后，他将小吴、小王、老陈和张工留下，专门讨论了如何缩短生产周期的各种可能。小吴自告奋勇，要在明天拿出按时完成的网络图。你能够替小吴画出来吗?

项目八

工业工程基础

教学目标

(一)总目标:掌握工业工程基础的技术和方法

(二)具体目标:

1. 掌握动作分析的目的,动作分析改善的次序、原则和搬运分析;
2. 掌握工程分析的基本内容;
3. 掌握时间分析的手段和方法。

工作任务

(一)认识IE;动作分析和优化设计;工艺流程分析;人机联合作业分析;秒表测时;作业测定

(二)到企业实践,全面了解IE应用

单元一 动作分析

教学目标

(一)总目标:掌握动作分析的基本方法

(二)具体目标:

1. 理解IE的概念;
2. 动作分析的目的;
3. 动作分析改善的次序;
4. 动作经济原则;
5. 搬运分析

理论精要

IE是英文Industrial Engineering的简称,直译为工业工程,是以人、物料、设备、能源和住处组成的集成系统为主要研究对象,综合应用工程技术、管理科学和社会科学的理论与方法等知识,对其进行规划、设计、管理、改进和创新等活动,使其达到降低成本,提高质量和效益的目的的一项活动。简单地说,IE是改善效率、成本、品质的方法科学。

一般认为,泰勒(Frederick W. Taylor 1856～1915)和吉尔布雷斯(Frank B. Gilbreth 1868～1924)是IE的开山鼻祖。

19世纪80年代,泰勒和吉尔布雷斯分别通过自己的实践,仔细观察工人的作业方式,再寻找效率最高的作业方法,并且设定标准时间进行效率评估。结果,不仅生产效率得以提高,工人的收入也得以增加。从而开创了工业工程研究的先河。

泰勒和吉尔布雷斯都是通过研究劳动者的作业方式,以扎实的资料为依据进行分析,而不是依赖直觉,进而提高生产效率。不过,两人的侧重点有所不同,泰勒偏重于"作业测定"(Work Measurement 简称WM),吉尔布雷斯则以"方法改善"(Method Engineering 简称ME)的始祖自居。

IE经过一个多世纪的发展,如今已经成为一个技术性极强,应用广泛的学科。随着QC、WF、MH、VA、VE、WS、OR、WD、SE等方法在企业中运用,产业界发生了天翻地覆的变化,IE也一直受到社会的重视。在美国,IE工程师是工程类的第二大职业,有110万IE工程师在各行各业中服务。美国劳工部估计,今后十年工业工程师的需求将是每年12000人,是即将毕业的学生数的三倍多。相信随着市场化程度的不断提高,随着中国向世界制造中心的地位不断迈进,国内也会掀起一股IE方法应用的热潮。

今天,IE与专业技术的结合更加紧密,各种新方法、新术语层出不穷。不过,对于一般的工厂管理/技术人员来说,如果能将基础的IE方法熟练应用,就能产生很大效果。基础的IE方法包含以下几个方面:动作分析、工程分析、时间分析、搬运与布置。这些方法可以根据改善的目的或对象独立进行使用。不过,它们彼此之间有密切的联系,倘能相互结合,纯熟应用,则效果更佳。

一、动作分析的目的

生产活动实际上是由人和机械设备对材料或零部件进行加工或检验组成的,而所有的检验或加工又都是由一系列的动作所组成,这些动作的快慢、多少、有效与否,直接影响了生产效率的高低。

许多人认为理所当然的动作组合,其实都存在停滞、无效动作、次序不合理、不均衡(如太忙碌、太清闲等)、浪费等不合理现象。这些动作对产品的性能和结构没有任何改变,自然也不可能创造附加价值,使生产效率因之降低。吉尔布雷斯曾说过:"世界上最大的浪费,莫过于动作的浪费。"

以日常生活中的动作为例:一个熟练的厨师,可以同时用两个甚至更多的炉子炒菜,快速而且不会出差错。而平常人则可能用一个炉子炒菜都会出现在中途发现某一种材料还未准备好的状况,所耗费的时间也更长。究其原因,就是因为动作安排合理与否造成的。

动作分析就是对作业动作进行细致的分解研究,消除上述不合理现象,使动作更为简化,更为合理,从而提升生产效率的方法。

二、动作分析改善的次序

动作分析改善的步骤:问题的发生/发现、现状分析的发生/发现、找出问题的真因、拟定改善方案、实施改善方案、改善效果确认、标准化。

(一)问题的发生/发现

在生产制造的现场,每天都有新的问题在发生。有些人可能视若无睹,觉得一切都很正常,因而也就缺少改善的动因,效率也就日复一日地停留在同一水平上。改善往往源于问题的发生和发现,管理者如果能带着疑问审视现场所发生的一切,特别对细节的地方加以留意,就更容易找到改善的对象。

(二)现状分析

问题出现以后,就应该针对问题发生的现场,展开细致的调查,掌握翔实的数据,使问题进一步明确。然后根据掌握的事实,展开分析。

(三)找出问题的真因

通过现状的分析以后,可以得到一些问题的可能原因。这时,应该逐一加以验证,把一些似是而非的原因排除掉,找到真正导致问题的原因。排除的过程应该坚持先简单后复杂、先成本低后成本高的原则。

(四)拟定改善方案

问题的真因找到之后,就应该拟定改善方案,以消除产生问题的原因使问题不再复发。对于动作改善,可以参考动作改善四原则(见表 8-1),帮助拟定改善方案。

表 8-1 动作改善四原则

序号	改善原则	目的	事例
1	排除 Eliminate	● 排除浪费 ● 排除不必要的作业	①合理布置,减少搬运。 ②取消不必要的外观检查。
2	组合 Combine	● 配合作业 ● 同时进行 ● 合并作业	①把几个印章合并一起盖。 ②一边加工一边检查。 ③使用同一种设备的工作,集中在一起。
3	重排 rearrange	● 改变次序 ● 改用其他方法 ● 改用别的东西	①把检查工程移到前面。 ②用台车搬运代替徒手搬运。 ③更换材料。
4	简化 simplify	● 连接更合理 ● 使之更简单 ● 去除多余动作	①改变布置,使动作边境更顺畅。 ②使机器操作更简单。 ③使零件标准化,减少材料种类。

改善方案拟定之后,应该与相关人员检查其中是否有缺失遗漏,进一步使之完善,避免产生负作用。

(五)改善方案的实施

改善方案确定以后,就该集中相关人员进行说明训练,将任务分派下去,并对改善过程进行追踪监控。一旦有不理想的地方,还应及时进行调整。

(六)改善效果确认

改善方案实施完成后,应收集各方面数据,与改善之前的数据进行比较,确认改善是否达成了预想的目标。

(七)标准化

倘若效果较为明显,就应通过标准化加以维持。制订新的作业标准书、现场整理布置规范、安全操作规程、工程巡视要点等文件并正式发布实施。这样也就完成了一个工作改善的循环，进入下一个循环。

三、动作经济原则

“动作经济原则”又称“省工原则”，是使作业（动作的组成）能以最少的“工”的投入，产生最有效率的效果，达成作业目的的原则。

“动作经济原则”是由吉尔布雷斯（Gilbreth）开始提倡的，其后经许多工业工程的专家学者研究整理而成。熟悉掌握“动作经济原则”对有效安排作业动作，提高作业效率，能起到很大的帮助。

（一）动作效率

左右动作效率的主要因素有以下几个方面

1. 操作条件

操作条件主要包含以下一些因素：

①对象物的大小、形状、重量等；

②使用的设备、仪器、工具；

③操作的环境。

2. 操作方法

①使用身体的部位手指、手掌、手腕、手臂、躯体、腿脚；

②移动的距离、方向、路线；

③动作的组合方式。

3. 动作的难度

4. 动作的准确度

5. 动作的速度、节奏

要提高动作效率，就必须合理地组合以上因素，取得更大的动作效果。

（二）动作经济原则

1. 四项基本原则

动作的改善基本上可以四项基本原则作为基本思路：

①减少动作数量

进行动作要素分析，减少不必要的动作是动作改善最重要且最有效果的方法。

②追求动作平衡

动作平衡能使作业人员的疲劳度降低，动作速度提高。比如双手动作能比单手大大提高效率，但必须注意双手动作的协调程度。

③缩短动作移动距离

无论进行什么操作，“空手”、“搬运”总是必不可少的，而且会占用相当一部分动作时间。“空手”和“搬运”其实就是“空手移动”和“负荷移动”，而影响移动时间的最大因素就是移动距离，因此，缩短移动距离也就成为动作改善的基本手段之一了。

④使动作保持轻松自然的节奏

前面三项原则是通过减少、结合动作进行的改善。而进一步的改善就是使动作变得轻松、简单。也就是使移动路线顺畅，使用易把握的工具、改善操作环境以便能以更舒适的姿势进行工作。

2. 动作经济的 16 原则

在工作的场合中，较为共能的硬件有人、工具设备、环境布置等三个方面。动作经济的四项基本原则在这几个方面加以应用又可以整理成动作经济的 16 原则。

——关于人体动作方面

(1)双手并用的原则

能熟练应用双手同时进行作业，对提高作业速度大有裨益。单手动作不但是一种浪费，同时也会造成一只手负担过重，动作不平衡。从动作经济的原则出发，双手除休息外不能闲着。另外，双手的动作最好同时开始，同时结束，这样会更加协调。

(2)对称反向的原则

从身体动作的容易度而言，同一动作的轨迹周期性反复是最自然的，双手或双臂运动的动作如能保持反向对称，双手的运动就会取得平衡，动作也会变得更有节奏。

(3)排除合并的原则

不必要的动作会浪费操作时间，使动作效率下降，应加以排除。而即使必要的动作，通过改变动作的顺序、重整操作环境等也可减少时间浪费。

例：使用自动焊枪减少焊接动作

一般电子工厂都有基板补焊的作业，使用一般的烙铁和自动焊枪就会有很大的区别。具体如下表 8-2 所示。

表 8-2　补焊动作比较

一般烙铁的补焊动作			自动焊枪的补焊动作		
	左手	右手		左手	右手
1	取基板		1	取基板	拿焊枪
2	把基板放在架子上		2	手持基板	补焊
3	拿焊锡丝	拿烙铁	3	把基板放回流水线	
4		补焊			
5	放下焊锡丝	放下烙铁			
6	把基板放回流水线				

例：日期章的合并

很多产品在外包装上要印上生产日期，一些没有日期喷码设备的工厂会刻出 0—9 十个数字印章，使用手工在外包装上盖印。这样，不但动作繁多，而且出错的概念也很高，要求作业人员注意力要高度集中，每印一个数字都必须思考、选择。如果把印章合并在一起，动作就可以一次完成，而且每天只要调整一次日期，出错概率大大降低。

(4)降低动作等级的原则

人身体的动作可按其难易度划分等级，具体如下表 8-3。

表 8-3　动作等级

等级	动　　作
1	以手指为中心的动作
2	以手腕为中心的动作
3	以肘部为中心的动作
4	以肩部为中心的动作
5	以腰部为中心的动作
6	走动

动作等级越低，动作越简单易行。反之，动作等级越高，耗费的能量越大，时间越多，人也越容易感到疲劳。

事实上，许多家庭用品的设计都体现了降低动作等级的原则。以电灯开关为例，使用接触式开关就比使用闸刀式开关动作等级低。而各种家用电器遥控器的使用，也都使动作等级大大降低。

(5)减少动作限制的原则

在工作现场应尽量创造条件使作业者的动作没有限制，这样在作业时，心理才会处于较为放松的状态。

比如，当工作台上摆放零件的容器容易倾倒，作业者在取零件时动作的轻重必须特别注意，则取零件的动作效率必大受影响。此时，可以通过改变容器重心、支撑面、摆放位置等进行改善。

例：涂漆限制的消除

要在产品的划线区域内涂漆，超出区域范围不可涂漆，否则会成为不良品。如果单纯要求作业人员在工作中尽量小心，则动作一定变慢，而效果也未必会令人满意。若能把划线区域周边用模板遮住，待涂漆完成后再揭去模板，这样，作业人员在作业过程中不必担心超出范围，动作速度一定会大幅提高，而且涂漆造成的不良品也会大大减少。

(6)避免动作突变的原则

动作的过程中，如果有突然改变方向或急剧停止必然使动作节奏发生停顿，动作效率随之降低。因此，安排动作时应使动作路线尽量保持为直线或圆滑曲线。

(7)保持轻松节奏的原则

音乐必须有节奏才能使人身心愉悦，如果节奏跳跃非常厉害，紊乱而无规则的话就会使听者觉得刺耳。同样，动作也必须保持轻松的节奏，让作业者在不太需要判断的环境下进行作业。动辄必须停下来进行判断的作业，实际上更容易令人疲乏。顺着动作的次序，把材料和工具摆放在合适的位置，是保持动作节奏的关键。

(8)利用惯性的原则

动作经济原则追求的就是以最少的动作投入，获取最大的动作效果。如果能利用惯性、重力、弹力等进行动作，自然会减少动作投入，提高动作效率了。

例 6：搬运滑道

要把二楼仓库内的成品搬运装车，如果从楼梯使用人工搬运，则费时费力而且效率低下。如果使用电梯搬运，则可能路线迂回，而且投入较大。若能设计一搬运滑道，利用重力使成品从二楼直接滑到车上，另一个人在车上进行整理，效率必可大为提高。

(9)手肢并用的原则

脚的特点是力量大，手的特点是灵巧。在作业中如果能够结合使用，一些较为简单或者费力的动作可以交给脚来完成，对提高作业效率也大有裨益。

缝纫机就是手脚并用的一个典型的例子。倘若把缝纫机中由脚完成的动作设计由手完成的话，其别扭程度可想而知。

——关于工具设备方面

(10)利用工具的原则

工具可以帮助作业者完成人手无法完成的动作，或者使动作难度大为下降。因此，从经济的角度考虑，当然要在作业中尽量考虑工具的使用。

如今，工具在各个工厂的使用极为普遍。比如，手推车可以使搬运的工作轻松省力，传送带使流水作业免除搬运传递，电动螺丝刀代替手工拧螺丝，利用塞规进行厚度测量，等等。如果没有工具，这个社会不免要倒退 200 年甚至更多。不过，除了普通工具的使用之外，如何针对特定的场合设计出特定的工具，或者巧妙地利用其他工具，却是各个工厂应具体研究的课题。

(11)工具万能化的原则

工具的作用虽然巨大，但是如果工具的功能过于单一，进行复杂作业时就需要用到很多工具，不免增加工具寻找、取放的动作。因此，组合经常使用的工具，使工具万能化也就成为必要了。

例如：万用表把安培表、伏特表、欧姆表组合在一起，给电子技师带来极大的方便；多色圆珠笔使使用者不用临时去寻找某一种颜色的笔；万用螺丝刀让你一把螺丝刀在手即可应付多种规格的螺丝；剪刀上可以组合开罐头、开瓶器、刮皮等多种功能。

(12)易于操纵的原则

工具最终要依赖人才能发挥作用，在设计上应注意工具与人的结合的方便程度，工具的把手或操纵部位应做成易于把握或控制的形状。

例如，螺丝刀手柄太细就不好把握，而且使用时转矩不够；电烙铁的手柄不会使用金属材料；茶杯有把手就易于端取；开关最好采用按钮式或接触式开关。

——关于环境布置方面

(13)适当位置的原则

工作所需的一应材料、工具、设备等应根据使用的频度、加工的次序，合理进行定位，尽量放在伸手可及的地方。

(14)安全可靠的原则

作业者的心理安定程度对作业效率也会有直接影响，如果作业者在作业过程中总担心会受到伤害，心理的疲惫会导致生理的疲惫的提前。因此，应确保作业现场的一应设施、材料、布置、作业方法不会存在安全隐患。

(15)照明通风的原则

作业场所的灯光应保持适当的亮度和光照角度，这样，作业者的眼睛不容易感到疲倦，作业的准确度也能有所保证。此外，良好的通风、适当的温湿度也是环境布置上应重点考虑的方面。

(16)高度适当的原则

作业场所的工作台面、桌椅的高度应该处于适当的高度，让作业者处于舒适安稳的状态下进行作业。

工作台面的高度还会因操作的内容不同而有所差异。比如使用打字机的工作台面高度大约为60厘米为宜；而进行组装时工作台面高度大约为85厘米较为适当。此外，椅子的高度应与工作台面的高度相称，而且椅子最好有靠背，必要的时候还应配备脚踏板使作业环境尽可能舒适。

四、搬运分析工作

在前面项目六里面我们已经介绍了搬运管理的有关内容，在这里我们仅做一下补充介绍。搬运分析目的在于改进搬运工作，减轻人员劳动强度，提高作业效率。搬运活性分析是其中的基础工作。主要指标是搬运活性指数，即物品存放状态对搬运作业的难易程度。见下表8-4所示。

表 8-4　搬运活性指数

活性指数	物品状态	作业说明	需要作业数
0	杂乱地堆在地面上	集中、搬起、升起、运走	4
1	装箱或经捆扎后的状态	搬起、升起、运走	3
2	箱子或被捆扎后的物资，下面放有枕木或其他衬垫，便于叉车或其他机械作业	升起、运走	2
3	置于装卸、搬运机械上，可即刻移动	运走	1
4	被装卸、搬运的物资，已经被起动、被直接作业		0

在实际工作中，对于以搬运、装卸、运输为主的作业，如物料仓储、配送中心等，通常采用平均活性指数方法来说明和分析物资搬运的灵活程度。即对某一物流过程物资所具备的活性情况累加后计算平均值，一般用 δ 表示，以它的大小来确定是否改变搬运方式。如：

·当 $\delta < 0.5$ 时，所分析的搬运系统半数以上处于活性指数为0的状态，即大部分处于散装情况，其改进方式可采用料箱、推车等存放物资。

·当 $0.5 < \delta < 1.3$ 时，说明大部分物资处于集装状态，改进方式可采用叉车和动力搬运车。

·当 $1.3 < \delta < 2.3$ 时，系统大多处于活性指数为2的状态，应该采用单元化物资的连续装卸和运输。

·当 $\delta > 2.7$ 时，则说明大部分物资处于活性指数为3的状态，其改进方法可选用拖车、机车车头拖挂的装卸搬运方式。

例：某仓库的搬运操作见下图8-1所示，试分析、改进其搬运活性。

从图中可以直观地看出：搬运步骤1、4、8的活性指数太低，应该改进。可采用容器、托盘或手推车等盛装方法替代将物料直接散放在地上的做法。

从平均活性指数值来看：$\delta=(0+3+4+0+2+4+2+0+3+2)/10=2$，应该采用单元化物资的连续装卸搬运方法，与图示法的结论相同。改进后的状况见图8-2所示，这时，搬

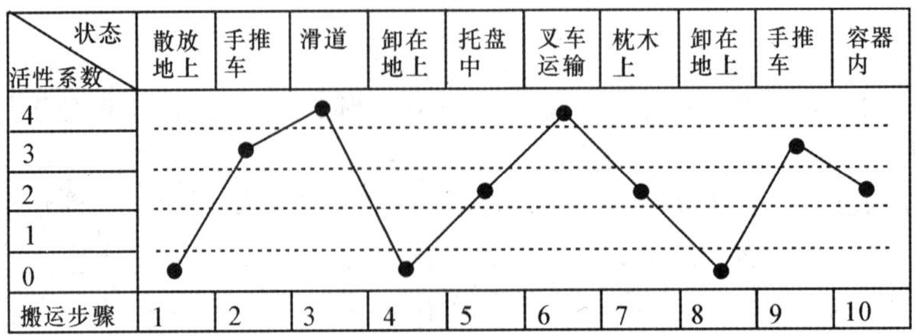

图 8-1 某仓库的搬运活性分析图(改进前)

运平均活性指数已经提高到:$\delta=(0+3+4+2+4+2+3+2)/8=2.5$ 。

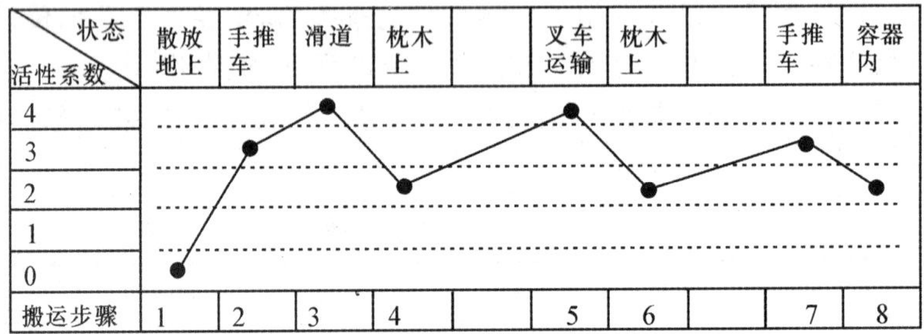

图 8-2 某仓库的搬运活性分析图(改进后)

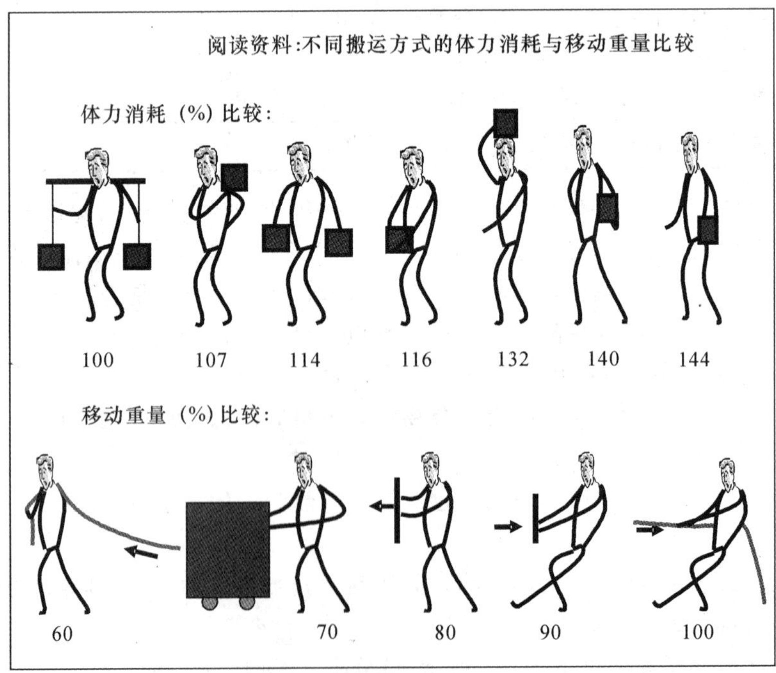

图 8-3 不同搬运方式的体力消耗与移动重量比较

工作任务

任务1　认识IE

阅读下列材料，回答问题。

泰勒和吉尔布雷斯的研究事例

1. 铁锹研究

1898年，泰勒在匹滋堡钢铁公司发现以下现象：当时，不管铲取铁石还是搬运煤炭，都使用铁锹进行人工搬运，雇佣的搬运工动不动达五六百名。优秀的搬运工一般不愿使用公司发放的铁锹，宁愿使用个人拥有的铁锹。同时，一个基层干部要管理五六十名搬运工，且所涉及的作业范围又相当广泛。在一次调查中，泰勒发现搬运工一次可铲起3又1/2磅(约1.6公斤)的煤粉，而铁矿石则可铲起38磅(约17公斤)。为了获得一天最大的搬运量，泰勒开始着手研究每一锹最合理的铲取量。泰勒找了两名优秀的搬运工用不同大小的铁锹做实验，每次都使用秒表记录时间。最后发现：一锹铲取量为21又1/2磅(约10公斤)时，一天的材料搬运量为最大。同时也得出一个结论，在搬运铁矿石和煤粉时，最好使用不同的铁锹。此外，还展开生产计划，以改善基层管理干部的管理范围。进一步的，还设定了一天的标准工作量，对超过标准的员工，给予薪资以外的补贴，达不到标准的员工，则要进行作业分析，指导他们的作业方式，使他们也能达到标准。结果，在三年以后，原本要五六百名员工进行的作业，只要140名就可以完成，材料浪费也大大降低。

2. 砌墙动作的研究

吉尔布雷斯从事的是建筑业。19世纪末的建筑业，砌砖墙是施工的一个重要部分。吉尔布雷斯发现不同的施工者在不同的场合下动作各不相同，他认为其中一定存在一种最合理的施工方法，能使效率最高，施工人员的疲劳度也最低。例如：当时，砌墙时砖头摆放在地面上，施工人员必须一次次地弯腰选择砖头，选择比较良好的侧面。这样，不但施工人员容易疲劳，效率也不可能高。吉尔布雷斯通过一系列研究，改进了施工方法，在施工人员容易取放的高度上设置了一个摆放砖头的平台。同时，另一只手拿着沾满混凝土的抹板，改以前的单手作业为双手作业。

经过这样的改进后，施工速度是以前的三倍以上，施工人员的疲劳度也大大降低。

【思考与实践】IE经过百年的发展，还有价值吗?

(提示：从以上事例中我们可以发现通过实施IE改善，不但生产效率得到提升，而且可以降低员工劳动强度，并且为绩效管理提供了基准。对企业而言，无疑是求之不得的好事。对于我国目前大多数企业而言，多数属劳动密集型企业，管理以直觉为主，引进IE一定可以收到巨大的成效。)

任务 2 发现现场的问题点

仔细研读下面表格中的内容，回答问题。

表 8-5a 动作效率检查表

项 目	检 查 重 点	结 果
难度	● 有没有较难执行的动作？ ● 作业的姿势是否容易导致疲倦？ ● 作业环境是否方便作业进行？ ● 能否使动作更轻松？ ● 人员的配置合理吗？ ● 有没有安全隐患存在？	
不均匀	● 作业是否有忙闲不均的现象？ ● 是否有熟练度不够的现象？ ● 作业者之间的配合怎样？ ● 是否有显得散乱的地方？	
浪费	● 有没有等待、停滞现象？ ● 检查标准会不会过于严格？ ● 人员配备是否过剩？ ● 是否有重复多余的动作？ ● 有没有次序安排不合理的动作？	

表 8-5b 检查表

检查项目	检查重点
生产效率 productivity	生产效率有没有提高的余地？ 动作时间能否缩短？
品质 quality	品质稳定吗？ 不良率是否增大？ 消费者有没有抱怨？
成本 cost	材料有没有浪费？ 机械运转率高吗？ 间接人员是否过多？ 非作业时间多不多？
交货期 delivery	交货期是否经常有拖延？ 计划的准确度高吗？
安全 Safety	有没有不安全的动作？ 环境中有没有安全隐患？ 设备操作正常吗？
士气 morale	员工精神状态怎样？ 人际关系有没有问题？ 纪律遵守程度好吗？

【思考与实践】利用上面两个表到相关车间进行检查，并填写相关内容。

任务3　动作分析和优化设计

1. 目的

掌握影片分析方法，学会通过影片分析操作者动作的执行情况，并联系动素分析，对操作者的动作过程进行优化，以提高操作者的工作效率。

2. 动作分析简介

动作分析是20世纪初美国工程师吉尔布雷斯及其夫人共同创立，是分析和优化生产线上操作者的操作效率的有效工具，至今仍然被广大企业应用于生产系统的优化设计中。动作分析在程序决定后，研究人体各种动作的浪费，以寻求省力、省时、安全和最经济的动作。其目的是发现操作人员的无效动作和浪费现象，简化操作方法，减少工作疲劳，降低劳动强度，制定操作标准。常用的动作分析方法有：

①目视动作分析

②动素分析

③影片分析

工业工程领域将人体的动作过程分为18个基本动素，如下表8-6所示。

表8-6　人体的动作过程基本动素

符号	名称	定义	缩写	颜色	符号	名称	定义	缩写	颜色
⌣	伸手	什么也不拿的空手移动	TE	草绿	→	选择	从许多物件中选择对象物	St	淡灰
∩	握取	用手或身体一部分支撑对象	G	红	ᑭ	计划	思考和决定以后的操作	Pn	棕
◡	搬运	用手(身体)一部分改变对象位置	TL	绿	9	定位	调整对象与轴线和方向相适应	P	蓝
#	装配	将多个对象组成一体	A	紫	8	预定位	定位前将物体安置到预定位置	PP	淡蓝
U	使用	利用工器具或装置所做的动作	U	紫红	Ω	持住	把对象物支撑在一定的位置	H	金
⧣	拆卸	把对象分解成若干部分	DA	淡红	ℓ	休息	为消除疲劳而停止目前的作业活动	R	橘黄
⌒	放手	使对象从握取变成自由状态	RL	洋红	∧o	延迟	不可避免的停顿	UD	黄
0	检查	将对象物与所制定的标准作比较	I	深褐	—o	故延	可以避免的停顿		柠檬黄
⊖	寻找	用眼睛或手探寻目的物位置	SH	黑	◎	发现	找到目的物位置	F	

参考动素分析的周道圆，从动素对最终的产品贡献的性质分析，动素可以分为

①有效动素：操作有直接贡献的动素

主要有：装配、拆卸、使用(内圈)；

伸手、握取、移物、放手(第二圈)。

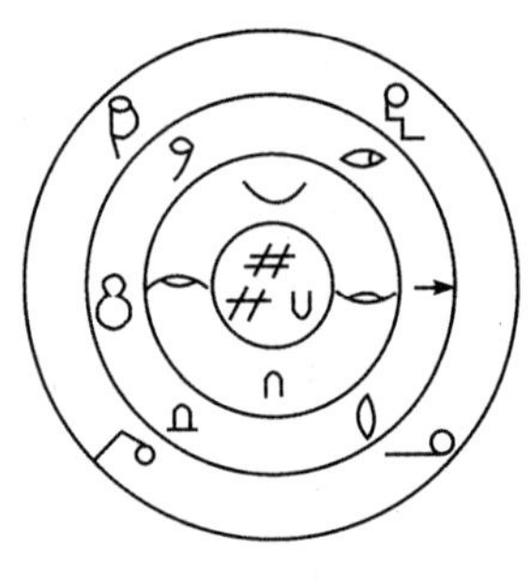
图 8-4 周道圆

②无效动素

主要有：寻找、选择、检查、持住、定位、预定位（第三圈）；
　　休息、故延、延迟、计划（外圈）。

其中，内圈：核心动素；

第二圈：可改善动素；

第三圈：辅助动素，愈少愈好；

外圈：消耗性动素，应尽可能取消。

3. 实验仪器

(1)名称：数码摄像仪。

(2)本实验体系结构

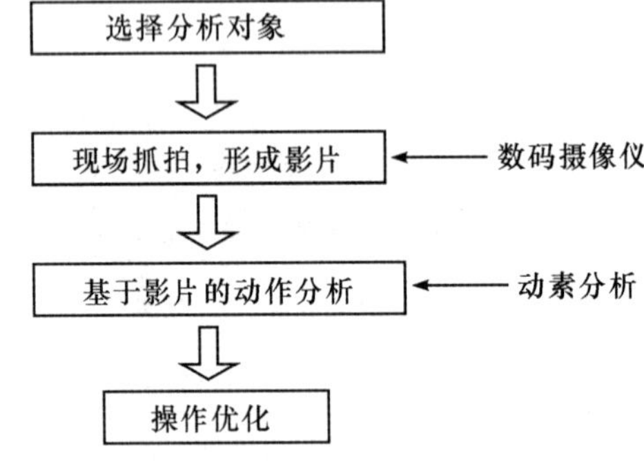

图 8-5 体系结构图

4. 程序

(1)做好实验前的预习工作，明白动素分析的基本理论；

(2)选择动素分析对象；

(3)利用数码摄像仪针对现场工人的操作进行动作抓拍；

(4)对抓拍的动作影片进行整理；

(5)对抓拍的动作影片进行描述，并用动素理论描绘动素分析图；

(6)对动素分析图进行分析和优化设计；

(7)绘制优化后的动素分析图。

5. 实验结果

(1)动作过程描述

____

____

____

____

____

(2)动素分析图

表 8-7 动素分析图

动素分析图

左手		右手	
动作描述	符号	符号	动作描述

统计结果

左手	动素	右手

(3)改进要点

(4)对改进后的动作过程进行描述

(5)改进后的动素分析表

表 8-8 改进后动素分析表

动素分析表

左手		右手	
动作描述	符号	符号	动作描述

统计结果

左手	动素	右手

【思考与实践】

(1)现场抓拍工人动作形成影片的过程中需要注意哪些问题？原因是什么？

(2)从本实验出发，讨论动素分析在现代生产运作过程中的意义。

(3)统计影响工作动作过程完成质量和效率的主要相关影响因素。

单元二　工程分析

教学目标

(一)总目标：掌握工程分析的基本方法

(二)具体目标：

1. 理解工程分析的概念
2. 工程分析的目的、种类
3. 熟悉工程分析的记号；工程分析的基本步骤及注意要点
4. 掌握制品工程分析；作业者工程分析；联合工程分析；事务工程分析

理论精要

一、工程分析

一般的工厂，总是把原材料经过一系列的加工、检查、搬运、保管的过程，最后转化为成品出售。过程中，若干相关作业的集合，按照一定的顺序进行，可以产生一定范围的效果，称之为工程。例如：电子厂电路板的插件、焊接、检查一般可称为“基板组装工程”；电冰箱的涂装生产线一般可称为“涂装工程”。

对工程加以分析、调查，找出其中浪费、不均匀、不合理的地方，进而进行改善的方法，称之为工程分析。

二、工程分析的目的

进行工程分析的目的，大致有以下几点：

(一)对现有工程进行改善

现有工程一般达到一定的水平，如果要进一步提高，要找出其中的改善重点。而管理者对工程的现状习以为常，如果不能进行细致的调查分析，往往无法发现问题所在。所以，有必要通过工程分析，找出工程中存在的不合理、不均衡、复杂化、浪费多、变异多的地方加以改善。

(二)建立新的工程体系

新产品进行生产时，必须对各工序的作业内容、作业的顺序、作业之间的衔接做出明确的规定，才有办法使新产品的生产方法为作业人员所理解，新产品的生产才能具体落实。这时，使用工程分析可以使新产品的工程体系建立更为便捷，而管理人员和作业人员的沟通也更为顺畅。

三、工程分析的种类

工程分析一般根据分析的对象进行分类。以产品为主要对象的称为“制品工程分析”，以作业人员为主要对象的称为“作业者工程分析”。如果分析中涉及人与机器设备或人与人的载作配合的称为“联合工程分析”。其中，人与人之间工作配合的称为“共同作业分析”，人与机器设备工作配合的分析称为“人机作业分析”。

另外，以工程分析的方法对事务流程的连接进行分析并加以改善的方法，则称为“事务工程分析”。工程分析的分类体系可参考下图 8-6 进行理解。

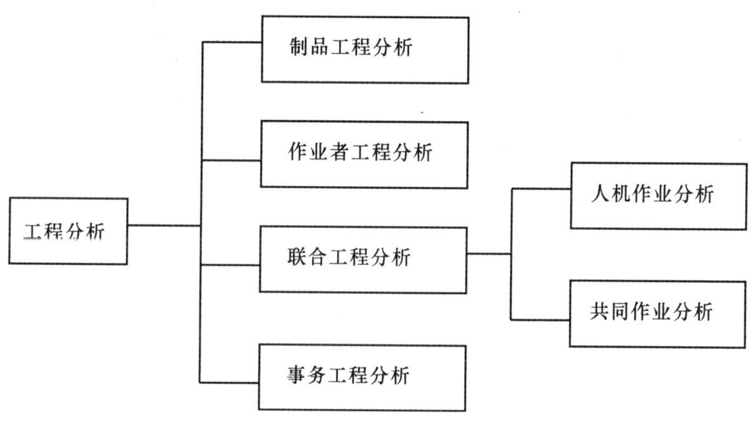

图 8-6　工程分析的分类体系图

四、工程分析的记号

在工程分析中，为使分析过程简化并易于理解，把生产过程中常见的一些活动以特定的记号来表示，具体如下。

表 8-9　基本记号

序号	要素工程	分类	记号	意　义
1	加工	加工	◯	表示使原材料、零件、制品的形状或性质发生变化，以符合某种加工目的的过程。
2	搬运	搬运	⇨	表示使原材料、零件、制品位置发生变化的过程。
3	停滞	储藏	▽	表示按计划储藏原材料、零件、制品。
4		滞留	D	表示原材料、零件、制品处于非预期的滞留状态。
5	检查	数量检查	□	测量原材料、零件、制品的数量，与基准进行比较。
6		品质检查	◇	测试原材料、零件、制品的品质特性，把结果和基准进行比较，以作出合格与否或优良与否的判断。

五、工程分析的基本步骤及注意要点

工程分析是现场改善的重要方法之一，如能熟练应用对工程安排，对合理性提高大有裨益。

步骤一，展开预备调查，使问题明确化。调查的基本项目有：

①问题涉及的范围(工程的起点与终点)

②涉及的作业内容、机器设备、环境配置。

③原料及供应。

④制品及品质。

⑤作业方法。

步骤二，分解工程。将工程内容按要素项目进行分解。

步骤三，绘图。使用前文所述的记号，将工程内容绘成流程图。

步骤四，详细调查。对以下项目进行详细了解，更好地把握工程的现状。

①作业方法(同时对照流程图，检查是否有错误、遗漏)。

②作业时间。

③作业距离。

④节拍时间。

⑤作业量。

⑥瓶颈作业项目。

⑦出现的问题点。

⑧改善目标。

⑨限制条件。

步骤五，问题研究。

步骤六，改善项目罗列，相关数据搜集。

步骤七，改善方案拟定，评审。

步骤八，改善方案实施及效果确认。

步骤九，新的载程安排方案标准化。

六、制品工程分析

制品工程分析是以原材料、零件、制品为对象，以物品的流动为主体的工程分析方法。工程的组合以多种形式存在，一般可分为直线型、合流型、分歧型、复合型四种。制品工程分析的第一步，首先要认清工程的组合形式。

1. 直线型。工程内所有上下工序之间以一对一的方式衔接，这种工程绘成的流程图近似于一根直线，称之为直线型。

2. 合流型。工程有两个或两个以上的起点，亦即工程中的某一个工序所使用的原材料、零件、制品有多个来源，在此之后又汇合成直线型直到工程终了，这种工程称为合流型工程。

3. 分歧型。工程中某些工序的制品，要供给两个或两个以上的下工序使用，流程图在此发生分歧并且不再合流，这样的工程称为分歧型工程。

4. 复合型。工程中既有分歧，又有回归合流的形状，通常称为复合型工程。复合型工程一般有两种复合方式：退到分歧点以前的工序合流；从分歧点跳过几个工序后合流。

七、制品工程分析的着眼点

制品工程分析的主要目的就是通过分析找出在更迅速、成本更低廉的情况下，制造出更优良的商品的方法。

要达到这样的目的，就必须带着问题进行制品工程分析。如果认为工程中的一切都是理所当然的，势必会失去改善的动力，把分析当作例行公事来做，这样分析就失却了方向。

展开制品工程时，最好能对下表所列的项目加以关注，并调查出详实的数据作为分析的基本素材。

表 8-10　制品工程分析检查项目表

序号	检查要点	调查的主要项目
1	工程或作业的顺序、分配、组合、配置是否适当。	工程能力、工序时间
2	是否有不必要的延迟。	延迟时间
3	搬运的路线、方法、次数、负荷是否适当。	路线图、次数、频度、负荷、搬运工具
4	搬运距离是否可以缩短。	搬运距离、搬运时间
5	是否有等待时间，等待时间可否缩短。	等待时间、次数
6	可否同时进行加工和检查。	加工方法、加工时间、检查方法、检查时间
7	制品的品质如何。	不良率、不良项目
8	设备的配置合理与否。	设备能力、台数
9	现场有无抱怨。	抱怨项目、安全、满意度

八、作业者工程分析

作业者工程分析就是以作业的人为对象，就其动作的过程加以分析改善的方法。作业者工程分析的方法和使用的分析符号都与制品工程分析相同。不过，作业者工程分析的对象是“人”，制品工程分析的对象是“物”。相对而言，作业者工程分析范围较为狭窄，同时，分析的内容也更为细腻。

许多人都会为早上上班迟到寻找种种借口，王先生也属迟到“惯犯”，诸如生病、闹钟不响、塞车等理由已经被他用滥了。直到有一天，作业者工程分析帮了他的忙。下面，我们就以王先生从早上起来到上班这段时间的经历来说明作业者工程分析的具体做法。

(一)展开预备调查

和制品工程分析类似，进行作业者工程分析的第一步要针对生产的状况、设备的配置、工程的进行、使用的原材料、制品的内容和品质标准等展开预备调查。而且，要仔细地调查作业者的工作熟练程度，了解他是否具有代表性的作业者。

(二)绘制流动工程图

按照作业的顺序，绘制流动工程图。在这一步骤，应根据作业的目的把作业内容分别归纳到加工、检查、移动、等待等类别中。

(三)测定各工程的必需项目，并把结果记录到作业者工程分析表中

绘制完流动工程图后，要对工程的必需项目进行测定，并把测定的结果记录到作业者工程分析表中。深入现场，取得真实的数据，可以使作业者工程分析的结果更具代表性，更

为真实有效。

(四)对测定结果进行整理

将测定的结果记录下来后，要对其进行整理分析。在作业者工程分析表的下栏，可以对测定的结果进行合计整理。

(五)改善方案的制订、实施与评估

(六)改善内容的标准化

一旦改善达到了预期的目标，就应该使改善的内容标准化，以免恢复原状。同样，必须牢记的是改善是永无止境的过程。

九、联合工程分析

(一)联合工程分析的含义

工厂里的工作，并不单纯是一名作业者从事一项工作，反而是人与人、人与机械组合进行作业的情形更多。一般而言，可有以下几种组合方式：一名作业者操作一台机械；一名作业者操作多台机械；多名作业者共同进行作业；多名作业者与一台机械共同作业；多名作业者与多台机械共同作业。

在各种不同的组合情况下，等待、干扰的现象时有发生。要提高组合的效率，使用联合工程分析应该是较好的改善之道了。

所谓联合工程分析，指的是对人与人、人与机械组合作业的作业时间分配进行研究，并且绘制相应的图表，以便找出其间发生的等待或闲置时间，并加以改善的手法。

联合工程分析和制品工程分析或作业者工程分析有较大的不同。首先表现在分析记号上，联合工程分析所使用的记号与后面两者迥然不同，具体如表 8-11 所示。

表 8-11 联合工程分析记号表

作业者			机械		
▦	单独	跟机械或其他作业者无关的工作。	▦	自动	机械的自动作业状态
▨	联合作业	跟机械或其他作业者一起作业，各方的时间会受到彼此的制约。	▨	手操作	受制于程序、安装、卸除、手操作等作业者活动的作业。
□	等待	等待机械或其他作业者作业的状态。	▨	闲置	因为等待作业者作业而引起的机械空转或停止。

联合工程分析如果能和制品工程分析或作业者工程分析一起运用，会取得更好的效果。同时联合工程分析又可分为两类，其中，人与人之间工作配合的分析称为“共同作业分析”，人与机器设备工作配合的分析称为“作业者机械分析”或“人机作业分析”。

(二)联合工程分析的目的

联合工程分析的目的在于使“人与机械”、“人与人”的组合关系明显化，从而从中找出等待、闲置的时间，通过改善使组合作业更臻完善。其主要作用如下：

1. 减少机械设备闲置现象，提高生产效率。

2. 减少作业人员等待时间，提高生产效率。

3. 平衡机械或作业人员负荷。

4. 使作业人员负责的机械台数适当。

5. 使共同作业的组合人数适当。

换言之，使用较少的人数及较短的时间，一面谋求作业负荷均等，一面使作业人员能舒服地完成作业。

(三)作业者机械分析

作业者机械分析主要是通过调查作业者的作业时间与机械运转时间的关系，谋求以较少的作业人员、较少的机械设备，达成较高的生产量的方法。

1. 实施预备调查

首先调查生产状况，设备状况、配置、工程的流动。如果能绘制一份流动工程图的话，对分析会更有帮助。此外，对作业者的水准、熟练度及各机械的特征、性能等，也应进行调查了解。

2. 分析一周期的作业

与作业者工程分析类似，要针对作业者和机械分别考察一周期的作业内容并制作一份流程图。

3. 找出人与机械作业的同步点

对流程图重新进行排列，将同步点置于相同的水平线上。

4. 测定各步骤的时间

对各步骤的时间进行测定并记录。

5. 制作作业者机械分析图表

根据测定的时间，在纵向确定时间的坐标分布。使用联合工程分析记号表示各个步骤，以“柱”的长度表示时间的长度。

6. 对结果进行整理

7. 改善方案的制订、实施、评估

8. 改善内容标准化

(四)共同作业分析

所谓共同作业分析，就是当多名作业者共同完成一项工作时，通过分析作业者作业时间的相互关系，以便消除作业时间的浪费、不平衡现象。

共同作业分析的做法与作业者机械分析接近，同样要使用共同作业分析图表。在展开共同作业分析时，必须先调查：各作业者等待的状态；各作业者的生产率；共同作业中，耗时最长的作业等。然后分别加以改善，消除等待现象，使各作业者负荷平衡，合理配置作业人员，缩短作业时间，提高生产效率。

十、事务工程分析

在工作的场所中，除了对原材料进行加工，使其发生物理或化学性质的改变外，数据记录、信息传递、事故处理、工作安排、材料收发等事务性的工作也必不可少。而且，随着自动化、机械化程度的提高，事务性工作所占的比重也越来越大。对贸易或服务类行业而言，这方面的情形尤其明显。

事务性的工作往往涉及多人、多部门的配合，一般以文件、表单的传递来作为配合的信号或依据。许多公司在作业性改善方面花费了大量的精力，却没有注意到身边许多事务性工作的不合理给公司带来极大的浪费和损失。

因此，以文件和表单的流动为中心展开调查，进而实施改善的事务工程分析也就成为一种必要了。事务工程分析的记号与制品工程分析大致相同，另外增加了一些事务工程分析的独特的记号。

工作任务

任务 1 工艺流程分析

某零件仓库入库操作的活动顺序是从货车上卸下零件箱子、点数、检查、打标记、入库。具体过程是：箱子从车尾滑下后，一一垛起，等待开箱。然后，搬下开箱，取出送货单，把箱子装上手推车，推到收货台旁边的地上，稍等片刻之后，开箱取出零件小盒，从小盒中取出零件，对照送货单点数。之后将零件放回小盒，小盒放回箱子，把箱子放在收货台的另一侧，等待运往检查台。运到检查台之后，放在地上，与收货台操作一样，取出零件，检查、测量，再放在箱子里。片刻之后，将箱子运往打印台，拆箱、点数，再放回箱子，再等待，用手推车运到仓库，存进贮藏室以待发送装配车间。见下图(图 8-7)所示：

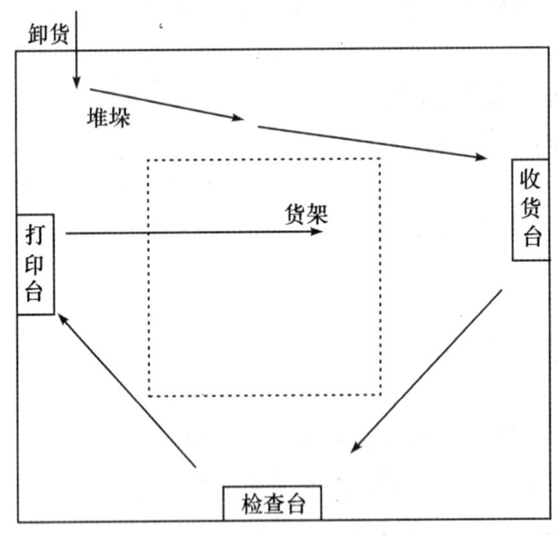

图 8-7 零件入库示意图

【思考与实践】对零件入库工艺流程分析。

提示：结果见下图(图 8-8)所示：

活动	距离(米)	时间(分)	符号表示				
			○	⇨	D	□	▽
卸货，置于斜板	1.2						
滑下，码垛	12	10					
等待开箱		30					
卸垛							
拆箱，取出送货单		5					
搬到手推车上	1						
运到收货台	9	5					
等待卸下		10					
置于工作台	1	2					
取出零件，检查		15					
放回箱子							
置于手推车上	1	2					
等待搬运		5					
运到检查台	16.5	10					
等待检查		10					
取出零件							
检查，放回	1	20					
等待搬运		5					
推到打印台	9	5					
等待点数		15					
取出小盒，取出零件							
点数，放回		15					
等待搬运		5					
运到贮藏室	4.5	5					
保存							
合计	56.2	174	2	10	7	3	1

图 8-8　入库工艺流程图

这本是原来习以为常的入库操作，但经过上图的分析，问题就马上显露出来，具体改进结果见图 8-9 所示。

活动	距离（米）	时间（分）	符号表示				
			○	⇨	D	□	▽
卸货，置于斜板	1.2						
滑下	6						
搬到手推车上	1	5					
置于工作台	6	5					
拆箱		5					
推向检查平台	9	5					
等待卸车		5					
取出零件，检查，点数		20					
装箱							
等待搬运		5					
运到贮藏室	9	5					
保存							
合计	32.2	55	2	6	2	1	1

图 8-9

从上图中，可以看出作业效率大大提高：检查操作从原来的 3 次减少为 1 次；搬运从原来的 10 次减少为 6 次；等待从原来的 7 次减少为 2 次；搬运距离从 56.2 米减少到 32.2 米。

任务 2　人机联合作业分析

某工序人机联合分析内容见下表(表 8-12)所示，试改进之。

表 8-12　人机联合分析表(改进前)

时间(分)	人	机器
1	准备零件	空闲
2		
3	装零件	被装上零件
4	空闲	加工
5		
6		
7		
8	卸零件	被卸下零件
9	休整、 存放零件	空闲
10		
利用率	60%	60%

提示：连续两次改进的结果见表 8-13 和表 8-14，具体过程从略。

表 8-13　人机联合分析表(改进 1)

时间(分)	人	机器
1	装零件	被装上零件
2	准备下一个零件	加工
3		
4	空闲	
5		
6	卸零件	被卸下零件
7	休整、存放零件	空闲
8		
利用率	75%	75%

表 8-14　人机联合分析表(改进 2)

时间(分)	人	机器
1	装零件	被装上零件
2	休整、存放零件	加工
3		
4	准备下一个零件	
5		
6	卸零件	被卸下零件
利用率	100%	100%

单元三　时间分析

教学目标

(一)总目标:掌握时间分析的基本方法

(二)具体目标:

1. 理解时间分析的主要用途;
2. 理解时间分析的体系;
3. 认识标准时间;掌握标准时间与宽放相关内容

理论精要

一、时间分析

所谓时间分析,就是针对时间及产出做定量的分析,找出时间利用不合理的地方,从而进行改善的方法，是 IE 方法的一种基本方法。

二、时间分析的主要用途

作为 IE 的基本方法之一，时间分析能给工厂管理带来很多方便。其用途主要有：

作为改善生产效率的重要手段；作为设定标准工时的重要依据；作为制造系统规划和改善的依据；作为评价作业者技能和工程管理水平的依据；作为成本分析的重要依据。

三、时间分析的体系

从泰勒把时间分析应用于工厂改善开始，时间分析已走过了一百多年的历程。其方法经过后人不断总结发展，已经蔚然而成体系。具体如下图 8-10 所示。

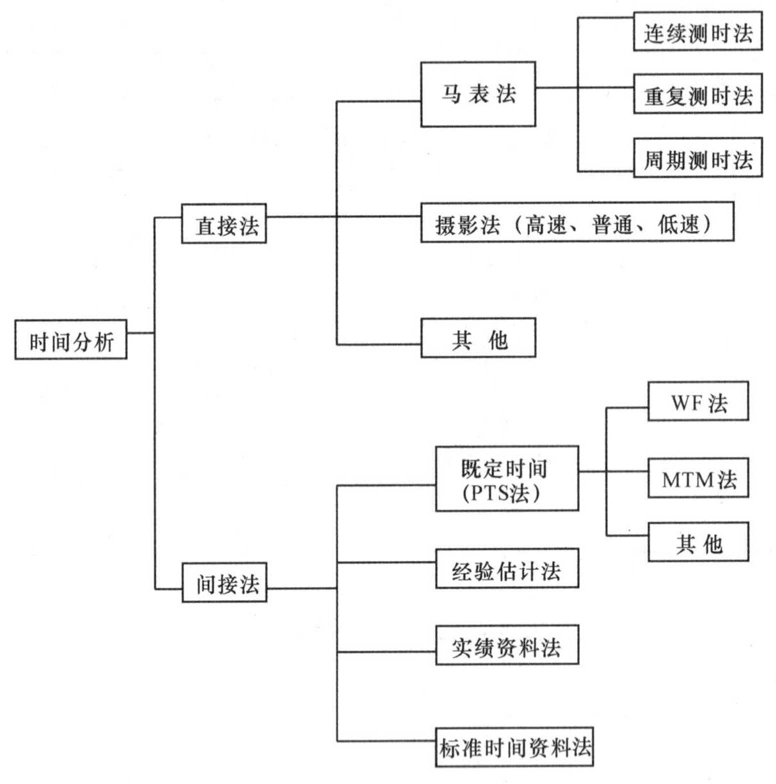

图 8-10　时间分析的体系

时间分析一般分为直接观测法和间接观测法两大类型，根据分析对象的作业种类、性质以及分析的目的，又可以细分出许多方法。以下逐一进行介绍。

(一)马表法(秒表法)

所谓秒表法，顾名思义就是使用秒表直接进行作业时间观测的方法。这是一种简单易用的观测方法，其主要步骤有：

①观测用具准备：秒表；观测板；观测记录用纸；笔记本、计算器等

②分解作业要素

作业要素区分必须明显，容易观测；要素的作业时间不能太短，最好能大于 0.3 秒。

③观测及记录

事先在记录纸上记下要观测的作业要素及其他必要事项；采取适当的方位、方式及态度进行观测；要多次观测，减少偶然因素影响；观测时，如发现异常事项，应一并记录。

④算出实际时间

⑤分析改善

(二)摄影法(VTR 法)

利用摄影机把作业过程录制下来，再到环境较好的地方(如会议室)播放，最后根据录像带所记录的时间进行时间分析。这种方法具有以下特点：

① 可以在较理想的环境下进行分析。

② 同时可以进行动作分析。

③ 对复杂的作业或联合工程，可以进行更从容准确的分析。

④ 作业场景可以再现，有助于问题的发现与改善。

⑤ 可以运用到教育训练方面。

⑥ 容易进行评价。

(三)既定时间标准法(PTS 法)

既定时间标准法，与直接观测作业时间的方法不同，它对分析对象的作业进行细分(分成基本动作要素)，再分别决定时间标准，然后使用动作时间的标准数值，求出作业所需的时间。其中，时间标准是通过总结对实际作业多次测试的结果得到的。WF(Work Factor)法和 MTM(Method Time Measurement)是两种有代表性的既定时间标准法。既定时间标准法具有修订方便、可以实现确定作业时间的特点。

(四)WF 法

所谓 WF 法，就是通过把身体分为七部分，以各部分的运动为中心，分析到细小的单位，然后从 WF 动作时间标准表中查出相应的时间，据此算出作业时间的方法。用 WF 法求作业标准时间的基本步骤：

1. 展开动作分析

使用身体的哪一部位？该身体部位运动到什么程度？重量或阻力有多少？有什么样的人为调节？

2. 对于每一个动作，都可以从 WF 动作时间标准表中找出适用的时间值。

3. 把查到的时间值加起来。

4. 加上宽放时间，设定标准时间。

(五)MTM 法

MTM 法与 WF 法有所不同，它不是根据动作的部位对动作进行划分，而是根据动作的形态把动作分解成动作要素，从而根据 MTM 时间表查出相应的时间标准，算出整个动作的标准时间。

四、标准时间

(一)标准时间的定义

所谓的标准时间，就是指在正常条件下，一位受过训练的熟练工作者，以规定的作业方法和用具，完成一定的质和量的工作所需的时间。

在管理过程中，标准时间能带来极大的便利，它化繁为简，把不同的工作对象、不同的作业人员、不同的工作条件统一起来，以时间这样一个相同的度量单位来表示，使得生产计划、设备规划、成本预测及控制等工作简便易行。可以这样说，标准时间在管理上所起的作用比货币在生活中所起的作用不遑多让。

因为标准时间作用极大，其准确性就应特别注意。首先应熟记标准时间的界定条件，标准时间就是在规定的环境条件下，按照规定的作业方法，使用规定的设备、工具，由受过训练的作业人员在不受外在不良影响的条件下达成一定的品质要求完成一个单位的作业量所必需的时间。这里的作业单位可以是一件，也可以是一公斤、一吨、一米、一百米等等，具体应根据产品本身的特点和管理的需要加以设定。

（二）标准时间的构成与计算方法

一般而言，标准时间可以下列公式表示：

标准时间＝观测时间×评价系数×(1＋宽放率)

＝实际时间×(1＋宽放率)

其中，观测时间指的是实际观测得到的时间值的平均。而观测时间由于受到作业者熟练度、工作意愿、情绪等的影响，并能代表真实的情况，故此应加以修正，乘以一定的评价系数，求得实际时间作为标准时间的主体。而实际时间应考虑一定的宽放，作为疲劳、等待、喝水、上厕所等必须要项的预备，这样才得到标准时间。

（三）标准时间的用途

标准时间是一项科学管理的基本工具，由于它能在企业管理的多个层面广泛应用，其设定须公正，要得到相关人员的认可、领会才行，切忌草率从事，画虎不成反类犬。因此，广大生产管理人员应熟练掌握标准时间的设定方法。

五、标准时间与宽放

（一）宽放的由来

如果工作能以最快的速度永不停歇地进行下去，这样的产出将是最高的。可是，即使是机械设备，运行一段时间以后也必须进行适当的保养、检修，才能确保其使用寿命和稳定性，更何况人呢？在任何的工作环境下，疲劳、生理需求（上厕所、喝水等）都不可避免地会造成一定的工作停顿。此外，一些作业准备、突发事件、配合不当都可造成工作停顿。因此，以评价后的基本时间作为标准时间来要求作业者，显然不尽合理。必须在基本时间之外，考虑一定的宽放，才能与现实情况更吻合。

（二）宽放的种类

宽放的分类一般可参照图 8-11 所示，分为一般宽放和特殊宽放两大类。

1. 一般宽放时间

(1)作业宽放

一般指作业过程中不断发生的小事，诸如工作台清扫、工作讨论、不良品发现等。

(2)私人宽放

指上厕所、喝水、擦汗等因私人生理需求而引起的延迟。

(3)疲劳宽放

因为疲劳而引起的速度减慢或必要的休息。

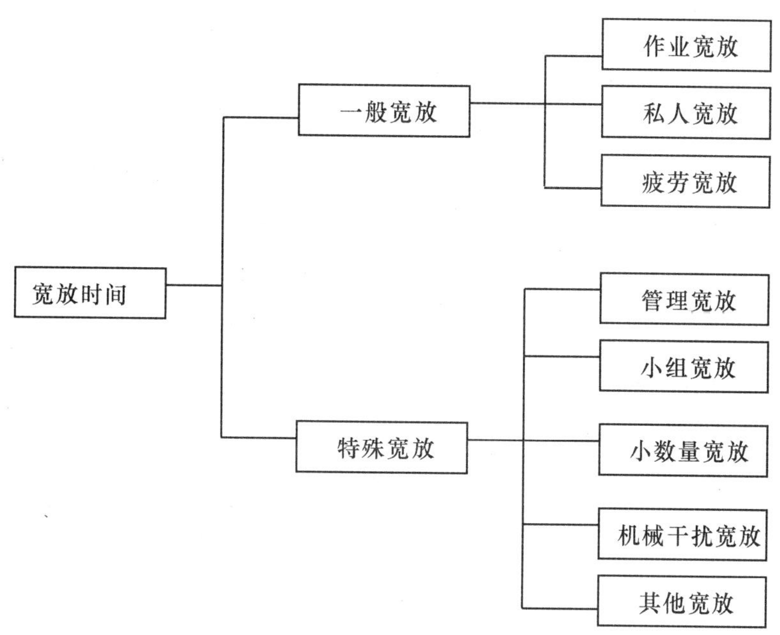

图 8-11　宽放的分类

2. 特殊宽放时间

(1)管理宽放

开会、工作安排等因管理需要而引起的非作业时间，应由管理宽放来吸收。

(2)小组宽放

小组配合中，因为配合不当而引起的个人等待时间。

(3)小数量宽放

因为生产数量太小，在还没热身之前，作业已经结束。这样的作业，效率自然不可能高，在正常时间之外，应考虑一定的宽放。

(4)机械干扰宽放

一个人负责多台机械，为照看其中一台机械而引起其他机械处于空转或停顿状态，称为机械干扰宽放。

3. 宽放时间的设定方法

宽放时间的种类虽然众多，但在实际计算标准时间时，不能把所有的宽放时间都考虑在内，因为宽放时间中，有的是不可避免的，有的却是可以简单进行排除的。比如，通过设置固定的工作间歇休息时间，就可以大大减少上厕所、喝水等私人宽放，而且对疲劳的恢复也有所帮助。而多数的特殊宽放时间，通过改善管理可以逐步排除。一般宽放在 20%～30%之间是正常的尺度。宽放时间的设定步骤：

1. 从宽放率表中查出适当的疲劳宽放率。

2. 使用瞬间观测法求出其他的宽放时间。

3. 将所有的宽放率加在一起即为总宽放率。

工作任务

任务1 秒表测时法

一般以工序为研究对象，运用时间测量工具直接测量某个工序完成某项工作的各个操作单元所消耗的时间。测量工具通常使用十进分钟秒表和十进小时秒表。

运用秒表测时法进行时间测定的基本程序是：首先确定工序作业的标准操作方法；然后将操作过程分解成若干小的单元，并确定“定时点”，即前一个操作单元结束、后一个操作单元开始的分界点，也是划分各个操作单元之间的界限；用秒表测量每个操作单元的时间，重复测量多次并计算出平均值；将各个单元的时间平均值相加，即可得到该工序操作过程的观测时间值。表8-15是一个测时记录表示例。

表8-15 某零件加工过程测时记录表

序号	工序	定时点	测定时间	第1次	第2次	……	合计	平均	影响因素
1	上零件	手离零件	终止	0.10	1.51		0.92	0.115	毛坯重量0.5kg，移动距离0.8m
			延续	0.10	0.11				
2	固定零件	手离扳手	终止	0.35	1.78		1.73	0.247	
			延续	0.25	0.27				
…	……	…	终止						
			延续						
9	取下零件	手离零件	终止	1.4	2.75		0.41	0.059	移动距离0.8m
			延续	0.05	0.04				
合计								1.368	

从表中可以看出，加工该零件的操作时间为1.368分。把这个观测时间进行分析评定，可以制定出标准时间。其计算公式为：

标准时间＝(观测时间×评定系数)＋宽放时间

其中的评定系数以工人的平均水平为基准，如果被测定人员的水平或测定结果优于工人的平均水平，该系数则应大于1，反之则小于1。

任务2 工作抽样(Work Sampling System)

仔细阅读下列资料，完成相关任务。

工作抽样法也叫瞬时观测法，它是由研究人员选择随机时刻对现场操作者或设备的工作情况进行瞬时观察，记录其从事某类工作出现的次数，运用数理统计等方法，通过可靠度和准确度计算，推定观察对象的整体工作状况。其结果可用于制定时间定额中各类工时消耗的比例，为确定作业标准时间提供依据。

工作抽样法的特点是采用非连续性观测方式，不是记录观测的时间，而是记录对观测到的事件性质(如工作还是停工)做出的判断结果，所以，具有操作方便、简单省时等优点。表8-16是观测次数的参考选择值。

表 8-16　观测次数参考值

研究目的	观测次数
调查和发现工时利用的一般问题	100～500
特定管理目的，如分析停工原因	600
特定活动分析，如准备时间的比率	2000
调查人与机器的开动率	4000
高精度地确定标准时间	10000～

由于此方法的观测内容集中在研究对象的状态，即工作或不工作，所以，它尤其适合于工作内容多样而又不固定的办公室人员时间分析。

【思考与实践】设计办公室工作观测表。

任务3　作业测定实验

1. 目的

掌握密集抽样时间研究方法，学会对工人生产过程中各操作过程进行分解，并使用秒表分析和制定各操作过程所需要的时间。

2. 作业测定简介

(1)现场操作时间构成

一般生产现场操作时间的构成是相当复杂的。为了清晰地描述其构成，我们常用下图表示。

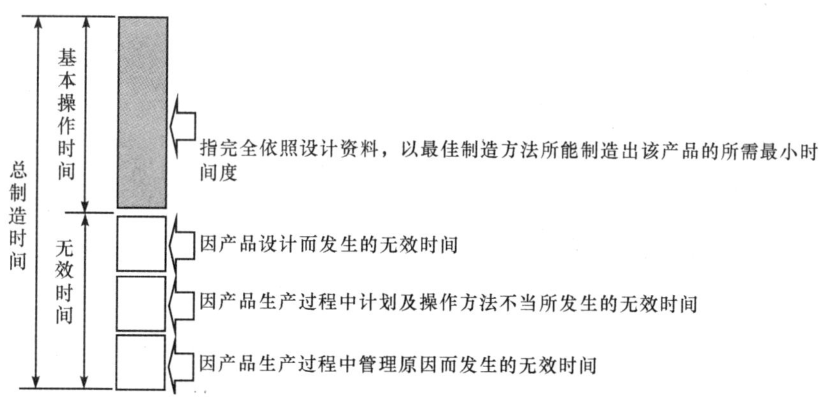

图 8-12　现场操作时间构成

(2)标准时间构成

标准时间是考虑正常操作时间和其他干扰因素后为一般工人操作所设定的时间标准。这里用下图表示。

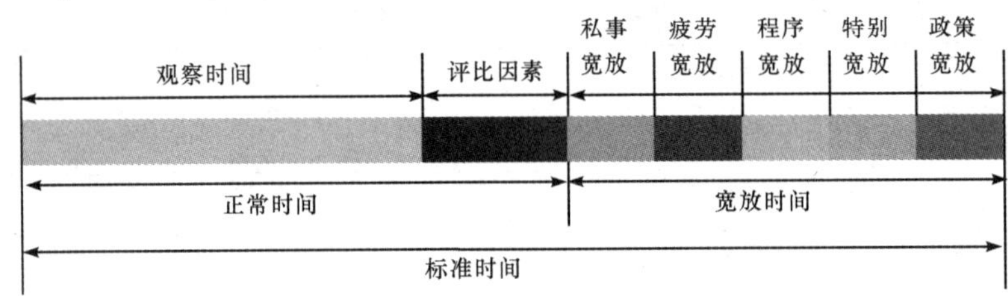

图 8-13　标准时间构成

(3)作业测定

1)定义:决定一个合格、适宜而训练有素的操作者,在标准状态下,对一种特定的工作,以正常的速度操作所需时间的一种方法。其目标是制定实施某项作业所需的标准时间。

2)应用

① 用以改进工作系统

② 为了运行工作系统

③ 用于设计工作系统

(3)作业测定的主要方法及应用

① 密集抽样(秒表时间研究)

② 工作抽样

③ 预定时间标准

④ 标准资料法

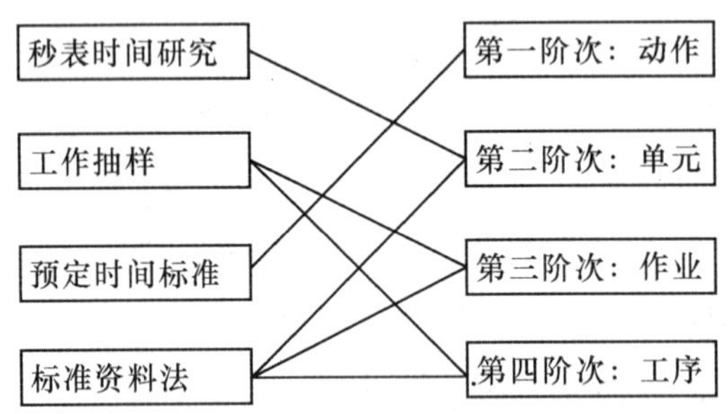

图 8-14　作业测定

3.实验仪器

(1)名称:数码摄像仪、秒表、记录板

(2)本实验体系结构

4.实验程序

(1)做好实验前的预习工作,明白作业测定的基本理论和方法;

(2)选择作业测定的对象;

(3)利用数码摄像仪针对现场工人的操作过程进行抓拍;

(4)对抓拍的操作影片进行动作分解,制定动作单元;

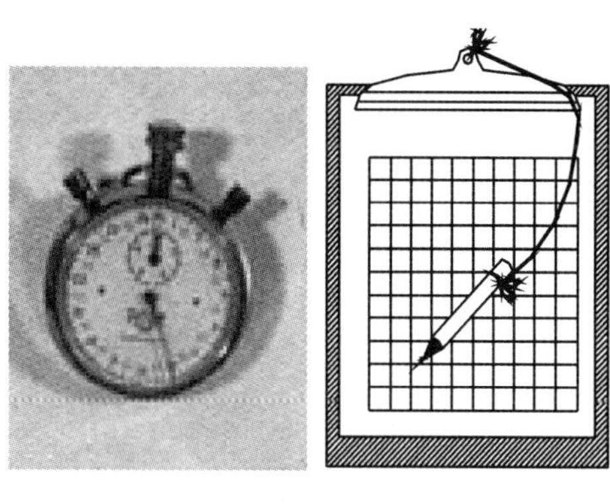

图 8-15　秒表、记录板

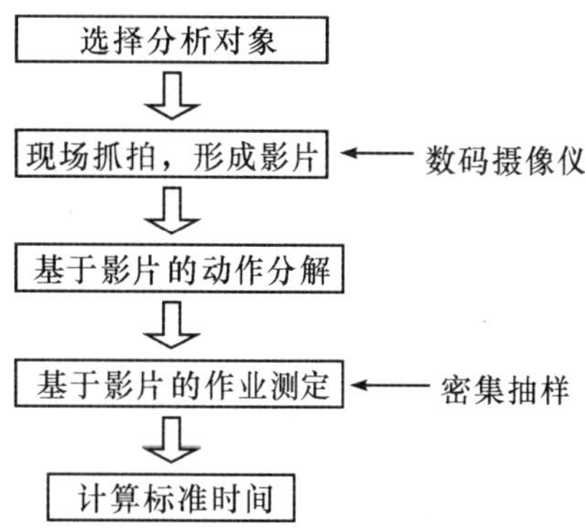

图 8-16　实验体系结构

(5)根据影片利用秒表对动作单元进行时间测定，并记录于时间研究表格中；

(6)计算观测时间；

(7)根据影片对测定的时间进行标准化分析和宽放，计算标准时间。

5. 实验结果(见下图 8-17)

单元号码	①		②		③		④		⑤		⑥		⑦		⑧		⑨		外来动作因素			
动作描述																						
周程	R	T	R	T	R	T	R	T	R	T	R	T	R	T	R	T	R	T	符号	R	T	说明
1																			A			
2																			B			
3																			C			
4																			D			
5																			E			
6																			F			
7																			G			
8																			H			
9																			I			
10																			J			
统计																						
观察时间																						
平均																						
评比%																						
正常时间																						
宽放率%																						
标准时间																						

图 8-17　实验结果

【思考与实践】

(1)请分析在进行密集抽样前对操作过程的分解时应把握的原则。

(2)为了保证结果的准确性,利用秒表进行密集抽样过程中应注意的问题。

(3)请分析对观测时间进行标准化和宽放,以计算标准时间。

参考文献

[1]陈荣秋、马士华.生产运作管理[M].北京:机械工业出版社,2004

[2]刘丽文.生产与运作管理[M].北京:清华大学出版社,1999

[3]理查德·B·蔡斯,任建标等译.运营管理[M].北京:机械工业出版社,2003

[4]龚国华.生产与运营管理案例精选[M].上海:复旦大学出版社,2003

[5]任建标.生产与运作管理[M].北京:电子工业出版社,2006

[6]王克强等.Excel在工程技术经济学中的应用[M].上海:上海财经大学出版社,2005

[7]龚国华等.生产与运营管理——制造业与服务业[M].上海:复旦大学出版社,2003

[8]陈福军.生产与运作管理.[M].北京:中国人民大学出版社.2005

[9]陈荣秋、马士华.生产与运作管理[M].北京:高等教育出版社,1999

[10]陈荣秋等.生产运作管理的理论与实践[M].北京:中国人民大学出版社,2002

[11]邱婉华等,现代项目管理导论[M].北京:机械工业出版社,2002

[12]潘家轺.现代生产管理学[M].北京:清华大学出版社,1994

[13]奈杰尔·斯莱克等著,李志宏译.运作管理[M].昆明:云南大学出版社,2002

[14]齐二石、朱秀文、何桢.生产与运作管理教程[M].北京:清华大学出版社,2006

[15]张群、马士华.生产管理[M].北京:高等教育出版社,2006

[16]方爱华.生产与运营管理[M].武汉:武汉大学出版社,2005

[17]杰伊海泽、巴里伦德尔著,陈荣秋、张祥等译.运作管理[M].北京:中国人民大学出版社,2006

[18]威廉·J·史蒂文森.运作管理(原书第八版)[M].北京:机械工业出版社,2005

[19]任建标.战略运营管理[M].北京:清华大学出版社,2004

[20]马克·M·戴维斯、尼古拉斯·J·阿奎拉诺、理查德·B·蔡斯.运作管理基础[M].北京:机械工业出版社,2004

[21]陈志祥.生产运作管理基础[M].北京:电子工业出版社,2010

[22]季建华.运营管理[M].上海:上海交通大学出版社,2003

[23]邹非.管理学基础(2版)[M].厦门:厦门大学出版社,2010

[24]王淑贞、邹非.管理能力综合实训[M].杭州:浙江大学出版社,2010

图书在版编目（CIP）数据

生产与运作管理实训 / 邹非主编. —杭州：浙江大学出版社，2011.12(2020.8 重印)
ISBN 978-7-308-09513-6

Ⅰ.①生… Ⅱ.①邹… Ⅲ.①生产管理—高等职业教育—教材 Ⅳ.①F273

中国版本图书馆 CIP 数据核字（2011）第 279340 号

生产与运作管理实训

邹　非　主编

责任编辑　周卫群
封面设计　联合视务
出版发行　浙江大学出版社
（杭州市天目山路 148 号　邮政编码 310007）
（网址：http://www.zjupress.com）
排　　版　浙江时代出版服务有限公司
印　　刷　嘉兴华源印刷厂
开　　本　787mm×1092mm　1/16
印　　张　25.75
字　　数　627 千
版 印 次　2011 年 12 月第 1 版　2020 年 8 月第 3 次印刷
书　　号　ISBN 978-7-308-09513-6
定　　价　50.00 元
